認知症のある人の
ケアプラン作成の
ポイント

在宅・グループホーム・施設の事例をもとに

編著　白澤政和

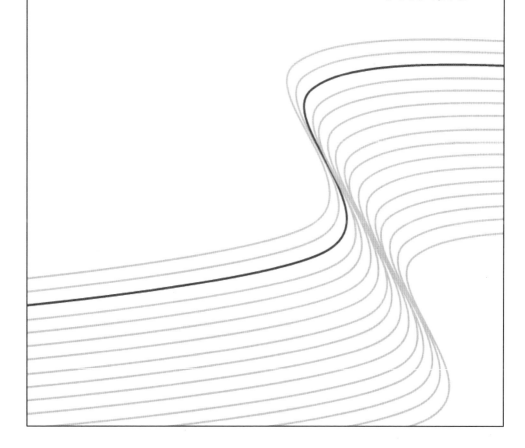

株式会社　ワールドプランニング

はじめに

　介護保険制度で認定を受けている要介護・要支援者の6割以上が、認知症の日常生活自立度がⅡ以上である。さらには、介護保険施設入所者の約8割もが認知症であるとされる。このような状況にあって、在宅であろうが施設であろうが、ケアマネジャー（介護支援専門員）は認知症のある人やその家族といっしょになり、適切なケアプランを作成し実行していくことが大変重要な課題となっている。

　しかしながら、実際にケアマネジャーが在宅において作成するケアプランは、介護者の介護負担を軽減するといったことに主眼がおかれ、デイサービスやショートステイの活用でもって、家族にレスパイト（休養）を提供するといった趣旨のプランがきわめて多くを占めている。

　このようなケアプランの内容を必ずしも否定するものではない。家族の介護負担は大変大きく、その軽減は、ケアマネジャーがケアプラン作成において考慮しなければならない重要な視点である。ただし、認知症のある人自身に焦点をあてたケアプランの作成も重要である。

　本書においては、認知症のある人やその家族に対して、在宅や施設におけるケアプランの作成をどのようにしていくのかに焦点をあてて、具体的なケアプランの作成とその検討を行うものである。認知症のある人に対するケアプランの作成は、利用者の思いを理解しながら支援することが基本であるが、以下の5つの認知症のある人やその家族の特性に合わせて、ケアプランの作成について学ぶ必要がある。

　認知症のある人に対するケアプランの第1の特性として、認知症のある人もさまざまな能力、意欲、希望、嗜好といったストレングスを有しているが、意思表示が十分でないことから、言語的コミュニケーションではそのようなことが把握しにくい。そのため、専門職がそうしたストレングスを見つけ出し、それをケアプランに活用することで、ひとつには認知症のある人が感じていたり、求めていることを実現する支援ができる。また、認知症のある人の抱えている生活ニーズ（課題）を解決する際にも、認知症のある人のもっているストレングスを活かす支援が必要である。ひいては、認知症のある人が自らの能力ができる限り活かされ、好きなことやしたいことが実現することで、質の高い生活を支えるケアプランの作成が可能となる。

　第2の特性として、認知症のある人の約6割から8割が、認知症のあるステージで呈するとされるBPSD（認知症の行動・心理症状）に、ケアマネジャーがどのように対応する

のかといったことについてである。このBPSDに対応している理由は、BPSDは認知症のある人のしたいことや好きなことを実現したいという理由から生じている場合が多く、介護する側が見方を変えるケアプランを作成することで、BPSDの改善が図られると考えられるからである。また、BPSDを有している高齢者については、在宅、施設ともに介護する者の身体的・精神的負担が大きく、認知症のある人自身のBPSDに対応するケアプランが、ケアする人の負担の軽減にも反映できることも二次的な目的として重要である。

認知症のある人に対するケアプランの第3の特性としては、意思表示が十分できないこともあり、権利を侵害されやすい状況が生じやすいことがあげられる。そのため認知症のある人の権利を擁護するケアプランが求められている。利用者の権利を守るということは、決して認知症のある人に限られたものではなく、意思表示の十分でない知的障害者や精神障害者等も併せて考えなければならない視点である。また、一般の高齢者等についても権利擁護は重要な課題であるが、ここでは、意思表示が十分でないがゆえに生じてくる認知症のある人の権利擁護に関するケアプランに焦点をあてることとする。その意味では、利用者の権利を擁護するために、ケアマネジャーは家族や地域社会、あるいはサービス事業者等に対して、利用者を擁護するという観点で積極的に支援しなければならない。

これらの認知症のある人のケアプランでの特性に加えて、第4の特性は認知症のある人を抱えた家族介護者は、認知症のある人と十分なコミュニケーションをもてないこともあり、心身の介護負担が大きいことがいわれている。そのため、在宅でのケアプランにおいては、特に介護者を支援する視点でのケアプランが求められる。よって、認知症のある人と介護者の両者をいっしょに支えることをケアプランに示すことである。

第5の認知症のある人へのケアプラン作成では、単に介護保険や医療保険のサービスや家族を活用するだけでなく、地域社会が認知症のある人を受け入れ、地域の人々が主体的に支援していくことが求められる。これは地域包括ケアシステムでもあり、地域で認知症のある人々を支えていくために、地域の人々がどのように関わることができるかの検討も必要である。

アメリカの研究では、要介護高齢者に対するケアマネジメントで、どのような事例が対応困難で、さらには時間がかかるかといった研究がある。その結果、明らかになったことは、認知症や重度の病気があることが、決して対応困難で時間のかかるケアマネジメント事例ではないということである。時間のかかる事例は、認知症に特化していえばBPSDをもっている認知症患者であり、また介護者にストレスやバーンアウト（虚脱感）のある事例であったり、さらには利用者と介護者の人間関係が悪化しているといったような事例であるということである[1]。

---

1) Sadhna Diwan et. al.: Assessing need for intensive case management in long-term care. The gerontologist, **41**(5), 680-685, 2001.

以上について第1部では、認知症のある人へのケアプラン作成の全体像を示すなかで、ケアプランを作成するポイントを示すこととする。第2部では、①ストレングスを活用しての支援、②BPSDへの対応、③権利擁護への支援、④家族介護者支援、⑤医療との連携、⑥ターミナルケア、⑦多職種連携、⑧地域の人々の支援、の8つに大きく分けて、在宅、グループホーム、施設の事例についてケアプラン作成のポイントを検討することとする。

　そのなかで、認知症のある人にとっては、介護だけでなく、医療との連携も重要である。そのため、ケアプランのもとで、医療ニーズと結びつけていくための具体的なケアプランが求められる。さらには、認知症のある人のターミナルケア（エンドオブライフ・ケア）においては、本人の意思確認をどのように行うのかといった課題や、認知症のある人のターミナルでは呼吸器系の合併症が多いとの報告もあり、認知症のある人のターミナル期でのケアプランについても示すこととしている。

　これら以外のケアプラン事例としては、多職種との連携や地域住民との連携についてのケアプラン事例、さらには、認知機能が低下していくことへの不安に対する支援のケアプランも含めている。

　その意味では、今回取り上げた41のケアプラン事例は、一般には時間がかかり、かつ対応の難しい事例であると考えられる。読者の方には、そうした事例に対し、ケアプランにおいてどのような支援が大切かをご理解いただければと願っている。

2018年4月吉日

桜美林大学大学院老年学研究科
白澤　政和

目　次

はじめに …………………………………………………………………………… 3

第1部　認知症のある人に対するケアプラン作成の視点 ……………… 11
第1章　医療・介護・福祉の連携を深めるケアマネジメント ………… 13
　Ⅰ．ケアマネジメントの実際 ………………………………………………… 13
　Ⅱ．ケアマネジメントの内容と課題 ………………………………………… 15
　　1．ケアマネジメントの目的　*15*
　　2．ケアマネジメントの過程　*15*
第2章　ケアプランの作成について ………………………………………… 19
　Ⅰ．ケアプランとは …………………………………………………………… 19
　　1．ケース目標の設定　*19*
　　2．ケアプラン作成の基本原則　*20*
　Ⅱ．アセスメントからケアプラン作成に至る過程 ………………………… 22
　　1．アセスメントデータの収集　*23*
　　2．利用者の生活問題状況の編成　*23*
　　3．生活ニーズの抽出　*23*
　　4．問題解決に向けた方向づけ　*24*
　　5．活用したい社会資源　*24*
　　6．社会資源の活用　*24*
　Ⅲ．ケアプランでの生活全般の解決すべき課題（ニーズ）の把握 ……… 25
第3章　認知症のある人に対するケアプラン ……………………………… 29
　Ⅰ．ケアプラン作成の目的 …………………………………………………… 29
　Ⅱ．認知症のある人に対する生活ニーズの把握方法 ……………………… 31
　Ⅲ．認知症のある人に対するケアプラン例 ………………………………… 31
　Ⅳ．事例からみたケアマネジャーに求められること ……………………… 32
第4章　ストレングスを活用したケアプラン ……………………………… 35
　　1．ストレングスを活用したケアプランの意義　*35*
　　2．ストレングスを活用したケアプラン事例　*35*
　　3．ケアプランでストレングスを活用する　*37*
　　4．問題解決指向に加えて目標指向でのストレングスの活用　*40*

第5章　認知症のある人のBPSDへの対応 …………………………… 43
　Ⅰ．BPSDのもつ意味 ………………………………………………… 44
　Ⅱ．認知症のある人を捉える基本的な視点 ………………………… 45
　Ⅲ．認知症のある人のBPSDへの具体的関わり …………………… 46
　Ⅳ．認知症のある人のBPSDへのチームアプローチ ……………… 48
第6章　認知症のある人を支える社会資源 …………………………… 51
　Ⅰ．最適な社会資源選択への支援 …………………………………… 51
　Ⅱ．どのような社会資源があるのか ………………………………… 52
　Ⅲ．社会資源とソーシャルキャピタル ……………………………… 53
第7章　認知症のある人が利用する介護保険のサービス …………… 55
　Ⅰ．介護保険の利用者とサービス内容 ……………………………… 55
　Ⅱ．認知症のある人が利用する介護サービス ……………………… 57
　　1．認知症対応型共同生活介護　*58*
　　2．認知症対応型通所介護　*58*
　　3．その他のニーズの高い介護サービス　*59*
第8章　若年性認知症のある人に対するの社会資源 ………………… 61
　Ⅰ．若年性認知症のある人の状況 …………………………………… 61
　Ⅱ．若年認知症のある人のニーズ …………………………………… 61
　　1．経済的なニーズに対するサービス　*62*
　　2．就労ニーズに対する支援　*62*
　　3．社会参加ニーズに対する支援　*63*
第9章　認知症のある人の権利擁護への対応 ………………………… 65
　Ⅰ．成年後見制度 ……………………………………………………… 65
　Ⅱ．日常生活自立支援事業 …………………………………………… 66
　Ⅲ．高齢者虐待防止・養護者支援法 ………………………………… 67
　Ⅳ．クーリングオフ制度 ……………………………………………… 68
　Ⅴ．認知症のある人の権利擁護へのケアマネジャーの関与 ……… 69
第10章　認知症のある人の家族介護者への支援 ……………………… 71
　Ⅰ．認知症のある人の家族介護者の現状 …………………………… 71
　Ⅱ．家族介護者のニーズをケアプランに …………………………… 72
　　1．家族介護者の自己実現への支援　*72*
　　2．家族介護者の健康管理への支援　*72*
　　3．利用者と家族介護者の関係の調整　*73*
第11章　認知症のある人に対する地域包括ケアシステム …………… 75
　Ⅰ．地域包括ケアシステムとは ……………………………………… 75
　Ⅱ．地域ケア推進会議の地域の課題を解決する …………………… 79

第2部　認知症のある人に対するケアプラン事例から学ぶ …………… 83
第1章　認知症のある人のストレングスを活用する ……………… 85
　1) 在宅
　　(1) 支援を拒否する人を支援する ………………………………… 87
　　(2) 生活史からケアのヒントを見いだすことで不安行動を解消 …… 94
　　(3) 若年性認知症の母親と次男夫婦の生活支援 ………………… 101
　　(4) 良好な近隣住民との関係活用で「わが家で暮らしたい」を可能に …… 110
　2) グループホーム
　　(5) グループホームの生活で再び暮らしのリズムを取りもどす …… 118
　　(6) 「できること」に着目し、本人の自信の回復を試みた ……… 124
　　(7) トラブルの背景にある不安感の軽減への支援 ……………… 131
　　(8) ケアプラン修正からみえてきたグループホームでの「寄り添うケア」… 137
　3) 施設
　　(9) 特定施設に住まう認知症のある人への生活支援 …………… 145
　　(10) 「座らせ老人」からの解放が利用者の活性化を生み出した …… 152
第2章　認知症のある人のBPSDに対応する ……………………… 159
　1) 在宅
　　(1) ひとり暮らしの認知症のある人を環境の変化を乗り越えて支援する … 161
　　(2) 頻繁に外出を望む本人をデイサービスの利用で支援する ……… 167
　2) グループホーム
　　(3) グループホームが直面したBPSDに対するケアの難しさ ……… 175
　3) 施設
　　(4) レビー小体型認知症高齢者の在宅復帰までの支援 …………… 182
　　(5) 施設入所を利用し生活リズムの再構築を図る ………………… 191
　　(6) 暴力行為等のある認知症のある人とケアスタッフとの施設における関わり … 197
　　(7) 自傷行為や暴言・暴力のある認知症のある人が安心して暮らせる支援 … 203
　　(8) 適切なアセスメントと精神的サポートでBPSDを軽減 ……… 210
　　(9) 職員と家族で課題を共有し、繰り返し検討・実践を重ねる …… 217
第3章　認知症のある人の権利を護る ……………………………… 225
　1) 在宅
　　(1) 中等度認知症のある人の独居生活を支える ………………… 227
　　(2) 日常生活自立支援事業を活用し、金銭管理や悪徳商法の被害予防も … 233
　　(3) 成年後見制度の活用とケアマネジメント …………………… 239
　　(4) 経済的な問題を抱えながらも自宅で暮らしたいという人への支援 …… 245
　2) 施設
　　(5) 多職種の連携と権利擁護の視点で支え、在宅移行を実現 ……… 252
第4章　認知症のある人と家族介護者を支える ……………………… 261

- 1）在宅
  - （1）認知症の母と障害をもつ娘の家族全体を支える …………… 263
  - （2）共に認知症である夫婦への在宅支援 …………………… 271
  - （3）「もの忘れ」の不安があるひとり暮らしの高齢者への支援 ……… 279
- 第5章 医療との連携で認知症のある人を支える ………………… 287
  - 1）在宅
    - （1）定期巡回・随時対応型訪問介護・看護を利用することで認知症が緩和 ……………………………………………………………… 289
    - （2）重度認知症患者への支援を通してチームアプローチを考える ……… 297
    - （3）認知症初期集中支援チームの関わりから動き出した支援 ……… 305
  - 2）グループホーム
    - （4）グループホームでのがん患者を医療との連携で支える ………… 313
- 第6章 認知症のある人のターミナルケアを支える ……………… 321
  - 1）在宅
    - （1）認知症のある人を"ホームホスピス"で看取る …………… 323
  - 2）グループホーム
    - （2）末期がんを患いながらもグループホームケアで暮らす安らかな日々 … 331
    - （3）グループホームでの認知症のある人のターミナルケア ……… 338
- 第7章 多職種連携で認知症のある人を支える ………………… 345
  - 1）在宅
    - （1）変化に対応しながら長期の在宅生活をチームで支える ……… 347
    - （2）退院後の生活を支えるため、医療・在宅チームが連携して支援 …… 355
    - （3）デイサービスの活用で有料老人ホームの生活を支援する ……… 362
  - 2）グループホーム
    - （4）グループホーム利用時のケアプラン作成 …………………… 370
- 第8章 地域の人々の支援で認知症のある人を支える ……………… 377
  - 1）在宅
    - （1）高齢者の暮らしを地域の社会資源を活用し支える ……… 379
    - （2）小規模多機能型の利点を生かし、在宅の暮らしを支える …… 387

おわりに ………………………………………………………… 395
第2部事例提供者および専門医コメント執筆者一覧 …………… 397

第1部

認知症のある人に対するケアプラン作成の視点

【第1章】
医療・介護・福祉の連携を深めるケアマネジメント

　高齢者が必要なサービスを統合し、一体的に利用できるようになることについては今日まで、「保健・医療・福祉の連携」あるいは「保健・医療・福祉・介護・住まいの連携」等さまざまな名称で表現され、議論されてきた。このタイトルに秘められた意図は、個々の高齢者が住み慣れた地域社会のなかで生活を続けられるよう、多くの専門職や家族成員や地域の人々が、チームとして共同して支援していくことにある。言い換えれば、高齢者は地域で生活をしていくうえでは多様な生活ニーズがあり、そのため多くの専門職等が共同して、個々の高齢者の生活ニーズ充足に向けてチームで支えていくことが不可欠である。

　このような目的を遂行するために、ケースマネジメントなりケアマネジメントは生まれてきた。具体的には、1970年代後半に、アメリカでの精神障害者のコミュニティ・ケアを推進していく重要な手法として取り入れられていった。この手法は、精神障害者から高齢者等さまざまな利用者に拡大していっただけでなく、カナダ、イギリス、オーストラリアに始まり、日本や台湾を含めたアジアの国々でも実施されるようになっていった。そのことは、ケアマネジメントの手法が患者や利用者の地域生活を長期に維持するうえで有効であることを示すものでもあった。このケアマネジメントの方法は、利用者の生活ニーズとサービスとを調整していく、①ブローカーモデルから始まったが、この基本的なモデルに加えて、②利用者のストレングス（強さ）の活用を強調するストレングスモデル、③SST（社会生活技能訓練）等の社会復帰のための機能を加えたリハビリテーションモデル、④重度の対象者への医療の積極的アプローチを含めたPACTモデルまで、多様な機能の広がりをみせてきた。これらは、利用者のQOLの向上に向けてケアマネジメントの効果的・効率的な観点から導き出されてきた。

Ⅰ．ケアマネジメントの実際

　ここでは、ケアマネジメントの目的や過程を提示することで、医療・介護・福祉の連携を強めていくことができることを明らかにしたい。とくに、介護保険下で実施されているケアマネジメントについて見てみることとする。そこで、ケアマネジメントを、「利用者

が在宅生活をしていくために、生活ニーズを充足するようさまざまな社会資源を活用していく方法の総体」[2]と定義するが、まずは1つの事例でもって、ケアマネジメントの具体像を示しておきたい。

Fさん（72歳・男性）はひとり暮らしで、若いころから病弱である。白内障のため弱視で、左眼は大きい字なら読める程度である。足腰が立たず、室内では這って移動している。糖尿病もあるが、最近は医院にも通っていない。また、認知症の状況については、日常生活に支障を来す症状・行動・意志疎通の困難さが多少みられ（認知症の日常生活自立度：Ⅱ）、長年市営住宅に入居し、生活保護を受給している。

民生委員はFさんから「手持ちの金がなく、困っている」との連絡を受け、通帳を確認すると、生活保護受給日に保護費の全額が、年金交付日に年金の全額が引き出されていた。いままで銀行からの小口の引き出しを不特定多数の近所の人に依頼してきたが、今回引き出そうとした際に、残金がほとんど残っていない状態であった。本人は通帳の字を読むことができず、前回だれに依頼したかもわからないことから、今後このようなことが起こらないようにと、ケアマネジャーに相談支援を依頼してきた。

そのため、ケアマネジャーはFさんが要介護認定を受けるように支援し、要介護2の認定を得た。同時に、Fさんの問題状況を把握するために、アセスメントを行い、以下のようなケアプランをFさんといっしょに作成した。

①視力低下と軽度の認知症のため、金銭の出し入れや管理ができないため、日常生活自立支援事業の生活支援員が生活費の管理を行い、民生委員が異変がないかを見守る。
②糖尿病と認知症の受診・治療を受けるため、再度病院に通院する。
③視力障害と歩行困難があり、1人では通院できないため、移送サービスと訪問介護でもって通院する。
④1人で外出ができず、食材や日常生活用品の買い物ができないため、訪問介護での買い物と近所の商店に商品の配達を依頼する。
⑤屋内の段差と歩行困難のため、自宅での入浴が難しく、住宅改修で段差を解消し、手すりをつけ、訪問介護で洗身・洗髪を介助する。
⑥投薬されているが、視力障害により服薬の確認や管理ができないため、訪問介護と訪問看護で対応する。
⑦視力障害で移動が困難なため、掃除やゴミ出し等の家事が不十分であり、掃除の一部を訪問介護に、ゴミ出しを近隣に依頼する。
⑧歩行が困難で、玄関の出入りや、和式トイレや物干し場が使えないため、住宅改修によって移動を可能にする。
⑨独居で、病気や障害があり、緊急時に連絡ができないため、緊急通報装置を設置し、

---

2) 白澤政和：ケースマネジメントの理論と実際；生活を支える援助システム．中央法規出版，東京，p.11 (1992).

第1部　認知症のある人に対するケアプラン作成の視点

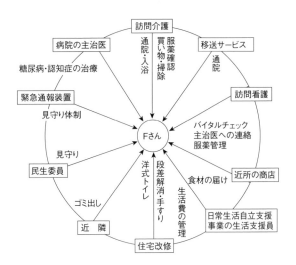

図1　Fさんを支える社会資源

民生委員の見守り活動を依頼する。

以上のケアプランは図1のようになる。

その後、Fさんの心身や環境の変化に合わせて、ケアプランを変更・実施していくことにした。

Ⅱ．ケアマネジメントの内容と課題

1．ケアマネジメントの目的

ケアマネジメントは単に利用者の在宅生活を支えるだけでなく、利用者の自立を支援し、QOLを高めることにあるとされている。自立とは、自ら有している能力が発揮でき、自らの責任で自己決定することを意味しており、その際にケアマネジメントは、利用者が必要な社会資源を利用しながら生活していくことを支援することである。また、QOLについては、利用者の身体機能面、精神心理面、社会環境面の3つの側面が改善・維持されることでもってQOLを高めていくことである。

2．ケアマネジメントの過程

このケアマネジメントは、一般に図2のような、エントリー、アセスメント、ケアプランの作成、ケアプランの実施、モニタリングが循環している過程でもって進められる。この過程は、利用者の参加を原則として、またケアマネジャーは社会資源となる他の専門職等との連携のもとで実施されることになる。

エントリー段階では、利用者の早期発見と契約が重要な機能となるが、契約であるインフォームドコンセントについては、従来は形式的な側面が強かったが、介護保険制度では

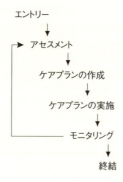

図2　ケアマネジメントの過程

契約をすることで、大きく進んだ部分である。しかしながら、早期発見の機能については必ずしも十分でない。その主たる原因としては、病院と地域のケアマネジャーの連携はやや進みつつあるが、地域住民等のインフォーマルセクターとケアマネジャーの連携が十分取れていないことが指摘できる。そのため、利用者の早期発見が容易に可能となるケアマネジメント・システムをそれぞれの地域社会で構築していく必要がある。一方、介護保険の仕組みとして、ケアマネジャーがケース発見にインセンティブが働く仕組みが必要である[3]。とりわけ、ひとり暮らしの認知症のある人の発見が難しく、これには認知症初期集中支援チームの役割に大きく期待されている。とくに認知症のある人の早期発見は、介護サービスに結びつけるだけでなく、日常生活自立支援事業に結びつけやすく、かつ専門医の受診で軽度の期間を伸ばすことが可能となる場合も多く、また軽度な時点で表現できた利用者の思いを将来にわたっても支援者が継承していくことができるために、その重要性が強く指摘できる。

　アセスメント段階では、利用者の問題状況を把握することであり、生活全体が把握できるアセスメント票の開発も大きなテーマである。そのため、当然、アセスメントでは利用者の身体機能面、精神心理面、社会環境面でのトータルな把握が必要となる。ただし、ケアマネジメントではとくに利用者のストレングスを活用することの重要性が指摘されており、そうしたことを可能にする用紙の開発が求められる。また、認知症のある人のような意思表示を十分行えない利用者については、とくに観察や生活史等を通じて、利用者の意向や思いをキャッチし、記録できるアセスメント票の開発も重要である。

　ケアプラン作成段階については、ケアマネジメントの中核的な業務であり、ケアプラン作成についての徹底した指導や研修が求められる部分である。介護保険のケアマネジャーの現状として、適切なケアプランの作成ができていない場合もあると指摘されている。

　この段階ではニーズの把握を起点にしてプランが作成されるが、ここでのニーズ把握は、

---

3) 白澤政和：介護保険とケアマネジメント. 中央法規出版，東京，2000.

2001年にWHOが提示した国際生活機能分類（ICF）の考え方が有効である。これは、人と環境との相互連関性をもとに、生活機能障害をとらえるものである。具体的には、個々のニーズは身体機能面、身体心理面、社会環境面が相互に関連しながら生じているとするものである。同時にそうした3つの側面については、マイナス面だけでなくプラス面も同時にとらえるものである。ここに、アセスメントとケアプランがつながり、利用者の生活の全体性・連続性のもとでケアプランが作成されることになる[4]。

このことは、認知症のある人のBPSDについても、NDBモデル（Need-driven Dementia-compromised Behavior Model）でとらえると[5]、BPSDはニーズが変形したものであり、ニーズに基づく妥当的な行動であり、その変えることのできない個人的な要因である背景的要因と、より流動的で可変性のある環境的な要因である近接要因でもってBPSDが生じているといった視点が重要となってきている。

ケアプランの実施段階においては、ケアマネジャーのケアプランのみでサービスが提供されるのではなく、各サービスの専門家が作成する個別援助計画に基づきサービスが具体的に提供されるため、サービス事業者とのカンファレンスの開催やケアプランと個別援助計画の摺り合わせが不可欠である。

モニタリングについては、ケース数と相関があり、ケース数が多い者ほどモニタリングがなされていないことが、カナダや日本の介護保険での実態から明らかになっている。そのため、モニタリングがケアマネジメントを展開していくうえで重要であることにかんがみ、介護保険でのケアマネジャー1人あたりの適切なケース担当数の検討が不可欠である。これについては、2006年度からの介護報酬で、従来担当ケース数基準を50ケースから35ケースに変更されて今日に至っている。

---

4) 障害者福祉研究会編：ICF国際生活機能分類－国際障害分類改定版. 中央法規出版, 2002.
5) Algase, D. L., Beck, C., Kolanwski, A., Whall, A., Berent, St., Richards, K., & Beattie, E: Need-driven dementia-compromised behavior：An alternative view of disruptive behavior.American Journal of Alzheimer's Desease,11 (6), 10, 12-19, 1996.

【第2章】
ケアプランの作成について

　人びとの地域生活支援の方法をケアマネジメントといい、施設入所者の生活を支援することをケアマネジメントとよぶことはない。しかしながら、施設入所者の退所を目的としてケアプランを作成・実施する場合には、ケアマネジメントとよぶ。ケアマネジメントは、利用者の在宅生活を支援したり、病院や施設から在宅への移行を支援する方法である。
　一方、終の住みかである介護老人福祉施設においてもケアプランは作成される。この場合のケアプランは利用者の施設での質の高い生活を目指すものとなる。介護老人福祉施設でも理想的には在宅復帰を目的にしてはいるが、施設のケアプランは在宅のケアマネジメント同様に、質の高い生活を支えることを目的にしていることでは同じである。
　ここでは、ケアマネジメントでのケアプランと介護老人福祉施設やグループホームで作成するケアプランの両者を合わせたケアプラン作成方法について概説し、とりわけ認知症のある人のケアプラン作成におけるポイントを示してみる。

Ⅰ．ケアプランとは

　ケアプランの内容は、正確には、「ケース目標の設定」と「ケアプラン作成」でもって構成される。このケアプランは、高齢者についてのアセスメントをもとにして作成される。アセスメントでは、高齢者の身体機能面、精神心理面、社会環境面での状態を把握し、問題状況の全体を理解することであるである。
　このケアプランを作成することこそがケアマネジメントや施設のケアプランの内容をもっとも特徴づけている部分である。その特徴は、その過程においてケアプランを「構想する」ことにあり、ケアマネジメントが有している「計画性」という特徴を発揮するからである。また、ケアプランのなかでサービス提供者間での共通の目標と役割分担を明確化することによって、ケアマネジメントや施設のケアプランの特徴であるチームアプローチの推進を実行可能とさせることになる。

1．ケース目標の設定
　ケース目標は一般に「大目標」ともいわれ、高齢者がどのような生活をしていくのかと

いう大きな目標を設定することである。ケース目標では、高齢者側の目標とケアマネジャー側、さらには、さまざまなサービス提供者側の目標を一致させることも狙いであり、最終的には、高齢者自身がどのような生活をしていきたいのかを明らかにすることである。

とくに重要な「どのような生活をしたいのか」という内容をケアマネジャーが高齢者と一致させていく際には、高齢者のもっている潜在的な能力が十分に発揮でき、かつ生活の質を向上させること、自立を促進すること、残存機能を生かすこと、心身機能の向上を目指すこと、社会への参加が行われること、を基本的な視点として、高齢者と話し合うことが重要である。

さらには、そのようなときに、当然のことではあるが、高齢者とケアマネジャーが対等な立場に立ち、あるいはケアマネジャーが側面的な立場に立ち、高齢者本人や家族の希望を十分に踏まえたうえで、ケース目標の設定がなされなければならない。

ここで決定されたケース目標の設定は、高齢者の生活支援において、高齢者に関わるサービス提供者が共通した支援目標として共有する部分である。その意味で、ケース目標の設定はある高齢者に対して多数のサービス提供者が関わる際に、それぞれのサービス提供者が対応していく道しるべを提示していることになる。

そのために、ケース目標の設定は、ケアマネジャーが高齢者あるいはその家族といっしょに十分な時間を取って話し合うことで、高齢者自らが、あるいは家族を含めて決定していくことが必要である。同時に、ケース目標は、ときには本人の身体機能面での変化や心理面での変化、さらには介護者や住環境等の環境面での変化によって変わっていくことも想定される。したがって、一度決まったケース目標が、将来にわたっての永遠に固定した目標ではないことも理解しておかなければならない。そのため、高齢者のADLでの大きな変化や、介護者といった社会環境面の大きな変化があれば、再度、十分な時間を取ってケース目標について話し合いをする機会をもつことが重要である。

2. ケアプラン作成の基本原則

ケアプラン作成の基本原則として、バーバラ・シュナイダーは7点あげているが、それらについて、説明を加えることとする[6]。

1) ケアプランは、前段階で実施された高齢者の包括的・機能的アセスメント結果に基づく

そのため、当然のことであるが、アセスメントとケアプランの作成には連続性が求められる。しかしながら、アセスメントから高齢者の生活の全体像が把握できたとしても、そこから生活ニーズを抽出していくことは容易ではない。そのため、生活ニーズをアセスメントから抽出していく原理が明らかにされる必要があるが、アセスメントで明らかになっ

---

[6] Barbara Schneider : Care planning ; The core of case management. Generations, XII(5), 16-17, 1988.

た高齢者の身体機能状況、精神心理状況、社会環境状況の関連性のなかで、生活ニーズは生じている。認知症のある人のアセスメントでは、生活史やケアマネジャーや他の専門職、家族等が感じたり、気づいたことがとくに重要なアセスメント内容といえる。

2）ケアプランには、高齢者ないしは家族成員などの代理人がその過程に参加する

ケアプランの作成には、高齢者なり家族が自らの困り事（主訴）を明らかにするように支援することが必要である。この結果、一方で利用者本位のケアプラン作成が可能であり、他方、ケアマネジャーとの調整のもとで適切な生活ニーズを導き出すことができる。ケアプラン作成に高齢者や家族の参加が弱かったり、欠くことになれば、作成されたケアプランに対する不満が残るだけでなく、実際にケアプランの遂行を中断してしまうことにもなりかねない。

3）ケアプランは、前もって決められたケース目標達成に向けた具体的な計画である

前述した大目標ともいうべきケース目標とケアプランは表裏一体のものであり、一方が変更されれば他方も修正されることになる。そのため、これら両者の作成は、原則としてケース目標設定後にケアプランの作成がなされることになるが、実際には一体的な側面が強いといえる。

4）ケアプランは、永続的なものではなく、特定期間の計画である

当然のことであるが、高齢者とケアマネジャーとの間で決定した特定期間でのケアプランであり、フォローアップの結果、生活ニーズに変化が生じていれば、新たなケース目標の設定やケアプランの作成がなされることになる。また高齢者と前もって決めていた期間内であっても、高齢者や社会環境の急激な変化によって、ケアプランの変更が求められる場合がある。

5）ケアプランには、フォーマルなサービスとインフォーマルなサポートの両方が含まれる

在宅でのケアプラン作成にあたっては、それぞれの社会資源の有している特性を活かしていく必要がある。フォーマルサービスとインフォーマルサポートではその特性に大きな違いがあり、前者は公平で標準的なものであるのに対して、後者は柔軟性がありミニマムを超えた支援が可能である。そのような違いを活かしてケアプランを作成することにより、高齢者の生活の質が高まるといえる。

6）ケアプランは、高齢者ないしは家族の経済的な負担能力を意識して作成される

制度的には、個々のサービスに自己負担額が決められていたり、サービス総体として利用できる限度額が決められている。他方、高齢者やその家族は、経済状況や自らの価値観により、どの程度の経済的な自己負担をするかの考え方も異なる。ケアマネジャーはそのような高齢者本人や家族の経済的な自己負担能力の可能性を見極めてケアプランを作成し、最終的に支払える自己負担額について、本人や家族からの同意を得ることが不可欠である。

7）ケアプランの内容は、定型化された計画用紙に文書化される

作成されたケアプランに対して、高齢者やその代理人から同意を得るためには、口頭による合意に加えても、文書による合意を得る。なぜなら、高齢者については自己負担を伴うものであり、またケアプランが文書化されることによって、どのサービスがどのような生活ニーズに対応するために実施されるかが、いつでも高齢者やその家族に明らかにできるためでもある。

Ⅱ．アセスメントからケアプラン作成に至る過程

前述で示してきたようにケアプランの作成は、アセスメントを基礎にすることになる。そのため、アセスメントからケアプランのベースとなる生活ニーズをいかに引き出し、さらに、それがどのように社会資源と結びついていくかが、1つのプロセスとして明らかにされなければならない。

アセスメント過程は、問題状況を明らかにするために思考する過程であるとされているが、この思考過程を介してケアプラン作成に至るには、図3のようにA～Fの6つのフェースで展開していくことがわかる。

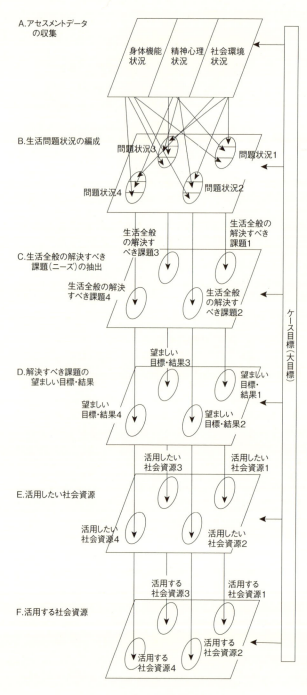

図3　アセスメントからケアプラン作成の過程

1. アセスメントデータの収集

Aは、アセスメントデータの収集状況を表している。アセスメントデータは、利用者の身体機能状況・精神心理状況・社会環境状況の3つに分類することができる。また、それぞれの状況には、利用者の現在の状況だけでなく、過去の状況、ときには将来に起こり得る状況や、期待している状況までが含まれている。このアセスメント情報には、ケアマネジャー自身や他の専門職等の人々が感じたり、気づいたことも含まれる。なお、収集されたデータは、フォーマット化されたアセスメントシートから得られた情報が核になるが、それだけではない。アセスメントシートから得られた情報は、最小限のものである。話し合いのなかで得られる情報も多く、また他から得られる情報もある。さらには利用者の表情や動作から、あるいは生活史のなかから、気づいたり感じることも、アセスメントデータである。

2. 利用者の生活問題状況の編成

Aのアセスメントデータをもとに、利用者の生活問題状況を編成したのがBである。この段階では、利用者の身体機能状況・精神心理状況・社会環境状況を要素として、1つの生活問題状況に編成し、変化させていくことになる。このような生活問題状況は図に示したとおり、1つではなくいくつも生じることが一般的である。

さらに、ある特定の身体機能・精神心理・社会環境状況が、さまざまな生活問題の主要な要素となっている場合もある。たとえば「パーキンソン病で歩行が不自由である」という身体機能状況が、さまざまな生活問題状況に内包されていることもある。また、社会環境状況としての「利用者がひとり暮しである」ことが、さまざまな生活問題状況の要素となっていることもある。つまり、"パーキンソン病"や"ひとり暮し"といった単一の身体機能・精神心理・社会環境状況がさまざまな生活問題に強く影響を与えている可能性もある。

ちなみに、ケアマネジャーが行うこれらの生活ニーズの捉え方を、ホルト（B. J. Holt）は、「クライエントとその環境との全体像を把握し、クライエントがより効果的に機能できるように適切に変化させることがケアマネジャーの技能である」とし、「ケアマネジャーは、単に"木"をみるのではなく"森"をみることが重要である」としている[7]。

3. 生活ニーズの抽出

Cは、利用者の生活問題からさまざまな解決したい課題が提示されることを表している。解決したい課題こそが、狭義の生活ニーズとなる。なお、BからCへの展開については、次項Ⅲで詳しく説明することとする。

---

7) Barbara J. Holt : The practice of generalist case management. Allyn and Bacon, Needham Height, p.21, 2000.

4. 問題解決に向けた方向づけ

さらに、CがDに展開していくためには、生活問題状況から明らかにされた狭義の生活ニーズを解決するための方向づけや、望ましい目標・結果を明らかにすることが求められる。これでもって、CとDを合わせた、広義の生活ニーズが示される。これについても、次項Ⅲで詳しく説明することとする。

5. 活用したい社会資源

CとDによる広義の生活ニーズに基づいて、どのような社会資源を活用したいのかがEである。これはサービスニーズを確定することになる。

6. 社会資源の活用

Eのサービスニーズをもとに具体的に社会資源の活用につなげていくのがFである。この場合に活用される社会資源は、広義の生活ニーズに対して活用される社会資源は単一のものとも限らず、複数活用されることもある。

以上、図を使って生活ニーズを核にしたケアプランの作成過程を示してきた。この過程は、直線的に進むものではなく、フィードバックしながらPDCA（plan-do-check-act；生活・品質などの管理を円滑に進めるための業務管理手法の1つ）サイクルでもって進められていくことになる。

以上が専門家としてのケアマネジャーが、ケアプランを作成していくプロセスであるといえる。ただし、このプロセスは、専門家としてのケアマネジャーのみで展開していくものでは決してない。この6つの段階を利用者との協同作業として実施していくことに、ケアマネジメントの特徴がある。

図3の過程で、さまざまな社会資源が活用されることになるが、この結果、ときには利用者自身である内的資源を活用していくことを狙いとする場合もある。他方、利用者を取り巻く社会資源を変化させるといったことも生じてくる。あるいは、本人や環境の変化は求めることなく、本人と環境との関係を修正し、変化させるといった形で解決をするといったことも考えられる。

このようにケアプランの作成は、①利用者の変化、②環境の変化、③高齢者と環境との関係の変化という3つを狙いとし、ひいては高齢者の生活の質を高めていくことになるといえる。すなわち、本人を変えることもあれば、社会環境を変えることもある、そうした画面を含んだ「生活そのものを変える」ことになる。

WHOは2001年に国際生活機能分類（ICF）を提案したが、ここでは生活支援とは、人と環境との関係に焦点をおくものであり、「医学モデル」でも「社会モデル」でもなく[8]、「生

8）障害者福祉研究会（編）：国際生活機能分類（ICF）；国際障害分類改定版．中央法規出版，東京，p.18, 2002.

活モデル」であるとしている。そのため、ケアプランは高齢者の身体機能面・精神心理面・社会環境面を総合的・統合的にとらえ、支援をしていくといったことに特徴を見いだすことができる。

Ⅲ．ケアプランでの生活全般の解決すべき課題（ニーズ）の把握

　生活支援とは、人と環境との関係、あるいは、高齢者の身体機能状況・精神心理状況・社会環境状況の総合的な関係のなかで問題をとらえるということを明らかにしてきたが、そうした観点で高齢者の「生活全般の解決すべき課題（ニーズ）」がどのように具現化されるかを、事例をもとに説明してみる。

〈事例1〉Aさん
　　　　身体機能状況：褥そうがある
　　　　精神心理状況：食べる意欲を失っている
　　　　社会環境状況：介護者に腰痛があり、体位変換ができない、
　　　　　　　　　　　固いマットレスで就寝している

　本事例の生活全般の解決すべき課題（ニーズ）は、「Aさんには褥そうがあり、食べる意欲をなくしており、かつ、介護者に腰痛があり体位変換ができず、固いマットレスで就寝しているため、褥そうを治癒できないで困っている」となる。この場合、褥そうがあって食べる意欲をなくしているという「人」の側面と、介護者が体位変換をすることができないほどの腰痛をもっており、固いマットレスで就寝しているという「環境」の側面との間で課題が生じているといえる。あるいは、Aさんの身体機能面と精神心理面、社会環境面との関係において生活全般の解決すべき課題（ニーズ）が生じているともいえる。

〈事例2〉Bさん
　　　　身体機能状況：洗髪・洗身で一部介助が必要である
　　　　社会環境状況：介護者が高齢で腰痛がある

　本事例では、「洗髪・洗身で一部介助が必要である」という身体機能状況そのものが生活ニーズとはならない。とらえるべき生活全般の解決すべき課題（ニーズ）は、「Bさんは洗髪・洗身に一部介助を必要としており、かつ、介護者が高齢で腰痛があるため、入浴できないで困っている」となる。このように、人と環境との関係のなかで課題が生じていると説明することもできるし、同時に、高齢者の身体機能状況と社会環境状況との関係において障害が生じているとも説明することができる。この事例から、高齢者本人のADL（＝身体機能状況）だけをとらえるのではなく、それと家族介護者の状況（＝社会環境状況）とを相互関連づけることにより、本人が入浴できない状態が課題であることがわかる。逆

にいえば、Bさんの入浴についてのADLが向上したり、家族から十分な介護力が得られるかのどちらかが生じていれば、「入浴できないで困る」という生活全般の解決すべき課題（ニーズ）は生じないといえる。

〈事例3〉Cさん
　　　　身体機能状況：血圧が高く、血圧降下薬を服用。また脳梗塞の既往歴もある
　　　　社会環境状況：ひとり暮らしであり、電話がない

　本事例についても、「血圧が高く、血圧降下薬を服用している」ことや、「脳梗塞の既往歴がある」ことが、そのまま生活全般の解決すべき課題（ニーズ）となることはない。「Cさんは血圧が高く、血圧降下薬を服用しており、脳梗塞の既往歴があり、かつ、ひとり暮らしで、電話がないため、緊急時に連絡ができなくて困っている」ということが生活全般の解決すべき課題（ニーズ）であるといえる。
　この結果においても、人と環境との関係や、身体機能状況と社会環境状況との関係のなかで生活全般の解決すべき課題（ニーズ）がとらえられる。

〈事例4〉Dさん
　　　　身体機能状況：認知症のBPSDとして、明け方に徘徊がある
　　　　社会環境状況：介護者である娘は、子どもの世話があるため、朝には見守りが
　　　　　　　　　　　できない。また、家の前には道が通っており、交通量が多い

　本事例では、「朝方に徘徊がある」ことが生活ニーズとはならない。生活ニーズは、「介護者が忙しい朝方の時間にEさんの徘徊がみられるが、家の前は交通量が多いため、安全に見守りができないで困っている」と表現できる。
　これも、人と環境との問題、あるいは本人の身体機能状況・精神心理状況・社会環境状況との関係のなかで生活課題が生じていると説明することができる。

　以上のように、生活ニーズとは、単に高齢者の身体機能状況だけでとらえられるのではなく、高齢者の身体機能状況、精神心理状況、社会環境状況とを結びつけ、高齢者を総合的にとらえることではじめて導き出されるものである。あるいは、人と環境との間に焦点をあて、その関係のなかで生じている生活課題として引き出される。
　なお、上記の事例で示したように、問題状況でもって生活ニーズとしてとらえる場合と、さらにはそれらの問題状況に加えて、その問題状況の望ましい目標や結果を含めて、生活ニーズとする場合がある。これをもとに4つの事例を整理すると、図4のようになる。4つの事例では、アセスメント項目である高齢者の身体機能状況、精神心理状況、社会環境状況から、生活ニーズにおいても、「生活全般の解決すべき課題（ニーズ）」という狭義の生活ニーズが示されたことになる。さらにこの「生活全般の解決すべき課題（ニーズ）」

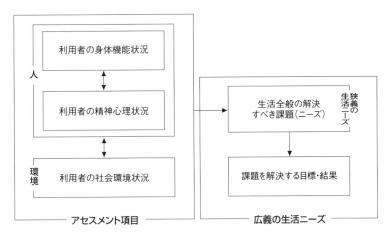

図4 アセスメント項目からの生活ニーズの導き出し方

を解決していく目標が示されることになる。これが広義のニーズの生活ニーズとなる。

　前節で示したケアマネジメント過程での「生活ニーズの抽出」は狭義の生活ニーズを示しており、利用者の身体機能状況、精神心理状況、社会環境状況についてのアセスメント項目を結びつけることから抽出されることになる。これがBからCへの展開である。さらに抽出された狭義の生活ニーズを含めて、その課題の解決に向けた目標や結果を示すことが広義の生活ニーズとなる。これがCからDへの展開である。

【第3章】
認知症のある人に対するケアプラン

　介護保険制度では、認知症の症状の有無にかかわらず、すべての要介護・要支援高齢者に対してケアプランを作成することになっている。これは在宅の高齢者でも施設やグループホームの高齢者についても同様である。しかし、どちらのケアマネジャーからも認知症のある人のケアプランが作り難いといった意見がよせられている。在宅の認知症のある人に対するケアプランの内容をみると、デイサービスやショートステイの利用といったステレオタイプのケアプランに留まっている場合が多い。なぜそうしたことになるのかといえば、家族の介護負担の軽減のみに目を向けているためであり、認知症のある人本人の意向やニーズに基づいたケアプランの作成に至っていない現状にあるからだといえる。他方、施設でのケアプランでは、個々のBPSDについての適切な対応に基づく個別的な計画というよりも、マニュアルにも類するような画一的な計画であるケアプランになっている場合がみられる。

　ここではまず、認知症のある人に対するケアプランはどのように作成され、どのように実施されるべきかの本質的な問題を探ってみることとする。このことをさらに突き詰めれば、認知症のある人に限らず、意思表示が十分でない者に対するケアプランはいかにあるべきかを示すことでもある。

Ⅰ．ケアプラン作成の目的

　在宅であろうが施設であろうが、高齢者に対するケアプラン作成の目的は、高齢者の質の高い生活を支援していくことにある。介護保険下でのケアマネジャーの仕事は、要介護高齢者の「生活」を支援するために、生活ニーズを的確に把握し、それらのニーズに合わせた適切なサービスを提供することにある。近年、医療においても、患者の困っている問題をしっかりと把握し、その問題解決のための科学的な情報をできる限り集め、患者と話し合って解決方法を決めていくエビデンス・ベースド・メディシン（EBM：evidence based medicine）の重要性が叫ばれているのと同様に、ケアマネジャーの作成するケアプランにおいても、背景となる事実や状況を明らかにし、それらをもとに問題状況や生活ニーズを利用者といっしょに把握し、利用者の同意のもとで計画的に支援することが必要である。

その背景となるアセスメントのデータをもとに生活ニーズを導き出すことを、25ページに示した＜事例１＞を用いて説明してみる。たとえば、Ａさんに褥そうがあるという事実をとらえるときに、ケアマネジャーは褥そうがあるという身体状態だけの事実をとらえるわけではない。身体状態としての褥そうと同時に、Ａさんの心理状態として、食べる意欲をなくして栄養が取れていない側面もとらえる。さらには環境状態でいえば、固いマットレスで就寝していたり、介護者が腰痛のため体位変換の介護ができていないといった事実もとらえることになる。要介護高齢者本人の身体的な状態と、意欲の低下といった心理的な状態、介護者に腰痛があって世話ができない、また固いマットレスでの就寝といった社会環境状態が相互に関連し合って、「褥そうの治療ができない」という生活ニーズをとらえることができる。

　以上は、人と環境との関係のもとで生活ニーズをとらえていくことであるが、これは専門職がとらえる生活ニーズであり、ノーマティブニーズといわれている。

　他方、利用者本人がとらえる生活ニーズである「私は、生活をしていくうえでこのようなことに困っている」と感じているニーズのことをフェルトニーズという。ケアマネジャーは支援過程を介して、両者のニーズを調整しながら、結果として両者が合意する真の生活ニーズをとらえ、それらの生活ニーズに対する解決方法を利用者といっしょに探し出していくことになる。

　ケアマネジャーが生活ニーズをとらえるためには、人と環境との関係での背景となる事実や状況間での関連性を把握し、それらから高齢者が困っていたり、実現したい生活ニーズが生じていることを理解していくことである。それが生活ニーズの基本的なとらえ方であるが、その際に重要な２つのポイントがある。第１のポイントは、要介護高齢者の生活を全体としてとらえる視点である。本人の身体・心理的な状況と社会環境状況を合わせた関係をもとに、その関係のなかで生活全体をとらえる視点である。第２のポイントは、要介護高齢者の生活を要介護高齢者側の主体的な立場からとらえる視点である。

　すなわち、たとえば褥そうに関するニーズをとらえる際には、どのようなレベルの褥そうという身体的状態、食べる意欲をなくしている心理的状態、そして固いマットレスで就寝していたり、介護者に腰痛があって介護ができないといった社会的状態をつなぎ合わせていかなくてはならない。そのときに、第１のポイントである生活の全体を把握するために、ケアマネジャーは、褥そうが栄養、除圧、体位変換等と関連しているといった知識を有していることが必要であり、そうした知識でもって生活の全体像を把握していくことになる。そのためには、他の専門職から知識や情報を得ることも必要である。第２のポイントである利用者側の主体的な立場からとらえることは、具体的にいえば、ケアマネジャーは「私がＡさんであれば」また「Ａさんといっしょに」という立場に立つことによって、上記のさまざまな背景となる事実が結びつき、生活ニーズが浮き彫りにされてくる。このように、ケアマネジャーは利用者について、一方で総合的な視点、もう一方で利用者の主

体的な視点をもとにすることで、はじめて利用者の生活ニーズをとらえることができる。

Ⅱ．認知症のある人に対する生活ニーズの把握方法

　しかしながら、認知症のある人の場合には、上記のような利用者の感じているフェルトニーズと専門家が考えているノーマティブニーズをすり合わせることが難しい。これは、利用者が意思表示を十分できないことが多いからである。これについては、認知症のある人の場合だけが難しいわけではなく、意思表示が十分にできない一部の知的障害者や精神障害者に対するケアプラン作成においても同じことがいえる。このような利用者についての生活ニーズはどのように明らかにすればよいのかが大きな課題となる。

　認知症のある人の場合には、ケアマネジャーと利用者の両者が生活ニーズを出し合うことは少なく、専門職がとらえるノーマティブニーズが優先され、利用者の思いとは異なる支援になる可能性もある。そのため、専門職に課せられる責任がきわめて大きく、ケアマネジャーには認知症のある人の生活を全体としてとらえること、および認知症のある人自身を主体的な立場からとらえることに、研ぎ澄ました感性や能力を有していることが求められる。結果的には、ケアマネジャーは自ら作成したケアプランにある程度の自信をもてなければいけないが、認知症のある人を主体的な立場からとらえるということは利用者の精神内界に入り込むことによって、感じたり、気づいたりする事実で意味づけをしていくことが可能となり、生活ニーズやその解決法が浮かび上がってくる。そうした主体的な立場に立っての生活の全体把握が、ケアマネジャーにとっては難しい課題である。そのため、認知症のある人の事例を介して、利用者の主体的な立場から生活の全体性を把握し、生活ニーズをとらえていくことを学んでいくことが重要となる。

Ⅲ．認知症のある人に対するケアプラン例

　前述の褥そうに関する事例では、褥そうの治癒には栄養摂取との関係、またマットレスや体位変換の介護も褥そう部位に強い圧力がかかることで関係があることがわかった。ところが、たとえば帰宅願望や暴言・暴力などのBPSDは、他の背景となる事実と関連づけて意味づけることが難しい。しかしながら、そうしたBPSDをどのようにとらえるかを認知症のある人の主体的な立場から意味づけていくことにより、より適切なケアプランが作られていくことを、帰宅願望のある事例をもとに考えてみたい。

　Ｆさんは認知症であり、住宅型の有料老人ホームに入所してきたが、3か月経っても、毎日帰宅願望があり、玄関まで出てきて、「帰らせていただきます」といった行為が続いていた。多くの時間を食堂で他の入居者といっしょにいるが、ウロウロしている時間が多く、落ち着いて座っている時間が少ないことに、ケアワーカーは苦慮していた。また、娘

さんから社交的であると聞いていたが、他の入居者と話すこともほとんどせず、ぼんやりとしていることが多いこともわかった。

そこで、ケアマネジャーはサービス担当者会議を開催し、話し合うなかで、ケアワーカーが座る席に案内し、ケアワーカーが話しかけをすると、隣の人と会話をするようになり、落ち着くことから、Fさんが施設のなかで居場所がないことが大きな生活ニーズであることがわかってきた。そのため、Fさん専用のイスを準備し、Fさんと時々声をかけ合っている入居者を隣の席にすることで、ウロウロしているときはFさんの席に案内することで居場所を確保するケアプランを作成した。さらに、Fさんは毎日新聞をていねいに読んでいたというアセスメントに基づき、Fさんの席の前に新聞をおいておき、ときにはケアワーカーが新聞を読むことを勧めることをケアプランに加えた。

このような支援を実施することで、Fさんの表情も柔らかくなり、他の入居者と話をする機会も増えてきた。また、帰宅願望もほとんどなくなっていった。

以上の事例からわかることは、必ずしも言語的コミュニケーションによるアセスメントではなく、非言語的コミュニケーションである利用者の観察により得られたことをもとに、ケアプランを作成したものである。さらに、そのケアプランでは、利用者の観察をもとに、ケアワーカーやケアマネジャーが感じたり、気づいたことをアセスメントデータとして活用しており、とくに、認知症のある人のケアプラン作成については、感じたり、気づくアセスメントデータが重要であるといえる。

Ⅳ. 事例からみたケアマネジャーに求められること

ケアプラン作成にあたっては、利用者の主体的立場に立つことの重要性を示してきたが、帰宅願望（徘徊）を例にした事例においては、その背景となる現実の関連づけをどのように利用者といっしょになり意味づけしていくのかという課題がある。認知症のある人に対するケアプラン作成の場合には、ケアマネジャーは、相手と同じ目線に立ち、いかに寄り添っていくのかという専門的態度が強く求められる。これが認知症のある人に対するケアプラン作成における難しさだといえる。そのため、ケアマネジャーには利用者の現在の状況だけでなく、過去の生活史やそこでの本人の態度や気持ちも重要なアセスメント情報として把握する必要がある。同時に、利用者の思いに敏感になる感受性も必要になる。身体的な障害のみをもっている人の場合は、相対的にレスポンスしてもらいやすく、ケアプランの作成も容易であるが、認知症のある人の場合には、言語面でのレスポンスが難しいため、その部分をいかに専門性で補っていくかは、ケアマネジャーの感受性によるところが大きい。

一方、ケアマネジャーに求められる高齢者の行動等を意味づけることは、個々のケアマネジャーが自信をもって「そうに違いない」と言い切れない部分が多い。そのため、意味

づけは、ときには試行錯誤を繰り返すことになり、最終的には利用者の状態が変化することで、意味づけの正当性を自己評価・他者評価することになる。

意味づけをしたケアプランでの自信のなさを補い、いかに試行錯誤で作成していくべきかについて以下の5つを言及しておく。

① できる限り本人からケアプランについての了解を取ることが基本原則である。時間帯によっては、理解が比較的容易である高齢者もおり、そうした時間帯を狙って了解を取る工夫も必要である。

② 家族やホームヘルパーといった本人の身近な理解者といっしょにケアプランを作ることである。

③ 日常生活自立支援事業での生活支援員や成年後見人制度での後見人等も加わってケアプランを作っていく。

④ 職場の上司のスーパービジョンを受けて、ケアプランを作成・実施し、検証していく。

⑤ 多職種の専門職とのケアカンファレンスのなかで、相互のディスカッションによる複眼的な視点で、的確な生活ニーズや解決方法を決めていく。

認知症のある人に対するケアプランの作成や実施にあたって、ケアプランの作成に関わる者は、利用者の生活の全体性や主体性に視点をおき、利用者から感じたり、気になることを大切にし、それらを意味づけていくことで、生活ニーズの確定やそれらの解決方法について、試行錯誤を繰り返していくことが重要であるといえる。

最後に、1つの事例を介して認知症のある人のケアプランのあり方についてまとめておく。

認知症のあるBさんは精神病院を退院し、施設入所してきたが、病院にいたときに健側下肢でベッドを蹴るため、何回か転倒の経験があった。そこで、施設のケアプラン作成にあたって、ある人は「健側下肢でベッドを頻繁に激しく蹴るため、ベッドから転落の危険がある」という生活ニーズをとらえたとする。このことは、本人の身体機能状態だけをアセスメントして生活ニーズをつかんだことになる。ひいては、サービス内容としては転落の予防ということが支援目標となり、酷くいえば、棚をつける、健側下肢を拘束する、といったことになり、現在は当然原則禁止されている身体拘束を伴うサービス内容につながりかねない。

ところが、前述したように、ケアプラン作成にあたっては、高齢者の人と環境との関係を背景にして生活ニーズをとらえるならば、こうしたケアプランにはならないはずである。

たとえば、Bさんは「健側下肢でベッドを蹴る(本人の状況)が、ベッドが高く、また、夜間職員が2回しか巡回できない(環境状況)ため、ベッドから転落する危険がある」というようにとらえれば、棚の設置や身体拘束といった方法以外に、ロウ(低い)ベッドや畳の生活に替えたり、あるいは、ベッドの横にクッションを敷いたりすることによって解決

を図るであろう。同時に、ケアワーカーの夜間の見守りの頻度を多くするといったことも考えられる。また、夜勤職員の近くへベッドを移すことも検討内容となろう。

　さらに、ケアプランの内容について検討すれば、健側でなぜ蹴るのかという高齢者の心理的な状況の把握が必要である。たとえば、職員がBさんに寄り添うなかで「お腹がすいているときに蹴るのではないか」「淋しいから蹴るのではないか」ということを感じることができれば、多様な解決方法が考えられる。前者であれば、夕食が充分摂れているかどうかを確認したり、あるいはカロリーの低い夜食を準備するといったケアプランとなり、後者であれば、夜の見回りの際に、起きているときにはできる限り職員が声かけをするといったプランとなる。この結果、健側でベッドを蹴るといったことの解決の糸口が見つかることになる。

　この事例から、第1に、ケアマネジャーを含めた全スタッフには認知症のある人に対する尊厳といった人権感覚を身につけてもらうことが不可欠である。第2には、利用者の生活ニーズを人と環境との関係をもとに、総合的に利用者の生活からとらえることが重要である。第3に、認知症のある人の主体的立場から、生活ニーズをとらえることが必要である。そうした観点に基づけば、身体拘束といった人権無視のケアがなくなるだけでなく、生活ニーズの基本的解決にも向かっていけることが明らかになる。

【第4章】
ストレングスを活用したケアプラン

1. ストレングスを活用したケアプランの意義

　認知症のある人を含めてすべての人々は、生来的に"弱さ"（ウィークネス：weakness）と"強さ"（ストレングス：strengths）を併せもっている。そして、前者の弱さが、生活ニーズを引き起こす背景となる。一方で、後者のストレングスは、その人の成長や生活の充実を促進していくものになる。人々は、そうした弱さを克服し、ストレングスを伸ばすことによって、日々生じる生活ニーズを自らの自己決定のもとで解決しながら、1人ひとりの人生を歩んでいるといえる。

　ところで、こうした弱さのなかにはさまざまな要素が存在する。身体機能面でいえば、疾病や身体機能の衰え（ADLやIADLの低下）、精神心理面では意欲の低下や他人との関わりの拒否などがある。また、社会環境面から考えれば、介護者のいない独居高齢者や地域からの孤立といった生活環境、さらにはバリアのある住環境といった物理的な環境などが考えられる。

　一方で、ストレングスのなかには、利用者本人の身体機能面での潜在的な身体能力（○○ができる体力やADL）、精神心理面での意欲（「○○がしたいという気持ち」）や抱負（「○○がしたいといった希望」）、そして社会環境面での介護してくれる子どもや昔なじみの友人の存在といった地域での対人的な関係などが考えられる。さらにいえば、利用者が有している貯蓄や年金などの経済的なものもストレングスの一要素である。

　そのようななか、従来のケアマネジメントにおいては、往々にして利用者の弱さをアセスメントし、それらを背景としたケアプランが作成され、利用者の生活ニーズの解決を図ってきた。他方、ストレングスモデルの考え方は、利用者がもつストレングスに着目し支援していくことにある。ストレングスを支援することで、単に生活ニーズを解決することを超えた、利用者の可能性を高めていく考え方をもとにして、ストレングスモデルによるケアマネジメントの方法が生まれてきた。

2. ストレングスを活用したケアプラン事例

　アメリカにおけるストレングスモデルの第一人者であるチャールズ・ラップが取り上げている2つの事例から、ケアマネジャーが行うストレングスモデルのアプローチについて

検討してみる[9]。

【事例1】Aさん：精神障害をもっている若い男性。在宅で生活をしているが、ずっと入浴を拒否している

　この事例に対して、「あなたが利用しているデイサービスセンターの他の利用者に迷惑をかけるから入浴しましょう」、あるいは「身体を清潔にしないと、職業安定所に行っても仕事は得られませんよ」などといった導き方をしても、Aさんは入浴しないであろう。なぜなら、Aさんは好き好んでデイサービスに通っているわけでもなく、新たな仕事に就きたいという強い熱意ももっていないからである。つまり、適切な動機づけがなければ、Aさんを入浴させることはできないのである。

　そのようななか、ストレングスモデルのアセスメントツールを用いたことによって、Aさんがいちばん興味をもっていることがわかった。それは、ファンであるディスクジョッキーのラジオ番組を聴くことである。そこで、ケアマネジャーが「あなたの好きなディスクジョッキーを見に行くために入浴しましょう」と提案すると、Aさんは入浴し、ケアマネジャーといっしょにディスクジョッキーを窓越しに見に行った。その後、Aさんはその好みを活用して、デイサービスセンターにおいて自らディスクジョッキーとなり、参加している人に音楽を聞かせるようになり、当然のことながら、自ら進んで入浴するようにもなった。

　これは、利用者本人の"好み"というストレングスに焦点を当てることによって、支援が可能となった事例といえる。

【事例2】Bさん：統合失調症で、しばしば過度なアルコール飲酒がある。統合失調症については適切な投薬管理ができているが、飲酒が過度であり、やめられない状況にある

　Bさんはグループホームに入居しているが、Bさん本人の意思としてアパートを借りてひとりで暮らしたいという強い思いがあった。しかし、グループホームの担当職員は、Bさんの状況からして無理ではないかと反対してきた。その一方で、担当のケアマネジャーは、Bさんの強い思いであるアパート生活を実現できるよう支援を行い、それを実現しようとした。

　そうしたなか、飲酒についての話し合いがケアマネジャーとBさんの間で行われた。Bさんは、「グループホームには居続けたくないので、飲酒を減らす」という決心を固めた。すなわち、Bさんは自ら目標を定め、「日曜日以外は飲酒しない」というケアプランをケアマネジャーといっしょに作り実行した。

---

9) Charles A. Rapp & Walter Kisthardt : Case Management with People with ; Severe and persistent mental illness. Carol D. Austin & Robert W. McClelland eds., Perspectives on Case Management. Families International Inc., p.35-37, 1996.

この事例では、自分でアパートを借りてひとり暮らしがしたいという支援目標のなかで、Bさんの意欲を支援することによって、生活ニーズの解決が図られている。

2つの事例は、どちらも精神障害者に対するケアマネジメントであるが、そのなかでケアマネジャーは、利用者のもっているストレングスに着目することによって、支援困難であった生活ニーズを解決している。

【事例1】では、本人の"好み"に着目することで入浴が可能となり、【事例2】では、利用者本人の"意欲"を重視することで過度な飲酒を抑えることができた。さらには、双方ともに利用者本人から潜在的な力を引き出すことにもつながっている。具体的には、【事例1】では、デイサービスセンターでディスクジョッキーとして活躍するようになり、【事例2】においては、積極的な在宅生活ができるようになることにより、再入院が防げ、医療費財源を抑制することにも寄与している。2つの事例は、こうした付加的な価値も生み出している。わが国のケアマネジャーも、知らず知らずのうちにこうしたストレングスモデルによるケアマネジメントを活用していると思うが、その際には、支援者側がストレングスモデルについて明確に意識し、理論的にも理解しながら活用していくことが重要である。

そこで、どのようにすればストレングスモデルを活用したケアプランが作成・実施できるのかについて、以下、具体的に説明していく。

3. ケアプランでストレングスを活用する

まず、利用者やその社会環境がもつストレングスをどの場面で把握し、ケアプランの作成・実施につなげていくのかについて考えてみる。

現在では、さまざまなアセスメントシートが開発され、そうしたシートを活用して利用者の生活の全体像をとらえることが一般的になっている。このアセスメントプロセスにおいて理解しなければならないこととしては、第1に利用者の身体機能状況である健康状態、ADLやIADL等が挙げられる。第2には精神心理状況の理解が必要であり、利用者本人の意欲や他の人との関わりの程度について理解しなくてはならない。第3に、利用者の社会環境状況として、居住環境、家族環境、介護者の状況、地域との関係などといったことが把握すべき内容となる。こうした情報をもとにして、ケアマネジャーは、利用者といっしょに生活全般の解決すべき課題（ニーズ）を導き出していく。

これが一般的なアセスメントの方法であり、ケアマネジャーは、アセスメントを通して利用者とそれを取り巻く環境とがうまく機能していない状態について、それらを生活全般の解決すべき課題（ニーズ）としてとらえ、その解決する目標・結果を導き出していくことになる。

図5には、ストレングスを活用したアセスメントから生活ニーズを抽出していく過程を図示したが、以下に具体的に説明する。

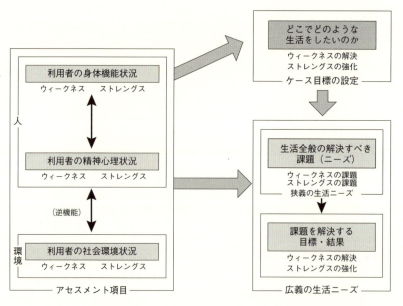

図5 ストレングスを活用したアセスメントから生活ニーズの抽出過程

　アセスメントは、利用者のもつストレングスを把握していく第1の場面である。具体的には、身体機能状況・精神心理状況・社会環境状況のそれぞれに、利用者のウィークネスだけでなく、併せ持つストレングスをとらえていく視点が重要となる。なお、こうした場面で利用者のもつストレングスをとらえるためには、ケアマネジャーが、「すべての利用者はストレングスを有している人」との価値観を有していることがポイントとなる。なぜなら、従来のケアマネジメントでは、生活ニーズを抽出する際には、利用者のウィークネスを把握し、それらの関係から生じる生活上の解決すべき課題（ニーズ）を導き出すことが基本になっているため、得てして、利用者のウィークネスをアセスメントすることに終始する。これが、従来から実施されてきた、生活課題の解決に向けての支援方法であるブローカーモデルの基本的な視点である。
　利用者の立場からすれば、このようなアセスメントはウィークネスのみに関心が向けられ、時には利用者の自尊心をさらに低めることにつながり、利用者はケアマネジャーとの関係に上下関係を意識することにもなる恐れがある。その意味では、利用者のストレングスを理解しようとすることは、利用者との信頼関係を形成する重要な要素であり、さらに信頼関係が確立されるにつれて、利用者のストレングスを把握しやすくなる。そのため、ストレングスの把握には、時間的な経過が必要なことも認識しておく必要がある。
　利用者のストレングスをとらえる第2の場面としては、大目標であるケース目標の設定が挙げられる。アセスメントをもとにケアマネジャーと利用者がいっしょにケアプランを作成する過程では、「どこでどのような生活を送るのか」といったケース目標を設定する

第1部　認知症のある人に対するケアプラン作成の視点

ことになる。その際に、利用者のウィークネス状態を解決するという目標の設定もあれば、プラスの状態であるストレングスをよりいっそう高めていこうといった目標の設定がある。このケース目標の設定にも、ストレングスを活用することが可能である。

第3のストレングスの活用は、生活全般の解決すべき課題（ニーズ）をとらえる場合に、利用者が生活をしていくうえで困っている問題や課題を把握することが一般的である。これ自体は一般的であるが、さらには利用者がしたいことや自信があるストレングスを生活全般の解決すべき課題（ニーズ）としてとらえることが必要である。

さらに、第4の場面としてのストレングスの活用は、利用者が抱く個々の生活全般の解決すべき課題（ニーズ）を解決する目標・結果を明らかにすることになる。この時点でも、アセスメントによってとらえられたストレングスが活用される。

こうした観点に立てば、ケアマネジメントにおけるストレングスの活用は、前述した4つの場面のなかでとらえることが可能となる。これまでのアセスメントにおける視点は、利用者の弱さをどのように解決していくのかといったことが中心であった。たとえば、「入浴ができない」「疾病がある」「意欲がない」「ひとり暮らしで介護者がいない」「屋内外に段差がある」等々である。しかし現在では、そうしたことにプラスして利用者の有しているストレングスをとらえる視点が重要である。

ここでは、第2章（25、26ページ）で明らかにした4つの事例について、利用者のもっているストレングスを活用することにより、高齢者本位のケアプランになることを明らかにしていきたい。

〈事例1〉Aさんの生活全般の解決すべき課題（ニーズ）：褥そうがあり、食べる意欲をなくしており、介護者に腰痛があって体位変換ができないため、褥そうが治癒できないで困っている
　　　　本人のストレングス：入浴が好きである（嗜好）

　本事例の場合、Aさんが入浴が好きだということで、傷を防水性のドレッシング材（被覆材）を貼っての入浴は褥そうの治癒にも有効であることから、入浴の機会を確保することにつながり、Aさんにとって質の高い生活を可能とするケアプランを作成することができる。

〈事例2〉Bさんの生活全般の解決すべき課題（ニーズ）：本人は洗髪・洗身に一部介助を必要としており、介護者が高齢で腰痛があるため、入浴できないで困っている
　　　　本人のストレングス：指示をすれば、洗髪・洗身はできる（能力）

　このようなBさんの潜在的な能力としてのストレングスが明らかになれば、「指示をすれば、洗髪・洗身はできるが、介護者が高齢で腰痛があるため、入浴できないで困っている」といった生活全般の解決すべき課題（ニーズ）に転換する。このことにより、望ましい援助目標、利用する社会資源、さらにはその利用内容が従来とは大きく変化し、Cさん

の能力を活用したケアプランになっていく。

〈事例3〉 Cさんの生活全般の解決すべき課題（ニーズ）：血圧が高く、血圧降下薬を服用しており、脳梗塞の既往歴があるが、ひとり暮らしで、電話がないため、緊急時に連絡ができないで困っている

社会環境でのストレングス：近所に親密な友だちがいる（環境のストレングス）

　Cさんを取り巻く社会環境のストレングスが明らかになれば、「近所に親密な友だちがいるが、血圧が高く、血圧降下薬を服用していて、脳梗塞の既往歴があり、ひとり暮らしで、電話がないため、緊急時に連絡ができない」といったことが生活全般の解決すべき課題（ニーズ）になる。この結果、活用する社会資源選定段階において、近所の友だちがより有効となり、緊急時への対応のキーパーソンとしての役割を果たしうることにつながっていく。

〈事例4〉 Dさんの生活全般の解決すべき課題（ニーズ）：介護者が忙しい朝方の時間にDさんの徘徊がみられるが、家の前の道路は車の交通量が多いため、安全のための見守りをしたいができないで困っている

本人のストレングス：声かけをすれば徘徊をやめることができる（能力）

　本事例において、Eさん本人のストレングスを活用すれば、生活全般の解決すべき課題（ニーズ）は、「声かけをすれば徘徊をしないが、介護者が忙しい朝方の時間に徘徊がみられ、家の前の道路は車の交通量が多いため、安全のための見守りをしたいができないで困っている」となる。このように、「声かけをすれば徘徊をしない」といったストレングスが明らかにされることによって、利用者本人の能力を活用した支援が可能になってくる。さらには、ホームヘルパー等の社会資源を活用する際にも、ヘルパーのEさんに対する対応方法が示されることになる。

　以上のように、ストレングスの活用が具体的にケアプランのなかで展開されるならば、第2章で示した図3でのAからBへと身体機能状況、精神心理状況、社会環境状況を背景なり要因として問題状況が整理されていくプロセスにおいて、決して高齢者のウィークネス要因だけが内包されるわけではない。ストレングスと抽象化される高齢者の身体機能面、精神心理面、社会環境面でのプラス要因も含めて問題状況が形成されていくことになる。

4. 問題解決指向に加えて目標指向でのストレングスの活用

　以上取り上げてきた4つの事例は、従来のブローカーモデルでの問題解決指向のケアプランにおいて、ストレングスを活用することを示したものである。これにより、利用者の有するストレングスを活用して、利用者の生活ニーズを充足させることで、質の高い生活が可能となることを示した。

以上，問題解決指向でもって個々の利用者の生活ニーズを解決していく際に，ストレングスを活用することを示したが，これは生活上で困っている課題（ニーズ）を解決していくうえでストレングスを活用することである。

さらに，ストレングスそのものを活用するアプローチも重要である。それは，利用者の能力，嗜好，意欲等を実現していくように支援することである。たとえば，ケアプランにおいて，「配膳さえしてもらえば，食事が1人でできる」「好きな掃除をしたい」「右上肢に麻痺があるが，料理をしたい」といったストレングスが検討され，それをケアプランにすることである。

これが目標指向型のケアプラン作成である。ケアマネジメントでは，問題解決指向に加えて，目標指向の視点で生活ニーズをとらえて支援していくことが必要である。利用者を支援するにあたり，利用者の生活を維持していくうえでの生活ニーズを明らかにし，そのニーズを解決したとしても，利用者はその後に生じる他の生活ニーズに対して自ら解決していく力にはならない。自らの力で生活ニーズを解決していけるように支援していくためには，利用者の有している目標の達成に向けて支援することが必要である。ここから問題解決指向から目標指向の支援が考えられ，実施されてきた。

問題解決指向から目標指向への考え方の重点の移行は，医療の領域で始まった。モルドら（Mold JW, et al.）は，問題解決指向モデルは診断と多くの病気の治療に多大な貢献をしてきたが，慢性の不治の病気，健康増進，疾患予防，ターミナルケアには適していないとし，目標指向モデルは人々が健康を管理していくことや，多職種協働によるチームアプローチには適しているとしている[10]。その後，このアプローチは，医療領域だけでなく，ケアマネジメントや介護福祉の領域においても活用されるようになり，同時に，利用者の目標達成に向けて支援するため，利用者だけでなく，家族や地域社会が有しているストレングスが重要視されることになってきた。

とくに認知症のある人の場合には，自身の有している能力，嗜好，意欲を生活ニーズとして把握し，それ自体を支援していく目標指向型のケアプランの作成が有効である。これは，「できること」「したいこと」「好きなこと」を直接実現していくことであり，目標指向型の生活ニーズ把握方法であり，支援方法でもある。

具体的な例を示すと，認知症のある人で，生活史ではお花の先生であったことから「生け花に関心がある」，主婦として「料理の準備や片づけができる」，昔から「散歩が好きである」といった場合に，このようなストレングス自体を生活ニーズとしてとらえ，生け花をしてもらう，料理の準備や片づけをしてもらう，いっしょに散歩をするといったケアプランを作成することである。

この目標指向型の生活ニーズも，一般的なケアマネジメントの生活ニーズ把握同様に，

---

[10] Mold JW, Blake GH & Becken LA: Goal-Oriented Medical Care. Family Medicine, **23** (1), 46-51, 1991.

人と環境との関係での逆機能といった観点から説明可能である。たとえば，「料理の準備や後片づけをしたい」という生活ニーズは，認知機能面では「料理の準備をしたり片づけることができる」が，社会環境面で「料理や後片づけの機会が与えられていない」ことから生じているといえる。

　一般的に認知症のある人は，いままで覚えていたことを忘れたり，できていたことができなくなっていくことで，不安が高まり，自信を失っている。そのような人に対して，不安を解消したり，もう一度自信を取り戻してもらうためには，本人のストレングスを活用したり，高めていく支援が必要である。このような支援により，認知症のある人が不安を解消し，自信を取り戻していくことで，心理社会的支援が可能になる。

　目標指向でのケアプラン作成過程は，従来のケアプラン作成の発想過程とは根本的な違いがある。それは，生活上直面している問題を解決するということではなく，生活をより豊かにしていくことを目指すことにある。生活ニーズの把握は，問題解決指向型の生活ニーズをもとにケアプランを進めていくことと，他方は目標指向型の生活ニーズをとらえてケアプランを進めていく方法がある。

　問題解決指向のケアプランは，生活ニーズを解決し，基本的な在宅生活を続けていくうえで必要不可欠であるが，さらに人々の質の高い生活を得ていくためには，ストレングスや目標指向の視点をもって，ケアプランを作成していくことが重要である。

【第5章】
認知症のある人の BPSD への対応

　認知症のある人には、記憶障害や見当識障害といった中核症状と、妄想、徘徊、暴力といった周辺症状がある。この周辺症状は、以前には「問題行動」とよばれていたが、認知症のある人は、あえて問題ある行動を取っているわけではなく、そうせざるを得ない心理社会的な根拠があって行動していることが多いことや、その言葉のもつ差別的な響きから、「問題行動」という用語は使わなくなった。

　近年、国際老年精神医学会が中心となり、認知症の周辺症状については「BPSD（認知症の行動と心理症状 behavioral and psychological symptoms of dementia）」という用語を用いるように提唱している。

　このような BPSD は、認知症のある人の 60 ～ 90％があるステージでみられるが、その症状は個別性が強く、その人の中核症状（生理学的要因）や生来の性格、心理社会的要因が背景になって発生するとされている。そのためケアマネジャーは、そうした BPSD の背景になっている要因にも焦点をあてて、支援していくことが必要になる。なぜならば、BPSD そのものは高齢者の生活の質を低下させるだけでなく、介護者や家族に大きな心身の負担を強いるからである。そのため、ここでは、BPSD に対するケアマネジャー等の対応方法について問題提起することにする。

　国際老年精神医学会は、認知症のある人の BPSD が遺伝面・身体生理面・精神心理面・社会環境面を背景に生じているとしており[11]、そうした側面に焦点をあてた支援が必要である。その際に、生理的な背景に焦点をあてて支援をするとするならば、それは薬物療法がある。しかしながら、薬物療法については、アメリカの FDA（米国食品医薬品局。日本の厚生労働省にあたる保健社会福祉省に属する機関）より、非定型向精神病薬による死亡リスクが高いことの警告が発せられている。こうした警告を考えると、日本においても、生理的な背景に焦点をあてた薬物療法よりも、心理社会的な背景に着目した支援が必要不可欠となってきている。厚生労働省の厚生労働科学研究費補助金による「認知症に対するかかりつけ医の向精神薬使用ガイドライン（第2版）」を出しているが、そのなかでも「出現時間、誘因、環境要因などの特徴を探り、家族や介護スタッフとその改善を探る」

---

[11] 国際老年精神医学会：痴呆の行動と心理症状 BPSD. 日本老年精神医学会，アルタ出版，東京，2005.

とする非薬物的介入を最優先すべきとしている。

　こうした心理社会的な背景をも含めた、認知症のある人の全体をとらえることで、BPSDに対応していくことは、在宅であれ施設であれ、ケアマネジャーがケアプランを作るうえで重要な視点である。その意味では、BPSDに対するケアマネジャー等の関わりりが今後いっそう重要になっていくといえる。

　以下に、ケアマネジャーがどのようにBPSDに対応するのかについて考えてみたい。

Ⅰ．BPSDのもつ意味

　認知症のある人のBPSDを中核症状との関係のみでとらえてしまうと、記憶障害や見当識障害といった中核症状が原因でBPSDが生じると考えられることになる。しかしながら、必ずしもすべての認知症のある人がBPSDをもつわけではないことから、中核症状という生理的な状況がすべての決定因子ではなく、本人の心理的な要因や環境的な要因、さらには現状だけではなく過去からの生活史といったものが、BPSDを生み出していく。

　認知症のある人に生じるBPSDが本人の身体・心理・社会的な関係によって生じているという観点に加え、新たな観点が示されるようになってきた。これは「NDBモデル」とよばれるもので、これらのBPSDのなかでも徘徊、暴力、暴言、介護への拒否等は、本人のニーズが変形したものとして現れているというとらえ方である[12]。つまり、自分自身のもつ生活ニーズを何らかの形で充足させたいという本人の思いが、そのような行動を取らせているといった考え方である。これは図6に示すとおりである。

　このように認知症のある人におけるBPSDは、本人の生活ニーズを解決していく手段としての行為であり、そのような行為の背景にある要因を明らかにすることで、それらを

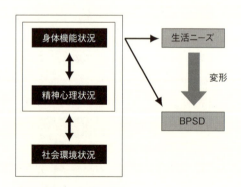

図6　BPSDのとらえ方

---

12) Algase DL.Beck C.kolanwski A.et al : Need-driven dementia-compromised behavior ; An alternative view of disruptive behavior. American Journal of Alzheimer's Desease, **11** (6) :10, 12-19, 1996.

ケアプランに反映させていくことが重要である。

　以上のことから、BPSDに対するとらえ方は、従来の支援する側にとっての迷惑的な行為であるといった立場から、身体・心理・社会的な要因によって生じる行為であるといった考え方に変化してきた。さらには、その背景として、本人がそのような行為や心理的症状を導き出すのにはそれなりの根拠があり、何らかのニーズを充足したいという本人の思いが、こうした行動に結びついているものと考えられるようになってきている。

Ⅱ．認知症のある人を捉える基本的な視点

　BPSDについて前項を整理すると、表1のようになる。このような状態を把握するためには、認知症について、認知症のある人がもつ身体・生理的特性だけではなく、本人の心理的特性や社会的特性をも理解しなければならない。さらには、これまでの生活史の過程についても背景として理解しなければならない。これらのことを理解するためには、従来のコミュニケーションの方法である言語的コミュニケーション（verbal communication）だけでは不十分である。支援者が認知症のある人の行動を観察し、同時にそこからのサインとして感じたり、気づくことが必要である。このようなコミュニケーション方法を非言語的コミュニケーション（non-verbal communication）という。そのため、支援者はさまざまな非言語的コミュニケーション能力を身につけることが必要となってくる。

　これは、最近、認知症のある人に実施されている療法の1つであるバリデーション・アプローチやユマニチュード（humanitude）®に類似する考え方といえる。すなわち、従来のリアリティ・オリエンテッドと対比される支援方法（このアプローチは、とくに軽度の認知症のある人には有効）であるが、リアリティ・オリエンテッドでは、認知症のある人をわれわれの現実の世界へ引き戻していく支援をすることであるが、逆にバリデーション・アプローチやユマニチュードは、ケアをする側が認知症のある人の世界に入り、本人の思いを理解していこうとする方法である。非言語的コミュニケーションは、このような認知症のある人の世界に入った支援を行っていくうえで有効であるといえる。このことは、よくいわれる、利用者の立場に立って感じたり、気づいたりする作業をどこまで深く行える

表1　認知症の中核症状と周辺症状であるBPSD

中核症状	
記憶障害、実行機能障害、失語、失行、見当識障害などの失認、判断力の障害、抽象思考など	
BPSD	
行動障害	心理学的症状
攻撃的言動・行動、異食、拒食、過食、徘徊、不潔行為、外出して迷子、叫声など	抑うつ状態、妄想・幻覚、興奮、せん妄、無関心、不眠など

かということと関係している。これらのアプローチを行うためには、支援者側は、認知症のある人がもつ症状等の単なる理解だけではなく、本人の立場に立って感じたり、気づいたり、本人が出すサインから思いや気持ちをキャッチする感受性が求められる。

　すべての認知症のある人のBPSDについて、これらの感受性でもってしても、その背景となる要因を理解できないとしても、これらのアプローチでケアプランを作成・実施し、在宅や施設を問わず、認知症のある人のさまざまなBPSDについての背景事例を積み上げていくことによって、BPSDに対する普遍的対応が徐々にできるようになればと願っている。同時にこのことは、認知症のある人をあるがままに理解し、本人のもっているストレングスに着目した支援になるといえる。

Ⅲ．認知症のある人のBPSDへの具体的関わり

　たとえば徘徊といったBPSDへの対応は、ケアマネジャーが利用者の主体的な立場に立ち、精神心理的側面や社会環境的側面を理解する努力なくしては、他の背景となる事実と関連づけて意味づけることは難しい。そこで、徘徊などのBPSDをどのようにとらえるかについて、認知症のある人の立場から意味づけしていくことにより、より適切なケアプランが作成可能となることを、以下に挙げる3つの事例をもとに考えてみる。

【事例1】
　ピック病を患う50歳代前半のFさん。サラリーマン生活の途上でピック病に罹患し、朝方に徘徊が非常に多いという状況にあった。こうした徘徊の意味を、どのようにとらえればよいのだろうか。この場合、担当のケアマネジャーやホームヘルパー、そして介護にあたる家族がFさんに寄り添いながら感じたり気になることを話し合うなかで、以前は毎朝仕事に出かけていたため、徘徊の理由が過去の仕事と関わりがあるのではないかという結論に至った。すなわち、Fさんの「仕事に出かけられなくて困る」という気持ちから、徘徊していることをニーズとしてとらえ対応した。

　具体的にいえば、介護者である妻もヘルパーも徘徊に寄り添い外出支援を行っていたが、その際には「仕事に出かけたい」というFさんの思いをより理解して寄り添うことにした。その結果、Fさんの徘徊する時間は少なくなり、穏やかな表情も多くみられるようになった。つまり、徘徊という行動に対して、「家族が困っている」といった介護者の立場からのニーズではなく、Fさん自身のニーズとしてとらえて本人の立場から解決を図った。

　このように、ケアマネジャーがFさん本人の行動を把握し、介護者やホームヘルパーとの受容的な話し合いをすることで、徘徊というBPSDの背景にあるFさんの感情が理解できた。そのことで、Fさんだけでなく、介護者にとっても質の高い生活に変えていくことができた。

【事例2】
　グループホームに入居しているGさん。以前はケアハウスに入居していたが、グループホームに転居以降、夕食時間に徘徊があり落ち着かない状況がみられた。そこで、Gさんの主体的な側面から考えてみようと、ケアハウスに入居中のケアワーカーから情報を得てみると、当時は、夕方になると三男である息子さんが食事の介助にきていたことがわかった。でも、グループホーム入居後は、この息子との関わりが薄くなっていた。
　ケアマネジャーはケアワーカーから情報提供を受け、利用者に「息子に会いたい」という思いがあるのではないかという観点から、前もって息子さんに依頼したうえで、食事の前に徘徊症状がみられた場合には、息子さんと電話で話す時間がもてるケアプランを作成し実施した。その結果、Gさんは落ち着いて夕食が摂れるようになり、徘徊も改善される方向に向かっていった。

【事例3】
　介護老人福祉施設に入所中のHさんである。Hさんには、昼夜の逆転・徘徊・失禁があった。しかしながら、ケアワーカーは、Hさんに深く寄り添うような関わりをするなかで、失禁することと徘徊や昼夜の逆転が関係しているように感じてきた。すなわち、失禁による気持ちの悪さから夜眠れずに昼夜の逆転となり、同時に夜間に徘徊を引き起こすのでは、と解釈した。
　こうしたケアワーカーの観察をもとに、ケアマネジャーは、失禁が少なくなるよう排尿のリズムを調べて、随時定期的にトイレ誘導することをケアプランに盛り込み、実施してみた。その結果、Hさんの失禁はほとんどなくなり、夜間も熟睡できるようになり、徘徊の頻度も大幅に少なくなっていった。

　以上、徘徊についての事例を示してきた。徘徊は、認知症のある人だけでなく介護者の心身にも大きな負担を与える。そのため、適切なケアプランの作成・実施によって、可能な限り少なくしていくことが求められる。なお、徘徊の原因としては、①記憶障害や見当識障害に基づく徘徊、②不安に基づく徘徊、③幻覚・妄想などの異常体験に基づく徘徊、④身体欲求や身体的不快感に基づく徘徊、⑤睡眠覚醒リズムの障害による徘徊、⑥まったく目的のない徘徊の6つに分類されているが[13]、認知症のある人の場合は、とにかく寄り添うことでこうした背景を推察し、適切な支援方法を見いだしていくことが重要となる。さらにいえば、徘徊の背景にはいまだに解明できない側面も多い。そうしたなか、個々の事例から背景や原因と思われるものを明確化し蓄積していくことによって、より適切なケアプランが作成しやすくなっていく。ちなみに、事例1と2は、①記憶障害や見当識障害に基づく徘徊、事例3は④身体的欲求や身体的不快感に基づく徘徊と整理することができる。

---

13) 小山恵子：高齢者ケアのガイドライン；徘徊. ジェロントロジーニューホライズン, **14** (1):48-50, 2002.

次に、徘徊といったBPSDではなく、認知症のある人のある行為に手がかりを得て、適切な対応ができるようになった事例を示してみる。

【事例4】

アルツハイマー型認知症と診断されて精神病院に入院していたⅠさんが、介護老人福祉施設に転居してきた。入所後1か月ほどは何の問題も起こらなかったが、その後、精神病院に入院していたときに起こしていた自傷行為や暴力行為がひどくなってきた。なかでも自傷行為がひどく、部屋のなかにはなにも置けないという状態に陥ってしまった。そこで、施設長が「Ⅰさんの命を守るために身体拘束をしたい」と精神科医と相談したところ、「仕方がないだろう」ということになった。家族の同意を得たうえで職員に指示したところ、職員から「待ってください。もう少し方法がないか探ってみたい」との言葉があり、職員間でもう一度ケース記録と日々の日誌を読んでみた。

すると、2つのことがわかってきた。1つは、Ⅰさんの暴力行為や自傷行為が一定のリズムのなかで起きていることである。家族は毎日面会にきているが、その面会が終わった後に不穏行動が起こり、暴力行為につながっていくことが明らかになった。つまり、面会者が訪れるという環境的な要因と同時に、Ⅰさんが寂しいと感じる心理的な問題が関連して、自傷行為や暴力行為となっていたのである。

2つ目には、Ⅰさんは常に便秘気味であるため、週に1回は浣腸をしていたが、そのときに特に機嫌が悪く、すごい罵声を発する。また、浣腸の前々日くらいから、自傷行為や暴力行為が激しくなっていた。Ⅰさんはなにもいわないが、便が出ないことに対する不快感が、自傷行為や暴力行為とつながっていた。つまり、便が出ないという身体機能的状況と、それによる不快感という精神心理的状況が相互に影響し合って、BPSDを生み出していた。

そのため、ケアマネジャーは、Ⅰさんへの支援の方針として、第1に、家族との面会後にはⅠさんとケアワーカーとの関係を1対1の親密なものにしていくケアプランに変更することにした。2つ目には、水分補給を徹底することや適度な運動の導入などにより、自然便が可能となるよう努力するという対応を行った。こうしたことを徹底したところ、Ⅰさんの自傷行為や暴力行為はきれいに解消された。

認知症のある人への対応に限らず、こうした事象の1つひとつを検証しながら積み上げ、エビデンスとして共有していくことは、今後に向けて取り組んでいかなければならない課題である。

Ⅳ. 認知症のある人のBPSDへのチームアプローチ

認知症のある人のBPSDについてのアセスメントは、事実として認識したアセスメン

第1部　認知症のある人に対するケアプラン作成の視点

ト項目だけでなく、全スタッフがなぜそのような BPSD を呈するのかに気づくアセスメントが大切である。それらの気づいたことをアセスメントとしてとらえ、ケアプランを作成していくことが大切である。たとえば、精神心理的な気づきでは、会話の途中で暴力をふるう人は、本当は話をしたいというニーズがあるが、理解できなくなると暴力的になることに気づき、ゆっくりと会話をする、クローズクェッションでの会話に心がけるなどのケアプランを作成・実施していくことになる。生理身体面であれば、レビー小体型の認知症で悪魔が出るという幻視があった場合に、施設のケアワーカーが入所者の背中をさすり、大丈夫ですよと声かけすると、「悪魔が逃げていった」との本人の発言をもとに、幻視を呈した場合には、安心してもらうためのタッチングと声かけといった支援をしていくケアプランを作成し、実施していくことである。

　以上のことから、ケアマネジャー等が気づきをアセスメントし、それをニーズに取り込んでいくことを示してきた。これは、図7のように説明できる。この図が示していることは、BPSD は生理身体面、精神心理面、社会環境面から生じるが、そこからいくつかのBPSD は「したい」や「好きである」ができないために、「不安」「不満」「焦燥」「怒り」「恐怖」「絶望」といったことから生じる行為や心理症状として捉えることができる。それらについて、どのような対応をすれば、入所者が安心するかの視点から、ケアプランを検討していくことになる。その結果、ケアプランのもとで、利用者に関わるメンバーは BPSD に適切に対処できることになる。

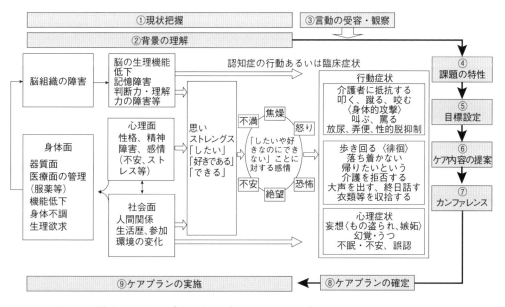

図7　BPSD が生じるメカニズムとケアプランのステップ

第1部　認知症のある人に対するケアプラン作成の視点

【第6章】
認知症のある人を支える社会資源

I．最適な社会資源選択への支援

　認知症のある人の生活の質を高めるためには、家族、地域社会、社会制度といった環境面での充実が求められる。これは、社会資源とよばれるものであり、フォーマルサービスからインフォーマルサポートまで、多様な社会資源が存在する。

　認知症のある人のニーズとして、たとえば、要介護1のAさんは、ひとり暮らしで、買い物に行くことができないというニーズを有していたとすると、このニーズを充足する社会資源は図8に示すような、インフォーマルサポートやフォーマルサービスが考えられる。これらの多様な社会資源から、利用者が最適な社会資源を選択できるように支援するのは、ケアマネジャーの役割である。その際には、個々の利用者の身体的・心理的・社会的状況と同時に個々の社会資源が有する特性を把握して、利用者の最適な選択を支援することが必要になる。

　具体的には、予防の視点で買い物支援が重要な利用者に対しては、訪問介護サービスを利用することで、本人が自ら買い物ができるように支援し、地域の有償サービスが安価で、訪問してくれる人になじみがあるならば、それを選択する場合もある。あるいは、配達してくれるスーパーがあるのならば電話でする、また、近隣との関係が友好であれば買い物を依頼することも考えられる。

　以上のように、ケアマネジャーは、利用者の状態と地域の社会資源の特徴を把握するこ

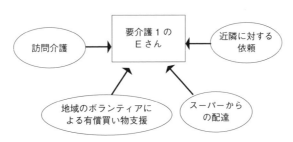

図8　買い物ができないニーズへの対応例

とで、利用者に最適なサービスを選択することを支援することができる。

Ⅱ．どのような社会資源があるのか

　人々が地域で生活していくうえで、利用者が求める以下のニーズを満たしてくれる社会資源が必要である。
①経済的な安定を求めるニーズ
②就労の機会を求めるニーズ
③身体的・精神的な健康を求めるニーズ
④教育や文化娯楽の機会を求めるニーズ
⑤居住の場を求めるニーズ
⑥家族や地域での個別的な生活の維持に対するニーズ
⑦公正や安全を求めるニーズ

これらのニーズに対して、認知症のある人やその家族に対してフォーマルサービスとして対応してくれる主たるものを例示すると、以下のようになる。
①経済的な安定を求めるニーズに対しては、公的年金、生活保護の生活扶助、障害者手当
②就労の機会を求めるニーズに対しては、ハローワーク、就労支援相談、福祉作業所
③身体的・精神的な健康を求めるニーズに対しては、医療保険制度、介護保険制度、生活保護の医療扶助
④教育や文化娯楽の機会を求めるニーズに対しては、老人福祉センター、高齢者学習センター、認知症カフェ
⑤居住の場を求めるニーズに対しては、サービス付き高齢者向け住宅、ケアハウス、住宅型有料老人ホーム
⑥家族や地域での個別的な生活の維持に対するニーズに対しては、介護保険制度、配食サービス
⑦公正や安全を求めるニーズに対しては、高齢者虐待防止法、消費者保護法、成年後見制度、日常生活自立支援事業

　以上はフォーマルサービスの社会資源を例示しているが、認知症のある人に特化したニーズに合致したフォーマルサービスはメニュー的にも十分でないといわざるを得ない。
　なお、個々の社会資源については、公的に財源を出し、インフォーマルセクターが事業を実施する社会資源もある。たとえば、認知症のある人の教育や社会参加へのニーズについては、公的サービスとしては十分ではなく、認知症カフェといった集いの場などに対して、一部の市町村は補助金を出しているが、サービスの実施主体はほとんどが自治会や民生委員協議会等である。

Ⅲ. 社会資源とソーシャルキャピタル

　このように社会資源を全体としてとらえてきたが、最近「ソーシャルキャピタル」という言葉が使われるようになってきた。これは、アメリカの政治学者ロバート・パットナムにより提唱されたもので、人々の「信頼」「規範」「ネットワーク」といった社会資源を活発にすることにより、社会の効率性を高めることができるという考え方である。

　「信頼」「規範」「ネットワーク」といったソーシャルキャピタルが豊かな社会では、人々の相互の信頼や協力が得られやすくなるため、他人への警戒が少なくなり、治安・経済・教育・健康・幸福感などによい影響を与え、社会の効率性が高まるとされる。このことは、社会資源と対比させると、社会資源は、物的資源と人的資源を合わせたフォーマルやインフォーマルなソーシャルキャピタルであるのに対して、「信頼」「規範」「ネットワーク」は認知的なソーシャルキャピタルであると整理できる。社会資源は所与のものと位置づけられるが、ソーシャルキャピタルは人々の活動を通じて社会資源をつくり出していくエネルギーを有しているといえる。

【第7章】
認知症のある人が利用する介護保険のサービス

Ⅰ. 介護保険の利用者とサービス内容

　介護保険制度では、被保険者は65歳以上の第1号被保険者と、40歳以上65歳未満の医療保険加入者である第2号被保険者に分かれている。被保険者が要介護や要支援との認定を市町村から受ければ、介護の必要の程度に応じた介護サービスが利用できることになる。要介護者とは、身体上または精神上の障害があるために、入浴、排泄、食事などの日常生活における基本的な動作の全部または一部について、一定期間にわたり継続して、常時介護を要すると見込まれる状態の人である。要支援者とは身体上または精神上の障害があるために、一定期間にわたり、継続して日常生活を営むのに支障があると見込まれる状態の人である。

　認知症のある人については、介護の必要性に応じて介護サービスを利用することができる。同時に、第2号被保険者のサービス利用には、老化に起因する疾病（特定疾病）に限られているが、初老時における認知症のある人も該当することになっている。

　さらに、新たに2017年4月1日に全市町村で総合事業が実施されることになった。これにより、要介護、要支援の認定を受けることなく、25項目のチェックリストで新たに介護予防・生活支援サービス事業対象者が抽出され、市町村が実施する総合事業のサービスを利用できるようになった。

　当初は要支援、要介護1～5までの6段階に区分されていたが、2005年の介護保険制度改正で、要支援1～2、要介護1～5と合わせた7段階の区分となり、さらに、新たに介護予防・生活支援サービス事業対象者が加わることになった。要支援者、要介護者、介護予防・生活支援サービス事業対象者では、利用できるサービスが異なり、要支援者と介護予防・生活支援サービス対象者へのサービスは、できる限り要介護にならないように予防的視点をもってサービスを提供することが意図されている。

　保険料については、第1号被保険者と第2号被保険者で支払う基準や方法が異なり、また利用料については、サービスを利用すると1割を自己負担することになる。ただし、第1号被保険者本人の合計所得が160万円以上で、かつ、同一世帯の第1号被保険者の「年金収入＋その他の合計所得金額」が単身で「年収280万円以上」、2人以上世帯では「年

表2 要介護者が利用できる居宅介護サービス

サービスの種類	サービスの内容
訪問介護（ホームヘルプサービス）	ホームヘルパーが要介護者の居宅を訪問して、介護、家事、生活などに関する相談・助言などの日常生活上の世話を行う
訪問入浴介護	入浴車などにより居宅を訪問し、浴槽を提供して入浴の介護を行う
訪問看護	看護師などが居宅を訪問し、療養上の世話または必要な診療の補助を行う
訪問リハビリテーション	理学療法士または作業療法士が居宅を訪問して、心身の機能の維持回復を図り、日常生活の自立支援のために必要なリハビリテーションを行う
居宅療養管理指導	医師、歯科医師、薬剤師などが、通院が困難な要介護者について、居宅を訪問して、心身の状況や環境などを把握し、それらを踏まえて療養上の管理および指導を行う
通所介護（デイサービス）	老人デイサービスセンターなどにおいて、介護、生活などに関する相談・助言、健康状態の確認などの必要な日常生活の世話および機能訓練を行う
通所リハビリテーション（デイケア）	心身の機能の維持回復を図り、日常生活の自立支援のために必要なリハビリテーションを行う
短期入所生活介護（ショートステイ）	老人短期入所施設、特別養護老人ホームなどに短期入所し、介護そのほかの日常生活上の世話および機能訓練を行う
短期入所療養介護（ショートステイ）	介護老人保健施設、介護療養型医療施設などに短期間入所し、看護・医学的管理下における介護、機能訓練、そのほか必要な医療や日常生活上の世話を行う
特定施設入居者生活介護	有料老人ホーム、軽費老人ホームなどに入所している要介護者などについて、特定施設サービス計画に基づき、介護・生活などに関する相談・助言などの日常生活上の世話、機能訓練および療養上の世話を行う
福祉用具貸与	在宅の要介護者などについて福祉用具の貸与を行う
特定福祉用具販売	福祉用具のうち、入浴や排泄のための福祉用具、そのほかの厚生労働大臣が定める福祉用具の販売を行う
居宅介護住宅改修費（住宅改修）	手すりの取り付け、そのほかの厚生労働大臣が定める種類の住宅改修費の支給
居宅介護支援	在宅の要介護者が在宅介護サービスを適切に利用できるよう、利用するサービスなどの種類、内容、担当者、本人の健康上・生活上の問題点、解決すべき課題、在宅サービスの目標およびその達成時期などを定めた居宅サービス計画を作成し、実施する

「厚生の指標　増刊　国民の福祉と介護の動向　2017/2018」厚生労働統計協会, p.55 より、一部修正.

収346万円以上」では2割負担となる。さらに2018年8月から、単身で「年収340万円以上」、2人以上世帯では「年収463万円以上」で、3割の自己負担が導入される。

　要介護者は、表2の居宅サービス、表3の地域密着型サービス、表4の施設サービスという3種類のサービスを利用することができる。また介護老人福祉施設は、原則要介護3以上でなければ利用できないことになっている。地域密着型サービスは2006年4月から始まったが、その意図は、利用者が身近な地域のなかでサービスが利用できることにあり、市町村長が事業所を指定し、当該市町村の者でなければ原則サービスを利用できないことになっている。

　これらのサービスには、それぞれ時間数や回数等により介護報酬の単位が決められる出来高払いであるが、一部のサービスについては要介護度によって1か月の報酬単位が決まっている包括払いとなっている。

　一方、要支援者は、介護予防サービスを利用できるが、さらに、要支援者と介護予防・生活支援サービス事業対象者は、市町村が実施する総合事業のサービスや一般介護予防事

表3 要介護者が利用できる地域密着型サービス

サービスの種類	サービスの内容
定期巡回・随時対応型訪問介護看護	日中・夜間を通じて、訪問介護と訪問看護が密接に連携しながら、短時間の定期巡回型訪問と随時の対応を行う
小規模多機能型居宅介護	家庭的な環境と地域住民との交流のもとで、訪問・通い・泊まりにより、介護そのほかの日常生活上の世話および機能訓練を行う
夜間対応型訪問介護	夜間において、定期的な巡回訪問や通報により利用者の居宅を訪問し、排泄の介護、日常生活上の緊急時の対応を行う
認知症対応型通所介護	居宅の認知症要介護者に対し、老人デイサービスセンターにおいて、介護そのほかの日常生活上の世話および機能訓練を行う
認知症対応型共同生活介護（グループホーム）	認知症の要介護者に対し、共同生活を営むべく住居において、家庭的な環境と地域住民との交流のもとで、介護そのほかの日常生活上の世話および機能訓練を行う
地域密着型特定施設入居者生活介護	入所・入居を要する要介護者に対し、小規模型の施設において、地域密着型特定施設サービス計画に基づき、介護そのほかの日常生活上の世話、機能訓練、および療養上の世話を行う
地域密着型介護老人福祉施設入所者生活介護	小規模型の介護老人福祉施設において、地域密着型特定施設サービス計画に基づき、介護そのほかの日常生活上の世話および機能訓練、健康管理、療養上の世話を行う
看護小規模多機能型居宅介護	小規模多機能型居宅介護と訪問看護の、複数の在宅サービスを組み合わせてサービスを提供する
地域密着型通所介護	通所介護のうち、利用定員が19人未満の小規模な通所介護

「厚生の指標　増刊　国民の福祉と介護の動向 2017/2018」厚生労働統計協会, p.156 より、一部修正.

表4　要介護者が利用できる施設サービス

サービスの種類	サービスの目的
介護老人福祉施設	常時介護が必要であるが、自宅での介護ができない人が入所する施設
介護老人保健施設	看護、介護、機能訓練などを行うことで、在宅復帰を目指す施設
介護療養型医療施設	症状が安定期にある要介護高齢者の長期療養施設
介護医療院	療養上の管理・看護・医学的管理の下における介護、リハビリ、その他の医療、日常生活上の世話を行う施設

注）介護療養型医療施設は、2018年3月末で廃止されたが、2017年の改正により、2024年3月末までを経過措置時間とされる。
「厚生の指標　増刊　国民の福祉と介護の動向 2017/2018」厚生労働統計協会, 155頁より、一部修正.

業を利用することになる。

　これらのサービスの提供は、従来は社会福祉法人や医療法人が中心であったが、福祉系のサービスと訪問看護については株式会社やNPOも提供可能である。提供主体が多様化することで、事業者間での競争が生じ、サービスの質が高くなる反面、事業者間でのサービスの質にばらつきが生じるおそれもある。そのため、利用者がサービス事業者を選択しやすくするために、サービス事業者のサービス内容が公表される「介護サービス情報の公表制度」を実施している。また、介護サービスに対する利用者からの苦情を受け付ける窓口機関として、市町村や国民健康保険団体連合会が指定されている。

Ⅱ．認知症のある人が利用する介護サービス

　認知症のある人や家族介護者のニーズを充足するサービスとして、とくに重要なサービスについて以下に示してみる。ただし、介護保険制度のサービスは身体機能が低下した高

齢者に対するサービスが中心であり、認知機能が低下した高齢者向けのサービスが少ないことが指摘されており、認知症のある人しか利用できないサービスは、次の2つのサービスであり、これらはその地域の人でなければ利用できない地域密着型サービスである。

1．認知症対応型共同生活介護

　認知症対応型共同生活介護は、認知症のある人を対象にしたグループホームのことである。利用者が可能な限り自立した日常生活を送ることができるよう、認知症のある人を家庭的な環境と地域住民との交流のもとで、食事や入浴などの日常生活上の支援や、機能訓練などのサービスを提供する。また、利用者は料理や掃除等で自らの役割を担い、介護職員からの支援を受けている。

　グループホームでは、1つの共同生活住居（ユニット）に5～9人までとする、少人数の利用者が共同生活を送ることに特徴がある。職員は、常勤換算で、利用者：介護職員＝3：1以上の比率を配置することになっている。原則個室であり、居室面積は7.43㎡以上となっている。入所の要件は、要支援2以上の者で、認知症であるという医師の診断書が必要である。2016年10月現在で、13,069か所の認知症共同生活介護の事業所がある。

2．認知症対応型通所介護

　認知症対応型通所介護は、認知症のある人がデイサービスで入浴、排泄、食事などの介護、その他の日常生活を送るうえで必要なサービスや機能訓練（認知症の利用者を対象にした専門的なケアや作業療法等の実施）を日帰りで実施するものである。精神的・身体的な機能回復だけでなく、自宅に引きこもりがちになる認知症のある人の社会的な孤立感を解消し、家族の介護負担の軽減（レスパイトケア）を目的としている。

　要支援1から要介護5の認定を受けた人が利用できる施設であり、利用にあたっては、医師による認知症の診断が必要である。また、地域密着サービスであることから、市町村によっては、利用要件として認知症のある人の日常生活自立度で一定レベル以上であることを要件としている場合がある。

　認知症対応型通所介護は、社会福祉施設等に併設されていない単独型、併設されている併設型、さらに認知症対応型共同生活介護事業所、地域密着型特定施設、地域密着型介護老人福祉施設の食堂などでこれらの利用者とともに行う共同型の、3種類がある。単独型や併設型の定員は12名以下であり、人員基準は、常勤専従の管理者、専従の生活相談員1名以上、専従の看護職員または介護職員が2名以上、機能訓練指導員が1名以上となっている。一般の通所介護に比べて手厚い人員配置になっており、手厚い支援ができる分、利用単価も高くなっている。なお、共同型は他の利用者にも同時対応するため、3人以下の定員となっている。2016年10月現在で、認知症対応型通所介護は全国で4,239か所となっている。

3．その他のニーズの高い介護サービス

1）通所介護

　認知症のある人には、このサービスがよく利用される。本サービスの目的は、認知症のある人にとっては、定期的にサービスを利用することで、日常生活のサイクルを作りやすくすること、また、そこで提供されるレクリエーションで刺激を得ることである。さらに、家族介護者にとっては、休息を得る機会にもなる。認知症のある人の介護負担は大きいため、1週間を単位にして休息をとることができることになる。

2）短期入所生活介護

　このサービスのもっとも大きな目的は、家族の介護負担軽減である。本サービスについては、家族が休息を取るために事前に予約をして利用する場合と、葬儀や介護者の入院等、急な用件で利用する場合とがある。とくに、認知症のある人の介護においては介護負担が大きいため、前者を目的に利用する場合が多い。

3）福祉用具貸与等事業と特定福祉用具販売事業

　介護保険では福祉用具の貸与事業と販売事業がある。貸与事業の福祉用具は、特殊寝台および付属品、床ずれ防止用具、体位変換器、手すり、スロープ、車いすおよび付属品、歩行器、歩行補助杖、移動用リフト、徘徊感知機器、自動排泄処理装置がある。購入できる特定福祉用具には、腰掛便座、自動排泄処理装置の交換可能部品、入浴補助用具、簡易浴槽、移動用リフトのつり具の部品がある。

　これらのなかで、貸与事業である徘徊感知機器は、認知症のある人で頻回に外出を繰り返す場合に活用される。認知症のある人が移動しようとするときなど、センサーによってそれを感知し、家族や隣人に通報する。ただし、要支援1・2と要介護1の人は原則利用できない。最近では、携帯電話やGPS（Global Positioning System）装置を使って、高齢者の居場所を検索できる付属品もできてきたが、これらの付属品は全額自己負担である。

【第8章】
若年性認知症のある人への社会資源

I. 若年性認知症のある人の状況

　2009年3月厚生労働省が老健事業調査結果に基づき発表したデータによれば、全国の若年性認知症者数は約37,800人、18~64歳人口10万人あたり47.6人であり、男性57.8人、女性36.7人であり、男性のほうが発症率が高いという結果が出ている。基礎疾患の内訳は、脳血管性認知症39.8％、アルツハイマー型認知症25.4％、頭部外傷後遺症7.7％の順であり、ついで前頭側頭葉変性症、アルコール性認知症、レビー小体型認知症／認知症を伴うパーキンソン病と続いている。若年性認知症は発症年齢、基礎疾患が多岐にわたるため、認知障害・神経症状・精神症状や行動障害の内容にも多様性があり、個人差も大きいとされている。

　また、家族介護者の約6割が抑うつ状態にあるとされ、発症後7割は収入が減ったと回答している。多くの介護者は経済的に困難となり、若年性認知症に特化した福祉サービスや専門職の充実の必要性をあげている[14]。

　介護保険制度での介護サービスは高齢者を想定して設計されており、また利用者も高齢者が圧倒的多数であるため、若年性認知症のある人にとってはサービスが利用しづらい点が多く見受けられる。都市部のごく一部では、若年性認知症のある人に特化した通所介護や通所リハビリテーション（デイケア）もみられるが、対象者の数に比べれば少なく、また利用する者の地域範囲も広くならざるを得ず、実態に即していないのが現状である。

II. 若年認知症のある人のニーズ

　若年性認知症のある人のニーズとしては、多くが就労中に発症することから、経済的なニーズが大きい。また、多くは離職することが多く、就労や社会参加のニーズにこたえる社会資源が求められる。

---

[14] 朝田隆ほか：若年性認知症の実態と対応の基盤整備に関する研究. 厚生労働科学研究費補助金（平成20（2008）年度長寿科学総合研究事業），2009.

1．経済的なニーズに対するサービス

1）自立支援医療（精神通院医療）

指定された医療機関での治療に関しては、通院にかかった医療費が1割負担となる。所得が低い場合は、負担の上限が決められている。

2）傷病手当金

休職を余儀なくされた場合に支給される手当金で、3日以上続けて休んだときに、4日目から標準報酬日額の2/3の金額を、最長1年半支給される。途中退職となった場合でも、退職時から傷病手当金を受けることができ、健康保険の被保険者期間が1年以上あれば、退職後1年半まで続けて支給される。

3）雇用保険

傷病手当金受給期間が終了したとき、求職活動の意思能力等の一定の要件を満たす場合には、雇用保険が受給できる。原則として、離職した日の翌日から1年間であるが、その間に病気、けが、妊娠、出産、育児等の理由により引き続き30日以上働くことができなくなったときは、その働くことのできなくなった日数だけ、受給期間を延長することができ、最長で3年受給することができる。

4）障害者手帳

認知症の診断を受けた場合に、精神障害者保健福祉手帳が申請できる。また麻痺などが身体にあり、身体的な障害が大きい場合は、身体障害者手帳が申請できる。これらの障害者手帳を保持していることで、税金の控除や減免、交通料金の割引などが受けられ、再就職する場合には、障害者枠で働くことができる。

5）障害年金

障害基礎年金と障害厚生年金があり、認知症の診断を受けるために受診した日から1年半後から申請ができる。障害基礎年金は、1級または2級の障害状態で、認知症と診断された月の前々月まで、加入している年金の2/3を滞らず納めていることが要件となる。また厚生年金に加入していた人ならば、障害厚生年金を障害基礎年金に上乗せして受給できる。

6）住宅ローン支払い免除

住宅ローンが残っていても、ローン契約内容に特約制度として「高度障害状態」になった場合、支払いが免除される場合があるが、そのためには契約書にその事項が記載されているかどうかの確認が必要である。

2．就労ニーズに対する支援

認知症のある人の就労ニーズについては、ハローワーク（公共職業安定所）や障害者就労センター等で相談を受けつけている。ここでは、職業相談・職業評価、就職に向けた職

表5 障害者の就労支援事業

	就労移行支援	就労継続支援	
		A型	B型
対象者	就労を希望する65歳未満で、通常の事業所に雇用されることが可能と見込まれる人	通常の事業所に雇用されることが困難であり、雇用契約に基づく就労が可能である人	通常の事業所に雇用されることが困難であり、雇用契約に基づく就労が困難である人
利用者像	就労していて、体力や職場の適性などの理由で離職したが、再度、訓練を受けて、適性に合った職場で働きたい。または、就労したいが、必要な体力や職業能力などが不足しているため、これらを身につけたい人	一般就労していて、体力や能力などの理由で離職したが、再度、就労の機会を通して、能力などを高めたい。または、就労を希望するが、一般就労するには必要な体力や職業能力などが不足している人	就労移行支援事業を利用したが、必要な体力や職業能力の不足などにより、就労に結びつかなかった人 一般就労していて、年齢や体力などの理由で離職したが、生産活動を続けたい、または、50歳に達しており就労が困難な人
サービス内容	一般就労などへの移行に向けて、事業所内や企業における作業や実習、適性に合った職場探し、就職後の職場定着支援を実施	通所により、原則雇用契約に基づく就労の機会を提供するとともに、一般就労に必要な知識・能力が高まった人について支援	事業所内において、就労の機会や生産活動の機会を提供（雇用契約は結ばない）するとともに、一般就労に向けた支援

業準備支援、職場適応のためのジョブコーチの派遣、休職中の人に対する職場復帰支援（リワーク）等を実施している。

　さらに、障害者総合支援法による就労支援事業を利用することができる。ここでは、表5に示してあるように、若年性認知症のある人の就労能力のレベルにより、「就労移動支援」「就労継続支援（A型）」「就労継続支援（B型）」の3つの事業がある。これらのサービスを利用する場合は、市町村に申請し、相談支援事業所でサービスの利用計画案を作成してもらうことが必要となる。

3．社会参加ニーズに対する支援

　若年性認知症のある人の社会参加ニーズについては、介護保険での通所系のサービス（通所介護、通所リハビリテーション、認知症対応型通所介護）に対応できる部分があるが、これらは主に高齢者を想定したサービスであり、他の利用者との年齢差が大きいことから、利用しにくい側面がある。そのようななかで、地域で「認知症カフェ」が作られ、認知症のある人やその家族、地域の人々や専門職も参加して、さまざまな活動を行っている。このようなカフェでは、多様な世代が参加していることもあり、若年性認知症のある人も参加しやすいといえる。

　この認知症カフェについては、厚生労働省が2012年6月に出した『今後の認知症施策の方向性について』のなかで、「認知症のある人と家族、地域住民、専門職等のだれもが参加でき、集う場」としている。活動内容は多様で、「茶菓の提供」「食事の提供」「専門職による介護相談」「いっしょに料理を作ること」「専門職による講話や勉強会」「音楽の生演奏」「散歩・体操・園芸等」「編み物、手芸、工作等」「日記や脳トレ・ゲーム」「カラオケ・歌」などが行われている。認知症カフェは2012年以降急増してきており、多くは

社会福祉法人やNPOが運営している。カフェの形態は①認知症のある人や家族が集う場の発展型、②認知症または高齢者の専門施設発展型、③自治体のモデル事業型、④住民が集う場の発展型、⑤既存形態にとらわれない個人の実践発展型、があるとされている[15]。

　以上、若年性認知症のある人に対するフォーマルサービスを中心にした社会資源について説明してきた。さらに必要な社会資源として、これは若年性認知症に限らないが、認知症との診断を受けた初期段階から介護保険サービス等の利用に至るまでの間は「空白期間」とよばれており、サービスを利用できない時期となっている。この時期での認知症のある人やその家族への精神的な支援を含めた相談支援体制が重要である。とくに、若年性認知症の場合には、いままでの就労の継続や社会との関係を維持していくことが困難になっていく時期であり、本人や家族に情報提供や心理的サポートが必要不可欠であるが、そうした社会資源が制度的に準備されていないのが現状である。

---

15) 認知症の人と家族の会：認知症カフェのあり方と運営に関する調査研究事業報告書. 2013.

【第9章】
認知症のある人の権利擁護への対応

　認知症のある人は、自分の意思を必ずしも十分に表示できないがために、ケアマネジャーが高齢者の意向を感知しながら支援することが必要となってくる。そのようななかで、利用者の人権を守り、それを遂行するケアプランの作成・実施が求められている。

　しかしながら、実際の在宅におけるケアマネジャーの対応は、介護保険サービスの利用を支援することに限られがちであり、権利擁護に関わる認知症のある人の生活ニーズを把握し、必要なサービスに結びつけているとはいいがたいのが現実である。施設においても、認知症のある人は必ずしも自分の意向を言語化できないことが多いことから、十分に権利が守られた支援がなされているとは限らない側面がある。このような視点から、在宅、施設に関わりなく、認知症のある人の権利を擁護する視点がケアマネジャーにはきわめて重大である。

　認知症のある人の権利を擁護する内容や範囲は多方面にわたり、財産管理や身上監護のための成年後見の申し立て、日々の生活費の管理のための日常生活自立支援事業の活用などが考えられる。また、認知症のある人は虐待を受けやすいことから、それら虐待からの予防や早期発見・早期対応といった業務、さらには、地域住民とのトラブルへの対応など、意思表示が十分にできない人の立場に立って人権を守っていかなければならない。

Ⅰ．成年後見制度

　成年後見制度は民法の禁治産・順禁治産制度を改めて、介護保険制度と同じ2000年4月から施行された。成年後見制度には、従来の禁治産を改称した「後見類型」、準禁治産を改称した「補佐類型」、新たに追加された「補助類型」の3種類の法定後見制度がある。「後見類型」は判断能力を喪失した人に対して、後見人が本人の財産管理のすべてを行い、「保佐類型」は判断能力が著しく損なわれた人に対して、保佐人が本人の財産管理の大半を行い、「補助類型」は軽度の人に対して、補助人が本人の財産管理を手助けする。

　さらに、判断能力が衰える前に、自分の友人や弁護士を任意後見人として指定し、財産の管理をあらかじめ指定しておく「任意後見制度」が新たに新設された。この制度では、任意後見人は家庭裁判所が選んだ別の監督人からの監督を受け、不正行為があれば任意後

見人を解任することができる。

　従来の制度に比べて簡素化され、戸籍への記載も廃止され、目的が家の財産を守ることから、認知症のある人等の権利を守ることに主眼がおかれている。

　この制度は創設されて 18 年以上立つが、2014 年の成年後見の総申立件数 34,373 件で、この内で子の申立てが 10,968 件でもっとも多く、次が市区町村長の 5,592 件となっており、この比率が増加傾向にある。成年後見人等と本人との関係は、司法書士が 8,716 件、弁護士が 6,961 件、子が 6,386 件、社会福祉士 3,380 件の順になっている。2014 年 12 月末日時点で、成年後見制度の利用者数は 184,670 人で、その内訳は、成年後見が 149,021 人、保佐が 25,189 人、補助が 8,341 人、任意後見が 2,119 人となっている[16]。

　成年後見制度の手続きは、以下の順となっている。
①家庭裁判所へ申し立てをする。
②家庭裁判所の調査官による事実の調査が行われ、申立人、本人、成年後見人（保佐人、補助人）候補者が家庭裁判所によばれて事情を聞かれる。
③実際に行われるのは約 1 割と稀であるが、本人について精神鑑定が行われる。
④審判で、申立書に記載した成年後見人（保佐人、補助人）候補者がそのまま選任されることが多いが、場合によっては家庭裁判所の判断により弁護士・司法書士・社会福祉士が選任されることもある。
⑤審判の告知と通知で、家庭裁判所から審判書謄本をもらう。
⑥法務局に登記され、法定後見が開始される。

　この制度の問題点は、2011 年 9 月に、わずか 16 か月の間に後見人の財産横領事件が 314 件（家族後見人が 306 件）あり、横領総額が 36 億円に及んでいることを、最高裁判所が明らかにした[16]。これは家庭裁判所の管理能力に課題がある。また、市区町村長による申請については、行政主導で安易に介護サービス利用に導くことになり、自己決定権を損なう危険性が高いという課題も大きい。

　これらの諸課題の打開策として、成年後見促進法が 2016 年に成立した。認知症のある人が 400 百万人を超えているにもかかわらず、成年後見を利用する者は約 18 万人にとどまっており、後見人となる人材を確保するために市民への研修や情報提供を実施し、後見人による財産の横領を防ぐ目的で家庭裁判所や関係機関による監督体制を強化するものである。首相をトップに関係閣僚が参加する利用促進会議を内閣府に設置し、利用者増に向けた施策や目標を定めた基本計画を策定することを定めている。

Ⅱ．日常生活自立支援事業

　「地域福祉権利擁護事業」や「福祉サービス利用援助事業」とよばれていた事業を、

---
16) 最高裁判所事務総局家庭局：成年後見関係事件の概況－平成 26 年 1 月～12 月－ (2015).

2007年4月に、人々に理解してもらいやすくするために、「日常生活自立支援事業」と名称を変更した。この事業は、福祉サービス利用者の権利や利益を保護し、住み慣れた地域で安心して暮らせることを目的にして創設されたもので、具体的には、認知症のある人等で判断能力が不十分な人に対して、生活支援員が福祉サービスの利用援助、苦情解決制度の利用援助、住宅改造、居住家屋の貸借、日常生活上の消費契約、住民票の届出等の行政手続に関する援助を実施するものである。そのため、預金の払い戻し、預金の解約、預金の預け入れの手続等の利用者の日常生活費の金銭管理を行い、定期的な訪問により生活の変化を察知することになる。

利用手続きとしては、利用希望者が市町村社会福祉協議会に申請すると、本事業の契約内容について利用希望者の判断しうる能力の有無が判定される。判断能力があるとした場合には、利用希望者の意向を確認し、援助内容や実施頻度等の「支援計画」を策定し、契約が結ばれ、「支援計画」に沿って、生活支援員がサービスを提供していくことになっている。利用料については、生活保護受給世帯は無料となっている。

2013年10月末の利用者数は42,694人で、年間で約3,000人増加したが、新規利用者数は前年度比減となっている[17]。これは、判断能力がない場合には利用できないこと、また成年後見制度との利用上での連携といった制度上の課題が問題として挙げられている。

Ⅲ. 高齢者虐待防止・養護者支援法

認知症のある人に対する虐待の発生率が高い。全国の市町村および都道府県において行われた高齢者虐待への対応状況」についての調査結果を公表した『平成26年度高齢者虐待の防止、高齢者の養護者に対する支援等に関する法律に基づく対応状況等に関する調査結果』では、2014年度の相談・通報件数は25,791件にのぼり、そのうち虐待判断件数は15,739件（61.0％）であった。この虐待判断件数のなかで、「自立または認知症なし」は1割程度で、認知症の自立度Ⅱ以上の者が約7割を占めており、自立度Ⅰ以上の者であれば、約9割となっている[18]。この数値から、認知症であることで、家族の虐待リスクがきわめて高くなることがわかる。

また、介護老人福祉施設等の介護施設または居宅サービス事業など、介護業務に従事する者についての虐待通報件数は962件で、虐待判断件数は221件であった。この虐待判断件数は前年度155件に対して、42.6％増と急増している。このなかで、認知症のある人の日常生活自立度Ⅱ以上は84.8％であり、自立または認知症がない者はわずか2.5％であった。これらから、介護サービス事業に従事する者の虐待のほとんどが、認知症のある人

---

17) 全国社会福祉協議会地域福祉部：平成25年7月分利用状況調査における新規利用契約者の集計結果 (2013).
18) 厚生労働省：平成26年度高齢者虐待の防止，高齢者の養護者に対する支援等に関する法律に基づく対応状況等に関する調査結果 (2016).

が対象であることがわかる。

「高齢者虐待の防止、高齢者の擁護者の支援等に関する法律」（略して「高齢者虐待防止に関する法律」）が2007年4月に施行された。この法律は、65歳以上の高齢者を養護している者や介護保険事業で施設・在宅サービスに従事する者の虐待を予防することにある。

自宅での養護者による虐待を予防するために、市町村は相談、指導、助言を行い、虐待についての通報を受け付け、居室の確保など必要な措置を行う。また、市町村長は高齢者に重大な危険が生じるおそれがある場合には立入調査を行い、必要があれば警察に援助を求めることができる。また、養護者の介護負担軽減のために、市町村は相談、指導、助言や、居室確保の措置を行うとしている。また、不当な住宅改修等の高齢者被害についても、市町村は相談に応じ、関係機関を紹介することになっている。

介護保険事業での施設・在宅サービスに従事する者の虐待防止については、事業者自らが苦情処理の体制を整え、虐待防止の措置を講ずることになっている。虐待を発見した者は、市町村に通報する努力義務が課せられており、生命や身体に重大な危険が生じている場合は通報義務が課せられている。

養護者についての虐待通報を市町村が受けた場合、市町村は事実確認を行い、連携協力機関・団体と協議する。その際、生命や身体に重大な危険が生じているおそれがあると認められるときは、特別養護老人ホーム入居といった適切な措置を取り、家庭裁判所に成年後見制度開始の申立を行うと同時に、養護者に対する相談、指導および助言を行うことになっている。

介護施設の場合には、市区町村から都道府県に報告し、協力体制が取られる。市町村および都道府県には、報告徴収、立入調査、業務改善・停止措置等の監督処分権限が認められている。市町村は都道府県にそれを報告する。市町村長または都道府県知事は事業の適切な運営を図るよう、介護保険法や老人福祉法に基づく監督権限を行使することになる。なお、この法律でとらえる虐待には、「暴行などの身体的虐待」「長時間の放置や著しい減食といった介護放棄」「暴言などの心理的虐待」「わいせつ行為といった性的虐待」「不当な財産を得るといった経済的虐待」の5つを規定している。

Ⅳ．クーリングオフ制度

クーリングオフは、消費者が業者と交わした契約を一定期間内であれば、一方的に解除できる権利である。買い物をする、あるいはなにかをリースするといった場合、たとえば業者が「売ります」といい、消費者が「買います」といえば、契約の成立となる。この場合の契約とは法律上の約束であり、業者と消費者とが対等な関係で結ばれるのが原則である。しかし、実際には十分な知識をもって判断し、納得して買うとは限らないケースが多々ある。「売る」ことと「買う」ことで契約が成立すれば、お互いが対等で平等の立場で、

自由意志に基づいて契約したということになるが、契約の自由平等の原則がいかなる場合も守られるとは限らない。消費者が突然訪問してきたセールスマンから高額商品を買わされたり、巧妙な話術で不必要な契約をさせられたりといったことでの消費者の被害はあとを絶たないのが現状である。

認知症のある人の場合、消費者という立場にあったとしても、基本的には十分な判断能力があっての購入なのかどうかを介護をする側が常にチェックする必要がある。家族だけでなく、ヘルパーとも連携を取って情報交換を密にし、必要とあればケアマネジャーは、利用者が詐欺まがいの悪徳商法にひっかかっている可能性はないか、また明らかに不必要なものを購入していないか、家族とともに事実確認をする必要もある。ケアマネジャーは、必要に応じて、クーリングオフの制度を活用すべく、関係機関あるいは消費者センターに相談をして適切な処置を図る支援をする必要がある。

あくまで契約を守ることが原則である。したがって、クーリングオフの制度が活用できるのは、特別の場合に限られる。①法律に規定がある場合、②業界が自主的に規定している場合、③業者が個別的に契約内容に含めている場合である。

また、契約の解除は必ず文書で業者に通知することになっており、クーリングオフできる期間も決まっている。

いずれにしても、消費者である利用者を守る必要がある場合には、消費者センターなどに相談をして、迅速で的確な処置を心がけることもケアマネジャーの責務といえる。

V．認知症のある人の権利擁護へのケアマネジャーの関与

現実のケアマネジャーの権利擁護への関与の成果をみると、まずは、成年後見の2012年の総申立件数34,689件の内で市町村長申立件数は4,543件で、13.2％を占めており、この申立てにはケアマネジャーが大きく関与している可能性が高いが、この比率が急激に増加している。一方、日常生活自立支援事業については、2013年7月分の新規利用者の申請件数は全国で958件であるが、そのうち初回の相談者は、介護支援専門員が25.4％でもっとも多い。なお、この事業は認知症のある人に限らず、知的障害者や精神障害者も活用しており、両者の604件を除外した場合には、40.0％が介護支援専門員からの初回相談に相当する[19]。

高齢者の虐待事例については、これは必ずしも要介護・支援者には限らないが、2014年度の在宅の相談・通報件数は28,745件であったが、そのうち、ケアマネジャーからの通報ケースは8,637件で、30.0％と最も多い[20]。介護支援専門員が高齢者の権利擁護に大

---

19) 全国社会福祉協議会地域福祉部：平成25年7月分利用状況調査における新規利用契約者の集計結果 (2013).
20) 厚生労働省：平成26年度高齢者虐待の防止，高齢者の養護者に対する支援等に関する法律に基づく対応状況等に関する調査結果 (2016).

きく貢献していることを示してみたが、介護支援専門員は認知症のある人を中心に高齢者の人権を守る砦であるといえる。

さまざまな制度を活用した権利擁護について述べてきたが、利用者の権利擁護に関わる場合に、権利擁護に関わる制度を活用することなく、ケアマネジャー自らが認知症のある人本人を弁護していくことも重要な権利擁護となる。たとえば、地域のなかのひとり暮らしの認知症のある人に対して、火事を起こしたら恐いということで、近隣から施設入所を求められることもある。そのような場合、ケアマネジャーは利用者に代わって、安全に在宅生活ができるようにリスク管理をしながら支援していることを、近隣に対して説明することで、認知症のある人の弁護をしていく役割が求められる。

さらに、この弁護的な役割は、地域住民に対してだけでなく、認知症のある人の家族や介護サービス事業者に対しても果たしていかなければならない場合がある。たとえば、利用者本人はできる限り長く在宅生活を続けたいという思いをもっていても、認知症のある人が自らの意思を十分に表現できないことを考えると、利用者本人に代わってケアマネジャーは家族等に対して弁護的役割を果たすことが求められる。また、介護サービスについても、認知症のある人の生活ニーズに合致したサービス提供がなされているかを点検し、必要な場合には、介護サービス事業者に対して、利用者に代わって弁護的役割を果たすことが必要となる。それゆえ、ケアマネジャーは認知症のある人の支援に関わる場合には、権利擁護に関わる制度に結びつけるという支援だけでなく、自ら弁護的役割を果たすことも重要であるという認識が求められる。

以上のような個々の認知症のある人の権利を擁護することをケース・アドボケートというが、ケアマネジャーは個々の権利擁護を介して、認知症のある人を支える地域づくりに結びつく地域の課題に遭遇する。たとえば、認知症のある人の徘徊について安全に見守れる地域づくりが目的になり、徘徊模擬訓練を行ったり、地域の機関や団体での徘徊があった場合の連絡網の整備を図っていくといった活動につながっていく。こうした地域の認知症のある人全体をターゲットにした権利擁護の活動はコース・アドボケートとよばれ、ケアマネジャーは地域包括支援センターや生活支援コーディネータと協力して、このような活動を促進していくことが求められている。

【第10章】
認知症のある人の家族介護者への支援

Ⅰ. 認知症のある人の家族介護者の現状

　冒頭で、認知症のある人に対するケアプランは、介護者に焦点を当てたケアプランになりがちで、介護負担の軽減を目的にデイサービスやショートステイ利用のプランになっていると記した。これは、介護者支援が必要でないといったのではなく、ケアプランの作成には介護者支援はきわめて重要な視点である。認知症のある人の場合には、さらにはBPSDを呈している場合には、介護者に多大な精神的・肉体的な疲労を強いることになり、介護者の心身の負担が計り知れないほど大きくなる[21]。そのため、ケアプランにおいては、単にレスパイトサービスと結びつけるだけでなく、介護者の思いを傾聴し、心理社会的な支援も必要となる。

　折しも、安倍晋三首相は「ニッポン一億総活躍社会プラン」において「介護離職ゼロ」を目標を掲げている。認知症のある人の家庭での介護離職ゼロを実現するためには、ケアプランはいかにあるべきかが問われている。現実には、日本の介護離職の現状は、介護保険制度創設前の時期と現在ではほとんど変わらない。5年ごとに実施される総務庁「就業構造基本調査」によると、家族を介護・看護するために離職した人の数は、介護保険制度創設前の1997年調査では年間101,000人であったが、2012年調査でも101,000人と同数であった。

　介護離職ゼロに向けての介護保険制度改革に加えて、介護離職の予防に貢献できるケアプランのあり方を検討する必要がある。そこでは、介護者を社会資源としてとらえる前に、支援が必要な対象者として捉える視点が不可欠である。これについては、イギリスの2014年ケア法が多くの示唆を与えてくれる。

　イギリスでは、従来から介護者支援が強調されてきたが、2014年ケア法は、介護者支援について根本的な改革を図っている。それは、要介護者と介護者に同等な法的な権利（same legal footing）を認め、その実施は地方自治体の義務と明記され、要介護者と同等

---

21) 博野信次, 小林弘子：痴呆患者の介護負担日本語版 Zarit Caregiver Interview による検討. 脳と神経, **50**(6)：561-567, 1998.

に介護者が支援されることになった。そのため、ケアマネジャーは要介護者とほぼ同様のアセスメント用紙を使い、介護者についても別個にケアプランを作成し、サービスを提供している[22]。

一方、日本の介護保険制度は、利用者の自立支援が目標であり、介護者の介護負担の軽減については法的には規定されていない。ただ、ドイツの介護保険をみると、介護者支援の軽減が目的であり、家族介護者は要介護者を週14時間以上自宅で介護する者と定義し、その介護者を支援する視点が強い。介護者支援としての現金給付については周知のとおり介護者の労働に対する報酬であるが、これ以外にも、要介護度に関係なく、年に最長4週間ショートステイを現物で無料で受けることができる。また、介護により腰痛等が生じた場合には労災保険が適用される等で、介護者を労働者として位置づけ、他の労働者に比して介護者が不利にならないように施策が講じられている。さらには、家族介護を所与のものとして位置づけているため、無料の介護講習会がさまざまな地域で実施されている。

介護保険制度以外では、2012年に家族介護期間法が導入され、介護者は最長で2年間、最大で週15時間まで労働時間を短縮でき、家族の介護期間中は労働時間を最大50％短縮することができ、その際に従前の総所得の75％を受け取ることができ、家族介護期間中の所得保障が行われることになっている[23]。

Ⅱ．家族介護者のニーズをケアプランに

そのため、家族介護者を支援される対象として捉え、以下に挙げる3つの視点のもと、認知症のある人だけでなく家族介護者も含めた家族全体を支援の対象としてケアプランが作成される必要がある。

1．家族介護者の自己実現への支援

ケアマネジメントは、単に利用者の自己実現のみを支援していくものではない。そこでは、各種のサービスを活用すること等によって、家族介護者の過重なケア負担を軽減することにより、家族構成員の1人ひとりの自己実現が図られるよう支援する視点をもつことが重要である。なお、そのなかに家族介護者の自己実現の一部である就労の継続や趣味などの社会活動の実現が含まれることは、当然のことである。

2．家族介護者の健康管理への支援

ケアを要する利用者をもつ多くの家族では、家族介護者が介護の中心を担っており、介護保険サービスはむしろ補完的な位置づけになっている。それゆえ、家族介護者のなかに

22）井上恒夫：英国における高齢者ケア政策．明石書店，東京，p.42, 145, 2016.
23）齋藤香里：ドイツの介護者支援．海外社会保障研究，84：16-29, 2012.

は、身体的・精神的に健康を害するような負担を負っていることも多々みられることから、ケアマネジャーをはじめとしてサービスを提供する担当者は、これら家族の健康面にも配慮し、その健康が保てるよう支援していく必要がある。そのためには、家族介護者とのコミュニケーションを深め、健康面までを含めた家族介護者のアセスメントを行うなど、健康管理にも配慮した予防的対応が求められる。ケアにあたる家族介護者が具体的にそれらの生活課題を有している場合には、ケアプランの作成にあたって、受療時間の確保はもとより、休養を目的とした通所介護や短期入所生活介護などのレスパイトサービスの利用を盛り込むことも検討する必要がある。

このように、家族介護者の自己実現や健康管理への支援にも配慮していくことは、利用者本人の在宅生活の継続を促進していくことにもつながる。

3．利用者と家族介護者の関係の調整

利用者と家族介護者の間には、ケアプランの作成において、いくつかの点で意見の相違がみられることがある。それは、①大きな目標であるケアに対する意向、②個々の生活課題（ニーズ）のとらえ方、③明らかになった生活課題の解決すべき目標、④それぞれの生活課題について解決すべき社会資源の内容、⑤決定された社会資源の活用頻度や利用時間帯などに現れる。

こうした両者間での相違は、アセスメントを含むケアプラン作成の過程を通じて明確になっていく。ケアマネジメントを進めるうえで生じるこうした利用者と家族介護者の間の意見や考え方の違いを調整することも、ケアマネジャーにとっては重要な業務である。なお、このような調整は、ケアマネジャーが家族全員の信頼を得るなかで行われるものであり、それゆえ、利用者本人だけでなく、家族介護者とも十分な時間をかけて関係を深めていくことが求められる。同時に、利用者の家族介護者の間では、一方が発言がしにくい状態にあるときには、その人の立場から擁護することも必要である。

【第11章】
認知症のある人に対する地域包括ケアシステム

Ⅰ. 地域包括ケアシステムとは

　地域記包括ケアシステムとは、「ニーズに応じた住宅が提供されることを基本としたうえで、生活上の安全・安心・健康を確保するために、医療や介護のみならず、福祉サービスを含めたさまざまな生活支援サービスが日常生活の場（日常生活圏域）で適切に提供できるような地域での体制」（『地域包括ケア研究会報告書』2009年）[24]とされている。また、2014年に制定された『地域における医療及び介護の総合的な確保の促進に関する法律』第2条では、「地域包括ケアシステムとは、地域の実情に応じて、高齢者が、可能な限り、住み慣れた地域でその有する能力に応じ自立した日常生活を営むことができるよう、医療、介護、介護予防、住まいおよび自立した日常生活の支援が包括的に確保される体制をいう」と定義づけている。

　この地域包括ケアシステムは、要介護・要支援者の6割を占める認知症のある人にとっては、きわめて重要である。認知症のある人を含めたすべての高齢者が地域での生活をできる限り維持していくために、高齢者のニーズに合わせた住まい、医療、介護、生活支援、介護予防の各サービスが日常生活圏域内で整備された体制を構築していくことが地域包括ケアシステムである。ここでは、日常生活圏域を設定していることに特徴があり、30分以内に必要なサービスが届けられる中学校圏域が想定されている。そのため、この日常生活圏域には地域包括ケアシステム推進の中核機能を担う地域包括支援センターが配置されている。

　この地域包括ケアシステムでの「包括」の意味には、3つのことが内包されている。

①対応する個々の利用者のニーズを包括的に捉え、利用者の医療、介護、住宅、雇用、所得等のあらゆるニーズに一括的に対応することである。これには、個々の利用者に対してワン・ストップでサービスが提供されることを意図している。

②対応するケア提供者が包括であり、インフォーマルケアとフォーマルケアが一体になり対応することである。これには、地域でサービス提供側が強固なネットワークを構

---

24) 地域包括ケア研究会・三菱UFJリサーチ&コンサルティング：地域包括ケア研究報告書. (2010.3).

築し、連携してサービス提供することである。

③対応するケアの対象者が包括であり、本来であれば、子どもから高齢者までを含めたすべての住民に対応するものである。そのため、地域を基盤にすることになる。ただし、今回は介護保険財源で実施しているため、高齢者が中心になっている。

これら、利用者のニーズ、ケアの提供者、ケアの対象者を一体的に捉えていくことで、従来のケア提供者間での連携を超えて、より包括的に支援することで、個々の利用者の在宅生活の限界点を高め、同時に質の高い在宅生活を目指すことにある。

これらの包括の内容に加えて、利用者の時間的なニーズの変化に合わせて継続的にサービス提供されることを加え、「包括的・継続的ケア」とよぶ場合がある。

ここでいわれる地域包括ケアシステムはコミュニティケアの推進であることに違いはないが、地域の単位を、中学校区を基本にした日常生活圏域を設定しており、政策的には、保健・医療・介護といった厚生労働省の施策だけでなく、住まいといった国土交通省の施策を土台に取り込んだものとなっている。ただし、介護保険制度をもとに推進されていることから、高齢者を対象にしたものから、住民を対象としたものに、財源も含めて、どのようにシフトしていくのかが大きな将来課題である。同時に、対象者を拡大することになれば、所得保障、雇用、教育、人権擁護といった施策も包含して地域包括ケアシステムを検討していく必要がある。

この地域包括ケアシステムを推進するためには、第1には、地域での受け皿である器づくりが必要である。それは、地域のネットワークづくりとよばれるものである。これについては地域包括ケアシステムの地域体制を作ることである。第2は、新たに作られる地域の器に質量共に整った多様な社会資源を盛ることである。これらには、とくに具体的に現在進められている「定期巡回・随時対応訪問介護看護サービス」や「小規模多機能型居宅介護サービス」といった介護保険サービス、訪問診療といった医療サービスだけでなく、「サービス付き高齢者向け住宅」といった国土交通省が推進している住宅サービス、配食サービス、見守りサービスや有償家事支援サービス、サロン活動、市民後見人といった権利擁護サービスを含めた生活支援サービス等がある。これらについては、介護保険財源だけでなく、医療保険財源や租税に依拠することになるが、さらには住民の支え合いであるインフォーマルサポートを推進していくことである。同時に、高齢者自身が潜在的に有しているセルフケアの活用も不可欠である。

すなわち、「公助」「共助」「互助」「自助」を最大限動員し、4者のバランスを確保していくことにある。「公助」は介護保険・医療保険の公費（税金）部分、自治体等が租税でもって提供する緊急通報サービス等であり、「共助」は介護保険・医療保険制度による保険給付部分、「互助」は費用負担が制度的に求められないボランティアなどの支援や地域住民の取組み、「自助」は利用者本人や家族による対応、介護保険や医療保険の自己負担部分、市場サービスからの購入、に整理できる。

第 1 部　認知症のある人に対するケアプラン作成の視点

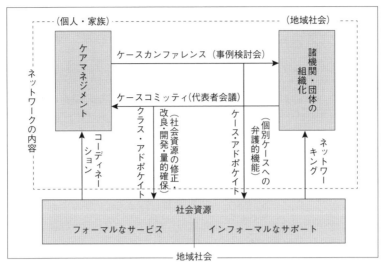

（白澤政和：要援護老人を支えるネットワーク作り；社会福祉の観点から．老年社会科学, **10**
(1)；30-41, 1988）を一部修正．
図 9　地域包括ケアシステム推進の仕組み

　ここでは、地域包括ケアシステムの基礎をなす地域のネットワークづくりという器づくりを中心にして、具体的に方向を示すこととする。地域包括ケアシステムは、図9のような個々人やその家族に対するケアマネジメントと地域の機関や団体のネットワーキングを両極とする地域の仕組みづくりが必要不可欠である。これは介護支援専門員がケアマネジメントを実施すれば支援困難事例に遭遇し、それをケースカンファレンス（事例検討会）で解決を図るが、そこから地域の課題が明らかになり、その地域の課題がケースコミッティ（代表者会議）で検討され、社会資源の開発や改善が図られることになる[25]。

　地域包括ケアシステムでは、ケースカンファレンスのことを地域ケア個別会議と、ケースコミッティのことを地域ケア推進会議とよんでいる。前者の会議は地域包括支援センターごとで実施し、後者の会議は市町村レベルで実施し、両者の会議の連続性が重要なことから、両者を合わせて地域ケア会議とよんでいる。地域包括ケアシステムでは、こうした地域ケア会議を介して、地域に必要な社会資源を開発していき、地域づくりを進めていくことになる。これは、まさに介護支援専門員と地域包括支援センターが車の両輪となり、地域包括ケアシステムを構築していくことを意味している。

　地域づくりは地域包括ケアシステムのスケルトン（骨組み）を作り上げることである。これは利用者に対して社会資源とのコーディネーションであるケアマネジメントと、地域の機関や団体の連携を可能にするネットワーキングを実施し、個人支援と地域支援を結びつけることである。前者の個人支援は介護支援専門員が、後者の地域支援は地域包括支援

25) 白澤政和：要援護老人を支えるネットワーク作り；社会福祉の観点から．老年社会科学, **10** (1), 30-41, 1988.

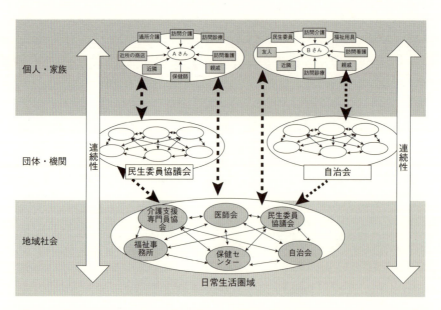

図10　地域包括ケアシステムのスケルトン（骨組み）の基本

センターが主として担うことになる。そのため、地域包括ケアシステムの器は介護支援専門員と地域包括支援センターの合作で作り上げることができる。これは、図10に示すとおりである。

　この図からわかることは、介護支援専門員は個人のニーズにこたえるケアプランを作成・実施し、一方地域包括支援センターは地域内での機関や団体のネットワークを強化し、さらには、個々の機関や団体のネットワークの構築を支援していくことである。これをソーシャルワークの機能として整理すると、個人や家族を焦点にしたミクロ・ソーシャルワーク、団体・機関に焦点を当てたメゾ・ソーシャルワーク、地域社会に焦点を当てたマクロ・ソーシャルワークである。そのため、地域包括ケアシステムはソーシャルワークの機能そのものを推進していくことであるといえる。とくに、地域の課題をとらえ、それにこたえていくことこそが、コミュニティ・オーガニゼーションなりコミュニティワークの内容である。そのため、地域包括ケアシステムでは、社会福祉士等のソーシャルワーカーが主要な担い手にならなければならない。

　認知症のある人をもとに地域包括ケアシステムを考えると、介護支援専門員は個々の認知症のある人や家族のニーズに対して、ワン・ストップで、必要な社会資源と結びつけることで、在宅生活での問題を解決できる支援を実施することが基本となる。さらに、介護支援専門員は認知症のある人の支援で支援困難事例を地域包括支援センターが実施している地域ケア個別会議に提出し、支援困難事例に関与している関係者で解決方法を継続的に検討していくことになる。

　さらに、個々の支援困難事例について解決が図られたとしても、そうした事例検討を累

積していくことで、認知症のある人が当該の地域で生活していくうえでの地域の課題が明らかになり、認知症のある人を支える社会資源が開発されていく。

　たとえば、若年性認知症のAさんの事例で介護支援専門員は、本人は就労や社会参加に関する生活ニーズを有しているが、Aさんのそうした生活ニーズを充足するケアプランを作成することができず、地域包括支援センターが主催する地域ケア個別会議に提出し、検討されることになった。地域ケア個別会議には、Aさんの生活ニーズに関係する人々が参加し、地域包括支援センター職員の司会のもとで事例検討が行われた。結果的に、日常生活圏域には若年性認知症のある人の就労や社会参加をサポートするサービスがなく、Aさんには隣の市にある若年認知症専門のデイサービスを利用できるように手配した。そして、当デイサービスが実施している軽作業を行ってもらうことで、当面は対応してもらうことで解決した。

　同時に、若年性認知症のある人が就労や社会参加する生活ニーズにこたえられないことが当該地域の課題であることがわかった。こうしたAさんの事例を介した地域の課題が、地域の機関や団体の代表者が参加する地域ケア推進会議で検討され、若年性認知症のある人を中心とした社会参加や就労の場としてカフェ（集会所）を作ることが提案された。このカフェを具体的に進めていくことになり、社会福祉協議会に在籍する生活支援コーディネーターが企画し、特別養護老人ホームのホールの一角を無償貸与し、若年性認知症のある人とその家族を募り、施設の職員、民生委員、認知症サポーターの人が共同して運営し、地域の企業から依頼のあった贈答品の箱詰めの業務を始めた。

　このようにして、地域ケア個別会議と地域ケア推進会議を合わせた地域ケア会議を介して、個々の認知症のある人の個別の生活ニーズを解決し、同時に地域の課題も解決し、まちづくりを進めていくことになる。ここに、地域包括ケアシステムの推進には、地域ケア会議が有力な手段（ツール）になるといえる。

Ⅱ．地域ケア推進会議で地域の課題を解決する

　地域の団体や機関の代表者による地域ケア推進会議で実施される機能は、以下の4段階に分けることができる。

①支援困難事例や地域のニーズ調査をもとにした地域の課題について、検討し合い、地域の課題を最終的に合意する。検討する際に、既存の資料を活用する場合もある。

②地域の課題について、解決する目標を検討し、合意する。ここでは、短期の当面の目標と、長期の目標に分けて検討する場合もある。

③地域の課題についての目標を実現するために、施策や地域でどのような活動が必要かを具体的に検討し、合意する。

④示された施策や地域活動について、地域にある機関や団体がどのような役割分担をす

表6　地域支援計画表の例

地域の目標：被虐待事例発生の予防の推進

ニーズ	目標	実施内容	担当・役割	場所	実施時期
要介護者に対して、必要なサービスを利用してもらう	要介護者や家族のニーズに合わした介護サービスの提供を行う	①介護保険制度の利用促進パンフレットの作成・配布	地域包括支援センターと行政で作成し、自治会を介して配布　配布先：高齢者のいる世帯		2017年8月配布
		②介護支援専門員に対する家族介護者への支援方法についての研修会の実施	講師：大学教員　対象者：介護支援専門員　事務局：地域包括支援センター	市民会館	2017年5月　2017年10月
		③介護サービス未利用の要介護者について、要介護者および家族の状況把握の実施	保険者から情報を得て、地域包括支援センター職員が家庭訪問する　訪問後、地域包括支援センターで検討会を実施	未利用者の家庭	66ケースについて、2017年5月～7月に実施
要介護者をかかえる家族と地域との関わりを作る	要介護者家庭が地域との交流をもてるようにする	①虐待事例について、地域の役員に対する研修会の開催	講師：地域包括支援センター社会福祉士　対象：民生児童委員、自治会役員　事務局：民生委員協議会	市民会館	2017年3月　2018年2月
		②認知症のある人に対する見守り活動の実施	民生委員協議会　事務局：介護支援専門員協会が連絡調整	要介護の認知症のある人の家庭	月に1回

るかを検討し、合意する。

　たとえば、地域ケア個別会議で検討した虐待事例について、発見が遅れたため、すぐに特別養護老人ホームへの措置入所となってしまったことから、地域包括支援センターの職員はいままで地域ケア個別会議で検討した虐待事例での共通した特徴を整理したり、ケアマネジャーの会議や民生委員会協議会の会合でいままでの虐待事例についての情報を得た。結果として、介護サービスを知らなかったり、利用していない家庭で虐待が生じやすいこと、認知症のある人が虐待を受けやすいこと、地域との関わりが薄く孤立している家庭に虐待が生じやすいとのアセスメント情報を得た。そこで、地域包括支援センターの職員は、表6に示す「被虐待事例発生予防の推進」という地域の目標を掲げて地域支援計画の原案を作成する。それを地域ケア推進会議に参加している代表者の団体や機関に対して、計画原案を提案し、議論してもらうことにした。

　地域支援計画原案を最終的には地域の団体や機関の代表からなる地域ケア推進会議で話し合い、そこで合意を得て、計画を実行に移していくことが基本である。ただし、地域ケア推進会議に先立って、担当する職員は地域支援計画原案に記載されている団体や機関に対して説明し、了解を得ていく根回し・交渉（ネゴシエーション）が必要である。個々の団体や機関で議論され、ある程度の了解を団体や機関から得られたうえで、地域ケア推進会議を開催する。会議では、それぞれの団体や機関の参画のもと、原案が検討され、時には原案が修正されることになる。さらに、地域支援計画を実行に移すうえで、住民等に対して教室を開いたり、啓発活動を実施していくことになる。

以上のような地域支援計画の作成・実施は、ニーズが個人のものか、日常生活圏域や市町村という地域のものかの違いはあるが、アセスメント→計画の作成→計画の実施→モニタリングの過程でもって実施される。ただし、地域支援計画では、ケアマネジメントのようなアセスメント票は準備されていないが、地域の課題は支援困難事例から抽出されることに加えて、行政、介護支援専門員、民生委員等からのヒヤリング、またさまざまな行政のデータや調査結果をもとにより鮮明になる。同時に、地域支援計画のモニタリングは、計画作成時に1年間の計画とした場合には、1年ごとに見直していくことになる。

　このような地域支援計画を作成・実施し、さまざまな団体や機関が共同して活動していくベースに、個々人の生活ニーズがある。個々人の生活ニーズを無視した活動は、長続きがせず、ひいてはネットワークづくりにはならない。また、このような団体や機関にはそれぞれ特徴があり、それらが有しているストレングスを活かした計画を作成することで、地域の個々人や組織全体が積極的に活動に取り組んでもらうことが可能となる。同時に、地域支援計画が作成・実施されれば、地域包括支援センターの業務が可視化し、地域住民からの理解が得られ、認知度を高めていくことになる。

　地域ケア推進会議での地域支援計画の作成・実施を介して、地域づくりが進められることになる。具体的には、日常生活圏域や市町村での地域の課題に対して当該地域の団体や機関が協力しながら活動することで、地域の機関や団体のネットワークが進められ、結果として、地域づくりができていく。

　地域包括支援センターで地域支援計画を推進していく際には、PDCA（プラン→実行→チェック→行動）サイクルが不可欠である。このことは、地域の団体・機関のネットワークを作るためには、団体・機関が協力し合って、さまざまな活動を行っていくことが基本になる。この具体的な活動して、定期的な会議や研修会の開催、介護予防活動、パンフレットや福祉マップづくり、連絡体制づくりといったことが含まれる。

　このような日常生活圏域や市区町村レベルで解決すべき地域の課題に対しては、地域の団体や機関の代表者の会議で対応することになるが、市町村を超えた広域的なニーズに対しては、広域の団体や機関の代表者からなる会議で対応することになる。そのために、地域の課題については市町村や広域の組織に働きかけていく場合もあれば、まずは日常生活圏域で事前に解決するために地域支援計画を作成・実施し、その実績を広げていく方法もある。また、現在すべての市町村に配置されつつある生活支援コーディネーターは地域包括支援センターと協力しながら、地域支援活動を具体的に推進していくことになる。

第2部
認知症のある人に対するケアプラン事例から学ぶ

各ケアプラン事例では、白澤（編集者）が、事例の特徴を「はじめに」として記し、「コメント」の形で、当該事例のケアプラン作成上のポイントを記した。

【第1章】認知症のある人のストレングスを活用する

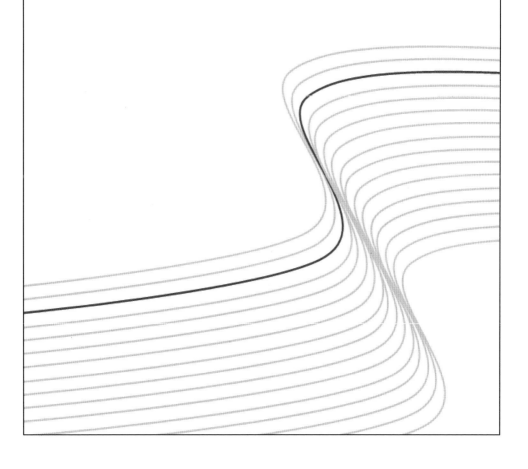

ストレングス 1）在宅

(1) 支援を拒否する人を支援する

■ はじめに ■

　認知症のある人を支援するポイントとして、本人のもっている能力や可能性に着目することの重要性がいわれてきた。とりわけ軽度の認知症のある人はさまざまな能力や潜在的可能性を有しており、そうしたものを見つけ出し、伸ばしていこうとする視点が、ケアマネジメントにおいては大切である。本項ではそうした視点からの支援を、事例を介して考えてみたい。

■ 事例概要 ■

Ｒさん（80歳代、女性）

身体状況

- 要介護度：要介護1
- 認知症高齢者の日常生活自立度：Ⅱ
- 障害高齢者の日常生活自立度：J1
- 主な疾病：慢性気管支炎、高血圧および慢性胃炎があり、視力は白内障の手術を行うも回復せず、目の前の物が何とかみえる程度。また、聴力の衰えがみられ、少し大きな声でゆっくりと話さないと聴き取れない。

家族状況

　Ｒさんは離婚しており、子どもはいない。6人いる兄弟とは離婚後疎遠になっている。1人の姉とは不仲ながらも音信があったが、それも10年ぐらい前から音信不通になった。数年前までは姪が訪問することもあったが、現在は途絶えている。ただＲさんは姪に対して不信感が強く、「なにかあっても助けてほしいとは思わない」と話す。

■ 支援概要 ■

　市営住宅でひとり暮らしをしているＲさん（80歳代、女性）について、民生委員よ

り「幻聴や幻覚がみられ、認知症が進行しているのではないか」と保健福祉センターに相談があり、今回のケース把握となった。その後、緊急一時対応で精神病院に入院するが、症状は低栄養と脱水によるもので、認知症ではないと診断され、身体状況を改善したうえで退院となった。

　保健福祉センターの保健師からの依頼で訪問し、介護保険制度の目的等を説明したが、Rさんは「人の世話になるほど困っていない」「無駄な金はない」とサービス利用に強い拒否をみせた。Rさんには短期記憶障害・見当識障害が認められ、軽度の認知症があると思われるが、ADLは自立している。自己決定能力の低下は認められるが、助言をすることで妥当な決定ができる能力を有している。しかし、健康管理や金銭の話になると表情が変化し、被害妄想的な言動が多くみられる。支援開始当初は、Rさん本人の自覚はまったくなかったが、この2、3か月で「忘れっぽい」と話すなどの変化が表れてきている。

■　支援の経過と内容　■

　Rさんと相談を進めていくなかで、白内障の手術をひかえていることがわかった。サービス利用の動機づけになればと思い、「手術の後は不自由もあるのでは」と問いかけると、しばらく考えた後に「そうかもしれない」とこたえた。しかし、年金等の個人的な経済状況について尋ねると、「あんた、私の金を取る気？」「お節介なんだよ」と顔面を紅潮させて興奮したため、可能な負担額などの情報は得られなかった。そこで、保健福祉センターの保健師と相談し、可能と思われる負担額を考慮したうえでサービス計画を立案することにした。

　サービスを計画するうえで重視したのは、"食の確保・生活の見守り"である。Rさんは自炊への意欲が低く、「1人分を調理するのは面倒」「重い荷物を運ぶことが大変」等の理由から調理を行えていなかった。そこで自炊する意欲をもってもらおうと、食材確保の支援を計画した。また、タバコの灰によるテーブルや床の焦げ、水道の止め忘れなどもみられるため、安全確保等も考慮した計画書をRさんに提示した。しかしRさんは「そんなものいらない」と拒否、再度説明したが、納得を得られなかった。しかしRさんは食べ物の好き嫌いが多く、今後も低栄養と脱水を起こす危険性が高いため、安全で安定した生活の確保のためには強制介入もやむを得ないと判断した。

　訪問介護事業者へは、Rさんへの支援に際し、キーパーソンがおらず、軽度の認知症があり、サービス利用を拒否しており、契約能力にも不安があると説明したうえで、サービスの提供を了承してもらい、ケアマネジャーは契約の席にも同席した。ケアマネジャーが契約時の補助的役割を担うことは不自然であるが、契約をもとにサービスが提供される介護保険サービスにおいては、それもやむを得ないことと考えた（**表1**）。

　支援開始から約3か月は、Rさんから拒否的言動、不満等が多く聞かれたが、しだい

表1 居宅サービス計画書(2)

生活全般の解決すべき課題（ニーズ）	援助目標		援助内容			
	長期目標	短期目標	サービス内容	サービス種別	頻度	期間
①低栄養と脱水になりやすい b1「食べたくない」 ※好き嫌い多く、調理への援助は拒否 　現在約700kcal／1日の状態	食事・水分量が増加され、栄養状態が維持される	摂食意欲の向上	・全身状態の観察 ・水分・食事摂取状態の見守り 　会話による量の把握 　ゴミの内容・量の観察 　栄養補助食品の利用 　（カロリーメイト・エンシュアリキッド） ・希望時本人とともに水分摂取	訪問介護 民生委員 ケアマネジャー	2回／週 2〜3回／週 1回／月 ＋ 必要時	12か月
b2 低栄養と脱水による再入院の可能性がある	症状の早期発見がなされる	緊急時の対応が確立される	・生命に関わるときは119番 ・判断に迷ったときはケアマネジャー、保健福祉センター、在宅介護支援センターが連絡を取る	訪問介護 民生委員 ケアマネジャー 保健福祉センター 在宅介護支援センター	必要時に対応	12か月
②市営住宅での独居生活を継続したい b1 理解力・心身機能の低下により各種手続きに見守り・支援が必要 ※視力低下により文字がよく読めない ※認知症の進行により金銭管理ができなくなる可能性がある	安全で、安心な生活が継続される 各種手続きが確実に行える	各種サービスの利用手続きを支援する	・訪問時、声かけ確認 ・希望時、書類確認、説明 ・可能なときは日常生活自立支援事業の存在の説明	訪問介護 民生委員 ケアマネジャー	2回／週 2〜3回／週 1回／月 ＋ 必要時	6か月
b2 安全管理能力の低下がある ※たばこの灰による焦げつき増加。水道の止め忘れがある		過失による出火を防ぐ	・訪問時、様子観察と安全確保 ・安全確保を促す声がけの実施	訪問介護 民生委員 ケアマネジャー	2回／週 2〜3回／週 1回／月 ＋ 必要時	3か月
③不自由なく生活物資を確保したい	選択の自由の確保とQOLの維持	不自由なく生活物資を確保できる	・買う品物・予算の確認 ・希望時、本人といっしょに買い物をする	訪問介護	2回／週 本人希望時に対応	12か月
④不安なく外出、通院したい	希望に応じた援助と希望の実現	必要な外出先への往復における安全の確保	・必要な外出先へ同行する ・外出目的、外出先、時間、外出方法について事前に打ち合わせをする	訪問介護	2回／週 本人希望時に対応	12か月
⑤部屋をきれいにしたい・布団を干してほしい	衛生的な生活環境の維持ができる	室内の清潔を保つ	・"やってほしいこと"を確認する ・軽作業はいっしょに行うように促す	訪問介護	2回／週	12か月
⑥ニーズにこたえたサービスを受けたい	ニーズにこたえたサービス提供ができるよう支援する		・本人の話を傾聴する ・ニーズの把握と確認 ・各サービス機関からの情報収集 ・定期的なアセスメントとモニタリングの実施	ケアマネジャー	1回／月 必要時 1回／3か月	12か月

文中の※は情報　　b1・b2はニーズを詳しく書いたもの

にケアスタッフとの信頼関係ができてきたこともあり、少しずつ気持ちの変化が表れ、半年後には「今後もヘルパーにきてほしい」と話し、サービス関係者を驚かせた。一方で、記憶・理解力と日にちや時間の認識についての低下が著明となり、認知症は緩やかながら進行している。

支援状況

　Rさんは、入院した際の担当医師からも、現在の主治医からも認知症はないと診断されている。限られた時間や側面からだけでは、症状の把握は難しいと感じられた。入院先の医師からは精神科への通院が必要と診断されたが、Rさんは強く拒否した。調理に対する支援に関しても強い拒否を示した。また、Rさんの栄養状態については本人との会話とゴミの内容や量を観察することで、おおよその摂取内容を把握している状況である。通院を無理に促すことや強制的に調理への支援を行うことは、拒否をより強くする可能性が高いと考えられ、"見守りながら在宅生活を支える"というサービス関係者との共通理解のもと、サービスは継続されている。

　また、Rさんを訪問した際にヘルパーに対する不満をもらすことがあった。訪問者も頼る人もほとんどなく、1人気ままに生活してきたRさんはヘルパーとの接し方に戸惑っているように感じられた。そこで人員確保上、2人交替制で実施していたヘルパーを1人で対応するのに近い状況に変え、不安の軽減に努めた。その結果、1人のヘルパーがRさんにとって頼れる存在となっただけでなく、チーム内でのキーパーソン的存在の確立につながった。

　支援から6か月が経ったころより、Rさんから時折、「通院や薬局へ1人で行くのが不安なので、いっしょに行ってほしい」「役所から書類が届いているが、よくわからないので、みて確認してほしい」などのSOSが出されるようになってきたのは大きな変化である。Rさんは理解力・判断力ともに低下してきているが、助言があればいまも自己決定ができるだけの能力を有しているため、相談支援を行う際は必ず選択肢を示し、Rさん自身で選択できるようにしている。調理は現在も常時行えてはいないが、自炊する意欲を引き出せるように食材を確保するなどの支援を続けている。結果として自炊の頻度が増え、十分な摂取量ではないが、少しずつ改善されている。

　日常生活自立支援事業に関しては、支援初期よりその必要性を強く認識していた。しかしながら、軽度の認知症に加え、家族や頼れる人間関係もなく、Rさん自身が必要性を感じていない現状では、"押しつけ"となる可能性が高い。そのため、いまは妥当な時期ではないと判断し、あえて積極的なアプローチはせずに見守っている。現在もRさんは自力で銀行へ行っているが、視力低下もあり、こうした行動もやがて困難になっていくと思われる。SOSが少しずつ出されるようになったいま、日常生活自立支援事業の利用についてのタイミングを模索している。

■　考　察　■

　私たちの日常生活は、常になにかを選択することの連続だと考えられる。その面からいえば、Rさんは当初、サービス提供を選択しなかった。だが、Rさんは偏食も多く、とくに食支援の面から本人の状態は予断を許さない状況であるととらえ、サービスを提

供するなかで、Rさんの理解を得ていくという形でスタートした。そのためRさんの拒否はしばらく続くことが予想された。高齢になり心身機能・思考決断力が低下しているうえ、Rさんの生活史や性格を考慮すると、こちらからの提案をすぐに了承してもらうことは簡単ではないと感じられた。また、「サービスは必要ない」というRさんの言葉の背景を理解することが重要であったと思う。サービス提供者が認識する問題や目標が、常にサービス利用者と共通認識されるとは限らないことに着目し、サービスが管理的にならないよう、見守り中心の流動的援助となるように配慮してきた。

いまもなおRさんの生活は"規則正しい快適な生活"とは言い難い。しかし自身に置き換えたとき、規則正しい生活だけが快適と思えるだろうか。人によって、それは息苦しく感じることもある。Rさんと会話し、観察を継続するなかで、RさんはRさんなりに工夫していることが感じられる。朝はバナナと牛乳の摂取を心がけ、昼・夕は茶わん一杯の米飯を摂取するために、海苔のつくだ煮を導入するなど、いままで摂取することのなかった食品を摂取したり、水分を多く摂るよう努力したりしている。

確かにRさんの生活は微妙で崩れやすい状態である。しかし、それを支援する人々がRさんを受け入れ、見守り、そして環境を整えることによって、Rさんの気持ちに変化が表れ、信頼関係が生まれてきた。そのため、ニーズの把握もしやすくなってきた。しかしながら、行政、ケアマネジャ、介護サービス事業者だけではRさんの意思を尊重するには限界があり、今後、Rさんの意思の尊重と保護が適切になされるためには日常生活自立支援事業が必要と考えられる。

軽度の認知症のある人にはサービスを拒否する人も少なくない。問題解決や目標達成だけにとらわれた支援やサービスでは問題の本質は改善されないことを実感するとともに、サービスを提供する側の連携と共通理解、そして地域の人々の協力があるからこそ、その人らしい生活が支援できるのではないかと思う。

Rさんの権利擁護サービスの利用に向けてはスタートラインに立ったばかりである。権利擁護の必要性を考えるとき、支援を受ける本人自身が自らの問題に気づくよう支援することが大切だと思われる。

■ コメント ■

1）Rさんの自己決定能力を支援する

本事例では、理解力や判断力の低下がみられるものの、Rさんは自ら状況を判断し、いくつかの選択肢を提示すれば自己決定できる能力を有している。このような場合は、できる限り時間をかけて情報提供を行い、ときには助言しながら、Rさん本人が1つひとつ自己決定していけるよう支援することが求められる。Rさんの自己決定のなかには、さまざまなサービス利用の決定も当然含まれてくる。とりわけ本事例は、認知症の症状が軽度の段階で早期に発見されている。こうした利点を生かし、契約能力でもある自己

決定能力を活用することで、日常生活自立支援事業の利用につなげていき、在宅の生活を将来も継続させていくことも重要な課題である。

　本事例では、ケアマネジャーがやや強制的な介入という形でホームヘルプサービスを提供することになったが、支援していく際での本来の目的である"食の確保・生活の見守り"については、ヘルパーとの信頼関係は確立されてきてはいるが、調理に対する支援には拒否を続けている状況にある。このことからも、サービス利用を拒否する人に対して、強制的な支援が必ずしも十分に機能するとは限らないことを示している。ケアマネジャーは、認知症のある人等の利用者と最初会った時点では、自ら決定していく能力が弱いという視点でとらえがちであるが、継続的に支援していくなかで、本人が自己決定能力を有しているという、本人のストレングスに焦点を当てた支援に変化していくことができる。そのため、できる限り時間をかけて、利用者の自己決定・自己選択を中心にしてサービス利用に結びつけていくことが必要である。

　強制的なサービス提供の要件としては、利用者の生命に関わるリスクが高く、かつ緊急性があるかどうかが基準となり、"食の確保・生活の見守り"がどの程度のリスクや緊急性があるのかを検討し、緊急性がさほど大きくないなら、利用者の潜在的な能力を伸ばすという視点で支援していくことが求められる。もちろん本事例でのホームヘルプサービス利用は、栄養等で一定の緊急性があったともいえ、本来の目的を一部果たしたうえで、ヘルパーがキーパーソンとしての役割を担い、Rさんも今後も継続してヘルパーを利用していきたいといった気持ちの変化を得ている。

　本人がサービスの利用を拒否している場合には、それをサービス拒否というマイナス面でとらえるだけではなく、他者に頼らず自分でやりたいという意思（ストレングス）をもっているというプラス面からもとらえていくことも必要である。本事例の場合も、現状では十分なサービス利用には至っていないが、Rさんとヘルパーとの信頼関係ができてきたのは、Rさんの人と関わりたいという能力による結果ともいえ、そうした能力や気持ちを高めていくという視点で支援することが重要である。

　もちろん今後、認知症の進行によって十分に自己決定できない状況が生じてくるであろうことも予想できるが、Rさんの場合はまだまだ自己決定能力があることを考慮し、サービスを利用しないことによるリスクの大きさ、緊急対応の必要性を配慮しつつ、本人が自己決定していくことを支援することが必要である。

2）本人の今後の生き方を考える

　本事例では、Rさんが理解力、判断力でもって自己決定する能力をもっていることのストレングスを活かし、Rさんの今後の生活についての意向を確認することが重要となる。ケアマネジャーは、利用者が今後どのような生活を望んでいるのかを正確に聞きとめ、それらを記録し、将来の支援に活用していくことが大切である。

Rさんが認知症であるか否かという判断よりも、いずれにせよ今後Rさんの判断能力が衰えていくという可能性も考慮し、いまのうちに本人がどのような生き方をしたいのか、どのようなサービスを将来利用したいのかということを、ケアマネジャーが十分理解しておくことが求められる。これは認知症が軽度のうちに発見できたからこそ可能なことであり、ケアマネジャーは利用者との時間を充分に持ち、話を聞くという姿勢が重要である。

　同時に早期に発見できた認知症のある人の場合には、投薬によってある程度症状の進行を抑えることができる可能性が高い。そのような意味では再度、専門医の診断を受けることで、認知症の症状を極力抑えていくことの検討も必要である。そのためには、専門医である精神科を受診することを考えるだけでなく、保健所等での専門医の訪問依頼や専門医の訪問診療を利用するなどの工夫を含めて、できる限り早い時期に受診できるような工夫が望まれる。その際も、Rさんを認知症のある人というとらえ方をするのではなく、十分に理解力や判断力をもち、自己決定する能力をもっている人であるという視点で支援をしていくことが、専門医とのつながりを作っていくうえで重要なポイントになるであろう。

　以上のことをまとめると、1つには本人のストレングスに着目をした支援が、軽度の認知症のある人には重要なポイントである。Rさんの場合には自己決定する能力があることを活かしていくことで、権利擁護サービスの利用にもっていく支援を考えたい。確かにRさんは目が不自由ではあるが、自己決定能力があるとすれば、緊急に日常生活自立支援事業に結びつけなくとも、最低限の在宅生活は可能であるといえる。ただし、自己決定能力のある時期にサービスにつなげておくことが必要でもある。また今後の生き方についても、Rさんの場合、十分に聞ける要素をもっている。ケアマネジャーはこうしたRさんの思いを正しく聞きとめて、今後の自己決定力が低下した際にも、本人の思いを生かしながら支援していくべきである。

　もう1つは、できる限りこの自己決定能力を維持できるために、専門医に相談をする方向で支援し、そのうえで投薬について管理できる体制を確保しておくことが重要であるといえる。

ストレングス　1）在宅
(2) 生活史からケアのヒントを見いだすことで不安行動を解消

■ はじめに ■

　認知症のある人には、行動障害のある人もない人もいる。しかし、いずれの認知症のある人においても、覚えられないことや理解できないことに対する本人の不安は大きい。とりわけ新しい環境に遭遇したり見知らぬ人と関わったりする場合に、そうした不安は増幅する。このような問題を抱える認知症のある人に対し、われわれはどのように関われば不安を和らげ、そして、安心した居場所を利用者に提供していくことができるのだろうか。本事例を通して考えてみたい。

　同時に、そうした不安の解消のためには、本人のもっている能力や意欲といったストレングスを活用して、本人自身が楽しんだり、能力を発揮したり、あるいは好きなことができることが、有効な意味をもつことについても考えてみたい。

■ 事例概要 ■

Aさん（70歳代、女性）

身体状況
・要介護度：要介護2
・認知症高齢者の日常生活自立度：Ⅳ
・障害高齢者の日常生活自立度：A2
・病歴：アルツハイマー病、心臓バイパス手術（13年前）、右膝人工観察置換術（実施時期不詳）

生活史
　サラリーマンの夫と息子の3人暮らしであった。Aさんは長年、スーパーマーケット内の惣菜屋で働いてきた。性格は明るく朗らか。認知症がいつから発症したかは不明。この数年は、食事は夫が惣菜や弁当などを買ってきたものを食べていた。掃除・洗濯な

どの家事はできず、家のなかはかなり散らかっていた。

生活状況

1年前夫が死亡。本人は夫が亡くなったことは理解しているが、その時期についてはわかっていない。息子は仕事をしている様子はなく、ギャンブルなどで借金がかなりあるようだ。母親を積極的に世話することなく、数日分のパンやジュース、弁当などを買ってきて渡している。近隣との付き合いもない。Aさんは買物に出て道がわからず帰れないことが度々あり、その都度息子にひどく叱られるため、外出しなくなった。息子が同行して近所の内科を受診するときが、唯一外出の機会である。なお、生計は遺族年金で賄っており、その管理については日常生活自立支援事業のサービスを利用している。

■ 支援概要 ■

認知症のある女性が、夫の死後、同居している息子から十分な世話を受けることができず、不衛生で閉じこもりがちな生活を続けていたところに、介護支援専門員（ケアマネジャー）が根気よく働きかけ、介護サービスの利用に結びついた事例である。

通所介護では、認知症による短期記憶障害と多くの人と接する緊張から、当初頻回にトイレに行く行動がみられたが、本人の生活史等を勘案して、スタッフと連携を図りながら、本人が得意とする役割がもてるように支援した結果、不安行動が解消され、笑顔もみられるようになった。

■ 支援の経過と内容 ■

《2006年2月》本人と夫、息子でグループホームの見学にくる。夫は歩くたびにぜいぜいと呼吸して、苦しそうだった。Aさんは髪がボサボサで、冬なのに薄手のスカートと素足にサンダルという格好で、話しかけても返答がなく、ニコニコ笑っているだけであった。息子は「両親が弱って家事もできないので、施設に入れたい」という。介護保険サービスの利用申請もしていないとのことで、グループホームから居宅介護支援事業者へ要請があり、ケアマネジャーが面接をした。

Aさんは、自分の氏名は答えられるが、他の質問に対してはニコニコするばかりで返答がなかった。夫婦共に介護保険の代理申請をしてほしいと依頼され了解する。息子は「仕事が忙しく家にいないことが多い」というが、職業は不明。

訪問調査に立ち会うため自宅を訪問。居間には弁当のからやごみが散乱していた。訪問調査員の問いかけには笑顔で返答していたが、短期記憶には曖昧な点が目立った。息子に暫定プランにもとづき介護保険のサービス利用を勧めるが、「当分自分が介護をする」という。その後、何度も電話や訪問をするが、息子との連絡が取れない。

《同年4月》ようやく連絡が取れ、自宅を訪問。本人は髪がボサボサで入浴していな

い様子。要介護認定の結果は、経過的要介護状態（2006年4月の介護保険法の改正で、要支援と要介護1が、要支援1、要支援2、要介護1に細分化されたが、2006年4月1日現在で要支援の認定を受けていた人は経過的要支援とされ、従来のように介護サービスを利用し、サービスの回数の制限はないとういう状態）。認知機能の低下がみられたため、息子の了解を得て、もの忘れ外来の受診に同行した。医師からは長谷川式簡易知能評価スケールが10点で、介護保険認定の変更申請をするよう勧められた（夫は要介護2だったが、サービス利用を検討する前に死亡）。

息子には「このまま家に1人で置いておくと、認知症が進行するおそれがあるのと、閉じこもりを回避し、生活基盤を整えるためにも、通所介護サービスを利用してはどうですか」と説明し、体験サービスの利用について了解が得られた。本人は「そうね」とニコニコするのみ。

《同年7月》また連絡が取れない状況が続いていたが、7月上旬に息子から電話があり、デイサービスの体験日程が決定したとの報告。通所介護からは、体験日には下着は用意されておらず、下着の汚れが目立ったので、事業所の予備に着替えてもらったとのこと。入浴は久しぶりのようで、シャンプーの使い方がわからず、洗いが不十分な点についての介助が必要であるとの報告を受けた。本人は急に多くの見知らぬ人と接したため、とても緊張していた様子で、トイレに行ったり来たりを繰り返した。

息子に本人の様子を聞くと、「楽しかったといっていた」「髪がきれいになっていた」といい、今後、週3回程度通所介護を利用する計画にすることとした。しかしその後、夫が亡くなったとの知らせがあったきりで、再び連絡が取れなくなった。

《同年9月》ようやく通所介護サービスの利用が始まった。しばらく家に閉じこもっていたため、認知症が進み、改訂長谷川式簡易知能評価スケールは6点となった。変更申請の結果、要介護2となり、医師からの勧めもあって通所介護を週6回利用することとした。「すぐにでもグループホームに入れてほしい」という息子には、待機の順番があるので、この時期にできる限り規則的な生活習慣を身につけ、また集団生活に慣れてもらうことを目標に支援計画を実行していくことを説明した。

Aさんが通所介護利用を始めた当初は、集団のなかにいる緊張感から、表情は硬く、他者との会話もなかった。リズム体操などではとても楽しそうな表情をみせることもあるが、時間をもてあまし気味で、自信のないことに直面すると、何度もトイレを往復する行動が始まった。しかし他方、Aさんは、排泄している様子はなかった。排泄した場合は後始末が確実にできないことが多く、次にトイレを利用した人から「Aさん、ちゃんとせんねー」と大声で注意され、顔を紅潮させてうつむくこともあった。自分の失敗を指摘され、さらにトイレに行く行動が頻回になった。泌尿器系の疾患も心配されたので、主治医に相談したが、問題はなかった。

《同年10月》少しずつ通所介護に慣れてきたが、トイレに頻回に行く行動は続いてい

た。そこでケアマネジャーは通所のスタッフといっしょに、利用時のAさんをよく観察することにした。するとリズム体操や口腔リハビリなど本人が楽しそうにしている時間、食事やおやつ、散歩の時間などでは、トイレに行く行動はまったくみられないことがわかった。

そこでケアマネジャーが、通所介護を利用するなかで、長年惣菜屋に勤めていたAさんの生活史を活かせないものかとスタッフに相談したところ、スタッフから、簡単な手順でできるおやつ作りなどを手伝ってもらってはどうかという提案があった。

早速、ホットケーキづくりを企画し、Aさんに手伝いを頼むと、エプロンをつけ、生き生きとした表情が現れ、材料を上手に混ぜ、手際よく焼いた。「ひっくり返すのがうまい」「おいしい」という他の利用者やスタッフの賞賛の声に、本当にうれしそうであった。他にも、もやしの根きりやインゲンの筋とりなど本人が得意で参加できる機会をできる限り作るようにした。食卓を拭いたり箸を並べたり、洗濯物を干したり畳んだり、スタッフといっしょに動く範囲を広げて、手持ち無沙汰な時間をできる限り作らないようにした。

こうした働きかけの結果、自分から「洗濯のタオルがたくさんでたいへんやね」「どこに干すかね」などの発言も増え、作業の間はトイレに行く行動はみられなくなった。いちばんの変化は、新聞を広げメガネをかけ、声を出して読むようになったことである。子どもの交通事故の記事に「かわいそうやね」など言葉を発することも増えた。入浴も自分でできるようになり、身なりを整えることで表情も明るくなって、それとともに頻回なトイレ行動がほとんどみられなくなった（**表1**）。

■ 考　察 ■

キーパーソンである息子が、認知症で判断力が低下した母親の世話を充分に行わず、支援を働きかけても約束を守らないなど、ケアマネジャーとして常に不安を抱えながら関わってきた事例である。本人の認知症の進行が気がかりだったが、強制的な介入はできないため、根気強く息子を説得し、ようやく支援の糸口を開いた。しかし、通所介護の利用が実現でき、認知症の進行予防と清潔・栄養確保に目途がついた矢先、Aさんは不安と緊張からトイレに頻回に出入りする行動が現れ、またトイレの不始末を他人に指摘され、Aさんの自信をなくす事態が生じた。

Aさんの持ち前の明るさや笑顔を取り戻すため、本人の得意とする場面を多く提供し、それを他者に認められることが自信の回復にも有効なのではないかと考え、ケアマネジャーはAさんがもつ力や生活史をアセスメントし、惣菜屋にいたころの「働き者のAさん」が、いちばん輝いていたときではなかったかと推測した。通所介護のスタッフと連携し、本人の得意とする場面を積み上げていった結果、新聞をすらすら読んでは、笑顔で周囲の人と話をするまでになり、以前の自信のない目でトイレを行き交う姿を想像

表1 居宅サービス計画書（2）

生活全般の解決すべき課題（ニーズ）	援助目標		援助内容				
	長期目標	短期目標	サービス内容	※	サービス種別	頻度	期間
夫が亡くなって1人の生活になった。日中の活動の場所で安全の確保が必要	生活の場の提供で、日中安心してすごせる	デイサービスの利用開始で、環境に慣れ楽しくすごせる	（本人） ・デイサービスで、楽しく仲間とすごす （介護保険のサービス） ・環境に慣れスタッフの顔を覚える。デイサービスの仲間と語り楽しくすごす	○	本人 通所介護	適宜 6回／週	3か月 3か月
心疾患、高血圧などの既往があり、医学的管理が必要	服薬管理ができ、血圧の安定や心疾患が悪化せず健康を維持できる	健康チェックを行い、血圧の服薬確認をする。病状の把握ができる	（介護保険のサービス） ・デイサービスでの服薬、バイタルチェック ・服薬の確認 （介護保険以外の公的サービス） ・定期通院で病状を把握する	○ ○	通所介護 通所介護 かかりつけ医	6回／週 6回／週 適宜	3か月 3か月 3か月
栄養面に偏りがある。規則正しく、栄養バランスの取れた食事が必要	定期的にデイサービスを利用し、栄養のバランスが取れた食事の摂取ができる	おいしい食事、語り合う楽しい食事時間、栄養に配慮した食の確保ができる	（介護保険サービス） ・デイサービス利用日の食の確保。楽しい会話のなかでおいしい食事を○○と一緒に楽しく食卓を囲む （介護保険以外の公的サービス） ・定期受診	○	通所介護 主治医	6回／週 適宜	3か月 3か月
入浴など日常生活のなかでできなくなる行為が出てきている	デイサービスの利用で、身の周りの日常生活行為をいっしょに行いながら、自宅でもできるようになる	入浴・洗髪など声かけ、一部介助を行いながら、シャンプー、リンスの使い方、適量など覚える	（介護保険サービス） ・清潔保持の援助。入浴・洗髪を促し、一部介助（声かけを含む）しながら覚えていく	○	通所介護	2回／週	3か月
認知症の専門医による医学管理の継続が必要	専門医による定期的な状態把握ができる	認知症に関する生活面での情報を的確に専門医に情報提供できる	（介護保険のサービス） ・専門医との情報・連携 ・専門医との情報・連携 （介護保険以外の公的サービス） ・外来受診	○ ○	居宅介護支援 通所介護 もの忘れ外来・専門医	1回／月 随時 1回／月	3か月 3か月 3か月
閉じこもりの生活による、認知症の進行を予防するために、他者との交流を図る	デイサービスへ通うことにより他者との交流を図り生活に楽しみがもてるようにする。	デイサービスへ通うことが習慣となることで規則的な生活が送れるようになる	デイサービスで仲間とすごす。リズム体操や口腔リハビリテーションなどで心身の活性化を図る	○	通所介護	6回／週	3か月
不安を解消して、頻回にトイレへ通うことがないようにする。そのために、本人の得意なこと、やってみたいことを提案・実施し、本人が自信をもてるようにする	自分の得意な調理などができることで、生活の楽しみと自信が取りもどせるようになる	自分の得意なことを通じてデイでの役割作りや居場所作りができ、生活に楽しみがもてる	食卓を拭いたり箸を並べる、洗濯物を干したりたたむなど本人ができることをやってもらう。また昔の経験を活かし、得意とする料理を作ってもらう	○	通所介護	6回／週	3か月
生活費を正しく管理し、安心した生活を送りたい	経済的に安定した生活を送る	日常生活自立支援事業を利用する	日常生活自立支援事業（社会福祉協議会）の利用		社会福祉協議会（生活支援員）	適時	3か月

※「保険給付対象かどうかの区分」について、保険給付対象内サービスについては○印を付す。

することは難しくなった。

　認知症のある人の支援では、居心地のよい環境づくりに配慮し、失敗しても大丈夫と思える安心感をもってもらうことが大切である。また本人の生活史を大切にし、本人が得意とする点をうまく引き出しながら支援していくことは、認知症のある人が自信のもてる自分を取り戻すためにたいへん有効である。

■ コメント ■

　Aさんは夫が亡くなり、息子と2人で暮らしているが、息子からは充分な介護が受け

られていない。ケアマネジャーは介護放棄という虐待の可能性についても目配りをし、さまざまな人からの見守りの支援を得ながら支えていかなければならない事例であるといえる。今回ケアマネジャーはAさんの通所介護サービスの利用を通して息子の介護負担軽減を図り、同時にAさん自身のストレングスを活用して意欲を引き出す支援をしている。

1）Aさんの不安についてのアセスメント

　Aさんには、通所介護の利用を始めたころ、頻回にトイレに行くという行動がみられた。これは、他者との新たな関わりをもつうえでの緊張感から生じた不安であるといえる。この不安は、単に人との関わりがもてないというだけでなく、新たな人間関係のなかで、自分自身が相手を十分覚えられなかったり、理解できないという思いが、不安を増幅させていると考えられる。

　もう1つは、トイレでの後始末ができないことで、他者からのクレームがあったが、そうした自らの能力に対する自信のなさから、他者との関わりをもっていくうえでの不安を増幅させている。

　しかしながら、Aさんは本事例のなかにあるように、自分が好きなリズム体操や口腔リハビリをしているとき、あるいは食事やおやつ、散歩のときなどは、トイレに行く行動はまったくみられない。そこから、ケアマネジャーや通所介護スタッフは、トイレに行く頻度が不安のバロメータなのではないかと理解し、トイレに行かずにすむような支援を考えている。

　ケアマネジャーは、通所介護のスタッフと協同で、Aさんをていねいに観察することから、不安についてのアセスメントを行い、通所介護サービスのなかでAさんの不安を解消して、自らの居場所を見つけ、安心して人と関われる状況を支援していこうとしたことは評価できる。

2）不安に対応するケアプラン

　Aさんは、楽しいことであればトレイには行かない。すなわち不安が解消されるということがわかり、ケアマネジャーや通所介護のスタッフは、本人の得意なことはなにか、と考えた。

　この事例では、本人が得意とすることを生活史から探り、それをストレングスとして活用している。具体的には、過去に惣菜屋に勤めていた経験を活かして、調理をしてもらうことをケアプランに入れている。ホットケーキづくりを実践するなかで、本人は他人から賞賛され、生き生きとした表情を取り戻している。

　以上のように、生活史からヒントを得ただけでなく、さまざまな本人の能力を活用することを試みている。洗濯物を干したり畳んだり、食卓を拭いたり箸を並べたりするこ

とで、本人がもっているストレングスが活用され、本人は不安から解き放たれ、通所介護での居場所を得ている。

その結果、単に表出されている能力を活かすだけでなく、それを超えた潜在的なストレングスの活用によって、本人が居場所を見つけ、それが実は不安の解消につながるという支援をしている。

本事例は、本人の不安にどのようにこたえていくかがポイントであったが、事例によっては、不安にこたえるだけではうまくいかない場合もある。不安を解消するため、好きなもの、得意なところに目を向けるのは大事なことであるが、おそらくそうした支援だけで、本人の不安が除かれ、落ち着くことにはならない。他方、Aさんの不安に思う気持ちそのものを理解し対応することが、非常に大切なことである。認知症のある人は、なかなか覚えられない、失敗を人から指摘される一方で、どうにも整理・納得のしようのない気持ちを抱えている。ケアマネジャーは、そうした根底にある不安な気持ちに着目し、それに寄り添う支援をしないと、認知症のある人のケアはうまくいかないであろう。

3）家庭内でのケアにも目を向ける

本事例の場合は、息子の介護負担の軽減や、あるいは介護放棄を避けるため、通所介護サービスを週6回利用するという、通所介護を中心とした支援をしている。そのこと自体はそれなりに評価できる。しかしながら、息子との同居の実態を考えてみると、家庭内の見守りをどのような形で進めていくのか、あるいは息子の介護負担の軽減だけでなく、息子と本人との関係を円滑にしていくような支援をするという意味では、通所介護と同時に、家庭訪問という形での訪問介護の支援も考えていくことの検討も必要がある。さらに、Aさんはすでに日常生活自立支援事業も利用しており、そこでAさんに関わっている生活支援員とも密接に関わることで、家庭内でのケアにも目を向けていくことが可能である。

> ストレングス 1）在宅

(3) 若年性認知症の母親と次男夫婦の生活支援

■ はじめに ■

　本事例は、若年性認知症（アルツハイマー病）のある患者とその介護者を支援した事例である。若年性認知症の場合、本人が仕事に就いていたり、家事を担っていたりと、社会的にも家庭的にも重要な役割を果たしている場合が多く、認知症状が現れたとしても周囲の人はなかなか気づきにくい。

　しかし、症状がさらに進んでくると、担っていた役割が果たせなくなり、結局は自分の立場や居場所から離脱せざるを得なくなる。この役割や居場所をそう失することの苦しみは、認知機能の低下に加えて本人にとってたいへんに大きいものである。そのため、若年性認知症のある人本人が状況に合った新たな役割をどのように見いだしていくか、そこに自信や喜びをどのように感じ取っていくか、という視点が、ケアマネジャーには不可欠になってくる。新たな役割については、本人の思いも含めて、状況をよく観察しつつ、時間をかけながら、よりよい役割が担えるよう支援していくことが重要である。

　本事例の場合は、会社を退職せざるを得ず、1人での家事も困難ななかで、本人の喜びや楽しみをどのように見いだしていくかということを考え、デイサービスとの関わりから、支援方法を工夫しながら徐々に新たな役割づくりを実現していった。また、以前より本人が地域の仲間たちと続けてきた趣味のオカリナ教室も、家族が送り迎えをすることで継続でき、地域とのつながりを保持することで、本人の喜びをつないでいる。

　本事例を通じて、本人に合わせた新たな役割をどのように作り出していくか、また従来もっていた役割をどのように継続していくか等、支援のあり方について考えてみたい。

■ 事例概要 ■

Aさん（60歳代、女性）

身体状況

・要介護度：要介護3

・認知症高齢者の日常生活自立度：Ⅲb
・障害高齢者の日常生活自立度：A1
・病歴：それまで大きな病気をしたことがなく、心身ともに良好だった。しかし、2003年ごろより、もの忘れがみられ、仕事場での失敗が目立つようになり、07年アルツハイマー病と診断された。
　認知症の症状は時間の経過とともに徐々に悪化。仕事をこなすことが困難な状況となり、退職した。日常生活においては、食事の支度などもできなくなってきた。07年ごろより易怒性などもみられ始めたため、同年3月に病院の神経内科を受診し、ドネペジル（5mg）が処方された。しかし、病状はさらに進み、入浴や更衣に対して介護拒否も著しいため、改めて認知症専門医を受診し、現在に至る。

生活史

小売業（子ども用品）の会社に勤務していた。子煩悩であり、長男、次男の成長を楽しみにするとともに、教育熱心な母親であった。長男が大学生、次男が高校生のときに夫が心筋梗塞で他界。それ以後、子育てと仕事を懸命に両立させてきた。

家族状況

夫を早くに亡くし、長男、次男、姑との生活が続いていた。姑からは「いつでも再婚したら…」といわれ続けたが、その姑も大腸がんにて他界。現在は、子どもたちも独立し、ひとり暮し。次男家族はスープの冷めない距離に住んでおり、夫婦、孫2人と行き来をしながらの生活。長男は他県にて独立し、家庭をもっている。

■ 支援概要 ■

Aさんは退職の2年前ころより、在庫管理や仕事の打ち合わせ時間にミスが続き、職場の仲間たちからは「更年期障害かしらね」とささやかれていた。しかし、度重なる仕事のミスをみかねた上司は病院受診を勧めた。検査の結果、身体的には問題なく、当初はうつ状態と診断された。ところが、仕事場でのミスばかりではなく、自宅で料理をしていても鍋を焦がすことが多くなり、洗濯の干し方がぎこちなくなってきた。その様子から異変を感じた次男の妻は次男にその状況を伝え、今後のことを相談した。次男も気になり、Aさんに対して、生活上の失敗やいままでは考えられない行為に対し、強く指摘するようにした。ところが次男夫婦の期待に反し、しだいにAさんは次男や次男の妻にきつくあたるようになった。次男夫婦は母親をどのように世話したらよいのか不安になり、当事業所に電話で相談してきた。
　次男夫婦の依頼を受けて、Aさんの希望する生活や心身状況、それに生活環境をアセスメントするとともに、次男夫婦の要望もよく聞き、それらを念頭に入れて介護保険サ

ービスの利用を考慮し、合わせて専門医との連携を図っていくこととした。その後は、中核症状は進行しつつも、易怒性を伴う BPSD（行動・心理症状）は消失していった。

■ 支援の経過と内容 ■

1）初回面接からサービス利用前まで

2007 年 10 月、次男の妻よりの電話相談内容。

　A さん 1 人では日常の炊事や洗濯が難しくなってきたことから、次男の妻が手伝うと、「自分でできるよ！」と強気な口調で返してきた。食事の支度をして、持って行くと「こんなに食べられない」と言うが、食器を片付けに行くと、全部食べていた。生ものなどを冷蔵庫に入れることもしないで、テーブルの上に調味料や他の食材とともに山のように積んでいた。衣類も複数日同じものを着ていて、汚れも気にしていなかった。次男の妻は、認知症に関する本を購入し、そこに書かれていたことが義母の状態そのものだと実感してきているようで、とくになにもかも疑い深く、家族が身の回りのことを手伝おうとしても拒んで、怒り出すこともしばしばみられた。次男の妻の訴えは、これからどのように対応したらよいのか、との介護に関する相談であった。次男の妻には後日訪問することを約束し、A さんを訪問した。

　同年 10 月、A さんと初めての面接では、A さんが現在どのような心境（思い）で日々生活しているのかを察していくこととし、初対面時は A さんとの対応に充分配慮した。まずは、ケアマネジャーの身分と訪問の目的を A さんに伝えたが、A さんからは不思議そうな表情がみられたので、次男や次男のお嫁さんから頼まれた旨をていねいに説明した。A さんは、次男の知り合いということで安心した表情をみせ、お茶を飲みながら世間話をするかたちから面接を開始した。A さんはサービス業に長年従事してきたことから、人当たりの良い性格であることがすぐに察せられた。とても明るい挨拶で迎えてくれた A さんは、自分から話しはじめ、どれほど仕事や子育てに打ち込んできたか、同じ話を何度も何度も続けた。しかし、その様子をみていた次男夫婦の表情は暗く、終始うつむいたままだった。

　次男夫婦のことはお構いなしに、A さんは立ち上がりキッチンへ行き、なにやら始めた。次男の妻は「きっと、お茶を出そうとしていると思います。けれども、なにをどうしてよいのかわからないのです。だけど、手を出すと怒鳴るんですよ」とささやくように話してくれた。その数分後、味噌汁碗にペットボトルのお茶を入れてケアマネジャーに差し出してくれた。

　そこで「A さんはとてもまめな方で、働き者ですね。私も見習わなくてはいけませんね」と話すと、A さんの表情が和らぎ、微笑みをケアマネジャーに向け、周りの雰囲気も和んだ。

　このような状況をみて、次男夫婦は、A さんがデイサービスに通うことで落ち着きの

ない、また怒りっぽい状態が変化してくるのではないかと考えた。ケアマネジャーも、Aさんはとても人当たりがよいことから、集団のなかでも馴染むことができ、楽しい時間をすごすことを目的にして、認知症対応型デイサービスを週4回程度利用し、様子をみることにした。

2）サービス利用開始後の様子

　デイサービスの利用にあたって、どのようにAさんに対応したらよいのか、デイサービスのスタッフと共通の認識をもつためミーティングを開いた。「もともとまめで働き者のAさん」という情報から、Aさんが普段得意とするところを活かしていくことを検討した。そこで、Aさんには、スタッフの手伝いを積極的にお願いすることから始め、Aさんとスタッフとの良い関係づくりに努めた。

　初回は、慣れない環境で緊張した表情がみられたので、スタッフと同じエプロンを用意し、Aさんに「すいませんが手伝っていただけますか」とお願いしたところ、快く引き受け、またしだいに笑顔がみられてきた。そして、スタッフからテーブル拭きやお茶入れなどの手伝いをお願いし、本人が混乱しそうな行為に対しては、スタッフの1人がさりげなく手伝うことを心掛けたところ、Aさんは徐々に自分の居場所とそこでの役割を見つけ、穏やかな時間を送ることができるようになった。

　このような、Aさんの状態に合わせたデイサービスの利用方法については、常に次男夫婦とデイサービススタッフが緊密な話し合いをもち、また長男夫婦の意見も取り入れながら調整していった。Aさんがデイサービスに慣れるまでは、家からの送りは次男にお願いし、帰りは、昼食をとってからスタッフが自宅に送る計画で開始した。このような関わりは、次男夫婦と話し合いながら決めていったが、それにより介護者の役割も確保でき、またAさんに無理のない生活リズムを提供することにもつながった。

3）頻回な排泄行為に伴う介護者のストレス

　利用時間を徐々に延ばし、終日利用できるようになってくると、Aさんにとってデイサービスは拠り所となってきたようだ（図1）。次男夫婦からも「デイサービスから帰ってくると、その日行ったことについて、いろいろとりとめもなく報告をしてくれます。そして、決まって『次はいつ行くのかしらね』といったあとは、雨戸を引き寝床を用意して寝てしまうのです」というコメントがあった。Aさん本人も「息子がここを探してきてくれたのよ」と笑顔でこたえるようになっていった。

　ところが、デイサービスを利用し始めて3か月がすぎたころ、Aさんの様子に変化がみられた。トイレに行く回数が頻繁になり、数分おきに駆け込むこともあった。自宅でも同様で、Aさん1人で、12ロールのトイレットペーパーが3日でなくなってしまうほどだった。それを次男が注意すると、険しい表情になり、まとまらない言葉を返すよ

第2部 認知症のある人に対するケアプラ事例から学ぶ

図1 週間サービス計画書

		月	火	水	木	金	土	日	主な日常生活上の活動
深夜	4:00								
早朝	6:00								起床・朝食
午前	8:00	認知症対応型デイサービス	認知症対応型デイサービス		認知症対応型デイサービス	認知症対応型デイサービス			
				オカリナ教室（隔週）					※週末は次男夫婦や長男と交流をする昼食
	12:00								
午後	14:00								
	16:00								
									夕食
	18:00								
夜間	20:00								就寝
	22:00								
深夜	24:00								
	2:00								
	4:00								

| 週単位以外のサービス | ・隔週1回　水曜日　昔からの仲間たちと続けているオカリナ教室へ家族の支援と仲間たちの協力を得ての参加。本人はとても楽しみにしている |
| | ・次男夫婦は、長男夫婦と協力して週末には数時間～2日間寄り添い生活をしている（外出などさりげない生活上の支援） |

うになってきた。「認知症が進行して、わけがわからなくなってきたのでは」「このままではいけない」と次男夫婦は思うようになり、また、どこまでが認知症の症状で、どのように対応したらよいのかという疑問や迷いも強く感じるようになった。

　そこで、ケアマネジャーは、認知症の専門医を受診し相談してみることを次男夫婦に提案し、地域の専門医に関する情報を次男夫婦に提供した。ケアマネジャーは、Aさんの今の状態を知っておきたいという思いを家族に伝え、受診の際に立ち会うことと、Aさんのデイサービス利用時の様子を説明することの同意を得て診察の場面に同席した。専門医による診察の結果は、アルツハイマー病であり、改訂長谷川式簡易知能評価スケール（HDS-R）10点で、CTからは全般性の脳萎縮と明らかな海馬の萎縮がみられた。また、中核症状の進行が早いことから、ドネペジルの服薬量が10mgに増量され、様子をみることになった。頻尿については、医師より泌尿器科への受診を勧められ、結果は、過活動性膀胱と診断された。過活動性膀胱の治療薬も処方され、服用することでトイレに行く回数が徐々に減っていった（表1）。

105

表1　居宅サービス計画書

生活全般の解決すべき課題（ニーズ）	援助目標				援助内容					
	長期目標	期間	短期目標	期間	サービス内容	※1	サービス内容	※2	頻度	期間
いまのままでの生活では、心身状態がますます悪化し、心配	できる限り心身状態の現状維持が図られ、自宅での生活が継続できる	平成○○年○月○日～平成○○年○月○日	生活リハビリの要素を含めた生活支援を得ながら、生活リズムを整える	平成○○年○月○日～平成○○年○月○日	・本人のなじみを活かした、機会や場所の提供とサポート	○	認知症対応型デイサービス	○○デイホーム	利用時および相談時（4/週）	1か月～半年
					・認知症に伴う適切な医療の提供		専門医	○○病院	定期受診（1/1か月）	1か年
					・住環境の調整		認知症ケア専門士	社会福祉士	定期相談	1か年
					・本人への定期面接 ・生活の身近な補助（オカリナ教室参加サポート）	○	ケアマネジャー 家族	○○センター 次男夫婦	定期的（1/1か月）随時	1か年
今後の在宅介護を行ううえで、より安心した生活ができるように、Aさんへの対応方法や必要な情報がほしい	納得できる情報や対応が得られ、安心した生活ができる	平成○年○月○日～平成○○年○月○日	心身状態の変化に随時対応していける	平成○年○月○日～平成○○年○月○日	・本人の心身状態やその状況にあった適切な情報や対応方法の提供	○	認知症対応型デイサービス	○○デイホーム	利用時および相談時（4/週）	1か月～半年
					・具体的な介護方法や技術について学ぶ	○	認知症対応型デイサービス	○○デイホーム	利用時および相談時（4/週）	1か月～半年
					・生活場面ごとに必要なサービス調整	○	専門医 ケアマネジャー	○○病院 ○○センター	定期受診定的（1/1か月）	1か年 1か年

※1　「保険給付対象か否かの区分」について、保険給付対象内サービスについては○印を付す。
※2　「当該サービス提供を行う事業所」について記入する。

■ 考　察 ■

　本事例は、若年性アルツハイマー病と診断され、猜疑心や易怒などのBPSDのために介護者の次男夫婦が支援を求めてきた、Aさんのケアマネジャーの対応についての報告である。当初からAさんの残存能力に着目し、またこれまでのAさんの生活状況に関する情報を家族から得て、Aさんが満足するようなケアプランを検討し、協議したうえで支援を行った事例である。この事例ではまた、障害年金や障害者総合支援法の活用による通院費軽減対策などの経済的支援も考慮し、同時にAさんを世話する次男夫婦への心理的なサポートも踏まえた対応をした。長男夫婦は他県に住んでいるため、年数回しか本人に顔をみせなかったが、次男夫婦の介護の方法を疑問視し、不満を訴えることもあった。しかし、ケアマネジャーから長男夫婦に、Aさんの現状とケアマネジャーの対応、次男夫婦のAさんの世話での苦労などを説明することで、長男夫婦はAさんが認知症で、次男夫婦がたいへんな介護を一生懸命に行っていることに理解を示し、手助けするようになった。それからは、次男夫婦にとっても長男夫婦の存在が新たな心の支えとなっていった。

　兄弟の関係が改善されることで、次男夫婦のAさんへの対応にも変化がみられるよ

うになり、それに伴いＡさんの易怒性も落ち着いていった。中核症状が進行していくなかでも、認知症専門医への受診は、次男夫婦にとって認知症の病気についての理解につながり、またデイサービスなどの介護支援を上手に活用することで、次男夫婦自身がＡさんといっしょにこれからも生活をしていくための方法を獲得したと考えられる。今後も認知症の進行の様子をみながら、納得のいく在宅生活が営めるよう、適宜専門医や認知症対応型デイサービススタッフの協力を得ながら支援を続けていきたいと考える。

■ 専門医のコメント ■

若年性のアルツハイマー病は、進行が比較的早く、また早い時期から失語、失認、失行といった大脳皮質の症状がみられる。また、アルツハイマー病の患者さんの初期には、Ａさんと同じようにうつ病と診断される場合が多い。Ａさんは、周囲に対して猜疑的になったり、ときには他者への攻撃もみられる。これらの行動は、アルツハイマー病により衰退していく自己の能力に対する自己防衛的手段が背景にあるともいえる。それゆえ、Ａさんへの対応としては、本人の意思・意向を理解することに努め、本人に安心感を与えることが大切になってくる。

またＡさんは、過活動性膀胱を合併し、排尿障害がみられた。このような排尿障害では、尿路感染症を併発することも多い。さらに過活動性膀胱には、治療薬として抗コリン作用がある薬剤を使用することから、副作用として「せん妄」が出現することもあり、注意が必要である。

■ コメント ■

本事例では、若年性認知症のＡさんに対して、ケアマネジャーは在宅で安心した生活が送れるよう、認知症対応型デイサービスを活用して支援を行っている。こうした支援を介して、本人は新たな役割や居場所をどう見いだしていったか、についてみていきたい。

1）認知症対応型デイサービスの利用

認知症のある人の支援を考える場合、本人のもつストレングスに焦点を当ててとらえることが必要である。Ａさんは長年仕事をしてきて、働き者で、人当たりがよく、他者との関わりを充分もてる能力をもっている。ケアマネジャーは、そうしたＡさんのストレングスに着目し、認知症対応型デイサービスの利用を通して、そのストレングスを活かすことを考えた。

デイサービスでは、スタッフと同じエプロンを用意して、Aさんにスタッフの手伝いをお願いしている。Aさんは、テーブル拭きやお茶入れなどを頼まれると快く引き受け、徐々にそこでの自分の役割を認識し、居場所を得ていくようになっていった。

そのような新たな役割を創り出していく一方で、従来の本人の状態に大きな変化が生じないような配慮もしている。その1つは、家族にデイサービスへの送り届けをお願いしていることである。芽生え始めたAさんのデイサービスへの意欲、新たな役割を得た喜びをそがないよう、家族がAさんに安心を与える部分を支えることで、デイサービスの利用に結びつけていっている。とりわけ認知症のある人は、少しの環境の変化でも、リロケーション・ダメージを受けやすい。家からデイサービスへと居場所が変化した際には、なかなか適応しにくいものである。そのような意味では、本人のストレングスを見極めつつ、従来の状態を継続しながら、潜在的なストレングスの活用につなげていったことが、高く評価できる点である。

2) 本人のストレングスについて、本人に伝える

ケアマネジャーは初回面接のとき、お茶を出してくれたAさんに対して、「Aさんはとてもまめな方ですね。私も見習わなくては…」といっている。これは、Aさんがもっているストレングスを、本人に直接伝えたものである。この言葉を受け、Aさんは表情を和らげ、満足そうな笑顔をみせている。

とりわけ、コミュニケーションによる充分な意思表示ができない認知症のある人の場合には、その人にとって意味ある能力や意欲を言葉でもって表現し、本人に伝えることも重要である。そのことで、お互いの理解を深めることができ、本人の自信につながり、あるいは意欲の活用につながり、さらには積極的な行動に結びつくことを可能にする。

3) 適切な医療との連携

ケアマネジャーは、家族の協力も得ながら本人のもっている能力を活用していく支援をしているが、ときにはBPSDの急増や、あるいは中核症状の悪化に見舞われることもある。このようなときケアマネジャーは、本人や家族を専門医に結びつけ、より適切な医療を受けることが必要になる。

本事例の場合、中核症状の急激な進行に対して、ケアマネジャーは家族に対して専門医についての情報を提供し、受診を勧めている。そして受診の際も、家族の許諾を得て同席し、本人の状況を医師に説明している。本事例の場合、中核症状の進行については、投薬を増量し、コントロールを行うことになった。同時に、頻尿の問題については、泌尿器科の専門医に診てもらい、治療を受け、状態が改善している。

このように、介護による支援ばかりでなく、状態の変化に合わせ、適切・迅速に医療サービスと結びつけ、介護と医療が連携を図りながら支えていくことが重要である。

4）家族の役割を支援の力に

　ケアマネジャーは、家族の負担をどのように軽減するか、という視点で支援を考えていくが、一方で、家族に新たな役割を依頼することで、本人との関係を築いていく場合もある。本事例の場合、次男夫婦は主介護者として十分な役割を果たしているが、ケアマネジャーは、家からデイサービスへの送り届けや、医療機関への付き添いなどの新たな協力を要請している。

　さまざまな介護サービスを利用して、家族の介護負担を軽減することはもちろん大事であり、家族に対して新たな役割を依頼することは、一見逆行しているようにみえるが、本人のもつストレングスを活かした支援を行うことで、そこから本人に新たな役割が生まれる喜びを、本人だけでなく家族にも見いだしてもらうことになり、同時にそれが家族にとっても大きな力となる。

　しかしながら、そのような役割を担い切れない家族もいるであろう。そのような場合は、家族の意欲をどのようにすれば引き出せるか、そのためにはどのような支援が必要かをケアマネジャーは考えていくことも大切である。その1つのポイントは、家族が利用者のストレングスを理解するよう支援することであり、そうすることで家族の意欲を引き出すことが可能になる。また、利用者が介護保険のサービスや地域のインフォーマルサポートを利用することにより、家族の意欲が高まることに連動するともいわれている。

ストレングス　1）在宅

（4）良好な近隣住民との関係活用で「わが家で暮らしたい」を可能に

■ はじめに ■

　ケアマネジメントは、認知症のある人に対して実施する場合も、身体的に障害がある利用者に対して実施する場合も、その基本は変わらない。「人々が地域社会のなかで暮らすことを支える支援」というケアマネジメントの目的は同じであり、かつそこでは、利用者が在宅生活をしていくうえで困っている生活ニーズを充足することであり、介護保険サービスといったフォーマルケアだけではなく、家族や近隣といったインフォーマルケアを活用しながら支援していくことも変わりはない。同時にその際、本人のもっている力でもある「セルフケア」について十分理解をしながら支援し、さらには地域社会のなかにある潜在的に利用可能な社会資源を活用するといったことについても変わらない。

　認知症のある人は、介護支援専門員とのコミュニケーションが充分とれなかったり、ときには行動・心理症状が生じたりすることもあるという意味で、他の高齢者と異なる点はあるが、ケアマネジメントの基本的な支援方法には変わりがないということを、本事例を通じて学んでみたい。

■ 事例概要 ■

Aさん（70歳代、女性）

身体状況
・要介護度：要介護1
・認知症高齢者の日常生活自立度：ⅡB
・障害高齢者の日常生活自立度：J2
・病歴：アルツハイマー型認知症

家族状況

　Aさんは結婚後3人の子どもをもうけた。現在は長男と孫の3人で暮らしている。次男は同市に在住しているが、ほとんど交流がなく、三男は死別している。同居の長男と孫は同一敷地内の別棟に住んでいるが、長男は交替勤務、孫も仕事に就いており、Aさんは独りですごすことが多い。長男や孫からの支援は、十分ではない。

生活史

　Aさんは幼いころからこの地域で暮らしており、夫を早くに亡くし、地元で看護師として定年まで働いていた。長男が離婚したため、家庭内のことはAさんがすべて行い、職場でも家庭でも頼られる存在であった。Aさんは定年後、家事と姑の介護で忙しい日々を送っていたが、社交的で明るく朗らかであり、何事も一生懸命取り組むことから、地域のなかでの信頼も厚かった。

■　支援概要　■

　「人が暮らす」ことを考えた場合、その人にはさまざまな生活ニーズがある。特に認知症のある人が地域で生活を続けるためには、生活ニーズにこたえて多様な工夫や支援が必要であり、柔軟で臨機応変な対応が求められることが多い。

　そこでケアプランを立てる際には、利用者を取り巻く生活環境を見わたし、フォーマルケアだけでなくインフォーマルケアも念頭におきながら、プランニングをしていくことが求められる。

　今回の事例は、認知症でありながらも、地域で生活を続けたいと願うAさんを、フォーマルケアだけでなく近隣住民のインフォーマルケアをも活用しながら、安心して在宅生活が継続できるようマネジメントを行った事例である。

■　支援の経過と内容　■

1）サービス利用前（20X6年夏）

　Aさんがアルツハイマー型認知症と診断されたのは2001年であった。もの忘れが目立つようになり、器用にこなしていたことが、1つひとつできなくなってきていた。だが、長男らは仕事が忙しく、Aさんと接する時間が少なかったため、なかなか気づけないでいた。最初にAさんの異変に気づいたのは、長年行き来のあった近隣住民であった。多忙な長男とは話す機会がないため、近隣住民はごみ出しの折に長男と顔を合わせるのを好機ととらえ、「Aさん大丈夫？　受診したほうがいいよ」などと声をかけた。その勧めに従い診察を受けたところ、アルツハイマー型認知症であることが判明した。

　診断を受けた後もAさんは、記憶障害はあるものの安定した状態が続き、通常の地域での生活を続けていた。その間、介護保険の要介護認定は受けていたが、サービスを

利用することなく、近隣住民の見守りと、在宅介護支援センターの訪問（不定期）による見守りで生活していた。

しかし、徐々に症状が進行し、食事をしたことを忘れ、近隣に食べ物をもらいに行くようになった。そんなとき、近隣住民はお菓子を出していっしょにお茶を飲んだりし、いままでどおり受けとめていた。だが、日課であった犬の散歩にも行かなくなり、最終的には犬を飼っていることすらわからなくなってしまった。本人からも「よく忘れるようになった」と不安な気持ちが語られるようになり、朗らかで明るかったAさんから笑顔が消え、意欲の低下がうかがえた。外出の機会が減ったため、徐々に足腰が弱り、足元も不安定な状態となってきた。

ただならない変調を感じた近隣住民から当センターに話があり、相談を受けたこちらから長男に理解を求め、サービス利用の検討が始まった。当地域には昔から近所付き合いを大切にする風土があり、福祉のことに関しても、地域住民から当センターへさまざまな情報が寄せられるという背景があった。

長男からの要望は、次のようなものだった。「近隣に迷惑をかけることは心苦しいし、自分が常時付き添うこともできない。若いころから人と話をすることが好きだったから、人のいる所ですごせるようにしてあげたい」。近隣住民からは、Aさんを心配する声とともに、「いま一度以前のような活気を取りもどしてほしい」という願いが伝えられた。

2）サービス利用開始期（20X6年秋）

若いころから社交的であったAさんに、かつてのような活気が取り戻せるように、またAさんが自分でできることを1つでも増やし、少しでも自信を取り戻せるように、支援していくこととなった。

しかし、自宅のことや家族のことを心配するAさんは、外に出かけることやサービス利用には消極的であり、住み慣れた自宅から離れることを望んでいなかった。また、ケアマネジャーをはじめ家族、近隣住民が最も懸念したことは、施設入所あるいはショートステイ利用などで、生活環境や人間関係に急激な変化が起きると混乱を招き、それが行動・心理症状の出現につながるのではないかということであった。

そこで、急激な変化を避けて、Aさんの不安を少しずつ解消しながらサービス利用をしていこうということになり、認知症対応型通所介護の利用から始めることにした。

利用する事業所は、2ユニットからなるグループホームを運営しており、少人数の家庭的なケアを行えることから選定した。また、通所を通じて慣れてもらい、将来的に重度化し在宅が限界となった場合には、グループホーム入所も検討できるよう考えた。同時に、このグループホームはAさんの自宅からも近く、見慣れた風景でもあったため、安心して利用できるのではないかと考えた。しかし、いざ利用する段になると、Aさんは、「どんな所かわからないし…」と不安な気持ちを口にした。そこで、近隣住民と相談して、とりあえずAさんと近隣住民とがいっしょに事業所の見学に行くことにした。

第2部　認知症のある人に対するケアプラ事例から学ぶ

表1　居宅サービス計画書（2）

生活全般の解決すべき課題（ニーズ）	援助目標		援助内容			
	長期目標	短期目標	サービス内容	担当者	頻度	期間
環境や人間関係の変化により混乱をきたし、行動障害が出現する可能性がある	安心してサービス利用が継続できるようになる	環境や人間関係が急激に変化しないようにする	・少人数でのケアを実施し、馴染みの関係を築く	認知症対応型通所介護（グループホーム利用型）	5日／週	1か月
			・馴染みの場所、見慣れた風景をみながらすごす	認知症対応型通所介護（グループホーム利用型）	5日／週	1か月
				近隣住民・家族	随時	1か月
			・症状に変化がみられないか、状態を見守る	認知症対応型通所介護（グループホーム利用型）	随時	1か月
				ケアマネジャー	随時	1か月
家のことや家族のことが心配で、外出することができない	住み慣れた地域で生活を続けることができる	安心して外出ができるようになる	・本人の利用する場所をいっしょに見学する	近隣住民・家族	サービス事業所選定時	1か月
			・サービス利用時に声を掛け、本人が安心して外出できるよう促す	近隣住民・家族	5日／週（サービス利用日の朝）	1か月
昔は家事も仕事も何でもできていたが、徐々にできなくなってきて、不安である	少しでも自信を取り戻し、活気ある生活を送ることができる	ずっとやってきた家事が1つでもできるようになる	・今までの生活のなかで得意だったことを見つけ、いっしょに行う	認知症対応型通所介護（グループホーム利用型）	5日／週	1か月

　近隣住民が付き添うことでAさんに安心感を与えることができ、一方、近隣住民にとっても、Aさんがどのような所でどのようなサービスを受けるのかの理解にもつながると考えた。
　Aさんは自宅を留守にすること自体が心配であったため、近隣住民から、「留守の間は、私たちがいるから大丈夫。家のことでなにかあったら、すぐに連絡するからね」と声かけをしてもらい、ようやくAさんのサービス利用が開始された（表1）。

3）サービス利用後（20X7年現在）

　こうして近隣住民の協力も得ながら、Aさんのサービス利用が始まったが、当初は表情も硬く、緊張しているようであった。特に迎えに行った際には、自宅を留守にする不安からか、「玄関のカギ締めたかな」といって、行くのを渋ったり、利用困難になることもあった。そこで、事業所と近隣住民とも相談し、拒否がある場合は無理強いをせず、Aさんの気が向いたときに利用できるよう柔軟に対応することとした。また、利用時間になると、近隣住民から「今日はセンターへ出かける日やね。行ってらっしゃい。なにかあればすぐに連絡するからね」と声をかけてもらい、Aさんが出かけやすいよう促してもらった。
　利用に至った場合でも、自宅を心配し「帰りたい」と希望があった場合には、いつで

も帰ることができるよう柔軟な態勢を整えておくこととした。また、サービス利用中にAさんが混乱した場合は、外へ連れ出し、見慣れた風景をみることで、安心感が得られるようにした。このような少人数で、かつ家庭の延長といった雰囲気での対応により、徐々にAさんの不安も解消され、拒否もみられなくなり、安定したサービス利用に結びついていった。

さらに、サービス利用時に近隣住民に協力を求めたことで、事業所と近隣住民との交流も深まった。Aさんの様子をみがてら、近隣住民が当認知症対応型通所介護サービスに顔を覗かせてることもあり、気軽に足を運んでもらえるような、地域の人々と事業所とのよい関係ができつつある。事業所側としても、近隣住民からAさんのこれまでの生活の様子やいろいろなエピソードを聞くことで、Aさんのケアにも活かすように努めている。具体的には、「歌がうまい」「ご飯を炊くのが上手」といった情報がもたらされ、それをいっしょに行うことが、Aさんの安定した状態の維持にも役立っている。

■ 考　察 ■

Aさんのように認知症になってもできる限り長く、最期まで住み慣れた自宅や地域で暮らし続けたいと願う高齢者は、今後も増えると考えられる。

私たちが「人が暮らす」ことを考えるとき、現在のフォーマルサービスだけでは本人の生活ニーズに十分に対応できない場合や、サービスが不足していることがある。私たちケアマネジャーは、利用者を取り巻く生活環境をさまざまな視点からアセスメントし、本人や家族がもっている力、また地域がもっている力を大いに活用し、支援していく必要があると考える。そして認知症に対する正しい理解と協力を地域に求めていくことも、私たちの大きな役割であると考えている。

また、利用者の願いや意向は多様で、日々変化していくものである。特に認知症のある人は環境の変化により混乱を招くことも多く、それにより行動・心理症状が出現することも考えられる。そのため、画一的なサービス提供ではなく、本人の思いに添った柔軟な対応ができるよう態勢を整えていく必要もある。

今回の事例は、近隣住民の協力とサービス提供事業所の柔軟な対応により、フォーマルケアとインフォーマルケアを上手に組み合わせることができ、両者が十二分に力を発揮できた事例であると考えている。今後も現状のサービスだけにとらわれず、利用者の生活ニーズに応じてさまざまな社会資源を組み合わせながら、在宅生活が継続できるよう支援をしていきたいと考えている。

■ コメント ■

本事例は、幼いころからその地域で生活をし、近隣との良好な関係があった利用者が、アルツハイマー型認知症と診断された事例である。そのため、本人がそれまで築いてき

た近隣との関係をできる限り活用することによって、在宅生活を支援している。ある意味では、こうした近隣は、「○○してくれる人がいる」という、利用者のストレングスの1つと位置づけられ、これらを活用することで、認知症のある人の生活状況をできる限り継続して支援した事例である。

1）認知症のある人へのケアマネジメントの考え方

　認知症のある人の場合には、自らが記憶を失っていくことの不安から行動・心理症状が生じたり、あるいはケアマネジャーなどとの十分なコミュニケーションができないといった問題が生じてくる。そのため、認知症のある人に対するケアマネジメントは、一般高齢者のケアマネジメントとは別個のものとして考えられる側面もあるが、基本的にはケアマネジメントの考え方は共通するものである。

　ケアマネジメントは、「人が地域社会のなかで暮らすことを支える支援方法」であるという意味でも、本事例はそうした支援をしている。具体的には、利用者の生活ニーズに合わせて、介護保険のサービスである認知症対応型通所介護（グループホーム利用型）を活用し、同時に近隣住民をインフォーマルケアとして活用している。このようにフォーマルケアとインフォーマルケアの両方を使いながら、安心して在宅生活が継続できるようマネジメントを行っている。その意味では、ケアマネジメントそのものを実施しているということになる。

　認知症のある人に対するケアマネジメントも、基本的にはケアマネジメントの原則を理解し、展開していくことには変わりはない。ただし、配慮しなければならないこととして、十分なコミュニケーションがとれないということをどのように克服していくのかを考えることや、行動・心理症状が生じたときには、なぜそうした行動や症状が起こっているのかを考えることが、ケアマネジャーには求められる。また、コミュニケーションを充分に取れないがゆえに、本人のもっている能力や意欲がみえにくい側面がある。そのような場合にも、適切にアセスメントし、多様な方法でもって本人の能力や意欲を理解するところに、認知症のある人のケアマネジメントの特徴があるといえる。

　しかしながら、このようなことは、決してケアマネジメントの枠組みを外すということではない。基本的には、ケアマネジメントの枠組みのなかで、利用者の在宅生活をしていくうえでの生活ニーズを明らかにし、フォーマルケアとインフォーマルケアの、両者の特性を活かしたケアプランを作成することには変わりはない。

　本事例はそうした観点で支援をし、認知症のある人についても基本的なケアマネジメントの考え方があてはまることを示してくれた点で評価できる。

2）環境のストレングスを活かす

　本事例の特徴は、ケアプラン「居宅サービス計画書（2）」にも示されているように、

介護保険サービスとしては、認知症対応型通所介護しか利用していない。しかしながら一方で、近隣住民のインフォーマルケアを積極的に活用している。その活用の1つは、本人の利用する施設を本人と近隣住民がいっしょに見学したり、サービス利用時に近隣住民が声をかけ、本人が安心して外出できるよう促している。2つ目は、本人の症状に変化がみられないか、状態を見守るといったことを近隣の役割として実施している。さらには、近隣などから「歌がうまい」「ご飯を炊くのが上手」といった利用者に関するストレングスに関する情報を得て、それらを認知症対応型通所介護での具体的なケア場面で反映させるよう努めている。こうした点で、本事例を介して、認知症のある人にとってインフォーマルケアがきわめて重要だということが理解できる。

近隣住民も「Aさんがもう一度以前のような活気を取り戻してほしい」という願いをもっているが、ケアマネジャーはこうした地域住民のストレングスを把握し、インフォーマルケアを活用していることが、もっとも評価できる点である。さらには、そうしたインフォーマルケアの人たちの情報をサービス事業者に提供することによって、事業者がより地域での生活に近い状態でケアを利用者に提供することにつながるという点も重要である。

本事例は、利用者の有している社会資源のストレングスを活用して支援をしている点に大きな特徴がある。一般に介護保険のケアマネジメントでは、介護保険サービスを活用するということに重きがおかれがちであるが、こうした地域のインフォーマルケアを活用し、工夫しながら支援していくことがきわめて有効である。

さらに、地域住民のストレングスで着目したいのは、認知症の早期発見という点で地域住民の力が大きかったことである。Aさんと長く親密な関わりをしてきた近隣だけに、その変調にいち早く気づくことができた。認知症の早期発見・早期治療の大切さが叫ばれているなかで、この点でも地域住民の果たす役割の大きいことが本事例からうかがうことができる。

3）ケアマネジメントの本質

ケアマネジャーのAさんへの支援を見てみると、AさんのセルフケアをとらえA、それを補う形でフォーマルケアとインフォーマルケアを活用し、在宅で暮らすことを支えているのがわかる。私たちにとって、認知症のある人のセルフケアである、自分でどれぐらいなにができるかがみえにくい部分が多い。そのような意味では、本人のできることに着目をして支援をしていく、あるいは利用者の意欲を理解し、セルフケアを増進していく支援が重要なポイントである。また、認知症のある人の行動・心理症状などについては、それを問題ある行動としてとらえるのではなく、「セルフケアの1つの発露として、そうして行動を取っている」というとらえ方で見てみることも必要である。

しかしながら、セルフケアだけでは利用者の生活を支えることはできないため、フォ

第 2 部　認知症のある人に対するケアプラ事例から学ぶ

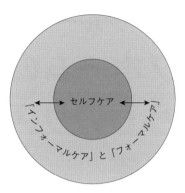

利用者は自らのセルフケアを過少にしか実行できていない人もいれば、過大に実行しようとする人もいる。そのため、ケアマネジメントでは、利用者の最適なセルフケアを理解し、実施するよう支援するとともに、それだけでは足りない部分をインフォーマルケアやフォーマルケアで補うよう支援するといえる

図1　利用者の足りない部分を補うための支援

ーマルケアやインフォーマルケアを活用することになる。そこで大事なのは、フォーマルケアに偏重することなく、多様な資源として、インフォーマルケアも積極的に活用していくことである。そのことが、フォーマルケアにとってもその有効性を発揮する意味でプラスとなり、適切な支援につながっていくことになる。本事例は、インフォーマルケアの重要性を提示したことでの意義は大きい。

　以上については、図1のように示すことができる。

ストレングス 2) グループホーム
(5) グループホームの生活で再び暮らしのリズムを取りもどす

■ はじめに ■

　認知症のある人のBPSDに対するケアは、できる限り個別的な対応が望ましい。グループホームは少人数ゆえに、施設と比べ個別対応ができやすいという利点がある。ただ、単に個別的な対応ができれば、BPSDが解決や緩和するというわけではない。そのためには、認知症のある人のもつストレングスを含めて問題状況を総合的に把握し、ストレングスをいっそう伸ばしていくといった視点が重要である。

　さらに、BPSDについては、どのような理由でそのような行動や症状が生じているのかを、職員全員が利用者の立場に立って感じたり、気づいていくことが重要である。そのことをケアプランのなかに反映させていくことにより、問題の解決が図られていく。

　本事例を介して、ケアプランではこうした2つの視点の重要性を理解していただきたい。

■ 事例概要 ■

Mさん（80歳代後半、女性）

身体状況
- 要介護度：要介護4
- 認知症高齢者の日常生活自立度：Ⅳ
- 障害高齢者の日常生活自立度：J2
- 主な疾病：アルツハイマー型認知症、多発性脳梗塞、高血圧症、胆のう結石、変形性膝関節症

家族状況

　Mさんは、3男2女に恵まれ、長男と同居していた。長男は精神疾患があり生活能力が充分でない。次男夫婦は近隣市内に住み、グループホームにMさんが入居してから週1回は面会にきている。長女は同じ町内に住んでおり、以前は在宅での介護を担ってきた。次女と三男は遠方に住んでおり、年3～4回は帰って来る状況であった。子どもたちはそれぞれ

にMさんを思う気持ちが強く、介護については役割分担をしているが、兄弟姉妹間の心中は複雑な様子である。

■ 支援概要 ■

Mさんは1997年、夫の死以降、認知症の症状が急に進行した。1999年5月ごろまでは、同じ町内に住む長女の介護のもと自宅にて生活していた。自宅では長男と同居ではあったが、長男は生活能力が十分でなく、長女の定期的な訪問で暮らしている状況であった。

Mさんは見守りがあれば落ち着いた状態を保つことができ、身の回りのことはほぼ自分でこなすことが可能であった。しかし、ひとりになると「火の不始末」「徘徊」「幻覚」などが生じた。長女の体力低下もあり、近くの施設に入所したが、徘徊・帰宅願望等が強く、施設での対応が難しく、退所しなければならなくなってしまった。こうした状況を経て、次男夫婦の希望もあり、2000年3月27日当グループホームへ入居となった。

■ 支援の経過と内容 ■

グループホームに入居するまで

Mさんは、1990年ごろより軽度の脳梗塞で軽度のもの忘れがみられるようになったが、生活には支障なく、夫の世話をしながら安定した生活を送っていた。しかし1997年10月、夫が死亡してから急激に認知症の症状が進行し、昔のことを鮮明に話す一方で、1分前の話を思い出せなかったり、夫は死亡しているのに夫の好物を買い物したりするようになった。それでも長女の定期的な訪問で何とか自宅での生活は送れていた。

2000年ごろより、息子や娘が目の前にいるのに名前を間違えたり、聞いたりするようになった。会話もつじつまが合わないことが多くなり、ひとりでいるとガスをつけっ放しにしたり、ポットを空のままスイッチを入れたり、徘徊することが頻繁になり、近所から苦情が出るようになった。長女も高血圧症や体力の低下もあり、このまま介護をすることが困難な状態になってきた。

一時近隣の病院や施設の利用も試みたが、慣れない環境のなかで妄想や幻覚、帰宅願望が強まり、暴力行為もみられるようになったため、施設での対応が困難になり、退所せざる得なくなった。こうした経過の後に、次男夫婦が「グループホームなら母も安定するのではないか」と当施設に相談に訪れた。ちょうど介護保険制度施行に伴い増改築が終わり、それまで8床だったのを9床にし、1床が空いていたため入居が決定し、2000年3月27日、グループホームへの入居となった。

グループホームでの生活の変化

入所当初のMさんは、慣れない環境のなか、不穏な日々が続いた。帰宅願望も強く、毎日タンスの衣類をひっくり返し荷造りをするのが習慣になっていた。Mさんにとっては"閉

じ込められている"という思いが強く、時々強い興奮状態になり、スタッフや他の入居者に暴力をふるうこともあった。さらに難聴ということも重なり、会話中に誤解が生じることも度々あった。

　入所後2週間の行動記録を取り、Mさんのなかでパターン化されているものや不穏や妄想につながる要因的なものが少しずつではあるが確認されてきた。担当スタッフを中心にカンファレンスを重ね、最初は不穏行動や帰宅願望に眼を向けがちだったことから、Mさんが安心して楽しくすごせるように、生活史や性格などについて家族より情報を収集し検討した。すると、お父さんは町長で、ご主人は校長先生をしていたことがわかり、またMさんは本来はとても面倒見がよく、上品な育ちの女性で、妄想のないときなどその実像がとてもよくうかがえることも理解された。

　几帳面できれい好きであったことから、毎朝起床時にはいっしょに居室の掃除をしていただき、感謝の意を伝えると満足げな表情をみせてくださり、スムーズに朝食のテーブルに着くことも多くなった。家のなかより外に出るのが好きで、日に2、3回は散歩・ドライブ・買い物などを取り入れた。また、庭に出て自ら草むしりを始めるなどの行為もみられるようになってきた。しかし、帰宅願望は相変わらず続いたので、週1～2回は"ふるさと訪問"と称し、自宅や長女宅へお連れした。自宅では、猫を12匹飼っており、その心配も強かったようである。長女にお願いし、1匹ではあるが、Mさんの家で生まれた子猫を当グループホームで飼うことにした。Mさんはその猫にひ孫の名前をつけて、自分で食事の世話をするようになった。そのころから他の入居者といっしょに食器洗いや洗濯物をたたんだりする姿が垣間見られるようになった。居室に閉じこもり、猫とすごすことも多いが、気分や体調をみてMさんにそのような役割を担ってくれるように依頼し、その行為に対しスタッフから感謝と賞賛を受けることで、少しずつではあるが、グループホームの生活に馴染んできたように感じられる。

　Mさんは家族への思いが非常に強く、家族がその思いにこたえている。次男は、毎週土曜日には面会に訪れ、言葉を多く交わすわけではないが、Mさんの何気なく新聞を広げたりする姿や庭や畑の手入れをする姿に安堵しているようである。また遠方に住む次女は、年に3～4回帰省し、2～3週間をグループホームでいっしょに生活されたり、1～2泊の外泊を共にしている。家族といっしょにケアできていることで、Mさんも安定してきているといえる（表1、2）。

■ 考　察 ■

　今回の事例は、母体施設を介した入居でない在宅からの初めてのグループホーム受け入れであり、状況把握するうえでもかなりの期間を要した。本来在宅で介護できれば、Mさんにとってはいちばん幸せな老後をすごせたのであろうと思わずにはいられない。しかしながら、妄想の強いMさんにとって、自宅に見知らぬヘルパーや看護師の訪問を受ける

第2部　認知症のある人に対するケアプラ事例から学ぶ

表1　ケアサービス計画書Ⅰ(goodness care plan)

	療養生活に生かすグッドネス(長所)	ケア目標	ケアサービス実施計画			
			ケアサービスの内容	担当者	頻度	期間
①	・優しい人柄で面倒見がよい	日常的に他の入居者との関係づくりができ、楽しくすごせる	・お茶の時間に配膳を手伝っていただく場面を作り、他の入居者との語らいの場をセッティングする ・散歩のときに車いすの方とペアになり、車いすを押していただく ・ねこの世話をお願いする ・常にスタッフは感謝の言葉を送る	受け持ちスタッフ 全スタッフ 全スタッフ 全スタッフ	お茶タイム アウティング時 必要時 毎日	入居中継続
②	・きれい好きで掃除や草取りなど進んで手伝ってくださる	役割ができ、本人の自尊心を高められ、生き生きとした生活をすごせる	・起床時、居室の掃除をお願いする ・調子がよいときは、食器洗いをお願いし、きれいになったことへの感謝とお礼においしいお茶をいっしょにいただく ・庭に出られたときにはいっしょに草取りをする	受け持ちスタッフ 全スタッフ 全スタッフ	起床時 毎食後 その都度	入居中継続
③	・感受性が豊かで草花や動物が好きである。また、たいへん家族思いである	自然や動物との触れ合いや、ご家族との定期的な関わりがもて、安定した生活をすごせる	・日常的に散歩、ドライブ、外食、買い物等の機会を作る ・面会時にご家族との時間をすごしていただき、外食やドライブ、散歩などを薦める ・ふるさと訪問する機会を多く設け、家族や近所の方々と触れ合う	受け持ちスタッフ 全スタッフ ご家族 受け持ちスタッフ ご家族	その都度 面会時 月2～3回	入居中継続

表2　ケアサービス計画書Ⅱ(problem care plan)

	生活全般の解決すべき課題(ニーズ)	ケア目標		ケアサービス実施計画			
		長期目標	短期目標	ケアサービス	担当者	頻度	期間
①	・慣れない環境の中、自宅への思いが強く、帰宅願望があり、不穏・被害妄想・興奮へとつながり、スタッフや他入居者への暴力行為がみられる	環境に慣れて安定した生活をすごせる	他入居者との馴染みの関係づくりができ、グループホームの生活に慣れる	・行動・心理症状は血圧・便秘・膝腰痛など体調からくる場合が多いので、充分な観察と早めの対応を心掛ける ・他入居者との関係づくりができるよう、さりげなくセッティングする ・散歩・ドライブ・買い物等、本人に相談しながら、屋外での日課の充実を図る ・炊事・洗濯・掃除等の日常生活のなかでの役割をもち、自尊心を高めるようにする	受け持ちスタッフ 全スタッフ	その都度	入居中継続
②	・膝が変形し、歩行も不安定なため、転倒骨折の危険性がある	転倒を予防する	安全な環境を確保し、危険のない生活を送れる	・常に見守りを行い、行動を把握しておく ・外に出るときは必ず付き添う	全スタッフ	毎日	入居中継続
③	・食欲の低下がみられ、体重が減少している	体重が維持でき、健康にすごせる	食欲が回復し、おいしく食事ができる	・食欲不振になる要因を探し、取り除く ・環境を変える。居室でスタッフとゆっくり食べていただく ・外食に行き、目先を変える。自分で選ぶ楽しみを提供する ・食材の検討 ・補助食の利用(高カロリー栄養食)	受け持ちスタッフ 全スタッフ 全スタッフ 管理栄養士 管理栄養士	その都度 本人と相談	3か月

在宅介護がよいとも限らない。時間はかかったが、Mさんと生活を共にしていくことで、Mさんの思いや訴えも理解できるようになり、Mさんも私たちを自然に受け入れてくれるようになった。

現在入居から2年半が経過している。その間、変形性膝関節症からくる膝の痛みで歩行も不安定になり、また高血圧症があり内服でのコントロールができず、Mさんの苦痛が増えていった。今年4月には肺炎を起こし、併設病院へ入院することになった。予想以上に経過がよく、1週間で退院できたが、すでに筋力低下から歩行できなくなり、左肩麻痺が顕著で、立位も取れない状態になり、現在では車いすを使用している。主治医の所見によれば、Mさんの場合、アルツハイマー型認知症と脳血管性認知症が併発しており、認知症の進行が早いとのこと。定期的な家族との面談の他に主治医の説明などを家族とともに受け、その都度、今後の方向性を家族と検討している。

当グループホームは開設から6年半が経過し、入居者の重度化が進み、ターミナルケアの方向へと向かっている現状である。これからMさんがどのような状態になっても、おそらくこのままここで、家族とスタッフが二人三脚でMさんのケアを行うことになるだろう。Mさんにとってどうすることが最良の人生なのかを、家族と話し合いながら考えていきたい。

■ コメント ■

グループホームは小規模であり、介護保険施設とは異なり、できる限り家庭的な雰囲気を保つことで、利用者へのきめの細かいケアを実施でき、利用者の生活の質を高めていくことができる。本事例はそうしたことを可能とするために、さまざまな工夫がなされている。

第1には、従来の家庭での生活と近い状況を作り出すために、猫を飼ったり、できる限り外出したい思いにこたえられるよう、散歩やドライブといった対応をしている。第2には、治療するといった場ではなく、生活の場としてのグループホームの目的でもある、本人のもっているストレングスを最大限支援できるようにしている。

1）グッドネス・ケアプランのもつ意味

具体的には、それは、グッドネス・ケアプラン（**表1**）という名称で示されているような、本人のもっている、「面倒見がよいこと」「きれい好きなこと」「感受性が豊かなこと」を大切にしながら、そうしたことができる限り発揮できるような対応を実施している。本人のストレングスを活用する際には、当然のことであるが、本人の生活史といったことを理解するだけでなく、利用者の表情や態度から職員がそうしたものを汲み取っていく努力が必要である。本事例においても、グループホームの入所時に時間を取ってそうした努力がなされ、観察や生活史に加えて、家族から状況を聞き取るといったことがなされている。

2) プロブレム・ケアプラン

　他方、本事例のケアプランにおいては、問題解決指向のケアプランも作成されている。これはプロブレム・ケアプラン（**表2**）と称されているが、暴力行為への対応の難しさや転倒のリスクがあること、食欲の低下がみられることを、生活ニーズとしてとらえている。

　たとえば暴力行為に対して、職員は本人の体調不良と関連しているといった理解を深めており、体調をできる限りうまく維持していくことで、暴力行為が減少していくものとしている。このようにBPSDにはそれなりの意味があり、帰宅願望の思いを受容するだけではなく、そこにどのような要因が追加され、暴力行為を起こしているのかといったことについて、本人に寄り添いながら理解を深めていくことが、それらのBPSDが減少したり、適切に対応していくうえで重要なポイントとなる。

　本事例では、このようにグッドネスとプロブレムに分離して、ケアプランを作成しているが、逆に、表1、表2からもわかるように、プロブレム・ケアプラン①のケアサービスとグッドネス・ケアプラン①と③のケアサービスの内容に重複がみられる。このことはグッドネス・ケアプランとプロブレム・ケアプランを統合し、本人の良さと問題点を一体化して生活ニーズとしてとらえれば、本人の良いところを伸ばし、問題となることを解決することが可能となることを表している。ひいては、両者を分離して考えるのではなく、その人の生活全体でマイナス部分をゼロにし、プラスの面はいっそう高めるといった視点が重要になる。

　その意味では、本事例は本人のストレングスを強調しているゆえにモデルとなるものであるが、工夫をすればいっそう全人的・統合的な支援プランになるといえる。

ストレングス　2) グループホーム

(6)「できること」に着目し、本人の自信の回復を試みた

■ はじめに ■

　認知症のある人に対してケアプランを立てるにあたっては、本人の言語面でのコミュニケーション能力が不十分なため、会話を介しての利用者とのケアプランを作成が容易でない。こうしたときは、本人の行動等の観察を介し、そこでの行動に関わるサインを的確にキャッチし、非言語面でのコミュニケーションを活用したケアプラン作成が求められる。
　さらには、そうした認知症のある人の生活を把握する際に、本人の問題点だけでなく、能力や好みや意欲といったストレングスも活用し、ケアプランを作成することも重要である。本事例を介して、そうした認知症のある人の支援のあり方に焦点をあてて、グループホームにおいていかにケアプランを作成するべきかを考えてみたい。

■ 事例概要 ■

Oさん（80歳代、女性）

身体状況

・要介護度：要介護3
・認知症高齢者の日常生活自立度：Ⅲa
・障害高齢者の日常生活自立度：A2
・主な疾病：アルツハイマー型認知症、術後ヘルニア、骨粗しょう症、心疾患

家族状況

　Oさんは地方出身の元看護師である。1男1女に恵まれたが、夫とは68歳のときに死別、以後、都内で身体障害の長男と2人で暮らしてきた。
　Oさんがグループホームに入居してからは、長女が主介護者となり、週1回程度の面会があり、長男の面会も2週間に1回程度ある。長女は近県に住んでいるが、Oさんの環境をあまり変えずに暮らし続けさせたいという希望があり、元の住まいと同じ市内の当グループホ

ームに入居となった。一方、長男のケアには、長女が週1回、ヘルパーが週2回通い、食事や掃除等の生活支援を行っている。

■ 支援概要 ■

Oさんは、身体が不自由な長男と2人暮らしだった。母親のOさんは、長男の生活全般について面倒をみていたが、1997年ごろより、賞味期限の切れた食品や傷んだ野菜などを料理してしまうことが増えてきた。Oさんには、後に主介護者となる長女がいたが、当時長女は、結婚後新居を構えた近県から時折様子を見にくることしかできなかった。

こうした生活を続けているうちに、2001年5月、Oさんは栄養失調や脊椎圧迫骨折で入院してしまう。そのころには、認知症の症状もかなり進行しており、長男との2人暮らしが困難になっていた。こうした状況を経て、長男・長女の希望により、Oさんは2001年8月17日、当グループホームに入居した。

■ 支援の経過と内容 ■

グループホームに入居するまで

Oさんは、1997年ごろより軽度のもの忘れがみられるようになり、いわゆる"まだらボケ"の状況となった。2000年末ごろには、薬の管理もできなくなり、専門の病院を受診したところ、アルツハイマー型認知症と診断された。2001年には、「昼夜逆転」「妄想」などの症状が起こるようになった。同年5月に介護保険の利用を申請し、要介護3の認定を受け、デイサービスとホームヘルプサービスの利用を開始した。同時期に1か月ほどの入院も重なり、その後、家族は居宅介護支援事業所のケアマネジャーからグループホームを紹介された。少人数で本人のペースで生活できるという、グループホームの家庭的雰囲気をとくに気に入って申し込み、同年8月当グループホームに入居した。

グループホームでの生活の変化

入居当時のOさんは、立ち上がることも寝返りもできない状態だった。腹帯やコルセット装着が欠かせず、リハビリパンツの使用も重なって、腹部の皮膚がかぶれるなどの状態が続いていた。また、強い帰宅願望もあった。1日1回はかばんと杖をもって、玄関へ行き、「じゃ、お世話になりました。親のところへ行ってくるね」という。ときには、「保健所から呼ばれているから、行ってきますね。悪いね」といって玄関に向かうこともあった。

しかしながら、歩行困難のため実際に外へ出てしまうことはなく、玄関にたたずんだままということがほとんどであった。夜も、午前3時には起きて、テーブル拭きをしたり、居室の片づけをしたりなど、昼夜逆転の状況が続いていた。

Oさんに関するカンファレンスのなかで、スタッフがケアのポイントとしたのは、「午前3時に起きての掃除」と「帰宅願望」についてであった。Oさんのケアプランの立案に際して、こ

表1　ケアプラン表

ニーズ（生活上の課題）	自発的または喜んで行っている作業	行動上の問題点・着目点	目標	ケアプラン	期限
他入居者と比べて、ADLの低さなどで引け目を感じており、生活が消極的になる	テーブル拭きができる	本人は拭き仕事を「自分の仕事」といっているが、動作の遅さから、他の入居者にすべてされてしまう	自信を取り戻して生活ができる	●布巾を直接手渡す ●食器の水切りカゴを本人の近くに持っていくなどして拭き仕事を優先的に割り振る	1年間
	掃除ができる	掃除用具を取りに行かない		●箒とちり取りを手渡す 使い捨て雑巾を手渡す	1年間
食事をすることを忘れてしまうことがあるので、見守りが必要である	食事動作は自分でできる	食事を目の前に置かないと食べないことがある	自分で食事を楽しみながらできる	●スタッフが小さいご飯茶碗にご飯とおかずをいっしょに入れて左手に渡す	1年間
尿失禁・便失禁があり、清潔に欠け、不快感がある		尿意がなく尿・便ともに失禁してしまう。全介助	身体の清潔と本人の不快感を除く	●トイレ誘導が難しいので、24時間リハビリパンツを使用する ●毎食後と外出前にリハビリパンツをチェックし、着替えや適宜清拭を行う	1年間
入浴には消極的で、お風呂をすすめても入浴しない		入浴をいやがる	身体の清潔を保つ	●声かけ時に「病院の先生が入ったほうがよいといってました」「足に付ける薬を渡してくれました」と工夫した誘導を行う ●掃除好きなOさんに部屋から浴室までの手すりを拭いてもらうようお願いすることから浴室へ誘う	1年間
心疾患などの薬を一人では飲むことを忘れてしまう		服薬を忘れる	正しい服薬	●全スタッフにOさんの服薬を認知してもらうため、スタッフの申し送りノートに服薬の記録を行う ●薬剤の管理をスタッフが行う	1年間
帰宅願望が強く、荷物をまとめて帰ろうとする（特に便秘のとき）	帰宅の準備、あいさつ（他者への自己の行動の説明）ができる	帰宅願望をどのように説得するか	Oさんの安心し、安定した生活	●スタッフが玄関で本人の話を聞く ●ゴミ捨てや散歩をいっしょにして本人の気持ちを落ち着かせる ●生活のなかで便秘が起きないよう注意する	1年間

の2点について家族の意見やOさんの生活史などを再調査し、検討することから始めた。

まず、「午前3時に起きての掃除」は長男と住んでいたころから、朝早く起きて庭掃除などをし、それから仕事に出かけていたということがわかった。つまりOさんにとってそうした行動は、もともとの習慣であったと判断し、あえて制止しないようにした。早朝起きてテーブルを拭き、それから寝なおすというOさんの行動をOさんにとってはあたり前のこととしてとらえた。

一方、「帰宅願望」のほうは、職員がゴミ捨てや散歩を装い、「途中までいっしょに行きましょう」などといって、ホームの外をいっしょに歩いたりすることで、しばらくすると自然にホームに戻るようになった。さらに、Oさんの生活記録を見直してみると、帰宅願望を訴えるのは、便秘気味であるときということがわかった。便秘になると、まず食欲の減退が起こり、必ずといってよいほど帰宅願望を訴えていた。また、発熱したり体調がよくないときは、「死んだほうがましだ」「お金がない」などマイナスの発言が多くなることもわかった（**表1**）。

本人の自信回復を試みる

しだいに、Oさんのホームでの生活は落ち着いてきた。しかし、日常生活動作（ADL）

の比較的低いOさんは他の入居者に対し、引け目を感じてしまうことが多いように思われた。バリバリ家事をこなす他の入居者をみて、「私はなにもできない」と自信をなくしていた。そこで、次にわれわれが取り組んだのは、「Oさんの自信の回復」であった。

Oさんは、漬物や野菜を刻むことは比較的上手にできた。また、食器やテーブルを拭くことも得意だった。それらについて、スタッフが多少大げさになっても、はっきりとお礼をいおうということになった。たとえば、わずかな範囲のテーブル拭きでも、終えたときに「だれがこんなにきれいにしてくれたんですか？」と声をかけると、Oさんは「私がしたんですよ」など自信のある発言をすることが多くなった。この取り組みによって、Oさんは積極的になり、以前にもまして野菜切りや拭き掃除をしてくれるようになった。結果、それが体力増強にもつながっていった。

以前、栄養失調で入院し、入居当初は食欲もなく、常に2、3割の摂取量だったが、活動量が家にいたころに比べ何倍にもなったためか、少しずつ食欲も増加していった。同時に、Oさんの感情表現がとても豊かになってきた。家族によれば、ほとんど感情の表現ができなくなっていたが、「喜ぶ」「楽しむ」「怒る」「泣く」ということを、自然に表現できるようになった。長男が面会にきて、Oさんがうれし泣きをみせたとき、家族がとても驚いていたのはいうまでもない。

■ 考 察 ■

Oさんが、ホームヘルプサービスなどの在宅サービスを利用しながら、そのまま自宅での生活を続けていたとすれば、おそらく家族も本人も疲れ果て、状態は悪くなっていただろう。当グループホームで安定した生活ができるようになったOさんだが、実は2か月後にホームを退去することになった。理由は心疾患の進行である。

脊椎圧迫骨折によってもともと歩行困難であったが、さらに持久力が低下してきていた。外出時、皆んなで歩いていると、決まってOさんは取り残される。また、車や坂への恐怖心がある。そのようなとき、いっしょに歩く職員に自分から手を伸ばしてきて、「ごめんね。私が遅いから、あんたにも迷惑かけるね」といい、動悸、息切れ、発汗が顕著になる。当ホームには医師や看護師が在籍していないため、常時医療を必要とする状態は、退去の条件となっている。

現状では、Oさんには専門的な医療上の支援が必要と考え、医師、ケアマネジャー、家族と相談の結果、老人保健施設への入所が適切だろうとの結論に至った。なお今年6月の介護保険認定では要介護4となった。

Oさんのケアプランは、本人が主体的に生活していくことを前提としたグループホームにおいて、ADLの低いOさんが、いかに積極的な日常生活を送れるかという点に主眼をおいたものであった。それだけに、退去という結果は悔やまれてならないが、少なくとも入居期間中は、目標は達成できたものと考えている。

■ コメント ■

　本事例は、グループホームでの認知症のある人のケアプランである。グループホームにおいても、介護支援専門員の配置が義務づけられている。グループホームはある意味で、介護保険施設と同じ位置にあり、1人の介護支援専門員が机上のケアプランを作成し、他のケアワーカーにケアを依頼するといったものでは決してない。介護支援専門員が中心となり、ケアスタッフがチームを組み、常にカンファレンスをもちながら、利用者の参画のもとで、ケアプランを作成・実施していくという原則を忘れてはならない。
　本事例は、そのようなチームアプローチでもってケアプランが作成され、実施されたものである。

1）利用者のできることに着目すること

　本事例では、Oさんの「料理」「掃除」といったことを、他の利用者と比べるとその能力は劣っているかもしれないが、Oさんのできる能力として着目し、本人ができることを支援するといったケアプランが作成されている。掃除や料理ができるということに焦点をあてて、本人の自信の回復を支援している。これは一般にいわれている、本人の能力や好み、あるいは意欲といったストレングスを支援していく手法が活用されていることになる。さらに、できたことにスタッフがお礼をいうことでもって自信を高めているが、これは一般にOさんがエンパワメント（力をつけること）への支援と説明できる。大げさなお礼をいうと表現されているが、これは、Oさんに理解してもらえる表現をするということである。
　このことは、認知症のある人の支援を考えるときにも、往々にしてBPSDといったことに目を向けがちであるが、本人のもっているストレングスに注目して支援をしていくことが重要であることを示している。なお、付け加えるならば、このストレングスには、本人のもっているものだけでなく、本人の有している社会資源のなかの強さ、たとえば本事例であれば、長女が1週間に1回、長男は2週間に1回と頻繁に来所してくれることもストレングスである。このようなことも活用して、長女や長男との関わりを深めていくといったケアプランの作成が可能である。

2）本人の行為について意味づけをすること

　Oさんにとっては、「帰宅願望」といった行為は、それなりに本人にとって意味があるものであり、その意味をケアスタッフが理解し、支援していくことが大切であるが、そのような支援がなされている。しかし、帰宅願望が意味していることを、言語的コミュニケーションで理解することは困難である以上、Oさんについての観察や本人のこれまでの生活全体をとらえ直してみるなかで、利用者に寄り添いながら、本人の身体的・心理的・社

会的な状態それぞれについての過去・現在・未来といった構造的な状態把握を通して理解していくことになる。

本事例では生活史などを再調査し、帰宅願望の意味づけを図ろうとしている。現実には生活史よりも、身体的な不快状況である便秘のときに帰宅したいという思いになっていることを明らかにし、できる限り便秘にならないような支援をしていくプランを作成・実施している。本事例ではもう1つ、夜中の掃除についても意味づけする作業を行っている。これについては、本人の問題状況の把握というよりは、本人の能力が活用されているストレングスとして意味づけることを実証している。

このような意味づけのなかで、考慮しなければならないポイントは、ケアマネジャーがすべて行うのではなく、チームで意味づけをしていく、あるいは複眼的な視点で意味づけをし、そしてお互いが確認し合いながら、試行錯誤を繰り返してプラン化を図っていくことである。同時にそのような際には、長女や長男など家族からの確認や了解を得ながら行っていくことも1つのポイントであるだろうし、医師などの他専門家の意味づけへの参画も考えられる。

3）ケアプラン用紙の独自の工夫

本事例では、本人のストレングスを活用するといった特徴をもったケアプランが作成されているが、その基礎には表1のようなケアプラン用紙が有効に作用しているといえる。このケアプラン用紙が、通常の用紙と大きく異なる部分は、「自発的または喜んで行っている作業」という言葉で表現をされている項目である。ここには、本人の能力やプラス面を支援していく視点が含まれており、本人のストレングスを活用したいという思想が表れている。グループホームで利用者のプラス面をとらえたケアプラン作成に向けて独自の工夫を凝らしているという点では、たいへん評価のできる用紙である。確かに利用者の課題にも目を向けなければならないが、他方で本人のストレングスにも目を向けてケアプランを検討していくことで、きわめて適切なプランが作成できることになる。

4）制度改革についても提言を

本事例では、残念なことにOさんは、グループホームでの2か月の生活から老人保健施設入所となってしまった。その原因は、Oさんが心疾患や脊椎圧迫骨折といった常時医療を必要とする状態であったためである。

介護保険制度開始時では、グループホームは当初、居宅療養管理指導のみしか利用できなかった。本事例は、その当時での事例であり、現在は訪問看護も訪問診療も利用できるようになり、いまであれば、Oさんはグループホームで継続して生活が可能であったといえる。その意味では、グループホームでも、訪問看護等のサービスが活用できるようになったことで、ターミナルケアの利用者についても継続的に利用することが可能になった。

これらの事例でもって、グループホームの制度的な改革についても方向づけをしていく必要がある。Oさんがグループホームにいることができれば、個別的な対応が可能であるだけに、本人のQOLはいっそう高まったであろう。また、介護保険のコスト面という二次的な視点からみても、施設入所に比べてコストコントロールに貢献することができる。このようなことを考えると、ときには現場から政策提言を行い、より質の高いケアの実現方策について積極的に発言していくことが求められている。

ストレングス 2）グループホーム

（7）トラブルの背景にある不安感の軽減への支援

■ はじめに ■

　認知症のある人に対する支援は、本人のもっているストレングスを有効に活用していくことが重要である。同時に本人が抱えている課題にも着目し、解決を図る支援が求められる。両者を見極めながら支援するには、本人の状況をより深く理解する必要がある。介護職員と利用者との身近な関係が作れるグループホームでは、そうした支援をより有効に行うことが可能である。本人のもつストレングスの活用と課題の解決を図るきめ細かいケアについて、本事例を通して考えてみたい。

■ 事例概要 ■

Ｐさん（80歳代、女性）

身体状況

- 要介護度：要介護3
- 認知症高齢者の日常生活自立度：Ⅲa
- 障害高齢者の日常生活自立度：A2
- 主な疾病：認知症、陳旧性肺結核、高血圧、腰椎圧迫骨折（平成16年9月）、骨粗しょう症。認知力・見当識が低下し、更衣・入浴・排泄に介助が必要。ふらつきが強く、移動には見守りを要するが、社会性は保持され、趣味も多く、家事にも積極的。

家族状況

　Ｐさんは4人兄弟の次女。結核の弟を母親に代わって看病し、自らも結婚後同疾病を発症。長女をもうけた後、夫と離婚し、長女は実兄夫婦により養育された。長期療養の後、仕事に従事しながら30年以上にわたり単身生活を送る。現在、兄弟は実姉のみ健在。娘婿の母親とは、長年の友人関係にある。

■ 支援概要 ■

　認知症のある人は、記銘・見当識・認知・判断力等の低下により、生活のさまざまな場面や対人関係に支障を来しやすく、不安で心細い日々を送りがちになるといわれている。

　認知症のある人のグループホームは、家庭的な生活環境や少人数の入居者・職員等との共同生活により、不安や混乱を最小限にとどめることが可能な半面、緊密な人間関係が生み出す問題も抱えている。

　本事例では、本人が元来もっている対人関係の特性と認知症に伴う思い込みが重なったことから派生した共同生活上の問題について、本人の特性やストレングスに着目したアプローチを行った。その結果、利用者の状況に変化が生じた事例である。本事例を通して、利用者にとって自宅以外の安住の地を見いだすことの重要性を再認識させられた。また、小規模ケアにおけるコミュニティ・ワークについても考える機会を得た。

　Ｐさんは、7年前、身体疾患による病院入院時から、混乱・幻覚症状が出現し、記銘・認知力の低下やうつ状態も加わり、認知症との診断を受ける。発症後は、通所介護や短期入所等の在宅サービスを利用しながら、長女の嫁ぎ先で暮らしていた。しかし、「家へ帰る」と荷物をまとめて飛び出したり、「私の悪口をいっている」等の被害妄想的言動や尿・便失禁が悪化したため、2年半前から当グループホームへ入居した。

　離婚経験のあるＰさんには、認知症発症前から男性に対する強い不信感と対人関係全般において上下関係には敏感である半面、友好的で対等な人間関係を結びにくい傾向がみられた。発症後は、猜疑心によって被害妄想的な言動が増幅され、Ｐさんの心の安定はいっそう保ち難いものとなっていた。これらの特性は、少人数での共同生活であるグループホームにおいて、さまざまな対人関係に影響を及ぼし、Ｐさんの孤独感・不安感・疎外感を強める要因となっていった。

■ 支援の経過と内容 ■

　入居に際しては、「私の婚家で双方の母親が同居している生活では、母も居心地が悪いのか、状態が悪くなってきている。周囲もストレスが多く、自営業との両立も困難になってきている。Ｐさんは家庭生活に恵まれなかった人なので、できればアットホームなところで暮らしてほしい」という長女の意向が反映された。

　Ｐさんからは、「もの忘れがひどくなって、訳がわからなくなったり、身の回りのことが自分でできなくなり心細い。でも、人前ではいつも気丈に振る舞っていたいので、失敗しないように、また失敗しても周囲の人に気づかれないように手助けしてほしい」という希望が出された。

　Ｐさんのプライドを尊重し、さり気ない支援と家事を分担してもらうことでＰさん自身が存在価値を実感しながら暮らせるように努めた。Ｐさんが自ら家事の手伝いを申し出ても、

「あの人たちはなにもせん」と他の利用者を批判したり、日常生活動作（ADL）の高い利用者が手早く家事をこなすと、不機嫌になるなど、ポジショニングの確保には微妙な調整が必要とされた。

　また、Ｐさんの男性不信に考慮し、身体的なケアは女性職員が援助していたが、入浴を男性職員が担当せざるを得ない日があり、Ｐさんの了解のもとで実施した。その約１週間後より、男性職員を別れた夫や娘婿の名前で呼び始め、男性職員が他の女性入所者のケアをしていると、その入所者に対して非難や攻撃的言動を繰り返した。私たちは、その言動を「信頼できる男性に巡り合えたのに、また裏切られてしまう」という不安感や嫉妬心に基づくものと受けとめ、嫉妬心を刺激せず、心の安定が図れるように努めた。また、Ｐさんの心情を「人間不信のままでいるより、理性の蓋が緩んだいま、心のよろいを脱ぎ捨てて、もう一度だれかを好きになる気持ちをもっていたほうがよい」と肯定的に受けとめ、家族とも情報を共有した。

　だが、個々のトラブルの場面では、介入の方法やタイミングが難しく、対人援助におけるスーパービジョンの研修に参加しながら試行錯誤を重ねた。ケア記録には、会話や関わりの内容を詳細に記録し、その反応や結果を検討した。心理療法やグループ療法の経験も踏まえ、Ｐさんの思いを引き出すことに力を注ぎながら、より有効な関わり方を探った。

　Ｐさんがその場の雰囲気や上下関係を見抜く力の鋭いことは、マイナスに作用する半面、その特性や強さを生かすことができれば、プラスにも作用する。トラブルへの積極的介入や説諭的対応は、ホーム長が担当し、他の６人のスタッフは終始共感的な態度で接した。多忙な家族には、負担の少ないコミュニケーション方法である電話を多用し、関わりをもってもらった。面会時には家族写真を撮り、居室に掲示する等、ゆかりのある人との心の距離は離れていないというメッセージを送り続けた（**表1**）。

　趣味である生け花を地域の公民館活動への参加で再開し、種々の社会参加もよりいっそう活発にした。ただし、Ｐさんの実家に帰ってみたいという強い願いは、親族間の事情により実現できていない。

　このような試みを続け、現在も男性職員を娘婿の名前でよぶことはあるが、「ごめん。ごめん。わかっているけどつい出てしまう」と本人がいうように、それは固有名詞ではなく、信頼できる男性の総称的な意味合いに変化してきている。ホーム内では、入居者同士の交友関係よりも職員との会話を好む状況であるが、外出時には他の入居者への優しい気遣いも示すようになった。地域の人々との交流では、「世の中には、いやなことをいう人が必ずいるものだけれど、あの人たち（地域の人たち）にはそんなところが１つもない。よい人たちに恵まれた」と感謝されている。

■ 考　察 ■

　円滑な対人関係を保ち難いＰさんに対して、本人の特性とストレングスに着目しながら、

表1　施設サービス計画書

生活全般の解決すべき課題（ニーズ）	援助目標				ケアサービス実施計画		
	長期目標	期間	短期目標	期間	サービス内容	担当者	頻度
移乗時・歩行時のふらつきが強く、転倒の危険が高いが、常時の介助・見守りは本人のストレスとなっている	転倒やけがのないリラックスした日々が送れる	6か月	安全に移乗・移動できる	3か月	・移乗・歩行時の見守りは本人に気づかれないように行う ・就寝時は寝具に鈴をつけ、鈴音で動きを確認し、扉の隙間から見守り、必要時に介助する ・散歩時は、職員との腕組みや車いすのグリップをつかんでの移動により安全性を確保する	職員全員	随時
ADL全般に介助が必要であるが、人前での支援は、プライドを損ねる	周囲の人から畏敬の念を抱かれて暮らすことができる	6か月	人前で失敗を気づかれない	3か月	・介助はプライベートな空間で行う ・失敗時は、さり気なくフォローする ・特技や趣味の成果を共有スペースに展示・披露する	職員全員	随時
男性職員による他の女性入居者のケアを直視すると不穏になり、対象者への攻撃的言動が出現し、心の安定が保てない	安心で信頼感に基づいた生活が送れる	6か月	嫉妬心を抱かずに暮らせる	3か月	・他の女性入居者のケアは、主に女性職員または本人の視野外で行う ・本人への身体的ケアは女性職員が担当し、思い込みを助長しない ・トラブル時の積極的介入は、ホーム長1人が行う ・職員は、トラブル時は回避のみを行い、共感的態度で接する ・共有スペースでの位置関係をその場の状況により工夫し、反応を確認する	職員全員 女性職員 ホーム長 職員 職員全員	随時
家族からの疎外感が強く、見捨てられるのではという不安感がある	安定した家族関係が保てる	6か月	家族の思いを実感できる	3か月	・家族に関する会話を多くもつ ・長女との電話による対話を支援する ・家族の写真を居室に掲示する ・面会時、家族写真を撮り、掲示する ・実家には立ち寄れないので、近所のお寺や縁のある場所を訪問する	職員全員	随時
家事能力の低下に伴い、自分の存在価値が薄れていくような不安がある	存在意義や自己有用感を実感できる	6か月	無理のない範囲で家事活動ができる	3か月	・体調や関心度に応じて声をかける ・洗濯物たたみはタオルに限定する ・食器洗いは、短時間に収める ・買い物は、近くで単品にとどめる ・落ち着きのないときは、キッチンで職員の側で監督役を担ってもらう ・終了後は、十分な声かけを行う	職員全員	随時

　生活環境の調整と家族やスタッフとの役割分担や協働によるアプローチを通して、できる限り心の安定が保てるように支援を続けている。

　グループホームのスタッフは、私服を着用しながら利用者と共同生活を送っている。そのため、今回のPさんのように誤認や人物錯誤を招きやすい環境であるともいえる。しかし、あえて利用者の誤認を否定せず、職員が利用者の認識している人物に成り切ることを手がかりとして利用者の心のケアに生かしているケースも多い。しかしながら、少人数での関係が生活場面で連続するなかでトラブルに発展した場合、対人援助の技法やコミュ

ニティ・ワークを駆使しなければ、居住性は低下し、不安感を増大させかねないという危険もはらんでいる。高齢者が異性を慕う気持ちを周囲が理解し、受けとめる環境やPさんから言葉による暴力を受けた入居者のストレスの緩和対策も十分とはいえない。

また、入居者家族のなかには、入居に至った介護者の苦悩を身近な親族に理解してもらえないために、心情的な対立や疎遠の原因となり、悩んでいる人も多い。本事例でも、ケアマネジャーは長女とPさんの実家との人間関係に踏み込んでよいものか躊躇したままで、直接的な進展はない。グループホームが、利用者にとって心の安住を得られる場にしていくための課題は大きい。

■ コメント ■

1) 本人のプライドを生かした支援

Pさんはプライドが高く、人前では失敗したくないという欲求がある。それはPさんのもつストレングスでもあり、介護場面で失敗をしないような支援をしてほしいという要求が、入所時点からあった。

本人のプライドを損ねることのない支援は、具体的にはプライベートな場面を設定して介助したり、失敗時にさり気なく対応するという形で進められている。

あるいは、本人の特技や趣味でもある生け花を、他の人にも理解してもらえるよう支援することで、本人のプライドを保っている。これらは、本人がプライドを損ねることなく生活するという大きな目標に向かうための支援ともいえる。

2) 本人のストレングスの活用

Pさんの能力としては、家事能力があったり、生け花の趣味をもつなどのストレングスを有している。そのためグループホームでは、本人のもっている家事の能力を生かしたり、趣味の生け花を生かすために地域社会での活動に参加するといった支援を行っている。

さらに、Pさんはその場の雰囲気や上下関係を見抜く力をもっているととらえている。このことは悪くすればBPSDの誘引になることもあるが、それをストレングスとしてとらえ、トラブル等が生じた際には、ホーム長が問題点を諭し、他の職員がストレングスに共感していくという役割分担を行うことによって適切な支援がなされている。

このように本人のストレングスをできる限りケアプランのなかに取り入れることが、Pさんがグループホームで居場所を確立するという点で有効に生かされることになっている。

3) 本人のもつ問題的な特性への対応

Pさんには人間関係に敏感であるという特性があり、家族に対して見捨てられたという不安感を抱いてしまう。あるいは、本人が他人より劣っていると劣等感を感じたり、男性

介護職員の他の入所者へのケアが不穏行動につながることもある。
　これらは本人のもっている鋭い感受性がマイナスに働いた場合に生じる問題点である。本事例でそうした問題が生じたときには、共感的な態度を取ることで問題の解決を図っている。たとえば家族との関係についてスタッフは、電話での対応や家族の写真を飾るといった形で、家族との生活の連続性を確認できるよう支援を行っている。また、家事等で他人より劣っているという感情をもたないよう、本人の得意とする仕事をできる範囲でとどめる工夫をしている。ある女性入所者への嫉妬心を抑えるために、女性介護者がその女性入居者に対応するように配慮している。
　このように、本人のもっている力が問題状況を生じさせないように予防し、生じた場合にもそれを解決する方向に支援することによって、その人のもっている特性をもう一度ストレングスに転化していく支援を行っている。

4）チームでのケアプランの作成・実施

　認知症のある人の支援では、本人のもっているストレングスをできる限り引き出す必要がある。問題状況に対しては問題が生じないよう予測しながら支援したり、問題が生じた場合には早い段階で解決できるような支援をしていくことが重要である。その際、グループホームでも、他の施設であっても、チームで仕事をしている以上、すべてのスタッフが本人のストレングスがどこにあるかを知り、問題状況の発生をどのように予防するのか、発生したときにはどのような対応をするのかといった共通認識をもつことが必要不可欠になってくる。そのようなときにケアプランが重要な意味をもつことを認識しておかなければならない。
　このようなケースにおいては、行動からサインをキャッチし、本人の思いや気持ちを理解することが重要である。本事例では、そのような作業を具体的なケアを介して理解し、それを全スタッフが共有することで、具体的な対応方法をケアプランとして検討し、共通した理解と対応方法でケアを実施していくことになる。このことはグループホーム内のチームアプローチを進めることになるが、一方でグループホームゆえに生じる問題もあり、また対応方法もときには試行錯誤を繰り返しながら、ケアしていかなければならないのが現状である。しかしながら、より適切な対応方法を見いだしていけるのも、スタッフがチームとしての認識を常にもつことによるところが大きい。

ストレングス 2) グループホーム

(8) ケアプラン修正からみえてきたグループホームでの「寄り添うケア」

■ はじめに ■

「利用者に寄り添う」とはよく使われる言葉であるが、その本来の意味について考えてみたい。寄り添うこととは、具体的に、ケアマネジャーや介護スタッフが利用者の気持ちを理解しながら、利用者の先に進むのでもなく、後ろから付いていくのでもなく、まさにいっしょに歩いていく、あるいは半歩前を歩くといったイメージである。ただ、認知症のある人のさまざまな行動・心理症状（BPSD）などに直面したとき、ケアマネジャーや介護スタッフは、時には前に走ったり、後ろに引き下がったりといったことが生じかねない。利用者の混乱した状況に遭遇した場合に、どのように寄り添うのかについての中身を、本事例を通じて考えてみたい。

■ 事例概要 ■

Aさん（60歳代、女性）

身体状況

- 要介護度：要介護2
- 認知症高齢者の日常生活自立度：Ma
- 障害高齢者の日常生活自立度：A1
- 病　歴：アルツハイマー型認知症、糖尿病、中度の近視など。

生活史

Aさんは同市内で生まれ育った。子どもは娘が1人。当初はAさんの母親と同居し、母親の介護をしていた。Aさんの夫は1人で旅行に出かけるなど、Aさんとの夫婦関係はあまりうまくいっていなかった様子。Aさん自身は長年ビル清掃の仕事に就いていた。

家族状況

同市内に娘が居住するが、3人の子ども抱え、仕事ももっているため、Aさんの介護ま

で手が回らない。Aさんの夫は脳梗塞とその後の病状悪化で、長期入院中である。

■ 支援概要 ■

　認知症のある人へのケアで大切なことは、「寄り添うケア」であるといわれる。その「寄り添うケア」とは具体的にどのようなものなのか。そして、グループホームの介護支援専門員は、グループホームならではの特性を活かして、どのように「寄り添うケア」を実施していくのか、を考えてみた。

　この事例は、アルツハイマー型認知症の初期から中等度にかかる、かなりの混乱状態にある女性の不安や辛さに関わるなかで、本人の心の安定を作り出す作業と同時に、介護職員の心の動きも察知しながら、ケアプランを修正・追記していった事例である。

　Aさんは、夫と2人で生活していたが、60歳をすぎたころからもの忘れが目立つようになり、夫の入院とともに近隣に住む娘に対して、不安や苛立ちを訴えるようになった。落ち着きなく家を出たり入ったりし、家のなかにいても頭を抱えて泣き叫んだり怒ったりする姿をみて、娘は専門医を受診させることとした。そこでの診断は「アルツハイマー型認知症」であった。

　診断後、介護保険の要介護認定を受け、デイサービスも利用した。しかし、デイサービスでは「どうして私はここにいるのか、早く家に帰らせてほしい」といって、落ち着きなく動き回ることが度々だった。

　さらにもの忘れが進み、火の不始末も生じたため、娘はAさんのひとり暮らしは無理と判断し、グループホームへの入居を決め、当ホームへ入居してきた。

■ 支援の経過と内容 ■

1）入居直後の支援（20XX年4月）

　Aさんに最初の面接をしたとき驚いたのは、その頭髪の状況であった。頭頂部を中心にきれいに髪の毛がなく、ドーナツ状に残っているだけであった。自然な脱毛かと思い、あえて家族には尋ねなかった。直近の記憶には問題があったが、会話もそつなくこなし、日時、場所なども適切に答えることができ、認知症も初期の段階かと思われた。

　入居後の対応は、Aさんのわからないところ、つまり見当識のあやふやな部分を支援する形にした。具体的には、日時、曜日、場所、入居者や職員の名前、役割などを伝えるRO（リアリティ・オリエンテーション）を実施した。しばらくは落ち着いてすごしていたAさんだったが、しだいに不穏症状が出始めるようになった。

　主訴は「家に帰りたい」というもので、夫や娘など周囲の人たちへの不満も漏らすようになった。そして、「私、どうしたらいいかわからへん」と嘆きながら、頭髪を一本一本抜いていく。それは、Aさんが不穏状態になったときに行う仕草だった。現在の頭髪の少なさから、いかに在宅生活中、不安と混乱のなかにいたかということがよくわかった。

2）ケアプランの変更（20XX 年 7 月）

　そこで、Aさんに対するケアの内容を、見当識のあやふやな部分を支援し、話を聞くだけでなく、Aさんが得意であった刺繍やぬり絵などを取り入れるケアプランに変更した（**表1**）。しかし、それを実行しているうちに、いつのまにかAさんの「得意分野を活かす」という目的が、「得意なことをしてもらっていれば安心」という職員側の視点に切り替わってしまい、Aさんの思いよりも職員側の意向が強くなってしまった。

　その状況に職員側もすぐ気づいたが、本当に心のうちの苦しさに寄り添っていたわけではなかったことから、実際には、Aさんは自らの心のなかが崩壊していく不安感のほうが強くなり、得意なこともできなくなっていった。これまでずっと我慢していたと思われる夫に対する不満や、かなり前に亡くなっている認知症の母を罵る言葉も聞かれた。

3）再チェックとケアプランの修正（20XX 年 8 月）

　再び、ケアマネジャーを中心に職員間で検討を重ね、「いまはじっくりとAさんの訴えを聞く」こととした。

　「自分がどうなっていくのか、もうわけがわからない。いろいろなことが頭に浮かんできて混乱する」と度々訴えた。そのAさんの苦しみを、各職員がしっかりと受けとめ、バリデーションテクニック（認知症のある人とコミュニケーションを取り、心を通わせる方法）を活用しながら、「Aさんの辛さに寄り添っていこう」ということになった。Aさんは、常にだれかが話し相手になっていると落ち着く。しかし、特に不穏となる夕方は、職員も忙しく対応できず、Aさんは怒りを爆発させることがあった。そのため、コンタクトパーソン（CP）の導入を図った。この夕方の時間帯に、退職職員にお願いして、一定の時間、コンタクトパーソンとして話を聞いてもらうことにした。

表1　施設サービス計画書（2）（抜粋）

生活全般の解決すべき課題（ニーズ）	援助目標		援助内容			
	長期目標	短期目標	サービスの内容	担当者	頻度	期間
どうすればよいか、なにをすればよいかわからない。不安がいっぱいで落ち着かない	安心して毎日がすごせるようにする	楽しくすごせる事柄を継続できるようにする。身体を動かすことによる活性化	①趣味にしていた刺繍をする（バラの刺繍作成が目標）	日勤者	随時	8.1～10月末
			②大人のぬり絵を真剣にされるので、折りを見てぬり絵をする	日勤者	随時	
			③毎日の散歩。四季を感じ、変化を楽しんでもらう	日勤者	雨天以外	
母親の介護のことが気になって落ち着かない。早く家に帰って面倒をみたい	介護の苦労をねぎらい、安心した暮らしが送れるようにする	1日1日を、母親のことを気にせず暮らせるよう、受容的姿勢を積み重ねる	④本人の訴えをしっかりと聞く。週3回コンタクトパーソン（CP）の活用	全職員 CP	週3回	8.1～10月末
			⑤母親は既に亡くなっている旨をしっかりと伝える	全職員	随時	
			⑥介護していた苦労をねぎらい、よく頑張ったのだということをしっかり受けとめてもらう	全職員	随時	

表2 ケア計画表・再チェック表（モニタリング）

介護支援専門員による再チェック	再チェック項目検討内容	見直し・補足内容（修正サービス内容）
①②：ぬり絵や刺繍を真剣にやるというところを見つけたのはいいが，毎日職員が替わるたびに同じことをやってもらっている．本人も集中力をなくしてきているように思う．	①②について：毎日職員が入れ替わるたびに同じことをしてもらう状況は，スケジュール的だし，職員が安心するという気持もあるかもしれない．	①②について：させるのではなく，ともに行うなど，しっかりとAさんに向き合う時間を確保する．Aさんの気持ちを無理になにかに向けるのではなく，いまの思いを聞いていく．
④：CPに頼りすぎていないか．対応の仕方も職員と差異がある．	④について：職員がCP任せにしている．訴えをじっくり聞けないのではなく，訴えをじっくり聞かない職員の姿勢が問題では．	④について：私たちが話を聞かなければだれが話を聞くのだろう．「5分しかない」ではなく，「5分もある」という考え方で聞く時間をつくる．
⑤：うそで逃げるのではなく，事実は伝えるという対応にしたが，それで納得してもらえるときと，「何で死んだといってごまかすんだ」とかえって激怒され，職員の対応に関するとまどいが起きている．	⑤について：本人が安心する言葉（うそ？）で落ち着くのならという意見もあった．興奮されているときは，事実をいうのではなく，しっかりと訴えを聞くのがよいのではないか．受容とうそとは違うのではないか．	⑤について：比較的落ち着いておられるときは，冷静に事実を伝え，介護されてきた苦労をねぎらう．興奮時は，その訴えをしっかりと受容し，Aさんのつらさを受けとめる．④とももと，バリデーションテクニックであるリフレーミングを活用する．

しかし，職員が返答に困る場面は多々みられた．「いまここにいた母親がどこかへ行った．徘徊するのにどうして止めてくれなかったんや」と怒鳴ったりし，職員は対応に悩んだ．「"利用者に嘘をいってはならない"という対応マニュアルになっているため，母親はもう亡くなっているというのだが，Aさんは『なんで死んだといってごまかすんだ』と納得してくれない．いったいどのように対応すればよいのか」という相談が介護職員からあった．そこで，Aさんの状況にもよるが，訴えをしっかりと受容し，リフレーミング（同じ言葉を繰り返し，相手に共感を示す）することは，決して嘘をついていることにはならない，ということを職員間で合意した（**表2**）．

コンタクトパーソンの導入を含め，職員各自がAさんの苦しみや不安の訴えを徹底的に聞く姿勢を取り，その辛さに付き合っていく対応を始めてからは，Aさんの不安を訴える回数も徐々に減少し，髪の毛を抜くこともなくなり，現在では頭髪がふさふさになるまでに回復した．

■ 考 察 ■

これまでの経緯のなかで，ケアマネジャーが果たした役割は大きい．グループホームのケアマネジャーは，在宅のケアマネジャーと異なり，自ら作成したケアプランを自ら実践するという立場にある者が多い．今回の場合も，ケアマネジャーはAさんの心理的変化のみならず，Aさんの生活全体に大きな影響を与える，環境要因である介護職員側の心の動きをも把握することに努めている．

作成したケアプランを実践してみると，介護職員によりさまざまな意味に取れるものであったり，考え方が微妙にずれていたりするものである．グループホームのケアマネジャーは，こうした介護職員側の心の動きもとらえながら，常にモニタリングを行える立場に

ある。ケアマネジャーはリアルタイムで流れるように順次ケアプランを作成・修正していくことで、それらを介して、介護職員共々利用者により適切な支援ができることになる。そのような流れのなかでは、本人のストレングスを活かすことでケアプランが作成されることが大切であるが、それも少し間違えれば、介護職員側がそのことに寄りかかってしまい、利用者の本当の思いに添えていないということになりかねない。その点を即座に修正していけるのも、グループホームの強みといえる。本事例でも、Aさんが得意だった刺繍やぬり絵などを取り入れたケアプランを作成し実行したが、介護職員側は、いつしか、得意なことをしてもらっていれば安心という職員側の視点になってしまい、本人の思いに寄り添うことを忘れてしまっていた。しかし、すぐそのことに気づき、修正がなされた。

　実際には、Aさんの不安はまだまだ解消されたわけではなく、その辛さの深さを感じずにはおれない。介護職員の間では、1人に偏った対応は、他の利用者の軽視につながりかねないという意見もある。しかし、いまここで私たちが、Aさんの辛さに付き合わなければ、いったいだれが付き合えるというのだろうか。

　「寄り添うケア」とは、単に本人の傍にいるというのではなく、あるいは、なにかをしなければならないと思い込むのでもなく、「その人の辛さに付き合っていくこと」であり、それこそが、さまざまなケアのスタートラインになるのではないだろうか。

■ コメント ■

　本事例は、「自分がどうなっていくのか、もうわけがわからない」といった混乱した状況を呈している利用者に対して、どのように寄り添っていくのかがテーマである。こうした混乱だけではなく、他のさまざまなBPSDに対しても、ケアマネジャーはどのように寄り添うのかはきわめて重要な課題であるといえる。

1）寄り添うということ

　Aさんのような混乱に対して、ケアマネジャーはなぜこうした混乱が生じているのか理解できない場合が多々みられる。こうした状況に遭遇したとき、ケアマネジャーやケアスタッフは、そのような混乱を無視したり、あるいは自分たちの考えや思い込みのみで強引に対応してしまうことがよくみられる。その結果、混乱はさらに悪化していくことになる。

　このような理解できない場合であっても、利用者に寄り添いながら支援していくことが求められる。その具体的な方法とは何なのか。それは、決して利用者の混乱から身を引いたり、強引な行動を取ることではなく、本人の気持ちを理解しようという思いで対応することである。具体的には、Aさんの混乱理由はわからないが、本人が混乱している気持ちや状態を理解しようとして傍にいることが、まさに寄り添うことであるといえる。

　本事例ではそうしたなかで、バリデーションテクニックを利用して支援を行っている。バリデーションテクニックとは、介護側が認知症のある人の世界に入って利用者の思いを

受容し支えていく交換手法である。認知症のある人の世界に入ったとしても、ケアマネジャーなどは混乱を生じさせている背景がわからない場合が多く、また、もしかすれば、利用者本人もわからないかもしれない。だが、そうした本人の気持ちを理解しようとする姿勢が大事である。

この本人に寄り添う支援が、混乱の発生を少なくしてきている。寄り添うことで、お互いの気持ちが通じることで、利用者に一定の安心感を与える効果があるといえる。

こうした混乱も含めBPSDについて、その背景が理解できないことが多々みられる。しかしながら、寄り添うことによって、利用者に安心感を与え、対応しやすくなることもあるし、寄り添うなかでその背景に気づいたり感じることもある。その具体的な支援方法としては、傾聴や声かけなどで対応することにより、より安定した支援ができる場合もある。本事例ではAさんの言葉をエコーとしてうなずくことで受容していくリフレーミングの技法を活用している。

リフレーミングとはリラベリングと同義語であり、利用者の否定的な自己を肯定的な自己に変えていくために、否定的な自己の発言に対してこのようなうなずきや肯定的な言葉を返すことである。以上の意味で、結果的に否定的な自己から肯定的な自己づくりを支援していくことになる。寄り添うということは、きわめて重要な利用者支援の視点であり、そのために介護側が取るべき態度や方法が重要となる。

2）ストレングスへの着目

本事例では、そうした本人の混乱の部分に目を向け、当初は本人のできることや好きなことに焦点をあてた支援をしてきた。具体的には、刺繍やぬり絵などをケアプランに取り込むことで、本人のもっている可視的な能力や好みに焦点をあてた支援をしている。こうした、本人のもっているストレングスに着目することはたいへん重要であるが、目にみえるストレングスだけでなく、ケアマネジャーや介護職員にまだ非可視的なストレングスである、できること・したいこと・好きなことにも着目して支援していかなければならない。

Aさんの場合には、過去には認知症の母親の介護という問題を抱えており、もしかすると、それが記憶などを失っていく不安といった現在の自らの状態と二重写しになって、さらに不安を増大させ、そうした混乱を生じさせているのかもしれない。そのため、ケアマネジャーや介護職員のみえているしたいこと・好きなことへの支援に加えて、非可視的なストレングスにも目を向ける必要がある。具体的には、混乱という形で表されている、本人のなかでのなにかをしたい、好きである、できるというストレングスがあるかもしれない。あるいは、できるといったストレングスとできないといったウィークネスで混乱しているのかもしれない。そうしたことをAさんに寄り添いながら理解しようとすることが重要である（図1）。

可視的なできるストレングスのみを支えるということは、利用者を表面的に理解し、テ

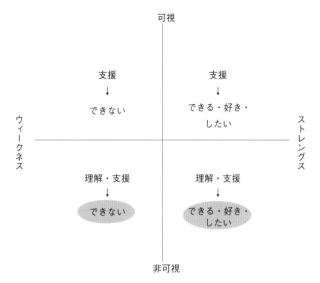

図1　利用者のアセスメントの範囲

クニックとしてストレングスを活用することもできる。ケアマネジャーは利用者に対する尊厳といった価値でもって、ケアマネジャーにも利用者にもみえていないさまざまな能力、意欲、好みを利用者はもっているといった態度で接することが基本としなければならない。そうした態度にこそ、ストレングスモデルの基本があるといえる。

　一般にBPSDは、利用者のニーズが変形したものとしてとらえられる。ケアマネジャーはBPSDを問題行動ととらえるのではなく、本人がなにかをしたいと求めているストレングスとしてとらえ、それに着目しながら、寄り添っていくことが大切である。本事例は、当初は可視的なストレングスだけをとらえて、Aさんを支援してきたことを反省し、非可視的なストレングスにも着目し、利用者への尊厳といった価値に基づき支援することの重要性を認識したということでは、たいへん評価できる。

3) グループホームでの支援

　本事例提供者は、こうした支援はグループホームだからできると述べている。確かに、グループホームでは家庭的な雰囲気のなかで1対1の対応が可能で、馴染みの関係が作りやすく、ケアマネジャーも利用者の日常をとらえやすい。そのため、こうしたケアプランの作成ができているともいえる。しかしながら、これはグループホームだけでなく、介護保険施設においても、利用者と日常的に1対1の関係を築くのは難しいとしても、こうしたケアプランの作成・実施は当然求められることである。決してグループホームに特異なケアプランであってはならないし、介護保険施設にも波及させていかなければならない。

　一方、在宅においては、ケアマネジャーの利用者宅への訪問は、1か月に多くても数回

というのが現実である。こうしたなかでAさんのような状態に遭遇した場合、ケアマネジャーが1人だけでこのようなケアプランを作成していくことはきわめて難しい。在宅においては、ケアマネジャーが中心となって、家族、ホームヘルパー、訪問看護師、通所事業者、医師等々のチームケアのもと、頻繁なカンファレンスを行い、なぜこうしたことが起こるのかということを話し合いながら、あるいは、利用者に寄り添うことを共通の目標にしながら、チームで支援をしていくことによって、こうしたケアプランの作成・実施が可能である。

ストレングス 3) 施設
(9) 特定施設に住まう認知症のある人への生活支援

■ はじめに ■

　最近、要介護者の生活の場として、有料老人ホームやサービス付き高齢者向け住宅が急増してきている。有料老人ホームには、介護型といわれている内部にケアマネジャーや介護職などが配置されている特定施設入居者生活介護と、住宅型といわれるケアマネジャーが訪問して外部からサービスを提供していくタイプの2つがある。今回は、前者の特定施設入居者生活介護とよばれる施設内部で介護サービスを提供している、介護型有料老人ホームの入居者の事例について検討する。

　なお、こうした施設への入居は、在宅から入居する場合と、病院退院時に在宅に戻らずに入居する場合とがある。本事例は後者の、病院から直接有料老人ホームに入居してきた事例である。こうした入居者に対して、特定施設入居者生活介護事業者がどのようなサービス提供をするのか、また、どのようなケアプランを作成したうえで、どのような支援をしていけばよいかについて検討していきたい。

■ 事例概要 ■

Aさん（90歳代、女性）

身体状況

・要介護度：要介護5→要介護4（特定施設入居3か月後）
・認知症高齢者の日常生活自立度：Ⅲa
・障害高齢者の日常生活自立度：C2
・病歴：アルツハイマー型認知症、両眼白内障、両変形膝関節症、高血圧、糖尿病、右大腿骨頸部骨折術後
・ADL：日常生活動作全介助。右踵褥そう、両下肢浮腫。骨折部に保護目的のコルセットを装着中。易怒性あり。向精神薬内服のためか傾眠傾向にある。コミュニケーション不良。
・IADL：以前は家庭菜園で収穫した野菜を子どもたちにあげることが趣味であり、

生きがいでもあった。また、テレビ番組は大相撲が好きだったが、いまは興味を示さない。NHKの子ども番組や懐メロ歌謡番組を観ることは現在も好む。

生活史

結婚を機に現住所地に居住。二女をもうけ、夫とともに燃料店を経営していた。子どもたちの結婚後は夫婦2人暮らしだったが、67歳のときに夫を亡くして独居となる。

家族状況

長女宅とは棟続きで行き来できるため、食事や身の回りの支援を受けて生活していた。次女は同市内に居住しており、折に触れて訪問していた。

■ 支援概要 ■

Aさんは転倒骨折後、病院での長期間にわたるベッド生活により、身体機能と意欲が共に著しく低下し、また、認知症の進行も伴って、摂食不良に陥っていた。Aさんのような後期高齢者が一般病院に入院すると、診療報酬が91日目から後期高齢者特定入院基本料の算定が始まり、医療機関への報酬は3分の2以下に減額され、同時に投薬や検査には1円も支払われなくなるという、「90日ルール」により退院を余儀なくされる。

しかし、同居していた長女は在宅での介護は困難と判断したため、自宅近くの当施設（特定施設入居者生活介護、以下、特定施設と表記）への入居となった。

当初は「日常生活全介助、経口摂取に工夫を」という申し送りがあり、あまり目標を高く掲げることは本人の負担になるという認識をもちながらサービスを開始した。入居後、日々の関わりを通して、Aさんの「できること」を見いだし、多職種が協働しながら問題を1つずつ解決していくと、本人から積極的な言動がみられるようになった。「なにもできなくなった」と思われていたAさんに「希望と夢があった」ということを、事例提供者は感じることができ、施設職員全体の驚きと喜びになっている。

具体的支援としては、まず食事内容を注視してAさんの嗜好に合わせ、食形態もAさんに合ったものに変更していった。また、施設主治医の指示による向精神薬の減薬と、機能訓練の開始によって、意欲と機能の向上を図るうちに、Aさんに意思表示や会話が多くなるなどの明らかな状態変化がみられてきた。

特定施設での認知症のある人の個別ケアでは、日々の観察についての継続的記録により、施設内での多職種協働が比較的容易にできる。特に当事業所はタブレット端末を導入してから入居者のリアルタイムな状態把握が可能になり、職員間の連携や、キーパーソンへの報連相（報告・連絡・相談）および提案を迅速に行える環境になっている。

■ 支援の経過と内容 ■

1）特定施設入居までの経過

　Aさんは在宅で生活しているときに両膝関節症を発症し、要介護認定を受け、デイサービスを週2～3回利用していた。

　ところが、ある日敷居につまずいて転倒し、右大腿骨を骨折。救急搬送されて手術を受けた。術後は病院でのベッド上での生活が続き、夜間せん妄に対して向精神薬を処方され、ADLと認知機能が共に著しく低下した。食事は朝夕に高カロリー流動食を、昼のみミキサー食1/3量を提供されていた。全食に介助を受け、摂取量は8割程度であった。退院勧告が出たが、長女も高齢であるため、「とても家では看られない」といい、自宅に近い当施設入居となった。

2）入居前面談時の状況

　病院を訪問し、初回アセスメントを実施した。その際、ベッド上での流動食飲用援助が行われていたが、摂食意欲はなく、吸い飲みを使用して少しずつ時間をかけながら食事をとっていた。名前と年齢を問うたが返答はなく、うつろな表情をしていた。尿に濁りがあり、定期的な導尿を施行されていたが、施設入居を踏まえて膀胱留置カテーテルを挿入していた。

　担当医からは「受傷部の術後経過は良好だが、認知症によるコミュニケーション不良のためリハビリが困難である。嚥下機能に大きな問題はないと思われるが、口腔内でのため込みが多く、固形食の摂取が進みづらい状況である。また、排尿困難な状態だが、原因は術後の低緊張性膀胱による症状と考えられる」という情報提供があり、これをAさんの生活ニーズに対する目標設定の重要なアセスメント資料とした。

3）施設入居から3か月間の支援経過

　入居前面談から1週間後、入居が決まり、アセスメントに基づく暫定施設サービス担当者会議を開催し、本人と家族の生活ニーズを再確認し、支援の方向性を決定し、ケアプランを一部修正したものを全職員に周知した。

　初回の内科訪問診療時、施設主治医に上申し、活動性の阻害要因とみられる向精神薬の減薬指示をいただく。膀胱留置カテーテルについては前病院医師の情報より一過性症状と施設の主治医が判断して抜去し、尿量測定を開始した。環境変化を鑑み、食事形態・回数についても主治医に上申のうえで、施設食3食を提供し、副食をキザミ形態にすることを決定し、家族の了解を得た。

　多くの声かけや促しを続けながら食事介助をしていたところ、3日後の昼食時、いつもどおり食事介助しながら食事を促すと、椀を持って、自力にて全量摂取した。おやつ

時には、コーン菓子とせんべいに手を伸ばし、少量を食べた。

　動作時に受傷部の疼痛があるため、ベッドから車いすへの移動時や寝返り介助時に声を上げることもあるが、ときには「世話になりますねえ」といって笑顔もみせるようになった。食事前の誘導時にベッド端に座っていたAさんが「便所に行きたい」と訴え、2人介助により排泄を確認した。そのころより立位を取る行動を頻回にするようになったため、家族からの要望もあり、転倒防止対策としてベッドを撤去して床に寝具を敷いて休んでもらうこととする。夜間、室内を這う行動があるが制止せずに、しばらく見守りし、布団へ誘導した。

　訪問マッサージ師による治療開始から約2か月半経過後、訪問マッサージ師から次のような評価を得た。「右腰部から臀部にかけての筋硬結および炎症反応が著明で、装具着用による褥そうも生じている。左下肢は筋力が低下し、関節拘縮が著明。嚥下困難もあるため、1か月ほどは顎関節に対し徒手整復にて調整。また、腰部、下肢については徐々に可動範囲は広くなりつつある。可動域の拡大が体幹の自重作用の強化につながり、その作用によって顎関節と頸椎とのバランスも安定した。結果、嚥下反応が向上し、会話が多くなっている。自発的な行動が多くなったことで、介護面でのリスクも多くなることが今後は考えられる。運動器に対する状態は改善しつつある」。

　下肢疼痛と浮腫の軽減後、Aさんは車いすを自走できるまでに回復した。車いすからの立位を試みることはあるが、施設職員は行動に対する本意を探りながら、制止せずに見守っている。

　この時期、キザミ形態食の提供を中止。「パンが食べたい」というAさんの希望を受けて朝食をパンに変更すると、自己摂取できた。「カレーが好きです」「〇〇村（故郷）に行きたいの」「部屋で1人は寂しい」など、多くの意思表示をするようになる。夕食後に懐メロ歌謡番組を視聴して楽しむこともできた。

　家族の意向により区分変更申請を行い、要介護4と1ランクのみではあるが下がる結果となる。施設サービス計画書を再作成し、それに家族の同意を得た（**表1**）。

■　考　察　■

　認知症の進行があっても、本人の生活史や好きな事柄を知り、声かけや促しを行い、寄り添い関わる支援を職員協働で行った。併せて、必要な機能訓練を行うことによって、嚥下能力などの身体機能が改善し、本人が自らの意思を伝えることが可能となっている。現在は、Aさんの「したいこと」と「できること」にはギャップが生じているように感じられる。しかし、他者と多く関わることが自分の能力を自ら見つけることにつながり、危険行動が継続していることでのリスクが懸念されるものの、リスクマネジメントを着実に実施しながらも、今後も活動意欲や可能性を引き出すことができるのではないかと考えている。

表1 施設サービス計画書（2）

生活全般の解決すべき課題（ニーズ）	目標				援助内容			
	長期目標	期間	短期目標	期間	サービス内容	担当者	頻度	期間
定期的な訪問診療を受けて体調を維持していきたい	健康に対する不安がなく、安心して暮らせる	6か月	毎日の食事をしっかり摂ることができる	3か月	・内科訪問診療（居宅療養管理指導）による定期的な血液検査により糖尿病管理を行う	内科クリニック	2回/月	3か月
					・訪問薬剤管理（居宅療養管理指導）	調剤薬局	2回/月	3か月
					・低血糖症状の有無の観察	看護職員・介護職員	毎日	3か月
					・体温・血圧などの体調管理	看護職員・介護職員	適時	3か月
					・服薬管理・服薬介助	看護職員・介護職員	毎日	3か月
					・食事量・水分量の確認	看護職員・介護職員	毎日	3か月
					・排泄状況の確認	看護職員・介護職員	毎日	3か月
			下肢の浮腫が軽減する	3か月	・日中に臥床時間を確保する（午前・午後に1時間ずつ）	介護職員	毎日	3か月
					・フロアでの見守り時は、車いす座位の安定を図りながら下肢挙上を行う	介護職員	毎日	3か月
					・訪問マッサージ師による治療	整骨院	3回/週	3か月
少しでも身体を動かす機会をもち、生活の質を向上させたい	歩行器歩行ができる	6か月	転落などの事故なくすごせる	3か月	・移乗・移動介助	介護職員	毎日	3か月
					・床に寝具を敷いて休んでいただく	介護職員	毎日	3か月
					・個別機能訓練計画に基づき実施	機能訓練指導員・介護職員	毎日	3か月
					・フロアでの見守り	全職員	毎日	3か月
	生活全般において支援を受けることにより、快適な生活が継続できる	6か月	生活動作が向上する	3か月	・入浴介助（誘導、更衣、洗身、洗髪、整容、水分補給など）	介護職員	3回/週	3か月
					・衣類の準備、朝夕の更衣、整容の声掛け・介助	介護職員	毎日	3か月
					・食事介助・口腔ケア（うがい、義歯洗浄）	介護職員	毎日	3か月
					・パット交換・陰部洗浄（2人介助によるトイレ誘導）	介護職員	毎日	3か月
私の夢（望み）は、故郷に帰って幼馴染みと話をすることです	他者との会話や交流を増やすことにより、精神的安定が図れる	6か月	声かけを多くすることにより発語が増え、コミュニケーションが良好になる	3か月	・レクリエーション・体操に見学参加して、身体を動かす機会を多くもっていただく	介護職員	毎日	3か月
					・相撲や懐メロなど、好みの番組を他者といっしょに観ていただき、交流の機会を提供する	介護職員	適時	3か月
					・日中はできる限り3階フロアですごしていただく	本人・介護職員	毎日	3か月
					・「○○○」とよばれるときは否定せず。話し相手として傾聴する	男性職員	適時	3か月
			昔話をすることで心が和み、穏やかに過ごせる	3か月	・○○村での生活を語られるときはオープンクエスチョンで問いかけ、物語を引き出す	全職員	随時	3か月

■ コメント ■

　本事例は、大腿骨骨折で入院・手術し、退院後、特定施設である介護型有料老人ホームに入居した90歳代女性のケースである。本人は要介護5で、認知症のある人の日常生活自立度はⅢaであった。入院先にケアマネジャーが訪問した折の入居前面談でAさんは、問いかけに対して返答がなく、うつろな表情をしていて、意欲の喪失がみられた。

　病院側からは「コミュニケーション不良のためリハビリ困難」という情報提供を受けており、そうした状況で入居となった。このような入居者に対して、特定施設でケアマネジャーが中心になって、どのような支援を行っていったのかを示してみる。

1）病院退院時の支援

　本事例は退院して直接特定施設に入居した事例である。病院は病気・傷病の治療を行うことが目的であるため、Aさんの大腿骨骨折については術後の経過が良好であるということで、病院としての役割は果たし得た。ただ、病院は本人の生活への意欲を高めたりすること自体が目的ではないため、退院後の施設の役割は、どのように本人の生活意欲を高め、質の高い生活を引き出していくかという目的を実現させることである。ケアマネジャーの作成する退院時でのケアプランにはそのことが反映されなければならない。このことは、自宅に戻ろうが、特定施設あるいは特別養護老人ホームに入居しようが、変わらないことである。

　本事例は、特定施設での個別ケアを通して、ADLやIADLを高めるだけでなく、Aさんのできること、したいこと、好きなことのストレングスをアセスメントし、それらを支えることで本人の生活への意欲を高める支援を行っていった。その結果、認知機能の改善が図られ、同時に本人の主体性を強化するという自立支援につながっていった。

2）食事の支援

　このような自立支援を可能にした大きな要因としては、本人への食事に対する支援が大きな影響を及ぼしたことが考えられる。一般に食事は本人の自立に大きな影響を及ぼすといわれているが、Aさんへの食事は病院で提供されていた朝夕のカロリー流動食、昼のミキサー食を停止し、キザミ食へ、さらに一般食へと切り替えていった。そのことによってAさんに食に対する楽しみが生まれ、食事量が増加し、それがADLやIADLの変化に大きく影響し、そればかりでなく本人の認知機能を改善し、生活意欲を高め、さらには自分で物事を決定していくという自立を促すまでになっている。

　その意味では、退院時の本人の嚥下能力に対するアセスメントがたいへん重要である。同時にそうした食事形態の変更について、本事例では医師との連携のもとで、職員が嚥

下能力を観察しながら、徐々に一般食に移行させたことが自立支援に大きな影響を与えている。

3) 本人の「したいこと」や「できること」への支援

本事例ではAさんのしたいことやできること、いわゆるストレングスを支えるということを念頭におき、声かけや促しを積極的に行い、Aさんの意欲を高めていくことを試みている。そうした支援を続けたことが、「便所に行きたい」「パンを食べてみたい」「カレーが好きです」「○○村に行きたい」といった多くの意思表示を引き出す力になっていった。

こうした意欲を引き出すには、単にできないことをどのように補うのかという支援だけではなく、本人の潜在的にもっている能力や意欲、好みなどのストレングスをしっかりとアセスメントして、それらをどのように支えていくのかという、両方の支援が不可欠である。

4. 医師等と施設職員らの連携による支援

本施設においては、職員全員が共通の目標に向かって、タブレット端末なども活用しながら支援をしていることが高く評価できる。加えて、主治医と訪問マッサージ師が適切な支援を行い、職員との連携を図っていることが自立の支援に大きく影響している。医師は向精神薬の減薬の指示や、自立排泄に向けての膀胱留置カテーテル除去の指示を出しており、それに向けての適切な情報が医師と職員との間で交換されている。一方、訪問マッサージ師は筋力低下、関節拘縮などによる日常生活動作の問題を改善し、また、嚥下困難に対しても顎関節の整復などを施して一般食に移行していくための支援がなされている。

そうした外部専門職と施設職員とが共通の目標をもち、それぞれの役割を理解し、その機能を十分に果たしていったことが、本人の意欲の向上と自立支援に、かつ要介護度の改善に大きく貢献していったといえる。

ストレングス 3）施設
（10）「座らせ老人」からの解放が利用者の活性化を生み出した

■ はじめに ■

　認知症のある人に対してケアを行うにあたって、本人が必ずしも自分の思いを伝えたり意思表示できるとは限らない。その場合には、職員側が本人の思いを感じたり気づいたりといった視点でケアプランを作成し、利用者や家族に同意を得ていくことになる。そうした感じたり気づくことは、利用者と同じ目線で、利用者の立場に立つことでもって可能となることを、本事例を通じて考えてみたい。

　同時に、そうした利用者の立場に立ってケアプランを作成することが、実際は身体拘束などを不要なものにしていくことにもつながっていくことを学びたい。そのため、現在介護保険施設で実施されている「身体拘束ゼロ作戦」の展開と、こうした利用者本位のケアプランがいかなる関係にあるのかも合わせて考えてみたい。

■ 事例概要 ■

Jさん（80歳代、女性）

身体状況
- 要介護度：要介護3
- 認知症高齢者の日常生活自立度：Ⅳ
- 障害高齢者の日常生活自立度：B1
- 主な疾病：胸壁合併切除術後の胸壁欠損、顔面三叉神経痛、アルツハイマー型認知症

生活史
　結婚前はバスガイドをしており、結婚して夫が旅館を開業し、それを手伝う。1991年、夫と死別。旅館業は三男が引き継ぎ、本人は隠居生活に入る。口数の少ないもの静かな人柄で、園芸を趣味として、穏やかな日々をすごしていた。

■ 支援概要 ■

本事例のJさんは入所当初、声かけに対して、反応がなく無表情であった。また車いすを後方へ駆動させたり、あるいは車いすより立ち上がり、その状態で車いすの手すりを持ちながら歩行しようとする行為を繰り返すのみで、周囲に対する関心を全く示さなかった。職員がJさんの生活のメリハリをつけるように働きかけをしていくなかで、徐々に日々の生活が活性化していった過程をまとめた。

■ 支援の経過と内容 ■

施設入所に至るまで

Jさんは息子夫婦・孫2人と5人で暮らしていたが、自営業のため介護に手が回らず、老人保健施設へ入所した。その後、期限が過ぎたため退所し、在宅生活にもどる。しかし主たる介護者である嫁が喉頭がんで入院し、そのため当介護老人福祉施設のショートステイを長期利用していた。その後、家族が交通事故に遭い、息子・孫共に入院となり、介護不可能な状況になったため、Jさんは当介護老人福祉施設への緊急入所となった。

施設入所での支援経過

Jさんが当施設に入所したときは、元気がなく常にうつむきかげんで、表情にも笑顔がみられなかった。またJさんからの訴えや発語はほとんどなく、ケアワーカーの声かけにも首を縦や横に振るのみで、たまに「この建物から出たい」といったり、ケアワーカーを手招きしてよぶことがある程度だった。

しかし、車いすのブレーキを解除しないまま後方へ下がる行為や、車いすから立ち上がり、その状態で車いすの手すりを持ちながら歩行しようとすることが入所時からたびたびみられた。車いすは介助式を使用し、本人の立位・移乗は一部介助であった。同じフロアには自立歩行の利用者もおり、安全の確認がないまま、上記のような行為を行うため、接触等による危険性が高く、常時見守りが必要な状況だった。

そこで、Jさんの精神面での活性化を図ること、また車いすを後方へ動かす等の行為が、なにを訴えているのかの背景を探り、穏やかな日々をすごしてもらうにはどのようにすればよいかを話し合った。その結果、車いすを動かす行為は、排泄の要求と関連があるように感じられるという意見が大勢を占めた。そこで、

① 排泄チャートを用い、Jさんの排泄リズムを把握する。排泄のサインをキャッチし、トイレ誘導をする。

② 本人の移動したい意欲が感じられたので、車いすを介助式から自操式へ変更し、様子を観察する。

③ 車いすは移動手段であり、本人は移動の意欲があると感じられたため、できる限り

表1 施設サービス計画書

生活全般の解決すべき課題(ニーズ)	援助目標				ケアサービス実施計画		
	長期目標	期間	短期目標	期間	サービス内容	担当者	頻度
ソファ、車いすからの立ち上がりによる転倒事故の危険性がある	危険のない安定した生活を送る	6か月	環境を整備し事故を防止する	3か月	●様子観察からの早めの対応 ・サインのキャッチ ・排泄の見直し ●見守り ●行動範囲内の環境整備 ・危険物の除去 ・他利用者との接触事故と危険を避ける ●1人になることの不安を感じさせない ●情報収集 ●状態を見極めたうえでの介助・対応	介護職員	随時
食事摂取・水分摂取にむらがある	必要な量の食事・水分摂取ができる	6か月	必要食事・水分する量の摂取ができる	3か月	●個人テーブルを使用し、高さを調節する ●汁物は手つきカップを使用する ●水分を摂取しやすいように、少量のトロミを使用する ●本人の好みの飲み物を用意し、摂取を促す(ポカリスエット、甘い飲み物等) ●こまめな水分補給を心がける(1回の摂取量が少ないため)	介護職員	毎食時 水分補給時
清潔の保持を行うにあたって本人の拒否がある	清潔を保持する	6か月	清潔を保持し、拒否の原因を明らかにしていく	3か月	●洗顔 ・顔拭きミトンをわたし、声掛けして洗顔を促す ・顔拭き用にガーゼハンカチを用意する ●口腔 ・歯科受診 ・歯ブラシの工夫 ・毎食後、緑茶でうがいをする ●入浴 ・誘導時の声掛けの工夫 ・順番の検討 ・浴室内の温度調節等の環境整備	介護職員 歯科衛生士 介護職員	洗顔時 歯科検診時 毎食後 入浴時 (週2回)
人との交流が少なく孤立になりがちである	日常生活の活性化を図る	6か月	本人に合った生活の工夫とその試み	3か月	●意図的に1人にしない環境をつくる ●いすやソファを使用して、生活の場面にめりはりをつける ●ROへの参加 ・花の水やり ・野菜の下ごしらえ ●音楽リハへの参加	介護職員 家族 音楽リハビリ士	随時 毎日1回 2週間に1回
歩行したいという希望がある	歩行することが本人の気分転換になる	6か月	ホールと中央トイレの往復ができる	3か月	●歩行に関するPTの評価 ●実施できる時間・距離・方法を検討して歩行する機会をつくる	PT・介護職員	トイレ誘導時(PT評価後、再び検討)
排泄ケアの検討	トイレでの排泄ができる	6か月			●トイレの位置を決める(いつも同じ場所を使い認知を図る) ●サインをキャッチしトイレ誘導する(表情や体の動きなどのサインを見逃さない) ●排泄リズムの把握(排泄チャートへの記入)	介護職員	随時
自由に移動したいという意欲がある	「そこですごしたい」という居場所づくりをする	6か月			●ソファで自由にすごす ・安楽な姿勢の確保 ・体の向きや位置を自分で変えられるような環境づくりと見守り体制 ・言葉掛け、スキンシップで精神的安定を図る	介護職員	随時

フロアのソファやいすに座ってすごしてもらい、様子を観察する。

④リアリティ・オリエンテーション(RO)による生活障害修正プログラムに参加することにより、変化をみる。野菜の下ごしらえや玉ねぎの皮むき、椎茸の石づき取り、絹さやのすじ取り、ひも巻きをお願いしてみる。

これは、表1,表2のとおりである。

■ 考　察 ■

前述の実践結果は次のとおり。

〈①について〉使用するトイレの位置を決め、必ずその場所に誘導するようにした。訴

表2 日課計画表

		共通サービス	個別サービス	援助内容	担当者
深夜	4:00	排泄(随時)	随時(ポ)トイレ介助	(ポ)トイレの設置・清拭・ズボンの上げ下げの介助	夜勤者
早朝	6:00	起床	移動介助・誘導	車いすへ移動の際、一部介助。居室へ誘導する	↓
	8:00	洗眼		顔拭きミトンを渡し、場合により一部介助。全介助にて整髪	
		朝食・服薬	一部介助・全介助	配膳を行い、食事を促す声かけを行う。服薬は口の中へ薬を入れ、服用したか確認する	昼勤務介護職員
午前	10:00	排泄(随時)	一部介助	トイレ誘導、ズボンの上げ下げ、清拭介助を行う。	
		水分補給	一部介助・全介助	水分の用意	
	12:00		訴えによりソファ対応	移動・移乗介助	
		昼食	一部介助		
午後	14:00	臥床(訴え)	移動・移乗の一部介助	ベッドへ誘導し、移乗一部介助を行う。要見守り	
		入浴(月・木)	中間浴・全介助	衣類の準備、瘻孔(ろうこう)部位の保護・保温湿剤塗布	
	16:00	おやつ	一部介助	おやつの用意	
		排泄(随時)	一部介助		
		夜間用トイレの設置		ポータブルトイレのバケツを用意する	↓
夜間	18:00	夕食・服薬	一部介助・全介助		夜勤者
	20:00	就寝介助	一部介助	ベッドへ誘導し、一部介助にて移動する	
	22:00	巡回		訪室する	
深夜	24:00	排泄(随時)	(ポ)トイレ介助		↓

えのあったときは必ず誘導し、サインではないかと思われる動きがみられたときには声かけをし、誘導および介助を行う。

(例)
・フロアのソファに座っているとき、いつも使用しているトイレの方向に顔を向ける
・車いすを駆動させることが多くなる。
・周囲を見回しキョロキョロしたり、ソファー前面までお尻をずらす。

排泄をすませた後は、車いすを後方へ動かすなどの行為が減少してきた。②に連動することだが、徐々にトイレの場所を理解してきた様子で、ときには排泄できないこともあるが、声かけや自らの意思でその場所にまで向かうようになる。

〈②について〉介助式車いすを使用時、足を使って前後に動かすことがみられ、「どちらへ行きましょうか？」と声をかけると、「あっちに行きたい」と初めていわれたため、ブレーキを解除し様子をみると、前傾姿勢で足を使って動かし始める。

そこで思い切って車いすを自操式に変えると、車いすを自ら動かし、同時にそれまで表情のなかった顔が明るくなり、職員に笑顔をみせてフロアを自由に動き出した。このことがきっかけで、笑顔が多くみられるようになり、自発的に話をしたり、声かけにも返事をしてくれるようになる。結果的には、車いすを後方に動かす等の行為が激減する。

自操が可能になったことによって、これまで以上に周囲の人や物を気にせず進んでしまうため、事故が起きないよう、1対1の対応・見守り、周囲への配慮、環境整備等、

新たな課題が生じてきた。

〈③について〉Jさんの側にだれか（他の利用者、ワーカー等）がいることにより、安心するのか落ち着いてすごし、居眠りがみられることもある。だれもいなくなったり、1人で座っていると、徐々にソファやいすの前面にお尻をずらして、浅く腰かけていたり、ソファの端から端まで移動していることが多くみられる。

また、フロアの衝立てやいすにつかまって立ち上がる行為が出てきた。ときにはソファから降りて、四つん這いで床を這っていたり、Jさん自身から「歩きたい」との希望が聞かれるようになる。

〈④について〉ROを始めた当初は1つ2つ行うと、居眠りをされたり、それをすること自体を拒否し、その場を離れることもあった。回数を重ねる度にやる個数が増え、「これでいい？　上手にできてる？」等といわれるようになり、それを行っている間は、車いすを動かすことはみられない。体調が悪いときもあるため毎回とはいかないが、体調のよいときにお願いすると、実施してもらえるようになってきた。

以上の実践の結果、新たに生じた課題、Jさん自身からの希望、入所以前の様子（生活史や老人保健施設・ショートステイ利用中の様子）等の情報を総合して、ケアプランを見直し、サービス提供を行っている。

まだまだ落ち着いた状況ではなく、途中経過の段階ではあるが、いままで以上にJさんの精神面での活性化を図ることで、楽しみをもった穏やかな生活が送れるよう、実践・観察・見守りを行っていきたい。表情をみせなかったJさんが、表情豊かになり、話をすることができるようになったことが私たちのいちばんの喜びである。

■　コメント　■

1）利用者の思いを支援する

本事例は、常時車いすでの生活で表情もほとんどない高齢者が、自らの意思で移動することにより、笑顔が出てきて、表情が明るくなった事例である。ここでは第1に、Jさんが車いすで後方へ下がったり立ち上がったり、歩行しようといった動作がみられることから、「自由に動きたい」といった利用者の思いをケアする側が気づき、利用者の思いを実現できるようケアプランを修正していった。また「自由にトイレに行きたい」といった本人の気持ちや、さらには「昔していたことをしたい」といったことを感じたり気づいたりして、それをケアプランに盛り込み、支援計画を作成している。

その結果、まず、車いすを自操式に変えることにより、「自由に移動したい」ことを支援し、次に「自由にトイレに行きたい」ということについては、利用者の排泄リズムの把握のもとで、本人の排泄のサインをキャッチし、トイレ誘導をするといった支援を行っている。第3の「自由にしたい」ということについては、車いすからソファへと移動させ、本人を車いすの世界から解放し、自由に移動したり、あるいは自由にできる時間

を確保している。第4の「自由に昔していたことをしたい」に対しては、ROの手法を使って、現実的な実践をすることによって、生活障害を緩和していく支援を行っている。

2) 気づきの支援につなげる

こうした4つの援助を通じて、共通していることが2点挙げられる。

1つは、施設のケアワーカー等の職員が行う支援は、利用者の生活ニーズを感じたり気づくといったことのもとで進んでいることである。第2にはこうした気づきのなかで、本人が「自由にしたい」という"自由"あるいは、"好き"であるといった気持ちに寄り添うようにして生活ニーズを把握していることである。こうした観点から生活ニーズをとらえ支援していくことにより、結果として利用者に発語や笑顔が出現した。ただし、こうした支援を実施していくにあたっては、リスクも高くなるため、ケアプランの実施については十分な配慮が必要となる。

以上のことからわかるように、ケアプランの作成にあたっては、利用者が環境に制約されることなく、できる限り自由に生活ができるように、本人に思いを寄せながら気づいたり感じたことを生活ニーズとして顕在化させていくことが重要である。すなわち、ケアプラン作成のために行うアセスメントは、認知症のある人本人の日常生活動作（ADL）の状態や問題状況を把握することと同時に、本人の求めていることについて、職員がどのように感じたり気づいたり、気になるかといったことが重要なアセスメントの資料となる。

3)「身体拘束ゼロ作戦」を考える

このケースから推し量って1つの問題を提起することができる。現在、施設では「身体拘束ゼロ作戦」が実践されている。このこと自体決して否定されるものではないが、この事例から、1人ひとりの生活ニーズに合わせ支援していくことが身体拘束をなくしていくことにつながることを示している。

本人は車いすに長時間座ったままでいたが、ここで職員がJさんの「自由に動きたい」という生活ニーズを感じ取り、車いすからソファに移動させたり、また車いすも介助式から自操式に切り替えることで、車いすで「座らせきり」といった、ある意味では身体拘束に近い状態から解放したことになる。

こうした1人ひとりの生活ニーズにこたえていくなかで身体拘束が自然となくなっていくという視点が重要である。そのような意味では、「身体拘束ゼロ作戦」は、このような視点でケアプランが立てられているかどうかを点検するために活用するのであれば有効である。しかし、単に「身体拘束ゼロ作戦」のキャンペーンのもとで、車いすからソファに移させることになった場合には、たとえば本人の「自由に動きたい」といった生活ニーズをとらえることが欠落してしまうことになり、ソファでどのように安全に問

題なく対応するのかといったことだけに考えが留まり、自由に本人が動きたいことを支援することにはなり得ない。ひいては、本事例のように本人の表情の変化や発語が得られるとは限らない。

　ここで「自由になりたい」ということが、表1のケアプランでのいくつかの生活ニーズに共通して出ている。Jさんからこうした要求がなぜ出てきたかを考えると、それは職員が同じ目線に立って、寄り添って本人の気持ちを理解していくというプロセスがあったからである。職員が相手の気持ちに寄り添い、同じ目線で考えたからこそ、こういうケアプランが出来上がってきたことを高く評価したい。このことは決して認知症のある人に限らず、意思表示が十分できない人、たとえば信頼関係が十分にできていない人や、新たに入所してきた人に対する場合にも、同じような視点が必要である。

【第 2 章】
認知症のある人の BPSD に対応する

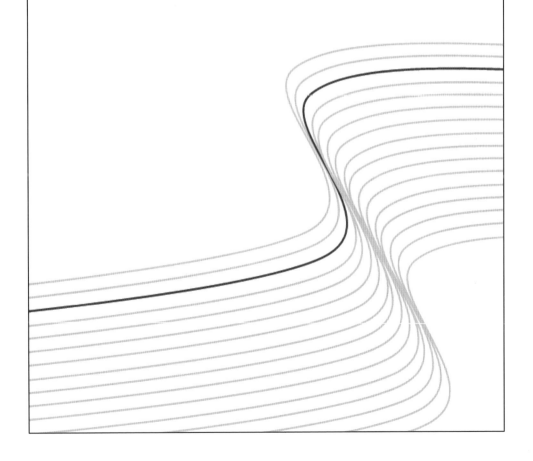

BPSD　1）在宅

(1) ひとり暮らしの認知症のある人を環境の変化を乗り越えて支援する

■ はじめに ■

認知症のある人はときに暴力行為、弄便、自傷行為、徘徊等といったBPSDを起こすことがあるが、このような行為は他者からは問題にみえるということで、これまでは"問題行動"としてとらえられることが多かった。しかしながら、認知症のある人からすれば、そこには何らかの本人の思いや本人なりの背景があって生じており、やむを得ない行為であると考えられる。そのため、このような行動や症状の背景にある本人の気持ちを理解しようという努力をすることによって、認知症のある人に対するケアプランの内容がさらに一歩前に進むことになる。本事例を通じて、それらについて考えてみたい。

■ 事例概要 ■

Sさん（70歳代、女性）

身体状況

・要介護度：要介護4
・認知症高齢者の日常生活自立度：Ⅲa
・障害高齢者の日常生活自立度：A1
・病歴：アルツハイマー型認知症、高血圧、両膝関節炎

家族状況

現在Sさんはひとり暮らし。20年前に夫を亡くし、その後は1人で長女を育てあげた。長女が結婚後は、別々に暮らしていたが、ひとり暮らしが困難になりはじめたころ、長女夫婦はSさんの近くに引越しをしてきた。現在、長女は不定期の仕事をしているが、仕事の合間にSさん宅を毎日訪問している。

経済状況

本人の年金で生活。金銭管理は自身でできないので、長女が行っている。住まいは高

層の公営住宅の1階に住んでいる。3年前に平屋の公営住宅から、ほぼ近くにある現在の場所に転居した。

■ 支援概要 ■

　Sさんはひとり暮らしで、大好きな猫といっしょに生活していた。相談を受けるきっかけとなったのは、近所に住む長女からの、「家事全般が十分にできなくなってきた」という訴えからであった。長女は、「通院を促したが拒否され、入浴もいやがるようになった。このままでは認知症が進行してしまう」と、介護保険のサービスを利用することについて相談に来所してきた。

　しかし、長女の思いとは裏腹に、Sさん自身はサービス利用の必要性を感じていなかった。そのため、サービス利用に至るまでには相当時間がかかってしまい、この間に、大切にしていた猫が死んだり、住宅の建替えで住まいが変わったり、また、金銭のトラブルが生じたり、さらにはSさんが手術で入院したりと、大きな問題が次々に起こった。

　最近Sさんは、自分の気持ちをうまく表現できなくなってきている。もともとSさんは、気持ちが不安定になると長女に自らの感情をぶつけることはあったが、常に他人には気遣いをみせ、他人には迷惑をかけないようにと長女にもかねがね諭してきた。それが最近では、長女以外の人にもあたり散らすようになってきていた。

■ 支援の経過と内容 ■

　初回相談後、数回の訪問を通して、まずはSさんとの関係づくりを心がけた。当初Sさんは、平屋建ての公営住宅に住んでおり、昔からの荷物が部屋中に所狭ましと並んでいた。Sさんは猫を飼っていて片時も猫から離れられない状態だったので、対人的な関わりを作ることを考えた。通所介護サービスや地域の会館で実施されている触れ合い喫茶、食事会といったサービスの利用を勧めようとしたが、ペットの持ち込みを断られ、参加は困難になった。ところがその猫の体調が思わしくない。猫が死んでしまった場合、Sさんがどのように調子を崩すのかが心配であった。

1）2002年1月、猫が死ぬ

　外出する形での支援が難しかったことから、Sさんの家に訪問する形の支援を試みた。初めは、在宅介護支援センターのスタッフがSさんの話を聞くなどしながら、Sさんとの信頼関係づくりから支援を開始した。

　その結果、数か月後に訪問介護の利用が始まった。Sさんの認知症は徐々に進行してきており、家のなかは散らかった状態で、台所も食事を作れる状態ではなかった。そのことから当初のケアプランは、室内の清掃や調理などを取り入れた支援内容となった。ホームヘルパーも関係づくりからスタートし、近くのスーパーにSさんといっしょに

買い物に出かけたり、家のなかの掃除をしたりした。

　Sさんとホームヘルパーは徐々によい関係が形成されてきたが、そのようなとき大切にしていた猫が病気で死んでしまった。Sさんの認知症がさらに進んでしまうのではないかと心配したが、骨を家に持って帰り、きちんと供養したことで安心してくれた。いまはおもちゃの猫をいつも抱いている。

2) 2000年5月、引越し

　もう1つの心配が、引越しであった。Sさんは、公営住宅の建替えのため、住み慣れた自宅を引っ越さなければならなくなった。認知症のある人にとって、生活環境が変わることは非常にリスクが高い。できれば避けたかったが、結果的には、引越し先が同じ町内の移動ですみ、認知症を急速に進行させてしまうことはなかった。

3) 2000年10月、金銭問題

　猫の死と引越しを何とか乗り切ったが、今度は金銭問題が発生した。これまで長女は、金銭をすべて自分で管理することはよくないと考えていたので、Sさん自身が管理をしていた。また地域とのつながりを考えて、他人が自宅に上がっていることもあったが、それを止めるようなことはしていなかった。猫が大好きだったSさんは、近所の猫を連れている人を時々家に上げていたが、ある日長女は数十万円もの大金がなくなっていることに気づいた。どのような経緯で、現金がなくなってしまったのかはわからなかったが、これまでのように他人が家に上がり込むことを避けるために、Sさんの昼間のすごし方として、通所介護サービスを利用することになった。

4) 2001年7月、入院

　平成15年7月、Sさんが首の周りに違和感を訴えたため、検査したところ、リンパ腺のがんが見つかり、すぐに入院することになった。治療の結果、改善に向かったものの、2か月間も入院が続いたため、昼夜逆転、徘徊、長女のことが認識できないといった認知症の症状が進んでしまい、少し早目の退院となった。

5) 2001年12月、行方不明

　入院前Sさんは、昼間の生活の場の確保と、毎日の生活リズムをつける目的で、月曜から金曜まで通所介護サービスを利用していた。しかし、退院後は体力のことも考え、週3回の利用に変更した。Sさんは通所介護サービスの利用を通勤と思っており、何度か曜日や時間帯を間違えて、迎えの車がくる前に1人で外へ出て行ったことがあった。そのため行方がわからなくなることもあったが、それでも比較的落ち着いて毎日をすごしていた（表1）。

表1　居宅サービス計画書(2)

生活全般の解決すべき課題(ニーズ)	援助目標				援助内容				
	長期目標	期間	短期目標	期間	サービス内容	※	サービス種別	頻度	期間
下着はいつも清潔でいたい(尿漏れが目立つようになってきている)	排尿感覚を取りもどす	6か月	下着を清潔に保てるようにする	3か月	・おむつ交換	○	訪問介護	3回／日	3か月
1日3食決まった時間に規則正しい食事がしたい(糖尿病と高血圧があり、規則正しい食事をする必要がある)	食事時間の感覚を取りもどす	6か月	決まった時間にバランスのよい食事を行う	3か月	・昼食と夕食の提供 ・生活習慣の改善、身体機能の維持		配食サービス 通所介護 長女	8回／週 3回／週 毎朝食	3か月
病気治療中であり、免疫の低下がみられるので、風邪等ひかないように気をつける	再発の予防を行う	6か月	再発の予防を行う	3か月	・服薬の確認、手洗い・うがいの実施補助	○	訪問介護	3回／日	3か月
定期的に入浴したい(1人で入ることが難しいので、声かけをしてもらいながら入浴を行う)	自ら進んで入浴できるように習慣をつける	6か月	定期的に入浴できるようにする	3か月	・声かけ ・洗身介助 ・洗髪介助	○	通所介護	3回／週	3か月
1人で外出することに不安があるが、他者との関わりをもつためにもなるべく外出したい	閉じこもりを解消する	6か月	外出の機会をつくり、他者との交流を図る	3か月	・コミュニケーションを取りやすくする ・余暇活動 ・声かけ	○ ○	通所介護 介護支援専門員	3回／週 随時	3か月

※は介護保険サービス

6) 2002年11月、落ち着きがなくなった

　Sさんは、たまに長女に自らの感情をぶつけることはあっても、第三者である関係機関の職員や他の利用者には非常に気を遣い、いやな顔ひとつしない人であった。しかし、2002年11月ごろから通所介護サービスにおいて、次第にイライラする様子がみられるようになってきて、最近では湯飲みを床に投げつけることもあった。

　Sさんは、認知症の進行で、たとえば風邪気味になって微熱が出たり、便秘になって腹痛があったりしても、自分自身の体の具合をうまく表現できずに困ってしまい、このような行動に出たのではないかと推測される。

■ 考　察 ■

　認知症のある人にとって、最も身近な人や可愛いがっていた動物等がいなくなることは、症状を進ませる要因の1つになる。Sさんの場合は、大切にしていた猫が死んでしまったことがそれにあたる。加えて、引越しや金銭管理の問題、入院による環境の変化などが重なったことにより、徐々に認知症の症状は進行してきた。最近では、BPSDがみられるようになった。当初は長女の協力もあり、予想していたよりは変化が少なかったが、ここ数か月は落ち着きがなくなり、他の利用者とのトラブルが発生している。

　こうしたBPSDには対症療法的な対応になりがちであるが、本来は「なぜそのような行動をするのか」、また「どのようにすれば、より自分らしく生活していくことがで

きるか」を考えていかなければならない。

　現在Sさんは、介護保険サービス以外は配食サービスのみの利用であるが、これからは、関係機関がもっと一体となり、近隣やボランティアの協力も得ながら、さらにその人らしい生活の実現を目指し、取り組んでいかなければならないと思っている。

　なお、ケーススタディとして本事例にセンター方式を導入したところ、ケアスタッフ間の連携がそれまで以上に深まり、Sさんが取る行動についても「なぜそうした行動を取るのか」といったことを考えるきっかけがもてるようになった。このようなことも、今後のケアプラン作成に反映させていきたいと考えている。

■ コメント ■

　本事例はひとり暮らしの認知症のある人が、可愛がっていた猫の死や住宅の転居等の環境の変化にも耐えて、なおかつひとり暮らしができている。しかしながら、病院を退院した後、認知症の症状が悪化し、最近では長女以外の他者にも自らの気持ちをぶつけ、あたり散らすようなことが生じてきている。こうした行為について、ケアマネジャーはどのようにとらえ、支援をしていくべきかを考えてみたい。

1）認知症のある人をポジティブにとらえる

　Sさんは認知症であるが、さまざまな環境の変化をうまく乗り越え、さほどBPSDも生じることなく暮らしてきた人である。Sさんの特徴は、娘（長女）には自らの感情をぶつけることがあったが、他者には非常に気を遣い、いやな顔ひとつしない人である。その意味では、ケアマネジャーは認知症のSさんをそのようなプラス面をもった余力のある人としてとらえることができる。このようなストレングスの観点からとらえるとすれば、現在生じてきている長女だけではなく他の人にもあたり散らし、ときには湯飲みを床に投げつけるといったイライラした様子に対しても、より的確な支援が可能である。

2）なぜ他者に当たり散らすのか

　Sさんが最近、通所サービス等においてイライラした状態になっていることが述べられているが、ケアマネジャーは、なぜこのようなことが生じたのかといった思いや背景をとらえることが必要である。ケアマネジャー自身も「Sさんが体調不良をうまく表現できずに困ってしまい、このような行動が出た」と推測している。この場合、Sさんのどのような"体調不良"の場合にそれらが生じるのかを、デイサービスの職員や長女との話し合いや記録のなかから探し出してみることが必要である。本事例では便秘や風邪による気分の悪さから生じていると推測できたとすれば、どのようにして便秘や風邪に対応していくかをケアプランに反映させていくことが必要となる。具体的には便秘の解消や風邪の予防をケアプランに落としていくことになる。

このようなSさんの気持ちをケアマネジャーが理解するためには、利用者のイライラしている世界に入り込むといった視点をもたなければならない。そのような視点がなければ、おそらく認知症のある人の思いを感じることはできない。
　その結果、本事例のケアプランの内容としては、そのような体調不良をいかに改善していくのかといった視点での支援が必要不可欠になってくる。このことは、BPSD——イライラしているということを、BPSDとあえていうとするならば——は必ずしも問題行動ではなく、本人のそうせざるを得ない状況がある種の行為を引き起こしているのだ、といった認識をもつことができるはずである。

3）認知症のある人との関わり方

　認知症のある人への関わり方を療法という立場から整理すると、現在、大きく2つの流れが存在する。1つは「リアリティ・オリエンテーション（Reality Orientation：RO）」といった流れであり、もう1つは「バリデーション・セラピー（Validation Therapy：VT）」や「ユマニチュード（Humanitude）」といった流れである。前者は、たとえば数学などの簡単な問題をやってもらったり、あるいは暦で何月何日と教えたりして、認知症のある人を現実の世界にもう一度戻そうとする支援内容である。一方、後者は、認知症のある人の世界のなかに支援者が入り込み、認知症のある人の立場からそこで感じたり気づいたりすることを理解していく支援内容である。
　この両者の流れはどちらが正しくてどちらが間違っているということではなく、認知症の症状の段階によって活用の方法が違うともいえるだろうし、あるいは人によってその効果に違いがあるということもいえる。ただ、BPSDを理解するうえでは、やはり現実の世界からみるだけではとらえ難いものがあり、後者の発想で、認知症のある人の世界に入ってとらえるといった観点が、ケアマネジャーの支援では必要不可欠である。

BPSD　1）在宅
(2) 頻繁に外出を望む本人をデイサービスの利用で支援する

■ はじめに ■

　在宅の認知症のある人に対するケアマネジメントでは、認知症のある本人についてよりも、家族に焦点をあててケアプランを作成する場合が多い。具体的には、介護負担の軽減を図るといったことが中心になるが、本来は本人に焦点をあててケアプランを作ることが必要である。本事例を介して、本人に焦点をあてて支援をしているケアマネジメントについて学んでみたい。とりわけ本人のBPSD（認知症の行動・心理症状）により介護者に多大な負担がかかっている中で、介護者がBPSDの背景にある本人の思いを理解し支援をしていくことを、ケアマネジャーが中心となり家族と医師、介護サービス事業者が連携していくなかで展開されていることを学びたい。

■ 事例概要 ■

Aさん（70歳代、男性）

身体状況

- 要介護度：要介護5
- 認知症高齢者の日常生活自立度：Ⅳ
- 障害高齢者の日常生活自立度：A2
- 病歴：15年ほど前から糖尿病を罹患。2008年パーキンソン病の疑い。09年アルツハイマー型認知症の診断。
- ADL：起立時に軽度のふらつきはあるが、歩行は可能で速い。食事は自分で食べられる。もぞもぞする動作（サイン）に合わせ声かけや促しをするとトイレで排泄できるが、後始末には支援が必要。夜間のみ尿パッドを利用。入浴には声かけや指示をして理解できるときもあれば、全介助を要するときもある。ズボンを後ろ前にはいたり、シャツを何枚も重ね着したりするため、声かけ・見守りが必要である。言語が不明瞭で、家族も理解できないことが多い。1人で外に出たがるため、妻が常に付き添っている。

生活史

20歳代で果物店を始め、結婚して2人の息子が生まれた。その後、経営規模の拡大に成功し、地元で大きな果物店となり、50歳代からは、地元の経済団体の役員なども務めてきた。

家族状況

妻と2人暮らし。長男夫婦が同じマンションに住むが、階が異なる。次男夫婦は他県に在住。主たる介護者は妻。

■ 支援概要 ■

この事例は、頻回な徘徊行動などのBPSDによって、同居の妻の介護負担が急激に増大し、家族だけで支えていくことが困難になったため、介護保険サービスを利用することになった。一方、担当ケアマネジャーは専門医と連携を図りながら適切なサービスを提供した結果、利用者が落ち着きを取りもどしていったケースである。

■ 支援の経過と内容 ■

1）BPSDの発現、介護負担の増大

Aさんは2011年ころより、時折、記憶があいまいになり、曜日の認識ができなくなることや仕事の手順を間違うことなどが多くみられるようになった。そこで、長男に経営を任せて第一線から退いた。

その後、同じ話を何度も繰り返す、家族との待ち合わせの場所や時間を間違う等々、日常生活にも支障をきたす状況となった。それに加えて、もともと穏やかな人であったのが、わけもなく急に怒り出すなど、性格まで変化してしまう状態となった。このため妻が、主治医（内科）に相談し、介護保険の利用申請を行い、要介護1の認定を受けたが、介護サービスの利用には至らなかった。

妻は、夫が家業を起こし、地域で複数の支店をもつまでに一生懸命働き、まじめで家庭を大切にしてきたことへの感謝の思いが強く、そのためこれまで自分で介護を抱え込んできた。しかし、Aさんの徘徊の頻度が増え、妻の介護負担が大幅に増大したため、2013年秋、長男から当事業所に介護サービスの利用について相談がよせられた。

居宅介護支援事業所の管理者と担当ケアマネジャーが、Aさんの自宅を訪問して日常生活の様子などについて細かくアセスメントを行ったところ、家族のいちばんの困り事はAさんの徘徊の問題であった。Aさんは、毎朝起きて食事が終わると、玄関に向かい、1人で外に出ようとする。妻がそれを制止しようとすると、手を振り払って出ていき、信号も見ずに突進するように歩いて行く。そのため、夫が出て行くたびに妻は必ず同行して、交通事故などに遭わないよう気を配っているとのことであった。自宅マンション

の前にはバス停があり、Aさんはバスをみると、行き先に関係なく乗車してしまう。妻はそのたびに同行せざるを得ないが、バスに乗車している間は、とくに不穏になることなく、座席に座っているとのことである。

徘徊以外で目立つ行動としては、夜間、排泄のため目が覚めると、トイレの場所がわからないためか、タンスに放尿する。また、衣類を着たまま浴槽に入ったりするとのことであった。

面接中のAさんの様子は、こちらから挨拶をすると、にっこりと笑顔をみせてくれるが、本人からの発言はほとんどなく、部屋のなかをうろうろして落ち着きのない様子であった。妻の意向としては、このまま2人で生活を送りたいが、いまは、夫の介護に疲れているため、夫にはしばらく入院でもしてもらって、少しゆっくりしたいということであった。

2）専門医への受診と診断

Aさんは、主治医から認知症であるとの診断を受けていたが、専門医への受診はしていなかったため、妻と長男に対して認知症の専門医について説明を行い、受診することを勧めた。後日、ケアマネジャーが主治医から診療情報提供書をもらい、妻と長男が同行して専門医への受診を行った。

MRI検査と長谷川式テスト等をどうにか行った結果、医師から画像診断などが示され、アルツハイマー型認知症であるとの診断がなされた。それに合わせて、服薬の必要性や今後の介護サービス利用の必要性等について、家族に対して説明と助言がていねいになされた。また、専門医として、要介護2の状態ではないため、変更申請を勧めるアドバイスがあり、変更申請を行った。後日、訪問調査に立ち会い、要介護5の認定が出る。

3）認知症デイの利用

担当ケアマネジャーとしては、妻の介護負担の軽減を図るとともに、妻が高血圧症の治療で受診する時間を確保できるよう、認知症対応型通所介護（以下、認知症デイ）の利用について説明を行い、体験利用の結果をみて実際に利用することとした。

体験利用を実施したその日に、認知症デイの責任者と担当ケアマネジャーがAさんの自宅を訪問して妻と長男に面談を行い、今後のケアプランについて次のようなことを確認した。

①認知症デイは、週4回の利用から開始する。
②認知症デイにおけるAさんの様子について、妻に情報を提供し、本人ができていることについて妻に理解をしてもらう。
③利用日の帰宅後の様子や自宅における睡眠・排泄・服薬・夜間のすごし方（興奮や不穏の有無）などについて、認知症デイの送迎時などに妻がスタッフに伝える。

④専門医を受診した場合は、その結果について、妻が認知症デイとケアマネジャーに情報を伝える。
⑤認知症デイや自宅での生活状況等に変化があった場合、妻の了解を得てケアマネジャーから専門医へ報告・相談し、服薬内容等を検討してもらう。

4）介護・医療連携でBPSDを理解し対応

Aさんは、ほとんど発語しないことから、その行動の裏にある思いをどのようにくみ取るかについて、認知症デイ利用日には、必ず毎回、ケアマネジャー、認知症デイ管理者およびスタッフでカンファレンスを行い、Aさんに対する理解を深めるように努めた。また、ケアマネジャーが、認知症デイでの様子を詳しく妻と長男に報告するとともに、自宅におけるAさんの様子についても提供してもらい、情報交換を密に行った。

このような取り組みを積み重ねることにより、徘徊の背後にある要因がしだいに理解できるようになってきた。Aさんがたいへん仕事熱心であったこと、出張が多かったことなどから、職業につながるものではないかということ。とくに乗り物に乗車中は落ち着いていることから、Aさんはバスに乗り、経済会等の会合に出かけていると思っているのではないか、と理解できた。

このため、認知症デイにおいては、Aさんが外へ出ようとすると、スタッフが「Aさん、会合には私が車で送っていきますから、大丈夫ですよ」などと声かけを行った。また、妻から伝え聞いた商売のことや叙勲されたことなどを話しかけると、笑顔で興味を示し、不穏になることなく落ち着いて対応できるようになった。

妻に対しても、これらの経験を踏まえて、Aさんには生活行為の背景を理解して言葉がけをするようにアドバイスを行った。すると、これまでは「ダメ」「待って」と手をつかんで制止し、Aさんはそれを振りほどいて出て行こうしていたが、妻が「お父さん、行き先の地図はもちましたか」、「その洋服ではみっともないですよ」などと声かけを行うようにしたところ、足を止めることが多くみられるようになったとのことであった。

このようなことに加えて、認知症デイの管理者およびスタッフとのカンファレンスの内容や妻との情報交換の内容を専門医に報告し、BPSDに対する現状を理解してもらうことにより、医療との連携がより深まっていった。その結果、投薬の調整がなされ、Aさんのふらつきに改善がみられるようなった。加えて、受診時には、専門医より妻に対して、Aさんへの対応方法等の指導が行われ、それによって、妻の認知症に対する理解をより深めることができるようになった（**表1**）。

■ 考　察 ■

行動力のある認知症のある人の支援にあたっては、徘徊などのBPSDにより、事故などに遭遇するリスクも高まるため、在宅生活の継続にはさまざまな対応が必要となる。

第2部　認知症のある人に対するケアプラン事例から学ぶ

表1　居宅サービス計画書

生活全般の解決すべき課題（ニーズ）	援助目標				援助内容					
	長期目標	期間	短期目標	期間	サービス内容	※1	サービス内容	※2	頻度	期間
通所介護の利用に慣れることで、生活に楽しみがもてるようになる	デイサービスの利用に慣れる	3か月	混乱や不安なくデイサービスを利用できるようになる	1か月	・送迎時の担当者を固定し、顔を覚えてもらう ・本人の好きな散歩や音楽を聴くなどの楽しみがもてるようにする	○	認知症対応デイサービス	デイサービス	4回/週	3か月
本人が言葉での表現ができにくいため、表情や行動から本人の気持ちを理解するように努める	言語での意思表示やうなずきなどの意思表示により、本人の気持ちを理解できる	3か月	本人の表情・行動などを注意深く観察し、その意味を理解できるようになる	1か月	・本人に理解しやすい声かけを行う ・介護スタッフと家族との声かけの方法を統一する ・本人の表情や行動を確認してケアを行う ・トイレへのサインを理解し、トイレの失敗を避ける	○ ○	認知症対応デイサービス 妻 長男・次男 ケアマネジャー	デイサービス	4回/週 毎日 適宜	3か月
妻・家族が徘徊時の声かけや対応の仕方を理解し、本人の混乱や不安を少なくする	徘徊時に妻や家族が適切な対応をすることで、本人の混乱が少なくなる	3か月	本人が徘徊することの意味を理解できる	1か月	・徘徊行動の前後の様子の観察を行う ・徘徊時には本人に適切な声かけを行う ・言葉での制止や鍵をかけるなどの抑制をしないよう家族の理解を促す	○ ○	認知症対応デイサービス 妻・長男・次男 ケアマネジャー	デイサービス	4回/週 適宜 適宜	3か月
食事量・水分摂取量・排便回数を把握し、体調不良などの把握に努める	健康管理が行える	3か月	本人の訴えがないため、食事・水分摂取量・排便などの把握に努め、体調の変化の把握ができる	1か月	・食事量・水分摂取量などを連絡ノートに記載する ・排便・排尿状態（回数）を連絡ノートに記載する ・顔色などからだの変調を連絡ノートに記載する	○	認知症対応デイサービス 妻 長男・次男	デイサービス	毎日 4回/週	3か月
家族とサービス事業所と専門医の連携を図り、安心で快適な在宅生活が送られるように支援する	本人と妻が安心して快適な在宅生活が送られるようになる	3か月	妻・家族が、介護の悩みや混乱を自由に話せるような関係づくりができる	1か月	・送迎時にできる限り時間を取り、妻と情報交換をする ・妻の介護疲れや悩みなどを話せる機会を毎日作る ・妻に認知症に関する資料などを渡し理解を深めてもらう ・服薬後の様子を専門医へ報告する ・服薬状態の確認を行う	○ ○	認知症対応デイサービス ケアマネジャー クリニック医師（専門医） 妻 長男・次男 妻 長男・次男	デイサービス	4回/週 適宜 1回/週	3か月

＊1 「保険給付対象か否かの区分」について、保険給付対象内サービスについては○印を付す。
＊2 「当然サービス給付を行う事務所」について記入する。

とりわけ家族が、認知症の疾患とその対応方法について理解ができないと、徘徊を力ずくで制止したり、家の鍵を何重にもかけてみたりしがちである。結局、これらすべてが徒労に終わることが多いため、家族は更なる無力感にとらわれることになる。本事例では、認知症デイを利用することにより、妻のAさんに対する対応方法に変化がみられるようになった。認知症デイのスタッフが、送迎時に妻に対して声かけなどを行うことにより、妻の介護の疲労感に共感するとともに、徘徊に対する対応の仕方などを話題に

することで、BPSDに対する妻の理解が深まっていったと思われる。

　この事例を通して、BPSDを有する認知症のある人の支援に関して、ケアマネジャーは家族を中心に、介護や医療関係者との綿密な連携が不可欠であることを再確認することができた。

■　**専門医のコメント**　■

　Aさんは「在宅での対応が困難になった」との介護者の訴えで当院を受診した。

　BPSDの内容は、夜間が中心の突発的な徘徊行動と精神的興奮であった。臨床診断は、アルツハイマー型認知症として矛盾はなかった。前医の処方薬として、3か月前から、抗パーキンソン病薬（以下、抗パ薬）が開始され、2か月前からアリセプト®が増量（10mg）されていた。

　当クリニックでは、抗パ薬の減量・中止を行い、アリセプト®を減量した。抗パ薬は、使用する場合、極少量からの漸増が必要で、また、抗コリン薬は認知症例では避けるべきである。アリセプト®は、高度認知症例への高容量（10mg）が認可されるが、ときに、興奮を引き起こすことがあるため、減量して観察することも必要である。

　介護は、主に妻が独りで対応していた。近くに住む長男夫婦は、介護にあまり時間を割くことができず、当初は社会資源の利用もなかった。主介護者である妻は、徘徊行動を力ずくで制止しようと繰り返し試みるなど、対応方法に慣れておらず、それが興奮を助長する要因と考えられた。Aさんの徘徊や室内での放尿等、行動異常が慢性化すると、独りでは介護負担に耐えられなくなった。

　社会資源の利用は、一時的な精神科入院も考慮しつつ、介護保険の認知症対応デイで日中の対応を開始した。ケアマネジャーの説明で、長男夫婦も協力的になり、サービス利用の際にも、息子のアドバイスで妻の同意が得られた。世間体等を気にして孤立・抱え込みに陥る介護者が少なくないなかで、家族や身近な人の理解と助言は、サービス利用にたいへん役立つ。

　BPSDはすぐには改善せず、抗精神病薬を使用せざるを得なかったが、周囲の連携が深まるとともに、本人の激しい精神症状は落ち着いていった。

　在宅生活での問題点を診察室で聞き取ることはもちろん大切であるが、家族の意見や窮している状況を的確に把握することが困難な場合も多い。高齢夫婦世帯は増加しており、介護スタッフの積極的な介入や在宅訪問によって得られる情報は、認知症治療や介護方針の策定に重要である。

第2部　認知症のある人に対するケアプラン事例から学ぶ

■ コメント ■

　Aさんは妻との2人暮らしであるが、アルツハイマー型認知症で、頻繁な徘徊や室内での放尿等のBPSDを抱えていた。長男夫婦が同じマンションに住んでいるが、妻の介護負担がたいへん大きく、ケアマネジャーに支援を求めてきた事例である。

　本事例を介して妻の介護負担の軽減と合わせて、AさんのBPSDへの対応について、ケアマネジャーが、認知症対応デイのスタッフや医師、家族との密接な連携のなかでケアプランを作成し、支援をしていったことについて学んでみたい。

1）認知症のある人に対する在宅支援のあり方

　在宅の認知症のある人の場合、ケアマネジャーに相談をもちかけるのは介護者である場合が多く、介護者の負担を軽減すべくデイサービスやショートステイを利用するといったステレオタイプのケアプランが多いのが現実である。本事例も確かに認知症デイを利用しているが、当初は妻の介護負担の軽減ということであった。それを、Aさん本人に対するケアをケアマネジャー、認知症デイのスタッフ、精神科専門医、家族が連携して支援していくことを意識して進めるなかで、BPSDへの対応方法について妻が学んだり、自宅内で一定の生活リズムを取りもどす支援ができるようになり、さらにはデイサービスでAさんが実行可能なことを自宅でも可能にするよう支援を行っている。

　その意味では、単にデイサービスが、介護者のためだけではなくて、Aさん本人がもっている可能性を引き出し、AさんのBPSDの背景を理解するといった意味合いで利用されていることがたいへん意義深い。本人を支援していくうえで、BPSDの背景を考えることは、施設に入所している認知症のある人に対しては多く行われているが、在宅の認知症のある人については必ずしも十分に行われていない。今後は他の在宅事例においても、ケアマネジャーが媒介者となり、さまざまな専門職と家族との緊密な連携により、本人に視点をあてた支援の実践が求められる。

2）認知症デイの支援内容

　認知症デイでは、Aさんのデイでの様子を家族に伝えることで、本人のできることについての妻の理解を深めている。他方、家庭内でのAさんの様子をデイサービスに伝えるといった形で、ケアマネジャーがデイサービスと家族とを仲介する機能を担っている。さらにケアマネジャーは、医師と家族との仲介を行っている。このようにケアマネジャーを中心として、家族・デイサービス・医師という三者の連携を密に取ることにより、デイサービスの中身を高めたり、介護者のケアの内容を深めたり、あるいは医師の診断を支援したりといったことが可能になっている。

　ケアマネジャーは、介護保険サービスとしては認知症デイにつなぐことにとどまりが

ちになるが、本事例では、他の専門職や家族と連携しながら、Aさんへの適切な支援を行うことができていることが、この事例の評価できる点であり、それが本来のケアマネジャーの役割である。

3) カンファレンスのもつ意味

　本事例は、認知症デイのスタッフとケアマネジャーのきわめて密接な連携のもとで支援が実施されている。とりわけ、デイサービスの利用日には、ケアマネジャーとデイサービスの管理者ならびにスタッフがカンファレンスをもち、徘徊の背景について理解を深めようと努めている。

　そのなかで、本人が長年仕事をしてきたことから、外に出たい、仕事に行きたいという気持ちが強く、それが徘徊とつながっているのではないか、と理解をするようになった。一方、そのことを妻に伝えることによって、妻もBPSDに対する介護方法を改め、Aさんとの関わりがスムーズになってきている。ケアマネジャーが、そのような対処方法についての検討会を企画し実施していくことで、より適切なケアができるようになったことがたいへん評価できる点である。

　このようなカンファレンスを、本事例の場合は、ケアマネジャーはデイスタッフと行っているが、たとえばここに他の専門家や家族にも入ってもらうということも考えられる。

4) 専門医への情報提供、連携

　ケアマネジャーは、家族に専門医への受診を促し、主治医を介して専門医の受診支援を行っている。さらには、専門医に対して、Aさんの状態について情報提供を行い、服薬でのAさんの状況についても連携を図っている。認知症のある人の服薬管理は非常に重要であり、抗精神病薬を服薬するような場合には、当人の状態の変化をできる限り早急に医師に伝え、常時服薬の効果についてチェックしていくことがきわめて重要である。

　ケアマネジャーはそのような役割を果たすだけでなく、本事例の場合には、ケアマネジャーが本人の情報を医師に伝えることによって、専門医は介護者に対し医学的な理解や認知症患者への対応法の指導などを提供することにもつながっている。

　以上のようなことを考えると、認知症のある人に対するケアマネジメントでは、ケアマネジャーは、家族、認知症デイや医師などの専門職を触媒する役割がきわめて重要であるといえる。本事例では、それがケアマネジャーによって実施され、医療と介護がスムーズに連携した形で支援がなされている。

BPSD 2）グループホーム
(3) グループホームが直面したBPSDに対するケアの難しさ

■ はじめに ■

　認知症のある人のBPSD（認知症の行動・心理症状）については、そうした症状の理由なり背景を理解でき、適切な支援ができる場合もあれば、その背景が理解できず支援に支障をきたす場合もある。現実には後者が多く、そうした背景が理解できない場合でも、その行為を肯定的にとらえることによって、適切な支援ができる場合が多い。本事例は、BPSDの背景が十分に理解できず、暴力や不安症状が増大していったケースであるが、こうした事例を通して、BPSDの背景が理解できない場合、どのような態度で認知症のある人を支援していけばよいのかについて考えてみたい。

■ 事例概要 ■

Aさん（70歳代、女性）

身体状況

- 要介護度：要介護3
- 認知症高齢者の日常生活自立度：Ⅳ
- 障害高齢者の日常生活自立度：A1
- 病歴：アルツハイマー型認知症、高血圧症

生活史

　B町で生まれ育つ。子どもは娘と息子の2人。子どもたちが独り立ちしてからは、夫と2人で暮らす。本人は結婚後ずっと専業主婦で、夫婦仲もよかった。性格も穏やかで、太極拳の指導をするなど多趣味であった。

家族状況

　娘は遠方に居住、息子は本人と同じ市内に居住。娘、息子ともに小さな子どもを抱え、介護は困難な状況であった。

■ 支援概要 ■

当事例は、中期～後期にさしかかるアルツハイマー型認知症のある人のさまざまなBPSDに対し、何とか不安感を取り除き、穏やかな生活を送ってもらおうと努めたが、症状が増悪し、現在、精神科病院への入院を検討している事例である。グループホームでは、他の入居者との関係性をいかに保つかがケアのなかでも大切なポイントの1つであるが、アルツハイマー型認知症のある人のBPSDから生じる他の入居者との軋轢への対応の難しさを痛感している。

Aさんは夫と2人暮らしであったが、認知症の症状が出始め、アルツハイマー型認知症と診断された。徘徊、不安感の増大、コミュニケーションの困難がみられたが、それが徐々に進行し、やがて夫に密着せずには不安で生活できない状態となった。

認知症対応型通所介護を週3回利用したが、他の利用者との交流を図ろうとせず、職員とのみ会話し、レクリエーションなどにも参加できなかった。また、入浴や更衣では介護拒否があり、手が出ることもあった。

夫の介護疲れが限界に達し、在宅生活の継続は困難な状況となった。「距離をおくことで、互いに良好な関係で接したい」という夫の希望もあり、当グループホームへの入居となった。

■ 支援の経過と内容 ■

1）入居直後の状況と支援（2009年3月）

自宅からグループホームに移ったという環境変化もあり、入居早々から行動や状態に変化がみられた。「排泄行為は自立しており、時々失禁があるのみ」との事前情報を得ていたが、トイレ以外の場所での排尿行為がみられた。夜間も睡眠が浅く、何度も目を覚ます。音や周囲の動きに過敏で、不穏状態になりやすく、常にスタッフや特定の入居者の手をつかみ続け、1対1での対応を求める行為が続いた。また、不安や不快を感じると、他者に対し暴言を浴びせることもあった。Aさんのこうした不安やBPSDに対して、当グループホームでどのように対応すればよいのか、困惑しているスタッフも多かった。

その解決を図るために、まず、本人が望むように、1対1での対応に努めた。たとえばいっしょに家事をしたり、側に座って問いかけに対しうなずいたりすることで、Aさんが不穏になって、他の入居者との間にトラブルを起こさないよう対応を徹底した。

2）別のユニットへの移動、笑顔（2009年6月）

こうしたスタッフの日々の関わりも、Aさんの不安感の解消にはつながらなかった。Aさんの言動に対して、他の入居者からの指摘発言が多発した。本人は相手の言葉は理

解できるため、ますます不穏となり、暴言も増え、時折暴力行為にも発展した。結果、同じユニットで生活する入居者との関係が険悪になり、雰囲気も重苦しいものとなった。そこで夫と相談し、ユニットの移動を提案。夫の快諾を得られたので、もう一方のユニットへAさんに移動してもらった。

　移動当初は、やはり環境の変化により混乱や介護拒否がみられ、暴言やスタッフに対する暴力行為が増悪した。さらに幻聴があるのか、突然怒り出したり、大声を上げるなどの行為が多くなった。また、便秘傾向が強くなるなど、身体状況の変化もみられるようになった。ユニットを替えることで、認知症の症状が重い入居者との共同生活となったため、他者とのトラブルは減少したが、BPSDが治まる気配はみられなかった。

　そのため再度、全介護スタッフでカンファレンスを行い、Aさんの精神的安定が図られる環境要因の洗い出しを行った。スタッフから出された要因は、「スタッフといっしょに掃除に熱中しているとき」「台所仕事をしているとき」「安心感のある人と1対1の関係が保たれているとき」「本人からの問いかけに同じ言葉を反復して言葉をつなぐとき」に精神的に安定していることがわかり、それに合わせてケアプランを作成した。

　Aさんの精神的安定を図ることを第1とし、そこで上がった環境要因を本人のケアプランに取り入れ、改めてスタッフ間で対応の統一を図った。その結果、徐々にAさんは穏やかになり、笑顔も多くみられ、落ち着いて座っている時間も増えてきた。

3）認知症症状が再び悪化（2009年10月）

　しかし数か月経つと、再びBPSDが増悪。機嫌が悪いときには手を上げ、スタッフが軽いけがをするという事態となった。Aさんは長年主婦として家事を立派にこなし、多くの趣味をもち快活な人だった。それが認知症を患い、そうした能力が失われてきた。その情けなさ、辛さがAさんをこうした暴力的な行為に駆り立てたのだろう。掃除や台所仕事をスタッフといっしょにやると落ち着くというのも、それがAさんを支えてきた部分だったからだと思われる。しかし、認知症の症状は進み、本人の混乱はますます大きくなり、他者への強い攻撃となった。

　さらに、早食いをしたり、口いっぱい食べ物を詰め込んだりする行為がみられ、排泄も常時失禁状態となり、おむつを使用せざるを得なくなった。

　そこで、在宅時からAさんを診ている主治医に助言を求めることにした。主治医は、薬剤コントロールをすることを指示し、「認知症症状の進行に伴い薬剤を増量すれば、ふらつきや転倒、誤嚥の危険性が高くなる。しかし、暴力行為のある状態を抑えるためには、どうしても薬を使う必要がある」との説明を受けた。

　薬剤投与によりふらつきや転倒の危険性があるため、状態観察と事故防止を徹底することとした。また、夫とは連絡を密に行い、薬物療法についての同意を得た。

　薬物療法を始めても、Aさんの不穏状態は増大し、大声や暴力行為が続いた。疲労感

表1 施設サービス計画書（2）

生活全般の解決すべき課題（ニーズ）	援助目標		援助内容		
	長期目標	短期目標	サービス内容	担当者	頻度
不安感が強い様子で、スタッフや一定の入居者について離れない 1対1の対応を望む気持ちにこたえたい	安心して日々生活することができるようになる	不安感が軽減し、スタッフや他の入居者とのコミュニケーションが図りやすくなる	1. 家事（掃除や洗濯）など、スタッフといっしょに実施する（日常生活の中で役割を感じてもらう）	日勤者	随時
相手の対応（会話の受け答えや態度）が気に入らないと暴言、暴力行為となる。このようないらだちや不安を除きたい			2. 本人の不安感が増強しないよう、可能な限りいっしょにすごす。問い掛けにていねいに答える ・スタッフと一緒に掃除をする ・皿洗い、食器の片付け、おやつの準備など台所仕事を一緒にする ・安心感のある人と1対1の関係が保てるようにする ・本人からの問いかけに同じ言葉を反復した上で言葉をつなぐ ・音楽に興味をもっているので、CD等をかけ、聞いてもらう	全介護スタッフ	随時
			3. 散歩や買い物など、気分転換を図る機会をもつ	日勤者	毎日
暴言、暴力行為が激しくなったときに、精神的な安定を取り戻したい ふらつきやADLの低下が顕著になってきているが、自立して歩いたり動けるようにしたい。これらのことで、主治医と相談したい	精神的安定が保たれ、可能な限りADLの維持が図られる	暴言、暴力行為等の不穏行動や症状悪化が抑えられる転倒の危険を回避する	1. 服薬しながらも、転倒やふらつきに注意する 2. 主治医の治療方針の下、服薬コントロールを行う	全介護スタッフ 主治医	随時
早食い、口に詰め込む等の行為があるので、普通に食べられるようにしたい	安全においしく食事ができる	誤嚥の危険を回避する	1. 誤嚥に注意し、安全な食事環境を作る	全介護スタッフ	随時
常時失禁状態になったが、清潔を保ちたい	清潔保持	おむつを適切に交換する	1. おむつ交換と排泄リズムの把握をする	全介護スタッフ	随時

の訴えやふらつきなどADLの低下も顕著になり、片時も目が離せなくなった。身体介護時の強い拒否はなくなったが、通常のスタッフ態勢では対応できない状態となり、移ったユニットにおいても、複数の入居者がAさんに対してイライラし、不穏になるなど精神的影響が強く出てくるようになった。そのため、現在、共同生活の継続の可能性を探りつつ、精神科病院への入院も視野に、今後のことを夫や医師と検討中である（**表1**）。

■ 考 察 ■

　グループホームにおいて、認知症症状の増悪は常にあることであり、BPSDを特別なものとしてとらえているわけではない。その行動の背景にある本人の苦しみ、心の叫びをしっかり受けとめケアに努めているが、Aさんの場合は、対応に苦慮した。

Aさんが安心を得られる環境要因を全スタッフで洗い出し、それを生活のなかで実践し、一時は本人が安定し、BPSDも解消したかにみえたが、すぐに症状が再発した。また、ユニットを変更し、薬物療法も取り入れた。それでもBPSDの解消にはつながらなかった。激しいBPSDを示す人へのケアの難しさを痛感した。Aさんから大きな宿題をいただいているように思う。

　ただ、本事例を通して、根気強く本人と向き合うことの大切さを学んだ。そうすることで本人の気持ちの変化を察知でき、日々の新しい発見もある。なにより全スタッフがチームとして目標を共有し、Aさんの安心できる環境づくりに取り組み、一時でも本人の笑顔がみられたことの喜びは大きい。

　認知症のある人である前に1人の人間としてとらえ向き合うことが、認知症介護の鉄則である。しかし、ややもすると、私たちは目の前で起こっている現象だけに目を奪われがちである。改めて、その人の生命力や可能性、暮らしの平穏など本人の全体を見据えてケアしていく大切さを痛感している。

■　コメント　■

　本事例は、高齢者夫婦世帯の妻がアルツハイマー型認知症を患い、夫の介護負担が過重になってきたため、グループホームに入居した事例である。しかし、最終的には暴力行為や不安行動といったBPSDが増大し、グループホームとして対処に困惑し、新たな支援の方法を模索している状況にある。こうした事例報告では、成功事例の報告が通常であるが、このような事例を出せるということは、グループホームとしてのケア実績に自信があるからであろう。あえて困惑している支援困難事例を報告することで、利用者のQOLを高めていく方法を探りたいという意欲が感じられ、高く評価したい。

　現在、精神科病院への入院を検討中とのことであるが、Aさん自身を中心にすえて、そうすることで状態がよくなるのかどうか、その見極めや予後の評価について検討することがきわめて重要である。

1）なぜ適切な支援ができないのか

　Aさんはグループホーム入居当初からさまざまなBPSDを呈しているが、それらへの適切な対応により、一時は落ち着き、穏やかな表情となり、笑みもみられるようになった。この時点までは、ケアプランに基づくチームアプローチによって、スタッフ全員が共通の目標や支援方法を活用することで適切な支援ができていたといえる。しかしながら、ある時期以後、BPSDが増悪し、スタッフも暴力行為でけがをするという事態となり、とりわけ、他の入居者との関係という観点から、グループホームとして対処に困惑している状況にある。

　BPSDの内容は、暴力行為や不安行動ということであるが、これらはAさんがグル

ープホームに入居したときから続いている状態でもある。おそらくこの背景には、新しい環境のなかで本人の居場所がなかなか見いだせない不安感が影響しているものと思われるが、それ以外の要因も考えられる。

　なぜそうした暴力行為や不安行動が起こっているのか、背景全体が明らかになっているわけではないが、まずは暴力行為や不安行動を否定的な行為としてとらえるのではなく、たとえば、「スタッフにまとわりつくのは、スタッフと関わることで不安を解決したい」と肯定的に理解し接していく。また、「暴力を振るうのは、本人の不安な気持ちの表れ」という肯定的な思いで接していく。このようなBPSDに対する基本的な見方が、まずは前提として必要である。こうして、スタッフがAさんに好意をもって接することで、本人の態度が変わってくることが考えられる。

　同時に、グループホームでは、精神的安定が図られるような環境要因はなにかについて、チームで検討する努力をしている。そうしたなかから、スタッフが本人からの問いかけに耳を傾けたり、あるいはスタッフといっしょに食事を作ったりしているときには、精神が安定していることが明らかになり、そうした環境づくりに力を注いでいる。そのこと自体は高く評価できるが、なぜそれだけではうまくいかないのか。

　1つ考えられることは、スタッフが環境を操作し、行動するだけではなく、その前提にあるAさんが「スタッフといっしょにいたい」という心理的な状態を常時理解し支援していくことが重要である。すなわち、不安になるということを、単に環境的な要因をもとにとらえるだけではなく、本人の心理的な状態としてとらえていくことがもっとも大事である。そのようにとらえると、スタッフの接し方も変わってくるだろうし、心理的な要因にも目を向けたケアプランの作成が可能になるであろう。

　どのような環境づくりをするかという物理的な環境調整だけでなく、スタッフとの関係も含めて、Aさんの気持ちを理解しての心理的支援がケアプランのなかに反映し、チームで共通した支援方法として確立していくことができれば、Aさんは精神科病院に入院しなくてもすむ可能性があるのではないだろうか。同時に、これらのBPSDに対する心理社会的な要因については対応してきたが、身体的な要因については、薬物療法を最終的には実施している。薬物療法と心理社会的な対応を合わせて、全体としてどのように支援していくかを、ケアマネジャーは医師とも連携を図り、支援をしていくことも重要である。

2) リロケーション・ダメージを緩和する

　Aさんは、グループホームに入居した際、さらにはグループホームのなかで別のユニットに移った際に、環境が大きく変わった。こうした環境変化のなかで、認知症のある人はBPSDが増大したりするリロケーション・ダメージが起こる。本事例でも、入居の段階で、それまでの排泄自立ができなくなったり、介護拒否や暴言が増えている。そ

こにはリロケーション・ダメージが生じていると考えられるが、こうしたことに関しては適切な支援でもって、リロケーション・ダメージをできる限り少なくする工夫が必要不可欠である。

　たとえば、入居の段階では、夫との関係が急に切れることのないよう、適切に面会時間を設定したり、ユニット移動の場合には、いままで最も信頼関係のあったスタッフが継続して関われるような工夫をしたいものである。そうしたことで、物的・心的な環境状況をできる限り急激に変えない支援をしていく必要がある。

　入居の段階では、トイレ以外の場所での排尿行為がみられたが、新しい環境で不安が影響して起きていることが考えられる。同時に、新しい環境でトイレがどこにあるかわからないという認知的な問題が生じている可能性もある。こういう状況が起きたとき、その行為の背景として、心理的な不安で起こっているのか、認知的な問題で起こっているのか、あるいは物理的な環境の変化で起こっているのか、時には複数の背景について理解し、支援することで、リロケーション・ダメージを完全には回避できないとしても、できる限り和らげていくことはできる。

3）薬物療法へのスタッフの対応

　本事例では、BPSDに対する薬物療法が実施されている。その際、医師から治療の副作用として転倒やふらつきが起こる場合があるという説明を受け、スタッフはそれに対応した支援をしている。このように、常に状態を把握できる立場にあるスタッフが医師との連携のもとで、本人の状態を医師に伝えながら支援をしていくことが不可欠である。

　一般にこうした薬物療法の場合にはインフォームドコンセントを利用者や家族に十分に行うことが必要である。同時に、こうした薬物を活用しながらも、継続的に利用者の状態を観察し、介護に工夫を重ね、薬物以外に解決可能な方法はないかを、医師との連携のもとで探っていくことも大切である。

BPSD 3）施設
（4）レビー小体型認知症高齢者の在宅復帰までの支援

■ はじめに ■

　レビー小体型認知症はレビー小体というタンパク質のかたまりが大脳皮質にたまり、神経細胞が壊れるために起きる認知症である。認知症のある人の2割程度がレビー小体型とされ、幻視を特徴とし、その前に怖い夢をみて暴れるレム睡眠行動障害が起こることもある。また固縮といわれる筋肉のこわばりや歩行時の小刻みで前屈みといったパーキンソン症状も現れる。

　レビー小体型認知症と診断された本事例を介して、こうした病態の人に対してどのようなケアマネジメントをしていけばよいのかを考えてみたい。さらに、介護老人保健施設は社会復帰を目的とする施設であるが、認知症のある人の場合には退所が困難という実態がある。しかしながら、本事例では、さまざまな支援によって在宅復帰がなされた。ここでは、認知症のある人の在宅復帰のあり方についても検討してみたい。

■ 事例概要 ■

Aさん（70歳代、女性）

身体状況
・要介護度：要介護3
・認知症高齢者の日常生活自立度：ⅡB
・障害高齢者の日常生活自立度：J2
・病歴：07年レビー小体型認知症と診断される。HDR-R 9点

生活史
社交的な性格で自治会の役員をし、茶道・華道と趣味も広かった。

家族状況
夫と2人暮らし。近隣に長男家族、他県に次男家族が住む。

■ 支援概要 ■

Aさんは2005年ごろより軽度のもの忘れが出現し、2007年生活に支障を来し始めたため、受診するとレビー小体型認知症と診断された。Aさんの主介護者は夫で、時折、長男夫妻が協力していた。告知を受け、Aさんは自宅に閉じこもりがちになり、夜中に大声を出したり、近所を徘徊し、帰れなくなったりした。在宅サービスを利用するが、幻視のため夫への暴力行為が出現。夫の介護負担が増大し、当介護老人保健施設に入所となる。

入所後、さまざまな支援により、AさんのBPSD（認知症の行動・心理症状）は軽減した。また夫や家族に対する介護指導を行うことで、AさんのBPSDに対する理解が深まり、家族のAさんに対する思いが変化し、在宅復帰につながった事例である。

■ 支援の経過と内容 ■

1）在宅支援開始

Aさんへの在宅での支援を開始した。当施設と同じ法人内の通所リハビリテーション（以下、通所リハビリ）を週1回、ショートステイを月2回程度の利用で始まった。通所リハビリでは、実年齢より若くみえるAさんは、他の利用者と馴染むことができず、休みがちであったため、Aさんの得意な華道を他の利用者や職員に教えてくれるという役割を作ることで、積極的に利用するようになった。しかし、夜間のトイレ誘導時などにレビー小体型認知症特有の固縮の症状が出現し、移動に苦労したり、夜中に騒いだりすることから、夫は疲弊し、Aさんを叩いてしまうことがあった。

こうしたことから、通所リハビリを週2回、ショートステイを月3〜5日に増やし、夫の介護負担の軽減を図ったが、2008年8月ごろより、Aさんの幻視による暴力行為が激しくなった。「家のなかに悪魔が入っている」と物を投げ、夫と悪魔を混同して夫にも物をぶつけようとした。長男夫婦もAさんに対して否定的な感情を抱いてしまい、協力が得られなくなった。夫も「困った存在」と感じ始め、2008年9月当施設入所となった。

2）施設入所開始時

施設入所初回アセスメントから生活課題が抽出された。導き出された生活課題と分析結果は以下のとおりであった。

①職員との会話の最中、急に表情が険しくなり殴りかかる：普段こちらの指示は通じるので、話がわからなくて怒るのではないか。Aさんが話されたことの内容を整理し表出するのに時間がかかるのに、職員がそれを待たず次々と会話を進めていくことに対して、不安・不快を感じ、暴力的行動に出てしまうのではないか。

②1日に数回そわそわと歩き回り、「家に帰る」といって外に出て行こうとする：Aさんは良き妻・母として家事、趣味、社会活動を積極的に行っていたので、何の役割も

もてずに施設にいることが物足りないのではないか。
③居室にいるとき、「なにかおる」「悪魔がきた」と大声で叫んだり、興奮して走り出す：Aさんの幻視症状は決まって居室に1人でいるときに出現する。側に人がおらず、自分だけという不安や寂しさが、幻視につながっているのではないか。
④入浴することを嫌がり、攻撃的に抵抗する：夫の話だと、以前は入浴が好きで長風呂であったという。入浴を拒否する理由は、他利用者がいて、大勢の職員が関わることに抵抗しているのではないか。
⑤家族がAさんに対して否定的な感情を抱いており、関わりをもとうとしない：家族は、激しいBPSDへの対応方法がわからず、「お母さんは変わってしまった」と関わりを避けるようになっている。これは、家族がBPSDへの理解が十分でないことから、本人を否定的にとらえてしまっていると考えられる。
以上をもとに、暫定の施設サービス計画書（表1）を作成した。

3）暫定ケアプランと再アセスメント

暫定ケアプランに沿ってサービス提供を実施し、入所1か月後再度評価を行った。
①返事をする前に次の質問をされたりすると、戸惑ってしまう：Aさんが話しやすいコミュニケーションを心がけると、会話の途中で急に殴りかかってくることはほとんどなくなった。職員もAさんの表情を読み取ることができるようになり、表情をみながら話をしたり、スピードを落とすなどの対応ができるようになった。
②なにか人の役に立ちたい、趣味や得意なことを活かしたい：花瓶の生け花は、準備だけ行い、他はAさんに任せてみると、非常に上手に生けることができた。ただ、花屋から花が届く日にちの認識は困難である。毎日の水換えは声かけが必要であるが、責任をもってやってくれた。「助かるわ。ありがとうね」と職員が感謝すると、Aさんはうれしそうに作業をしてくれる。生け花がAさんのやりがいや自己効力感につなげることができると考えられる。
③1人で居室にいると寂しく、不安な気持ちからみえないものに攻められるように感じる：日中はできる限りデイルームですごせるよう、洗濯たたみや掃除を職員とともに行ってもらった。他の利用者に対する食事摂取も手伝い、自分が役立っているという満足感を感じているようだった。幻視は出現の頻度は減少したが、消滅してはいない。夜間や夕方、1人で居室にいるとき幻視が出現し、大声を出すことが時々あった。そういうときは側で手を握り寄り添うことで、幻視が出現しても「アンタがおるで隠れてしもたわ」と早く消えるようであった。幻視が消滅するよう継続して支援していくこととした。
④お風呂は、他の人が入浴していると皆の前で裸になるのが恥ずかしいので入りたくない：他の利用者の入浴が終了してからAさんを浴室に誘導。介助者は1人残り、で

表1 施設サービス計画書

生活全般の解決すべき課題（ニーズ）	援助目標				援助内容			
	長期目標	期間	短期目標	期間	サービス内容	頻度	担当者	期間
人と話をするのは好きだが、返事をする前に次の質問をされたりすると、どうしてよいかわからなくなり戸惑ってしまう	楽しく人と交流がもてる	3か月	自分の気持ちを話すことができるまで、相手に待ってもらい会話ができる	1か月	①会話をするときは本人の隣に寄り添い、落ち着いた環境を作る ・周りが騒がしかったり、本人の注意が散漫してしまう場合は、静かな環境に場所を移すなどの工夫をする ②質問をするときは、できる限り本人が答えやすい質問形式を取る ・「はい」「いいえ」で答えられるようにするなど ③会話中に本人の表情が険しくなったら、すぐに会話を止めて、本人が思いを表出できるまで待つ	会話時	CW NS SW Dr OT	2008年9月18日～10月17日
まだまだ元気なので、なにか人の役に立つようなことをしたいと思っており、趣味や得意なことを活かしたいと思っている	やりがいや役割意識をもって生活が送れる	3か月	得意なことを生活のなかで生かすことができる	1か月	①ユニットの花瓶の花を生けてもらうように声をかけ、準備する ・月曜日に花屋さんから花が届いたら、Aさんにお願いして、各テーブルに花を生けてもらう ②毎日、花瓶の水を換えてもらうように声をかける ③ユニットで使う湯のみを洗ってもらうように声をかける ④作業をしてもらったら、必ず、「助かったわ」「ありがとうね」等、ねぎらいや感謝の言葉をかける	月曜日／午前中 毎日／午前中 毎食後 日中／随時	CW CW CW CW	2008年9月18日～10月17日
いつも家族とともに生活をしていたので1人で居室にいると、寂しく、つらくなり不安な気持ちから、みえないものに攻められるように感じ、困る	以前のように家族と仲良く暮らす	3か月	孤独で寂しい思いをせずに、施設での生活に慣れる	1か月	①日中は、できる限りデイルームで他者とすごせるように職員のお手伝いをしてもらう ・洗濯物おろし、洗濯物たたみ、デイルームの掃除など ②幻視が出現したときは、傍に寄り添い安心できるような声かけ、手を握る、背中をさするなどのスキンシップを図る ・「大丈夫ですよ」「私が傍にいますよ」など、1人ではないということを伝え、安心できるようにする	日中／随時 幻視出現時	CW CW	2008年9月18日～10月17日
お風呂に入ってさっぱりしたいけれど、他の人がいたり、みんなの前で裸になるのは恥ずかしいので、お風呂に入りたくない	お風呂に入って気分良くすごすことができる	3か月	1人で入浴できる	1か月	①他の利用者の入浴が終わってから浴室に誘導する ②入浴介助は、1人でする ・入浴介助者は、1人だけ残り、1対1で介助する ・Aさんのペースで自分で着脱、洗身、洗髪してもらい、不十分なところだけ、声をかける ・あまり常に傍におらず、離れて見守る	月・水・土／随時	CW NS	2008年9月18日～10月17日
とても家族のことを愛しているので、以前のように、また仲良く暮らしたいと思っている。家族に病気の症状や言動を理解してもらいたい	以前のように、家族と仲良く暮らす	3か月	Aさんの様子を家族に報告し、Aさんのことをわかってもらう	1か月	①Aさんの状況を家族（夫）に電話にて報告する ・AさんのBPSDの状況と、どのように対応すればどのようになったかなどを具体的に報告する ②面会の機会をもってもらえるように依頼する ・無理強いせずに、夫の負担にならないように話す ・面会の機会があれば、BPSDの原因や理由などを少しずつ話し、対応方法などを提案する	週1回 随時	ユニットリーダー ユニットリーダー	2008年9月18日～10月17日

CW：ケアワーカー　NS：看護師　SW：ソーシャルワーカー　DR：医師　OT：作業療法士

きる限り離れて見守り、介助を行った。Aさんはすべての入浴行為を1人で行うことができ、拒否はみられなかった。

⑤家族と以前のように仲良く暮らしたいと思っているので、家族に病気の症状やBPSDについて理解してもらいたい：Aさんの施設での様子、BPSDの状況と職員の対応方法について具体的に家族に報告した。夫は初め反応はなかったが、報告を繰り返すうちに「そうやれば暴れんのやなあ」などと反応するようになった。しかし面会については、1か月に1回ほどであった。夫のAさんへの思いは否定的であり、報告は継続していくことにした。

4）2回目の施設サービス計画書のモニタリング

2回目の施設サービス計画書についてのモニタリングを2か月経過時に行った。

「人の役に立ちたい・趣味や得意なことを活かしたい」「1人で居室にいると寂しく幻視が出現してしまう」ことへの支援は、特に問題なく実施できていた。

「家族に病気の症状や言動を理解してもらいたい」については、夫は面会に頻回に訪れるようになり、一度日中だけでも家に連れて帰りたいとの相談があった。そこで夫に日中に起こりうるBPSDの症状と対応方法について説明してから、連れて帰ってもらった。家での様子を聞くと、「とくに問題なくすごせた」と夫から笑顔がみられた。Aさんが進んで食事の後片づけなどをしてくれたことで、夫のAさんへの思いはよい方向に進んでいるようであった。夫と相談し、定期的な帰宅を新たに施設サービス計画に追加することにした。

5）再アセスメントと退所計画

4か月が経ち、夫から退所の相談があった。施設で穏やかに暮らすAさんをみて、もう一度在宅に戻って生活させたいと思ったようだ。入所前に担当していた在宅のケアマネジャーに連絡し、在宅復帰に向けての準備を行うこととした。

在宅復帰にあたり、再アセスメントを行った。まず退所後の生活課題抽出のため、Aさん宅で退所前会議を行った。Aさん、施設のケアマネジャー、担当ケアワーカー、作業療法士、ソーシャルワーカーと在宅の担当ケアマネジャーが会し、家族は夫、長男の妻が同席した。

在宅復帰後、夫が不安に思っていることは、BPSDの出現時にうまく対応できるか、および介護負担に対応できるかであった。

以下、それらについて生活課題を抽出した。

①BPSDへの対応方法を家族が理解していないと、BPSDが出現したときに円滑に対応ができない：夫や長男の妻が当施設に面会にきたときに、BPSDへの対応方法を介護職が指導し、家族やAさんが混乱しないようにする。

②トイレへの誘導時に固縮の症状が出現すると、夫の力では動かせない：在宅における介護方法をシミュレーションし、住宅改修や福祉機器の導入も踏まえた検討を作業療法士が行う。
③夫のみで介護するのはたいへんなので、在宅介護サービスを利用し、時々は夫の休息も取りたい：在宅の担当ケアマネジャーと相談し、介護負担の軽減を図れるよう、居宅介護サービスの利用を検討していく。
④入所して4か月以上経つので実際に在宅で介護ができるか不安がある：Aさんの外出訓練・外泊訓練を行い、実際の在宅生活を送ったうえで、新たに起こる生活課題の抽出を行う。

以上から、退所計画（表2）を作成した。

6）退所して自宅へ

退所計画に沿って外出・外泊訓練を行ったが、大きな問題もなく在宅生活が送られたため、2009年2月に退所が決まった。在宅復帰後、Aさんは、訪問介護を週に3日、当施設の通所リハビリを週2回とショートステイを月に3～5日利用しながら、夫や長男の妻、友人との協力もあり、現在も在宅生活を送っている。Aさんの幻視は在宅に戻ってからさらに減少し、月に1回以下の出現となっている。その他のBPSDに対しても、家族のAさんのへの理解が深まったことで、うまく対応できている様子である。

■ 考　察 ■

Aさんは幻視症状による興奮行動の出現が家族との関係を悪化させてしまい、夫の精神的ストレスから入所に至った。BPSDがなにかを相手に伝えようとしている行動の障害であるとの理解がないと、介護者は「困った行動」としてとらえ、在宅での生活が困難になってしまう。Aさんに限らず、認知症のある人のBPSDの出現には、それに至る背景要因があり、その要因を探求することで、介護方法が見つかることが多い。介護者がそうした要因を知ることで介護がずいぶんと楽になり、在宅生活が可能となる。

Aさんが在宅復帰できた要因としては、「なぜこのような行動を取っているのか」という背景と、「それが起こったときにどうするか」という対応方法を家族に知ってもらうことで、Aさんへの思いが変わったことにあると考える。BPSDが少なくなったということより、周りの介護者が視点を変え、本人への理解を深めることができたことが、この事例では重要であったのではないだろうか。

■ コメント ■

本事例はレビー小体型認知症と診断されたAさんと、その介護を担う夫の2人暮らし世帯である。Aさんに幻視や暴力行為といったBPSDが出現したため、在宅生活が困難

表2　施設サービス計画書（退所計画）

生活全般の解決すべき課題（ニーズ）	援助目標				援助内容				
	長期目標	期間	短期目標	期間	サービス内容	頻度	担当者	期間	
在宅で幻覚などの症状で暴力や暴言が現れたとき、夫がうまく対応してくれないと安心して生活ができないので心配	円滑に在宅復帰ができる	3か月	夫や家族がAさんのBPSDにうまく対応できる	1か月	①夫と長男の妻へ、BPSDの対応の指導を実施する ・面会に来てもらったときに、Aさんに起こりやすいBPSDの症状の説明を行う ・なぜそのBPSDが起こるのかを説明する ・そのBPSDが出現したときに、どのような対応をするとAさんが安心できるかを説明する ②Aさんができることと手伝いが必要なことを夫に知ってもらう ・Aさんが自分でできること、得意なことなどを知ってもらい、在宅生活のなかで、できることはやってもらえるようにする ・声かけや一部介助など、どの部分に手伝いが必要かを知ってもらう	面会時1回/週 面会時1回/週	ユニットリーダー ユニットリーダー	2009年1月10日～2月9日	
在宅生活のなかでAさんが動けなくなったとき（固縮）、どのように対応すればよいかわからないし、無理に動かすには夫の身体的負担が大きくなる	円滑に在宅復帰ができる	3か月	できる限り、夫の身体的負担を軽減できる方法や福祉機器を検討する	1か月	①住宅改修の検討を踏まえた訪問指導を実施する ・作業療法士と在宅のケアマネジャーで再度在宅を訪問し、福祉機器や住宅改修の検討を行う ②福祉機器の使い方の指導を夫に行う ・福祉機器の検討後、実際に使用方法を夫に習得してもらう	1月20日 訪問後	OT 在宅CM OT CW	2009年1月10日～2月9日	
4か月以上在宅で生活をしていないので、在宅復帰後、在宅での生活が本当にできるのか不安	円滑に在宅復帰ができる	3か月	外出・外泊訓練を実施し、できないことを見つける	1か月	①外出訓練の実施 ・朝食後から、夕食までの時間を自宅に帰りすごしてみる ・BPSDが出現したときなど、夫が困ったときは、いつでもスタッフが訪問し、対応できる体制を取る ②外泊訓練の実施 ・夕食後から朝食後までの時間を自宅に帰りすごしてみる ・BPSDが出現したときなど、夫が困ったときは、いつでも電話連絡をもらい、対応方法が指導できるようにする ・どうしても無理なときは、いつでも施設にもどれるようにする	1回目：1月15日 2回目：1月20日 1回目：1月24日～25日 2回目：1月31日～2月1日	本人 夫 CW 本人 夫 当直CW	2009年1月10日～2月9日	
在宅復帰後の在宅サービスの利用について不安がある	円滑に在宅復帰ができる	3か月	在宅のCMと相談し、在宅サービスのシミュレーションをする	1か月	①在宅ケアマネジャーへの情報提供 ②在宅ケアプランのシミュレーション作成のため、カンファレンスの実施	随時 2月2日	SW 在宅CM SW 夫 OT ユニットリーダー	2009年1月10日～2月9日	

OT：作業療法士　CM：ケアマネジャー　CW：ケアワーカー　SW：ソーシャルワーカー

となり、介護老人保健施設に入所した。しかし最終的にはBPSDが緩和し、夫や息子たちの理解も得られ、再び在宅に復帰することができた。

1) BPSDに対する対応

AさんのBPSDは施設入所後も継続して出現していた。その第1は、会話の途中で暴力をふるうことであった。これについては、本人がどのように答えればよいか、わからないうちに、職員が話を進めてしまうなかで、それに対する怒りとして暴力になるということがわかった。そこで、本人の表情や態度をみながらゆっくりと話をする、あるいは表情が険しくなったら話を止める、といったケアプランを立て実施することにより、会話中での暴力を減少させることができた。

第2は、入浴に対する介護拒否である。これについては、本人はもともと風呂好きであったが、施設ではプライバシーを保ちながら1人でゆっくり入ることができないため、拒否という形になっていることと理解し、そこで、他の入所者が入った最後に1人でゆっくり入ってもらい、介護者は傍で見守るという態度を取ったところ拒否がなくなっていった。

第3は、居室に1人でいるときに幻視症状が出現することであった。これについては、1人でいることで寂しさや不安から幻視が起こりやすいと理解し、そこで、日中はできる限りデイルームですごしてもらい、職員や他の入所者との関わりをもつことで、幻視の出現頻度を減少させている。

これら3つのBPSDへの対応は、なぜそうしたBPSDを起こすのかというAさんの思いに着目し、同時にAさんの表情や状態、生活史からヒントを得て、ケアプランを立て、それを職員間で共有することによってBPSDの緩和を図っている。施設での安心した生活を支えている内容になっていることが評価できる。

2) ストレングスを活用する

Aさんは元気なころは華道が趣味であった。そのことを施設生活のなかに組み入れ、花を生けてもらい、また毎日の水換えもしてもらっている。これは本人のもっている能力をできる限り活用していく支援である。また、それを介して本人と職員とのコミュニケーションを高めることになり、施設生活がより安定したものになるよう支援している点が高く評価できる。このように本人が好きなことや得意なことなどストレングスに着目して支援していくことはたいへん重要である。

3) 家族への教育的な支援

BPSDの激しいAさんに対する不信感や夫の重い介護負担が施設入所へとつながっていった。しかし、入所中、施設側が夫に本人の状況の変化を常時報告したり、BPSDへの対処方法を伝えることによって、しだいに夫は面会の機会を増やし、BPSDについて

の理解を深め、Aさんに対する意識も変わっていった事例である。

　本事例では、単にAさん本人の症状を緩和するだけでなく、家族に対しての教育的な支援という役割を果たしている。介護老人保健施設での退所支援という立場から家族への教育的な支援は重要な機能であるといえる。

4）介護老人保健施設からの退所

　介護老人保健施設は在宅復帰施設であり、本来であれば3か月あるいは6か月を目処に退所していく支援計画を作成することになっている。身体的な障害のある入所者であれば、本人に身体的なリハビリを施し、同時に在宅復帰への意欲を高め、家族に対しては、住宅改善や受入れ態勢を整えるように支援することで、自宅に戻っていくのが一般的である。

　ところが、認知症のある人の場合には、症状は緩和しても完治できないという現状から、一度入所すると退所が難しいというのが一般的な現状である。しかしながら、本事例から、認知症で重度のBPSDがあっても、それらへの支援方法が明らかになり、同時に家族への教育的な支援ができれば、十分在宅復帰が可能なことが明らかになった。

　BPSDがなぜ起きるのか、それへの対処はどのようにすればよいのか。本事例の場合は、アセスメントにより、会話中の暴力、入浴拒否、居室での幻視症状というBPSDの背景要因を探り、支援計画を立て、実践している。その内容や対応方法を施設側が家族に教育している。夫はAさんの病気について理解し、Aさんに対する意識も変わり、在宅復帰を受け入れていった事例である。そのような意味では、本事例はBPSDをもつ入所者の施設退所、在宅復帰の1つのモデルとして評価できる。

　在宅復帰しても、また症状が悪化するようなことがあれば、施設は再び家族との連絡調整役を果たしたり、あるいは短期間の入所を受け入れたり、継続して支えることもできる。こうした支援ができれば、介護老人保健施設の役割は今後いっそう高まっていくであろう。

BPSD 3）施設
(5) 施設入所を利用し生活リズムの再構築を図る

■ はじめに ■

　介護保険制度が始まり、特別養護老人ホームも従来の「終の住処」という発想から通過施設へと、その位置づけが法的に変わった。現実には、介護保険が始まっても依然、「終の住処」であることも事実ではあるが、ごく一部、退所していくケースもみられるようになってきた。

　本事例は、特別養護老人ホームを通過施設としてとらえ、利用者の在宅への社会復帰に向けた支援を試みたケースである。ここでは、施設が利用者の在宅生活をサポートするための役割を果たしており、とりわけ認知症のある人にとっては有益な方法である。なぜかというと、具体的に認知症のBPSDといわれる徘徊、暴力行為等の課題についての対処方法を明らかにし、在宅復帰までに解決できる課題は解決し、なお残った課題については在宅でどのような支援をすればよいかという指示書を家族や専門家に渡すことができるからである。

　以上のような観点で本事例をとらえるなかで、介護保険施設のもつべき意義を再認識することができる。

　さらに、施設内での認知症のある人のケアプラン作成について見てみると、利用者の判断能力が弱く、自らの希望を発言できないため、本人の意向を反映したケアプラン作成が難しいといった発言をする施設職員も実際に存在している。そこで、認知症のある人の不眠、弄便、徘徊、暴力行為といったBPSDをケアマネジャーが利用者の立場に立ち意味づけをし、適切なケアプランを作成することの可能性を考えてみたい。本事例では、不眠といった生活状況と排泄の失敗が関連していることをケアスタッフが意味づけることによって、利用者の不眠を解決していった。さらには、利用者に代わって、ケアスタッフが徘徊や暴力行為に対する意味づけができれば、これらのBPSDに対し適切な対応ができ、ときにはそのような行動が少なくなったり、あるいはなくなっていくことが可能となる。

■ 事例概要 ■

Hさん（70歳代、女性）

身体状況
- 要介護度：要介護4
- 認知症高齢者の日常生活自立度：Ⅳ
- 障害高齢者の日常生活自立度：J2
- 基礎疾患：アルツハイマー型認知症（その他の身体疾患はない）
- 薬剤：特に処方は受けていない

生活史
　1987年まで、近くのスーパーに勤務していた。同年、夫の退職に伴い、夫の出身地でもある現住所に移り住んだ。子どもはなく、夫と2人暮らしである。以前は、地区の婦人会の世話役を務めたり、夫と旅行するなど社交的で明るい性格であった。また、近隣との関係も比較的良好であった。

■ 支援概要 ■

　本事例は、配偶者（以下、夫）と2人暮らしで、通所介護をほぼ毎日利用しながら在宅生活を送ってきたアルツハイマー型認知症の高齢者についてである。2001年10月、主介護者でもある夫の入院により、施設入所となった。夫は退院後、以前のように妻を介護しながら自宅で暮らしたいとの強い希望があり、現在、それを念頭において施設内でのケアを実施している。

　具体的にHさんは1996年ごろより家事をしなくなり、食欲不振など全般的に意欲低下がみられるようになった。2000年7月、市内の病院受診、アルツハイマー型認知症の診断を受ける。その年の暮れから2001年初めにかけて急激に徘徊等のBPSDが急増する。

　2001年5月1日深夜、市内を徘徊する。近所の人が発見し、保護される。翌日より、当園にて短期入所を緊急利用する。その後、通所介護を週5～6日、短期入所を月5日程度利用しながら在宅生活を送る。同年10月、主介護者でもある夫の入院に伴い、2か月間を目処とした施設入所となり現在に至る。

■ 支援の経過と内容 ■

支援の経過（在宅）（2001年5月～9月末まで）

　担当のケアマネジャーより、「自宅で夜間屋内を徘徊し、不眠の日が多い」との情報があり、相談のうえ、通所介護をほぼ毎日利用することで、生活リズムの再構築を第1の目的とした支援を開始する。通所介護より帰宅後、夜間就寝することが徐々に多くなり、夫

の介護疲れも軽減し始める。

しかしながら、この期間在宅にて夜間屋外への徘徊が4回あり、近所の人に保護され、その度に下肢に傷を作っていた。通所介護の送迎のときに、主介護者に対して夜間帯の様子確認を毎回行っているが、一睡もしていないことも時折みられた。その間、ケアマネジャーが徘徊センサー等の設置を何度も促したが、夫は強く拒否し、いまだ設置できていない状況である。

施設内ケアの概要（2001年10月〜11月末まで）

夫の入院に伴い、Hさんは短期間の施設入所となる。退所後は在宅生活を継続したいとの意向であるため、施設内ケアから在宅ケアへの連続性を念頭においてケアプランを作成し実施することとした。

本事例においては、施設内のケアで生活リズムを整え（とくに夜間の睡眠）、退所後の夜間徘徊によるリスク軽減を図ることに焦点をあてた。通所介護利用時の状況や在宅での聞き取りを踏まえてアセスメントを行った結果、夜間帯に排泄を失敗すると、不眠につながることが多いということが明らかになった。その点に着目し、施設サービス計画書（表1）を作成した。

排泄に関しては、日中2時間おきの定時誘導を原則とした。また、尿・便意があるときや失禁した際には不機嫌になり、すべてのケアに対して拒否的になることが多く、そのような状態が出現した際には、随時声かけでトイレ誘導し、失禁の有無を確認することとした。また、あまりに拒否が強い場合には、時間をずらし異なるケアスタッフが対応することとした。夜間の最終のトイレ誘導は21：00とし、拒否時や興奮時は居室へ誘導する直前に行っている。

このような取り組みの結果、現在ではトイレ誘導時、便座を前にすると不機嫌ながらも自ら排泄することができるレベル（後始末等で一部介助を要する）に回復している。ときおり失禁していることもあるが、以前よりは軽減している（3日に1回程度）。夜間は、就寝前の誘導後、起床時（6：30〜7：00）の誘導まで排泄の訴えや失禁は観察されていない。起床後の誘導は、失敗・拒否することなくスムーズにできている。

睡眠は、排泄状態の改善とともに安定し、現在では、21：00〜22：00の間に入眠、6：30〜7：00ごろまで就寝している。以前のような、排泄のための覚醒や睡眠障害（中途覚醒）は観察されていない。本人に「Hさん、眠れましたか？」と問うと、「よく眠ったよ」と笑顔で返答することが多くなり、熟睡感のある睡眠が確保されていると考えてよいものと思う。

■ 考 察 ■

本事例においては、アセスメントの際、不眠時の状況を徹底的に調査・分析し、単に日

表1　施設サービス計画書

生活全般の解決すべき課題（ニーズ）	長期目標	短期目標	サービス内容	担当者	頻度	期間
夜間の睡眠と排泄状況が不安定である	夜間に充分な睡眠を取ることができる	夜間の覚醒回数を軽減することができる	・排泄チェックと睡眠状況の観察 ・覚醒時はトイレ誘導する	夜勤者	随時	1週間
中途覚醒がみられ充分な睡眠が得られない	夜間に充分な睡眠を取ることができる	不眠時は、静養を促し休息を得る	・日中レクリエーション等への参加を促し、活動性を高める ・不眠時は、午前帯に静養を促す	ケアスタッフ	随時	2か月
尿意・便意を自ら訴えることがなく、失敗していることがある	排泄の失敗を軽減することができる	2時間おきの誘導を行うことにより、排泄リズムを整えることができる	・定時の声かけ誘導 ・不機嫌なとき、落ち着かないときは、排泄の有無を確認し必要に応じ誘導する ・就寝前の誘導を確実に行う	ケアスタッフ 夜勤者	随時 随時 就寝前	2か月
ケアに対する抵抗があり、時折暴力的になることがある	納得してケアを受けることができる	介護を受け入れることができる	・強い拒否がみられた際には、無理強いせず時間を空けて再度行う	ケアスタッフ	常時	2か月
徘徊が激しく、見守り、所在確認をする必要がある	安全・安楽な生活が確保できる	適度な休息を取り、身体の負担を軽減することができる	・施設内徘徊時、2周程度ごとに声かけし、静養を促す ・歩行状態の観察と所在確認	ケアスタッフ	常時	2か月
自ら歯磨き等を行うことがなく、口腔内の衛生を保持することができない	口腔内の衛生を保持することができる	毎食後にうがいを行うことができる	・毎食後、声かけ誘導し、うがいを行う ・拒否なく可能であれば、毎食後の歯磨きを検討 ・口腔内の確認を行い、異常が認められた場合には看護師に報告する（歯科受診の検討）	ケアスタッフ	常時	2か月
入浴が困難であり、入浴機会を確保し、身体衛生を確保する必要がある	身体の清潔を保持することができる	定期的な入浴に慣れ、入浴に対する拒否を緩和することができる	・入浴誘導時、強い拒否がみられた際には無理強いせず、順番をずらし対応する ・身体の状態（皮膚等）の観察を行い異常が認められた際には、看護師に報告する	ケアスタッフ	入浴時	2か月
バランスのよい食事が提供されていなかったため、栄養の偏りがある。また、運動量が多いため、消費量に見合ったカロリーを摂取する必要がある	バランスの取れた食事を摂取することにより、食生活を改善し、健康的な食生活を維持することができる	嗜好調査を行い、偏食することなく、バランスの取れた食事を摂ることができる	・嗜好調査を実施する ・必要に応じ、ライフコーダーにて1日のカロリー消費量を把握する ・食事中、適宜声かけを行い、食欲を増進させるよう努める ・嫌いなものがあった際は、無理強いせず代替メニューで対応する	ケアスタッフ 栄養士	食事時 必要時 食事時 食事時	1週間 2か月 2か月

中の活動性を高めるだけではなく、本人の排泄と睡眠の関係を明らかにできたことが、夜間帯の覚醒に伴う徘徊消失への大きな要因であったと考える。

　今後、在宅生活へ戻った際、就寝前の排泄介助がスムーズに行えるかどうかが課題の1つとなる。主介護者である夫、担当のケアマネジャーと協議し、以前のサービスを継続させながら、就寝前のヘルパー派遣を検討する必要性も感じている。また、在宅にてトイレの位置をわかりやすくする工夫や、夫への介護指導も必要となる。本事例は、現在進行形の事例であり、ゴールに向けた段階ではあるが、短期間の入所ケアで生活リズムを再構築し、在宅生活へつなぐ1つの試みとして当園にとっても意義深いものと考えている。

■ コメント ■

　本事例は、主介護者である夫の入院に伴い、認知症である利用者本人も介護者の入院の間、特別養護老人ホームに入所したケースである。夫が退院する2か月後に本人も施

設を退所する予定である。こうした場合、施設でのケアプランは、在宅でのケアプランとの連続性が求められる。そのなかで、2か月という短期間で、どのように円滑に在宅に移行していけるかといった生活ニーズを明らかにし、その解決に向けたケアプランの作成が主要な内容になってくる。

1) 不眠の背景を探る

本事例では、「失禁」「不眠」「徘徊」「暴力」などの課題に対して、施設で適切にケアすることによって、在宅の復帰前に課題が改善や緩和されたり、あるいは在宅復帰時に、これらの課題への対処方法についての処方箋を示すことが導き出せる施設ケアプランの作成が試みられている。

以上のような観点で、表1の施設サービス計画を見てみると、この計画でもっとも評価できる点は、利用者の排泄の失敗が不眠につながっていることを、日々の観察やアセスメントを通じて明らかにし、それをケアプランに反映させていることである。そのため、定期的なトイレの誘導や、夜間の的確な対応でもって排泄の失敗を極力少なくすることにより、失禁を解決するだけではなく、不眠の問題についても解決を図ることができている。さらには、徘徊頻度の減少にも部分的には寄与している。

このように、「なぜ不眠が生じているのか」といったことについて、その背景を探ることは、とりわけ意思表示の十分でない認知症のある人にとっては大切なことである。このようなことが可能になるためには、ケアスタッフや施設のケアマネジャーが利用者の立場に立ち、「気づく」ことや「感じる」ことが重要である。本事例では、最終的に不眠に排泄が関連していることに気づいたことに重要な意味がある。こうした、「気づく」「感じる」といった感情に到達するためには、どのようなサービスを提供し支援しようかという発想ではなく、利用者の思いや願いを感じ取り支援するかといった態度が必要不可欠である。そういった態度で支援していって、初めて「気づく」ことや「感じる」ことに到達し得る。この点が、この事例でもっとも評価できることだといえる。

2) 暴力行為や徘徊への対応

本事例では、時折暴力的な行為や頻繁な徘徊がみられる。しかし、このような行為にも、本人にはそれなりの意味があるはずである。こうした意味について気づいたり、感じたことを関連づけていく作業ができれば、このケアプランはいっそうレベルの高いものになっていくといえる。

現状では、たとえば、施設サービス計画書での徘徊についていえば、「声かけ」「トイレ誘導を促す」ことにとどまっているが、施設サービス計画書にも書かれている歩行状態の観察を、利用者に寄り添うことで、徘徊のさらなる「意味づけ」が可能になってくる部分も出てくるであろう。そのようなときに、徘徊への対応として、的確な「言葉かけ」

や「態度」をケアスタッフが提示することができれば、在宅復帰の際に家族に多様な支援方法が提示できることになる。しかし、それも1回のケアプランで明らかになることはなく、試行錯誤のなかでしか出てこないことも理解しておかなければならない。

　これはなにも徘徊だけではなく、その他の暴力的行為等にも、その時々の場面によって意味をもっているといえる。そのことを意味づけていくことによって、どのような対処方法を取るべきかを施設サービス計画のなかに反映させれば、よりレベルの高いケアプランになる。

3）日々の観察・実施記録用紙

　さらにこうした施設のケアプランができるようになると、たとえば表1に示したように排泄のチェックを毎日、あるいは、トイレ誘導を毎日2時間おきに行うとするならば、施設サービス計画書以外に、日々の排泄を誘導したかどうかのチェック表であるとか、睡眠状態の観察票といった日々の観察や実施結果を書き込む用紙を作成することにより、その効果がより明確になってくる。これらのバイタルチェックや水分補給といった具体的に日々スタッフが確認するための用紙を開発することも、施設のケアプランにとっては不可欠である。

BPSD 3）施設
（6）暴力行為等のある認知症のある人とケアスタッフとの施設における関わり

■ はじめに ■

　暴力行為等のBPSDがある認知症のある人を施設でケアする場合には、在宅でのケアとは異なる問題を有している。それは、施設は集団生活の場であり、介護者に対してのみならず、他の入所者に対しても暴力行為が及ぶ恐れがあるためである。そのため、ケアスタッフは往々にして暴力行為を抑えるといった対応になりがちである。しかし、そのような対応が必ずしも認知症のある人の暴力行為を減らし、施設生活への適応を促進していくことにはならない。

　施設ケアにおいて、認知症のある人の暴力行為等を少なくし、かつ他の入所者との友好な関係を作るために、ケアスタッフはどのような対応をすればよいのかを考えてみたい。本事例は、他の入所者に危害を及ぼす恐れのある、暴力行為の著しい、施設入所者についてのケースである。

■ 事例概要 ■

Iさん（60歳代、男性）

身体状況
・要介護度：要介護5
・認知症高齢者の日常生活自立度：M
・障害高齢者の日常生活自立度：J2
・主な疾病：高血圧症、多発性脳梗塞による認知症

生活史
　Iさんは集合住宅街で妻と娘の3人暮らしである。大手薬品会社の営業を退職してから、薬品訪問販売の自営業を妻と2人で営んで10年になる。Iさんは明朗活発な性格で妻や娘たちとの関係も良好であり、休日には友人たちと草野球チームの試合に出かけることが多かった。だが、認知症の発症によって、友人のかばんや野球用のスパイクを何度も誤っ

て持って帰ることや、車の運転方法がわからず立ち往生をすることがあった。

■ 支援概要 ■

Ｉさんは、多発性脳梗塞による認知症の症状が出現し、不潔行為や暴力行為等のBPSDを伴い、施設入所するに至った。この暴力行為等のある認知症のある人とケアスタッフとの、施設におけるかかわりの経過をまとめたものである。

■ 支援の経過と内容 ■

施設利用に至るまで

認知症の症状が出現してからのＩさんは、生活への適応行動が自分で取れないレベルにまで急速に進行していった。季節や時間に関係なく裸に近い状態で徘徊し、下着には便が常に付着して汚れており、無理に着替えさせようとすると叫び声を上げたり、あるいは拳で殴るような暴力行為が出現した。日中の頻繁な徘徊で日焼けし、皮膚は硬くなっていた。食事は妻が水を飲ませたりパンを手渡したり、また、入浴ができないので、その代わりに水道のホースで本人を「行水」させるのが精一杯であった。そして、娘と妻で、叫ぶＩさんを何とか家に連れ帰って寝かすことの繰り返しであった。Ｉさんは屋内外を問わず放尿するので、家のなかは敷き詰めた新聞紙でいっぱいになっていた。

そんなＩさんが近くの施設でショートステイを利用することになったが、利用中に他の利用者の前に立ちふさがる傾向があり、その威圧感で他の利用者が驚いて転倒し、大腿骨を骨折する事故があった。その事故がきっかけで、その施設の利用ができなくなり、妻は他の施設にも利用の申し込みに回ったが、暴力行為等のある利用者を受け入れてくれる施設は少なかった。追い討ちをかけるように近所からの苦情が相次いだことで、住み慣れた地域を離れ、空き地の多い人里離れた場所に引っ越しせざるを得なくなった。引っ越ししてからも症状はますます進行していき、家族だけの介護では限界になった。

施設入所の支援経過

当施設利用は、入所を前提にしたショートステイの利用から始めた。当初のＩさんは、両膝が常に緊張しており、座らせることが困難であったために、リフト車のなかで叫んで暴れるＩさんを男性のスタッフが２人がかりで支えながら送迎を行うという状態であった。医師の指示で向精神薬を服用しないことになっていたが、家族はＩさんの暴力行為等による他者の影響を心配して、残っていた向精神薬を黙って服用させていたこともあった。

家族としては、「他の人に迷惑をかけて利用ができなくなるのではないか」といった不安や危機感を常に抱き、利用にあたっては涙ながらに訴え、心身ともに疲労がピークに達していた。本人や家族の精神的な安定を図るためにケアプランを作成し実施することになった（表1）。

第2部 認知症のある人に対するケアプラン事例から学ぶ

表1 施設サービス計画書

生活全般の解決すべき課題（ニーズ）	援助目標				援助内容			
	長期目標	期間	短期目標	期間	サービス内容	担当者	頻度	期間
認知症により、目的のある生活行動が取れないことで頻繁な徘徊を誘発し、不穏状態となり、体力が消耗する	生活行動が安定する	6か月	徘徊の要因を分析し、それを無理強いせずに対応し、生活行動への誘導を行い体力の消耗を防ぐ	3か月	規則正しい生活行動への誘導	介護職員	毎日	3か月
					運動量に合った食事量と水分量を提供	介護職員	適時	3か月
					状態観察を行い、定時にいすに座るように誘導	介護職員	適時	3か月
排泄に対する意志表示がなく、排泄行為に結びつかないため失敗しており、硬便による自身での摘便行為に伴い便いじりがみられる	便いじりが減少して清潔が保持される	6か月	様子観察で速やかにおむつ交換し、必要な水分補給により自然排便できるようになる	3か月	無理強いせず、定期の排泄介助と観察による速やかなオムツ交換	介護職員	適時	3か月
					様子観察を行い、不穏状態があれば排泄の確認をして対応する	介護職員	適時	3か月
					必要な水分補給	介護職員	毎日	3か月
					排便・栄養の管理	看護師	3回／週	3か月
					栄養の管理	管理栄養士	1回／月	3か月
自己防衛本能が強く、無理な日常生活への誘導や他者からの刺激で奇声や暴力行為が顕著に現れ、トラブルを招くことがある	環境に慣れ、安心感や信頼感が生まれることで暴力行為がなくなる	6か月	精神的な不安を解消し、拒否することなく適応行動が取れる	3か月	拒否されると、場所・時間を変えて不安材料を取り除きながら安全に誘導する	介護職員	適時	3か月
歩行時に障害物の回避能力が不十分なために、下肢の打撲と転倒の危険性がある	転倒を予防する	6か月	安全な環境を確保し、転倒のないように見守り、安定時間を増加する	3か月	障害物の除去と徘徊時の見守り	介護職員	毎日	3か月
					いすを固定し、食事摂取以外の物はテーブルを置かないようにして座るように誘導する	介護職員	適時	3か月
本人は入浴のケアに対して抵抗があるために、入浴や着替えができず不衛生である	入浴や着替えのケアに抵抗されなくなり、清潔な状態が保持できる	6か月	入浴機会の確保	3か月	無理強いせずに入浴へ誘導し、洗身・洗髪・衣服着脱の介助を行う	介護職員	2回／週	3か月
					浴槽へ入る不安軽減のため、介助者も一緒に入る	介護職員	2回／週	3か月
生活リズムが不安定で、寝間で睡眠を取るという目的行動が困難なため、必要な睡眠が確保されていない	睡眠リズムができる	6か月	昼夜逆転を防ぎ、規則正しく睡眠を取るためにベッドに誘導して睡眠を確保する	3か月	寝間への誘導と着床の介助	介護職員	毎日	3か月
					日中にコミュニケーション等を図り、関わりを増やす	介護職員	毎日	3か月
					行動を観察し、なにをいいたいのか、したいのかを判断する	介護職員	適時	3か月
手づかみの摂食行為がみられるとともに、口腔ケアに対する関心と理解が欠如し、清潔を保持できない	スプーンを使用した摂食動作を再獲得でき、口腔内の清潔が保持される	6か月	素早く摂食動作に誘導して、定期に歯科受診と口腔内ケアを確保する	3か月	座る位置を考慮して素早く配膳して摂食動作に誘導する	介護職員	適時	3か月
					時間を決めて無理いせず、口腔内清掃と観察を行う	介護職員	1回／月	3か月
					同性の歯科医には指示に従うことがわかり、定期の受診を確保する	歯科医師	1回／月	3か月
本人は整容に関する目的行動が取れないことと手指に便が付着し、不衛生である	清潔が保持される	6か月	無理強いせず介助による整容行為の機会を確保する	3か月	爪切り・ひげ剃り・洗顔・整髪等の整容に関する誘導および介助	介護職員	毎日	3か月
家族は、暴力行為等のある本人が他者とのトラブルで施設利用ができなくなるのでは、と常に精神的な負担がみられる	家族も精神的に安定する	6か月	相談援助で精神的に支援する	3か月	家族に利用中の様子を詳しく報告する。面会頻度を確認してケア計画の作成の際に参加してもらい、ケアに対する説明と納得を得る	家族	2回／月	3か月

199

3か月のショートステイ期間を経て、本施設の入所となった。Iさんは、頻繁な徘徊やケアへの抵抗がみられ、目的のある生活行動がとれない。また、不眠や不衛生であると同時に、不穏を誘発しやすい状態である。無理に目的のある生活行動へ誘導することや、他者からの強い刺激などは暴力行為等につながり、施設のなかで他者に影響が出ないように支援する必要があった。主な留意点として、Iさんは自己防衛本能が顕著なので、無理強いせず、規則正しい生活行動へ誘導をすることとした。本人が不安になる要因をケアスタッフとの関わりのなかで分析し、本人が感じる生活ストレスを解消して、安心感や信頼感のもてる環境を作ることが求められた。

　Iさんは頻繁な徘徊のために体力を消耗していた。食事摂取後に徘徊が始まり、決まって他利用者の食物を手づかみで盗ってしまい、それを阻止しようとするスタッフを拳で殴る行為があった。そのため配膳を素早くし、運動量に合った食事量と十分な水分量を根気よく提供した。徘徊時は、定期的に椅子へと両手を握って誘導した。その際に、排泄などのチェックを忘れないようにした。そうしたことを拒否された場合は、人を変え、場所を変え、時間を変えて対応することで、安定する時間を増やしていった。夜間の徘徊についても歩行中に傾眠することや、不意に膝の力が抜けてふらつくことが見受けられた。そのため、ベッドに誘導し、手をしっかり握って声かけすると、次第に眠る時間が増えていった。

　施設のなかでスタッフが、他の利用者を車いすで誘導してIさんの背後を通りかかる際に声をかけると、突然顔面を強打されることがあった。これは臆病なために、自己防衛本能が強く働き、突発的な動きや視野に入ったものなどに好戦的になることがわかった。そこで、「後ろから声かけしない、急な動きに注意するように」と話し合った。そして、他の利用者に暴力行為が出ないように観察と記録をつけていった。なかでも入浴にはもっとも抵抗がみられ、支援当初はスタッフ数人がかりか、男性の職員にきてもらい着脱や洗身に対応し、浴槽に入る際にも常に2人のスタッフが双方から腕を組んでいっしょに入るように介助した。髪を引っ張られ、殴られるスタッフも増えてきたことから「施設では対応できないのでは」という声も上がり、困惑するスタッフが多かった。

　排泄に関しては羞恥心があること、トイレの場所がわからないために、こそこそと放尿している。硬便のため自身で下着に手を入れ摘便する便いじりも見られた。「Iさんはなにも好き好んで便を触っているのではない」。そうした気持ちをくみ取り、自然な排便ができるように必要な水分補給をすることと、不快感が見受けられるときは、速やかに下着を交換することとした。しかし、排便の失敗を防ぐために紙おむつを使用したことで放尿がなくなり、おむつ性失禁になっている。そういう意味では、現在も排泄の問題は続いているといえる。

■ 考　察 ■

　上記のような取り組みで、夜間の睡眠が確保され、必要な食事量の摂取と水分補給がで

表2 デイリープラン（個別援助計画表）

時間帯		活動		部屋		排泄		食事		入浴		その他	
		ケア内容	担当者	ケア内容	担当者	ケア内容	担当者	ケア内容	担当者	ケア内容	担当者	ケア内容	担当者
深夜	4:00												
	5:00					排泄介助	夜勤						
	6:00			離床介助	夜勤	（おむつ交換）						洗顔	夜勤
早朝	7:00												
	8:00							朝食	早出				
午前	9:00					排泄介助	夜勤・日勤					衣類着脱	夜勤・日勤
	10:00	いすへの誘導	日勤			（おむつ交換）		飲水	日勤				
	11:00	コミュニケーション											
	12:00							昼食	早出				
午後	13:00	いすへの誘導	日勤			排泄介助	日勤・早出					歯科検診	歯科医師
	14:00	コミュニケーション				（おむつ交換）						（1回／月）	
	15:00							おやつ・飲水	遅出				
	16:00	いすへの誘導	日勤			排泄介助	夜勤・日勤			入浴	早出・早出		
	17:00	コミュニケーション				（おむつ交換）				（火・金）			
	18:00							夕食	遅出				
夜間	19:00					排泄介助	遅出・夜勤					口腔衛生	夜勤
	20:00			入眠介助	夜勤	（おむつ交換）						無理強いしない	
	21:00												
	22:00												
深夜	23:00					排泄介助	夜勤						
	24:00					（おむつ交換）							
	1:00												
	2:00			巡回									
	3:00												
	4:00												

き、入浴と速やかなおむつ交換で清潔の保持などが可能になった。

　本人の病気が原因で本人自身でどうすることもできない現実に対しての苦悩、そして家族には身体的な衰弱や精神的な苦痛が見受けられた。本人にとって安心できる居場所を作っていくことが家族にとっても非常に重要である。明確な意思表示が困難で暴力行為等のある認知症のある人とケアスタッフの関わりは、寄り添う頻度を増やして、いわゆるBPSDに結びつく要因を探るアセスメントを行い、施設のなかで生活リズムの再構築と行動の安定を目標にして、根拠に基づくケアを行うことが重要である。

　しかし、施設におけるケアサービスは、ケアマネジャーが中心となって作成したケアプランと他のスタッフが行うサービスとの結びつきが乏しいために、「いつ」「だれが」「どの程度」行うのかが不明瞭になっている。ケアマネジメントでは利用者の身体、精神、社会状況によってサービスの種類や量、そして時間などが変化するのに対して、施設では画一的なサービスが中心となって自立支援に向けた個別サービスの提供量が明確ではないことが問題点としてあげられる。それを解決していくために、デイリープランを作成して対応していきたいと考えている（**表2**）。

■ コメント ■

　本事例の利用者は、激しい暴力行為等があるために、多くの施設からサービス利用を

拒否されてきた。こうした利用者を施設に受け入れるには、入念な準備が必要である。本事例においても、3か月間のショートステイ利用のなかで、本人の状態を充分把握して、施設入所に至っている。

1）暴力行為の背景の理解

この事例でのもっとも重要なテーマは、Iさんの BPSD に対して、ケアスタッフがどのように感じ、寄り添い、支援していったか、ということである。Iさんには、暴力行為を抑えるような支援をしても、おそらく効果はないだろう。事例提供者も記述しているように、このような場合には、無理強いせず利用者に寄り添う頻度を増やしていくなかで、ケアスタッフは、本人が不安を抱えて起こす暴力行為等の要因を把握していくことが大きなポイントになる。

すなわち、BPSD を起こす不安となっている要因を明らかにし、その要因に合わせた対応をすることによって、本人の感じる不安やストレスを解消し、安心感や信頼感を与える環境づくりに成功し、暴力行為の減少や夜間の睡眠の確保、そして速やかな入浴などを可能にしていったといえる。

Iさんに寄り添うことで明らかにされた要因とは、本人の自己防衛本能が強いため、その不安感から好戦的になり、暴力行為を起こしているというものであった。そこでケアスタッフは本人に寄り添いつつ、そのような防衛本能が働かないような状況を作ることで対応できたのである。さらに排泄については、本人に羞恥心があることをストレングスとして積極的にとらえ、その気持ちをくみ取った排泄介助をすることによって、継続中ではあるものの、問題解決に向かうことができている。

2）BPSD をもった利用者に向き合う

前述のように、施設の認知症のある人のケアでは、他の人に迷惑をかけないようにといった観点ではなく、認知症のある人本人に焦点をあて、その気持ちに寄り添うことで、本人のストレングスを見いだしたり、あるいは BPSD を起こす背景を理解することによって、徘徊や暴力行為が少なくなり、ひいては他の入所者との関係をより円滑なものにしていくことができる。

さらにもう一点、本事例でのケアプランで評価できることがある。それは、施設入所者に対しては、本来在宅と切り離した本人だけの支援であってしかるべきであるが、ここでは、サービス利用を幾度も拒否され、精神的にも追い詰められていた家族の立場に立って、家族も安心して生活できるようなケアプランを作成している点である。すなわち、施設のケアといっても、必ずしも入所者だけを支援するのではなく、本人を取り巻く家族の支援も施設のケアプランとして考えるべきであるといえる。

BPSD 3）施設

(7) 自傷行為や暴言・暴力のある認知症のある人が安心して暮らせる支援

■ はじめに ■

　認知症のある人は徘徊、ろう便、自傷、暴言・暴力といったさまざまなBPSDを呈する場合が多々みられる。これらのBPSDに対して、在宅・施設生活を問わず、なぜこのような行動をせざるを得ないのかといった、本人の気持ちを理解しながらBPSDを理解するように心がけて支援していくことが重要である。

　本事例では対応が非常に難しかったBPSDを有する認知症のある人のこのような行動障害を呈さざるを得ない気持ちを理解することを第1に考えてケアプランを作成し、症状改善を図っていったケースである。今回は自傷や暴言・暴力といった行為であるが、他のBPSDにもあてはめることができるという観点で学んでいただきたい。

■ 事例概要 ■

Kさん（60歳代、女性）

身体状況

・要介護度：要介護5
・認知症高齢者の日常生活自立度：Ⅳ～M
・障害高齢者の日常生活自立度：A1
・主な疾病：アルツハイマー型認知症、見当識障害、空間認知障害

生活史

　Kさんは60歳代の夫との2人暮らしで、子どもが2人いる。平成X年ごろよりもの忘れが目立つようになり、高齢の夫ひとりの介護では在宅生活が困難であることから、精神科への入退院を繰り返した。平成X年6～9月、K病院精神科入院。1年後、H病院精神科入院。2年後、S医科大学神経内科受診。その翌年11月から5年間、K病院に入退院を7回繰り返した後、当介護老人福祉施設に入所してきた。

■ 支援概要 ■

本事例のKさんはアルツハイマー型認知症を発症している。入所当初は穏やかにすごしていたが、次第に自傷行為や暴言・暴力をふるうようになった。このような認知症のある人に対する関わり方について報告する。

■ 支援の経過と内容 ■

当介護老人福祉施設入所までの間、在宅での生活が困難であることを理由に入退院（精神科）を繰り返す。入所の4年前にアルツハイマー型認知症と診断がついてからは病院での入院生活となり、半年に1回くらい自宅に戻るも、夫の手には負えず、Kさんはすぐ病院に戻るという繰り返しであった。病院側の働きかけにより、ケアマネジャーと家族との話し合いで何度か在宅介護も試みられたが、長くは続かなかった。また、老人保健施設での施設生活も試みたが、不穏・興奮のため再入院となった。当介護老人福祉施設入所までに本人や家族、病院関係者と面接を重ねた。施設生活が可能かどうか正直不安であったが、家族の意向が強く、入所することとなった。

入所当初のKさんは職員の話しかけに対して穏やかに受け答えし、落ち着いてすごしていた。しかし、1か月を経過したころからKさんの表情が次第に暗く、険しくなってきた。「ばかたれが」「警察にいうたる」といった暴言を吐き、身近にあるものを投げつけるなどの興奮状態が毎日続くようになった。さらに、突然歩き出す、あるいは危険なところでも突進することがあり、職員が行動を静止しようと声かけをすると、かえって興奮するような状態だった。夫との面会においても、Kさんは落ち着いているときとそうでないときとムラがあった。個室に1人にしておくと30分くらいで落ち着くという夫からの話があったので試みると、Kさんは本当に不思議なくらい落ち着いた。しかし、職員から「個室への避難は拘束にはならないか」という疑問の声が上がった。また、頻発する興奮と相反して排尿回数が減少してきた。このまま受容的な対応だけでは自傷行為や暴言・暴力は解決することが困難であり、かかりつけ医に相談したところ、以前入院していた病院の精神科を受診するよう勧められた。受診後、担当医は次のようなアドバイスをしてくれた。「便秘傾向は生活行動と関係することがあるので、毎日排便があるように促すこと。不眠が2日程度続く状態なら許容範囲とし対応する。不眠は何らかの原因があり、精神的緊張状態、焦燥感、不安定等により起こる。危険を回避するために本人の行動を抑制することはかえって不安を助長し、BPSDが強まることにつながる。個室の活用は不必要な拘束にならないように、本人の安全確保と他者に対する安全への配慮からも必要である。今後、不穏状態が頻回に起こり、体調の変化がみられる場合は、内服薬の変更と10日ほどの入院を勧める。」

このアドバイスを参考にしながら、職員らはKさんの立場になって働きかけを行った。

第2部　認知症のある人に対するケアプラン事例から学ぶ

再度職員間でKさんへの関わりやケアの方法について、また興奮時の特記すべき事項等の検討のためにカンファレンスを開いた。その結果、職員による以下のような働きかけをすることになり、Kさんは少しずつ落ち着きを取り戻していった。

職員の工夫と対策

担当医のアドバイスのもと、職員間でKさんの生活全般の解決すべき課題とその援助目標、対応方法について以下のとおり検討し、ケアプランを作成して取り組んだ（表1）。

表1　施設サービス計画書

生活全般の解決すべき課題（ニーズ）	長期目標	期間	短期目標	期間	サービス内容	担当者	頻度
排尿回数は入所してから平均1日3回の頻度。夏に向かい回数がさらに減少してきていることに伴い、表情が険しく攻撃的な言動が多くなる。興奮も不眠も頻回になっている。この状態を改善したい	興奮状態が落ち着く	6か月	充分な水分が摂れるようになり、排尿回数が増える	3か月	・水分チェック表に摂取量を記入する ・1日1,500ml以上の水分を飲んでもらう ・好きな煎茶を飲んでもらう ・夏場なので冷たい飲み物も準備する ・ストロー付き水筒で自分のペースで飲んでもらう	職員全員	・随時
空間認知障害があり、1人で歩くと物にぶつかってしまう危険がある	転倒したりケガをしないようにする	6か月	安全に移動できる	3か月	・できる限り片づけ、危険なものがないようにしておく ・歩行時は必ず見守りをする ・歩行の状況を観察する	職員全員	・随時
家族の面会後に「帰らんといけません」「帰ってごちそうしてやらんと」「孫が帰ってくるのでおってやらんと」といい、落ち着きなく、その後不穏になることが多い。家族が帰ると、寂しい気持ちになっている。この状況を改善したい	家族が面会に来にくい雰囲気にならないように配慮する	6か月	寂しい気持ちが少ない状態で面会後すごすことができる	3か月	・家族の面会後はできる限り側に寄り添うようにする ・散歩などをし、気分転換してもらう ・嬉しそうなとき、不機嫌なとき、関わりを記録しておく ・できる限り1人にしないで側にいるようにする ・家族をいっしょ♪に見送る ・歩かれるときの危険物の除去。他者との接触を避ける	職員全員	・随時 ・面会後
排便が定期的に出ないと精神状態に影響を及ぼす。医師より毎日排便の指示が出るが、浣腸をすると不穏が強くなる	排便による不穏状態が軽減する	6か月	浣腸の回数を減らすことができる。自然に排便できるようになる	3か月	・便通に有効なお茶を選ぶ（どくだみ茶を飲用してみる） ・海草繊維の含まれているお茶ゼリー（クールアガーゼリー）を食べてもらう ・食物繊維の多い食事の見直し・提供 ・腸の蠕動運動をよくするビフィズス菌パウダーを1日1回飲用してみる ・下剤2錠毎晩内服	看護師 栄養士	・毎食時 ・10時 ・夕食後
排尿誘導しても出なかったり、すでに出ていたりすることがある。出るようになると1回量が多く、寝具や衣類まで汚染する。居室内での排泄も時にある	トイレで排泄できるようになる	6か月	本人のペースで排泄できる。排泄が負担にならないようにする	3か月	・排泄表を目安にして排尿がある時間帯に誘導してみる ・洋式トイレでだめなようであれば、和式トイレを使ってみる ・排泄状況を記録しておく ・夜間はパッドを工夫し、漏れないようにしてみる	職員全員	・5、8、17、23時誘導 ・随時 ・就寝前
食事中、「おじいさんが盗る」「おじいさんは昔から人の物を盗む」と訴える。	不安な気分にならないようになる	6か月	安心して食事ができる	3か月	・食事の席の検討 ・介助は必ず最後まで1人で介助する ・食事状況の観察	職員全員	・毎食時
食後、エプロンやおしぼり等を口の中に入れることが多くみられる。おかゆのため満足感がないのか、「まだ食べていない」「お腹いっぱいにならない」という。これらの状態を改善したい	エプロンやおしぼりを口の中に入れないようにする	6か月	食後の満足感を得られるようにする	3か月	・食事を全がゆから軟らかいご飯に変更 ・食事中、食後の状況の観察と記録	栄養士 職員全員	・毎食時

205

- 排尿回数の確保：Kさんは元々排尿回数が人より少なく、入所直後は1日3回くらいだったが、1日1回と少なくなり、興奮もひどくなった。尿意を感じないときに無理にトイレ誘導しても混乱するかもしれないと推測し、Kさんは5時、8時、17時、23時ごろに尿意を感じることが多いことから、その時間に誘導することになった。
- 1日1,500mlの水分摂取：自分でコップをもって上手に飲水するので、自分のペースで飲水できるよう、ストローつきの水筒を準備した。
- 毎日の排便を促したい：担当医より浣腸で毎日排便するように指示があったが、浣腸後に不穏になることが多いため、薬局に相談し、どくだみ茶を飲用することにした。また、海草繊維を多く摂るよう、ゼリーを毎食摂取することとし、食物繊維の多い食事摂取に努めた。また腸の蠕動運動をよくするため、ビフィズス菌パウダーを1日1回飲用することとした。さらに下剤（プルセニド）を毎晩2錠内服することとした。
- 家族との面接後の興奮する回数を減少させたい：夫や娘の面会後に「家に帰らんと行けません」「帰ってごちそうしてやらんと」「孫が帰ってくる時間です。家にいてやらんと」といわれ、落ち着きがなく、その後不穏になることが多かった。家族が帰り寂しいことによると推測され、面会後はケアワーカーがしばらく側に寄り添い、できる限り声をかけ、Kさんと会話する時間を増やすこととした。その際には、気分転換に屋外の散歩もすることとした。同時に夫には頻回に面会にきてもらうこととした。
- 満足感のある食事をしたい：ある入所者と食事をすると、「おじいさんが盗る」「おじいさんは昔から人のものを盗む」というなど、もの盗られ妄想が生じるので、その人といっしょに食事介助をすることを避け、介助者はできる限りKさん1人を介助することとした。食後、エプロンやおしぼりを口の中に入れ、暗い表情でいることがあった。職員が「お腹いっぱいになりましたか」と聞くと、「なってない」「まだ食べてない」と答えるため、おかゆでは満足感がないのかもしれないと考え、全がゆから軟らかいご飯に変えることとした。

ケアプランの検討

　上記の取り組みをして半年が経過した。すると、徐々にではあるがKさんに変化が現れ、入所1か月時のような不穏状態、攻撃はみられなくなった。飲水では、目標であった1日1,500mlの水分補給は声掛けとストローつき水筒によって無理なく摂取できるようになった。排尿回数は1日3～4回に増えた。以前、月に6回ほど浣腸していた排便が、2、3日に1回、自然排便ができるようになった。排尿についても、トイレ誘導により排尿可能になり失禁の頻度は減少した。また、突然歩き出し、途中でしゃがむ姿勢になるときがあ

り、このときにトイレ誘導すると排尿できることがわかった。また、排尿後は落ち着くようになった。

興奮に対しては、できる限り側に寄り添うことで家族との面会後の不穏も少なくなった。歌手・美空ひばりの「リンゴ追分」が好きで歌ったり、楽しい話をしたりするときには、とびきりの笑顔がみられた。また以前にみられた会話中の指しゃぶりや衣服なめの行動がなくなった。さらにKさんには信仰心があり、仏間で熱心にお祈りすることや花が好きといったさまざまなことがわかってきた。食事中に起こる「もの盗られ妄想」については、1人介助になってからは、「おじいさんが盗る」などの言葉が聞かれなくなった。

■ 考　察 ■

この事例を通して以下の点に気づくことができた。

Kさんの場合、暴力や不穏が強く、重度アルツハイマー型認知症のため、当介護老人福祉施設での対応は無理かもしれないと、受け入れ時は不安であった。しかし、担当医に相談し、アドバイスを受けることでケアの方向性がみえ、まずアドバイスどおりにやってみようという気持ちになれた。このことからもいえるように、担当医をはじめ他職種との連携が重要であると感じた。

認知症のある人のケアのポイントとして、十分な水分摂取と排便コントロールは非常に重要であり、不穏状態と密接な関係があることを体験することができた。行動には何らかの理由がある。それはどのようなときに起こり、どのような状態で起こっているのか、またどのようにすると落ち着くのか、どのような場合によい表情をするのかなど、観察が重要で、自分でうまく表現できない認知症のある人が感じている世界を自分たちの身に置き換えてみることも重要である。

入所すると施設職員との関わりが強くなるが、精神的な面で最も必要なのは家族との関わりである。施設から家族への働きかけにより、Kさんの家族との面会を頻回にし、家族が積極的にKさんと関わりをもとうと努力したことが、この事例がうまくいった最大の要因である。本事例は、ケアワーカーを中心にケアカンファレンスを行い、主治医、専門職スタッフ、家族が一丸となってのケアができた。

認知症のある人のケアが確立されていないため、どのように対応してよいのかわからず、受け入れに躊躇することも正直ある。今回の事例の体験から、認知症であっても人間らしく、喜怒哀楽のある「生活の場」としてサービスを提供する施設になるよう一歩踏み出すことができたと感じている。

■ コメント ■

本事例のKさんは意思表示が十分できないため、本人の状況を言語的コミュニケーションでもって理解することは難しい。そのため職員は、利用者の行動パターンや行動に

至るサイン等をキャッチし、そこから気づいたことや感じたこと、気になることを集積していくことで適切なケアプランを作成し、Kさんに見合った支援をしている。具体的にはKさんの不穏や暴力といったBPSDの背景になる事象を職員がキャッチしたことで解決を図っていった事例である。

1) BPSDの背景をサインとしてキャッチすることの重要性

本事例のケアプランでは、KさんのBPSDの背景をサインとしてキャッチし、暴力や自傷行為を減少させることができたことが高く評価できる。

まず第1は排便についてであるが、Kさんは定期的な排便がないため、担当医から毎日排便するよう指示があった。しかし、浣腸をする際にきわめて落ち着きがなく不穏になることが多い。Kさんのそうした行動の改善のために、浣腸ではなく自然排便ができるよう、便通に有効な水分補給や食事内容の改善を実施している。これは浣腸が不穏や落ち着きがなくなることを誘発していることをキャッチし、ケアプランに結びつけていったといえる。

第2は排尿についてである。元々排尿回数が人より少ないKさんだが、排尿が1日1回くらいのときに興奮がひどくなることを、職員が利用者に寄り添うなかから感じることができていた。その結果、水分を適切に摂取するように支援することで、BPSDを減少させる結果につながったといえる。さらにはKさんが突然歩き出し、途中でしゃがむ姿勢になるという行動が排尿のサインであることを理解でき、トイレ誘導が円滑に行えるような支援ができるようにもなっている。

第3は家族との面会後に不穏状態になることがわかり、このサインにこたえるため、Kさんの寂しいという気持ちに職員が寄り添い、その寂しい状態を少しでも和らげることができるような対応を取っていくケアプランを作成している。その結果、良好な結果を得ている。

以上のようなKさんのBPSDを職員は受容的に対応することを基本にしている。その結果として、そうした行動から発せられるサインによって、なぜ生じているのかを職員がKさんに寄り添いながら推し量り、それをケアプランに反映させ、BPSDを改善していったことが高く評価できる事例である。

一般にアセスメントデータとは、利用者の発言する内容であったり、あるいはケアマネジャーが客観的に理解しているデータが多い。本事例の場合は、職員の観察等を通じての「気づき」をデータとして集積することによってケアプランの作成を実施している。このようなデータを集めるためには、利用者に寄り添って、さまざまなサインをキャッチすることがもっとも重要であることはいうまでもない。

2) BPSDの背景となる情報の収集方法

　第1には、各職員がKさんのBPSDの背景にある身体機能状況、精神心理状況・社会環境状況、さらには過去の生活史等を理解しながら、BPSDの生じる背景をとらえていく必要がある。その背景をとらえるには、BPSDだけを注視するのではなく、Kさんの生活全体を俯瞰するスタンスでとらえることが必要である。

　しかし、これらの気づきやサインをキャッチするには、受容的な気持ちで利用者に関わることが重要である。しかしながら、個々の職員の感受性によりずいぶん差が生じる部分でもある。そうした大きな差が生じる部分であるからこそ、職員の1人ひとりがどのように感じ、気づいたかを記録し、集積していくことが重要になる。さらには、記録を集積するだけではなく、ケアカンファレンスで1人ひとりが意見を出し合いながら、職員全体がサインや気づきを共有し合、ケアプランに反映していくことが肝要である。

　ケアプラン作成時には、職員間で共通した認識をもつことが重要であるが、同時に本事例のようにKさんの担当医からのコンサルテーションをもとにケアプランを考えていくことも、BPSDの背景となる情報を収集する1つの手段である。また、医師に限らず他機関の専門職からのコンサルテーションや自らの施設内での上司のスーパービジョンを受けながら、ケアプランの内容を吟味し、実施していくことも手段の1つである。

3) ケアプランとマニュアルの関係

　本事例は施設生活におけるケアプランであり、このなかにはKさんならではの個別的なニーズについてどのように対応するかが示されている。他方、施設には入浴、食事、排泄といったさまざまなケアやリスクについてのマニュアルが存在するはずである。その意味では、ケアプランは入所者の誰にも提供する内容が書かれているわけではなく、Kさんが個別的に必要な生活ニーズが記述され、その解決方法が提示されている。ケアやリスクについてのマニュアルとケアプランは「車の両輪」であり、この両輪でもって初めて施設での適切なケアが推進できるといえる。

　以上の意味から、先に示した表1の施設サービス計画書は、Kさんに個別的にどのように対応するかを提示したものであり、その前提にすべての入所者に対してリスクを予防し、適格なケアを提供する一定水準のマニュアルがあることを認識しておく必要がある。

　本事例の内容を鑑みると、精神病院でも対応できなかったケースが介護老人福祉施設で対応が可能となり、BPSDが激減しているが、ある意味ではこうしたBPSDへの対応は生活施設である介護老人福祉施設だからこそ適している側面が大きいともいえる。今後、Kさんは施設から在宅にもどることも考えられる。その際もKさんから発せられるサインをキャッチし、それらを的確に在宅のケアプランに反映させ、このことを家族や居宅の介護サービス事業者に伝えることで、BPSDに適切に対応しながらケアすることができるだろう。

BPSD 3）施設
(8) 適切なアセスメントと精神的サポートでBPSDを軽減

■ はじめに ■

　本事例にみられる徘徊や夜間不眠といったことは、一般にBPSDとよばれている。BPSDは認知症のある人のある段階で約6～8割の人にみられ、それらの多くは個々の高齢者の生理身体的・精神心理的・社会環境的な背景から生じているといわれている。このようなBPSDがある場合には、在宅であっても施設であっても、きわめて高いケア能力が要求される。そのため、ケアマネジャーは、このような認知症のある人のBPSDにも向き合い、支援をしていくことが必要である。本事例を介して、これらの徘徊や夜間不眠といったBPSDに対して、施設のケアプランでいかに対応していったのかをみていきたい。

■ 事例概要 ■

Lさん（80歳代、男性）

身体状況
- 要介護度：要介護3
- 認知症高齢者の日常生活自立度：Ⅲb
- 障害高齢者の日常生活自立度：A1
- 病歴：アルツハイマー型認知症、糖尿病、膀胱炎、尿路感染症、褥そう（左足踵部）
- HDS-R（改訂長谷川式簡易知能評価スケール）：5点/30点満点（入所時）
- 主なBPSD：徘徊、暴言・暴力、夜間不眠、食べ方の異常、帰宅願望

生活史
　Lさんは、結婚後、3女をもうけ、車の製造工場で働きながら生計を立ててきた。子どもが結婚、独立した後は、長女家族と同居し生活を送ってきた。妻の死後、要介護状態となってからは、3人の娘が協力しながらLさんの介護を行ってきた。

■ 支援概要 ■

認知症のある人のBPSDに対しては、本人の思い（ニーズ）と生活環境（住環境、ケアスタッフ、ケアプランなど）が一致することで、適切な対応が可能になると考える。しかしながら、認知症のある人については、本人の思いを直接確認することが困難なことも多い。そのため、日々の言動や過去の生活史、人間関係などのなかから、BPSDが生じている背景を分析することで、その行動から本人が真に伝えようとするメッセージを理解していかなければならない。そのためには、多職種チームにより検討する作業が大切である。

今回の事例は、介護老人福祉施設に入所後、認知症によるさまざまなBPSD（徘徊、暴行、帰宅願望、夜間不眠など）を繰り返し、混乱のなかで苦しんでいるLさんの詳細なアセスメントとチームカンファレンスによって支援し、BPSDが軽減できた事例である。

Lさんは、それまで自宅で妻と長女家族の4人で生活してきた。5年前に妻に先立たれたのを契機に、家族との関わりが薄れ、自室に閉じこもりがちとなり、身体機能（歩行）が低下して転倒を繰り返すなど、常に介護が必要な状態となった。また、夜間に家のなかを徘徊したり、夜中に外に出て大声を出すなど、認知症によるBPSDも現れるようになった。医療機関を受診したところ、「アルツハイマー型認知症」と診断された。

2年前より、当法人の通所リハビリテーションや短期入所サービスを利用し、在宅生活を継続してきたが、認知症の症状が悪化し、介護者（長女）の精神的なストレスが大きくなり、2005年3月より当施設に入所となった。

■ 支援の経過と内容 ■

1）入所直後の暫定ケアプラン

当施設では、入所前の本人のアセスメント、介護者の面接などにより、入所後1か月間の暫定ケアプランをまず立ててケアを行っている。さらに、認知症によるBPSDについては、発生背景を明らかにするため、別に24時間言動分析表を作成し、特徴的な行動とその様子を記録していくことにしている。

今回の暫定ケアプランでは、Lさんが安全に施設で生活してもらうことを目標に、まず、下肢筋力の低下による「転倒予防」を中心としたケアプランを作成した。

しかしながら、入所後のLさんは、毎日のように「家に帰る」と興奮して怒り、外に出て行ったり、スタッフが話しかけても「バカやろう！」「そんなバカなことがあるか！」と大声で叫び、3日間の不眠状態や、無理な歩行による転倒を繰り返すなど、認知症によるBPSDが多発し、当初立てた暫定ケアプランはまったく機能しない状況であった。

2）暫定ケアプランの見直し（ケアカンファレンス）

入所後1週間が経過した時点で、Lさんのケアプランを見直すために、再度、家族（長

女)、主治医を含めた、関係スタッフによるケアカンファレンスを行った。

　カンファレンスでは、Lさんの認知症による混乱が予想以上に強いため、転倒を予防する機能訓練やケアがほとんど効果を発揮していないことが確認され、当面のケア目標を「認知症によるBPSDの軽減」に変更し、Lさんの精神的なサポートを優先させたケアを行うということで、家族を含め関係するすべてのスタッフで合意形成を図った。

　次に、入所後1週間のLさんの24時間言動分析表の情報をもとに、BPSDを引き起こしている背景について検討し、Lさんの希望や不満、怒りなど、施設生活におけるLさんの満たされない思い（ニーズ）を分析し、ケア内容を検討した。

3) 施設入所後、Lさんにみられた特徴的な行動（24時間言動分析表から）

(1) 食べ方の異常（盗食）

- 空腹感（「腹が減った」）を訴えることが多く、食事の時間においても、食べ物をかき込むように口に入れ、飲み込む。
- 食事のスピードが異常に早く、食べ終わると、他者の食事に手を伸ばして食べてしまう（朝・昼・夕すべてにみられる）。
- スタッフがゆっくりと食べるように声をかけたり、介助を行おうとすると怒る。
- 食事への声かけ・案内については、抵抗せずに応じる（ただし、食事を待つことができず、すぐに食事がこないとイライラして大声で叫ぶ）。

　家族から、「Lさんは、昔から外食などはほとんどせず、妻の手料理を食べていた。仕事には毎日、妻のお弁当をもっていった。食べ物の好き嫌いはなく、何でも食べた。また、亭主関白的な性格であり、食事の準備や後片づけはすべて妻が行っていた」との話を伺う。

(2) 徘徊

- 食事のとき以外は、常に落ち着きなく歩いている。
- 「家に帰る」と外に出ようとしたり、「こんな所はあかん！」「ばかやろう」と大声で叫びながら、歩いている。
- スタッフが行動を制止したり、無視をすると、相手かまわず暴力をふるう。
- 昼間は外に出ると落ち着くことが多い。自宅と施設の認識はなく、外に行って、しばらくすると施設に戻ろうとする。
- ソワソワするのは午後からが多い。午前中は比較的穏やか。
- 夜間は、トイレに誘導したり、居室に案内することで、落ち着く場合がある。
- 居室の場所はわからないが、部屋のなかをみれば、自室であることは理解できる。

(3) 夜間の不眠状態

- 眠りが浅く、2時間程度で目が覚めている。
- 不眠時は、失禁していることが多い。
- 下着の交換には抵抗なく応じる。

・家族の話では、Lさんは家ではずっと畳で寝ていて、ベッドで寝たことがない。また、昔から交代シフトで勤務する自動車工場で働いており、夜は遅くまで本（車の雑誌など）を読んだり、ラジオを聴いて起きていることが多かったという。

(4) 転倒
・「歩くと転びやすい」という自覚はない。
・車いすを使用しても、すぐに降りたがる。手引き歩行もいやがる。1人で歩きたい。
・転ぶときは前方向や左側に傾いてバランスを崩していることが多い。

4）ニーズ把握とケアプランの見直し

スタッフの行動観察およびLさんのこれまでの生活史の情報をもとに、BPSDを起こす背景を分析し、BPSDを通じて、Lさんのニーズを検討し、「転倒防止」を目標とした暫定ケアプランから、Lさんの「BPSDの軽減」に焦点をあてたケアプランに変更した。Lさんのニーズについては、それぞれのBPSDをもとに以下のように分析した。

① 「食べ方の異常」→「食事を満足に取りたい」
② 「徘徊」→「トイレに行きたい」「居室にもどりたい」「家に帰りたい」「外に出たい」
③ 「夜間の不眠」→「眠れなくて困っている」（トイレ、空腹、居室の環境など）
④ 「転倒」→「転ばないように1人で歩きたい」

※ 援助目標、ケア内容については、ケアプランを参照されたい（**表1**）。

5）施設入所1か月後

見直したケアプランを作成・実施後、約1か月が経過し、Lさんは徐々に精神的な安定を取りもどした。とくに「食事の工夫」や「排泄パターンの把握」に成功してからは、帰宅願望や徘徊などの認知症によるBPSDはすぐに減少がみられた。

また、入所当初の目標であった、転倒のリスクについても、徘徊の消失により、そのリスク自体が軽減している。依然として、夜間の不眠状態、機能訓練への参加については拒否しているが、一部のスタッフとのコミュニケーションも取れるようになり、作業療法や散歩などの働きかけにも応じるようになってきている。

■ 考 察 ■

Lさんが精神的な安定を取りもどし、さまざまなBPSDが改善されたのは、すべて「食事の支援」と「排泄支援」の成功がきっかけとなっている。入所当初の暫定ケアプランにおいては、「転倒の予防」や「下肢筋力の改善」など、Lさんの身体機能に焦点をあてたケアプランを作成したが、その効果をほとんど得ることができなかった。

BPSDを通じて、Lさんが望んでいること、困っていること（ニーズ）を、スタッフがアセスメントを行い、具体的に「満足な食事」「排泄の支援」というケアのヒントを理解

表1　施設サービス計画書

生活全般の解決すべき課題（ニーズ）	援助目標		援助内容		備考
	長期目標	短期目標	サービス内容	担当職種	
1 食事を満足にとりたい	食べ方の異常を改善する	①空腹時に適切な対応をする	①毎食後、おにぎりをお弁当にして居室に準備する ②居室にお茶を準備し、いつでも飲めるようにする ③おやつを準備しておく	ケアワーカー、栄養士、家族	空腹時の訴えがあるときは、居室でおにぎりを食べていただく おにぎりの回収は、毎食後（衛生管理のため）
		②他人の食事をとらないようにする	①自分の居室で食事 ②おひつを準備し、自分でおかわりができるようにする ③食事の量は大盛にする ④食べた後の膳は最後まで片づけない	ケアワーカー、栄養士	
		③安全に食事をしていただく	お茶の準備、食事が始まるまでは、職員が見守る	ケアワーカー、栄養士	急な食べ方がみられる場合は、落ち着くまで目を離さない
2 認知症や下肢筋力の低下がみられるが、1人でトイレで排泄したい	トイレで1人で排泄できるようにする	①できる限り失禁しないようにする	トイレのサインを見逃さない（適切なタイミングの誘導）	ケアワーカー	ソワソワした動作、ズボンを触る動作、居室と廊下の出入りの動作が頻回になっているときに誘導
			トイレ誘導の強化（紙パンツの廃止）	ケアワーカー	昼間は2時間ごと 夜間は3時間ごと
			排泄状況のチェック	ケアワーカー、看護師	排泄チェック表への記入（尿量、失禁した場所、時間も記入）
			失禁後の対応は、居室またはシャワールーム等で着替える	ケアワーカー	プライドへの配慮 大騒ぎをしない 他者にみられない
		②排泄時の安全な座位姿勢を確保する	①トイレの便座の調節 ②肘掛け等の設置の検討	ケアワーカー、作業療法士、ソーシャルワーカー	
		③トイレの場所がわかるようにする	①トイレの表示を大きくする	ケアワーカー、作業療法士、ソーシャルワーカー	小便器の検討 トイレに近い居室への移動の検討
3 眠れなくて困っている ※寝られないときは寝なくてもよい ※4〜5時間の睡眠時間で足りているのならよい（主治医）	睡眠時間の確保	夜間の不眠状態の改善を図る	①夜間睡眠が確認されるまでは電気を消さない ②居室で雑誌やラジオを聴けるようにする ③不眠時はトイレへ案内する ④布団の導入の検討	ケアワーカー、看護師、ソーシャルワーカー、家族、主治医	3日間以上不眠状態が続くときは、主治医に相談

し共有して取り組んだことで、Lさんの施設での生活は大きく変化した。また、BPSDの改善に伴って、入所当初からスタッフが恐れていた「転倒」のリスクが軽減するなど、その他の生活上の課題についても大きなケア効果を得ることができた。

　今回の事例を通して、認知症によるBPSDは、本人の何らかの生活上の問題や不満が行動として表現されたものであることが確認できた。BPSDのなかには、本人の思いを理解するヒントが隠されている。私たちスタッフには、本人の行動を通じて本人が伝えようとしているメッセージを理解するため、「深い行動の観察力」と、その観察で得られた

第2部 認知症のある人に対するケアプラン事例から学ぶ

情報に基づく「行動背景の分析力」が必要とされていることを強く考えさせられた。

■ コメント ■

　本事例では、徘徊、暴力、食事の異常、夜間不眠といったBPSDがみられる。このようなBPSDに対してケアワーカーなどのすべてのスタッフが、本人の行動を観察し、あるいはサインをキャッチして、BPSDの背景となるものを分析するなかで、適切な支援をしている。その結果、利用者の徘徊や暴力などが減少し、スタッフとのコミュニケーションも取れるようになっていった事例である。

　BPSDは、認知症のある人のニーズが変形した形で現れているものと仮定され、それらを「NDBモデル」（NDB：Need-driven Dementia-compromised Behavior Model）とよんでいる。どのようなニーズが変形したものかを明らかにするためには、本人の、どのような生理身体状態、精神心理状態、社会環境状態が、そのような行為や心理状態を生み出しているのかを理解することが重要である。

　本事例ではNDBモデルの考え方に基づき、徘徊や暴力、食事の異常、夜間不眠を、本人の「なにかをしたい」というニーズが変形したものであるという認識に立ち、その背景を探り、それを分析するなかでケアプランに反映をさせている。ここでは2つの行動について見てみたい。

1）食事の支援

　これについては、家族からこれまでの家庭での食事の仕方や食事の状況について話を聞き、さらに鋭い観察のもとで、食べ方の異常は「満足な食事を摂りたい」というニーズが変形したものとしてとらえている。そこで、空腹時には、居室におにぎりやお茶を準備して対応し、盗食に対しては、居室で食事が摂れるようにし、おひつを用意して自分でおかわりができるような態勢を栄養士の管理のもとで準備した。また、食べた後の膳は最後まで片づけないという対応を取っている。さらに、安全に食事をしてもらうために、職員が本人を見守るという支援を行っている。このような工夫により、本人は安心して食事ができるようになった。

2）排泄の支援

　徘徊については、夜間はトイレに誘導することで落ち着く場合があり、また、夜間の不眠状態については、失禁している場合に多いことが理解できた。これらから、本人の自立排泄を支援することで、徘徊や夜間の不眠について改善を試みるケアプランを作成し実施している。まずは、本人の排泄パターンを把握し、施設サービス計画書にも書かれているように、紙パンツを廃止して、ソワソワした動作やズボンを触る動作、また居室と廊下の出入りの動作がみられたときには、排泄のサインとして理解し、昼間は2時

間ごと夜間は3時間ごとにトイレ誘導を行う形で失禁への対応をした。失禁してもその対応は、他者にみられないよう、居室やシャワールームで着替えさせ、本人のプライバシー保護に配慮した。最終的には、トイレに近い居室への移動も検討に含めている。こうした排泄の支援を行うことにより、夜間の不眠についてはまだ解決が十分できていないが、徘徊はほとんどなくなってきた。

3）本人の思いを気づく観察力

　以上の2つのBPSDへの対応を考えてみると、事例提供者も書いているように、BPSDのなかで本人が訴えている思いを感じたり、あるいはサインをキャッチするという、観察力が求められることがわかる。そうした観察力をスタッフ全員がもち、背景になにがあってそのような行動が生じているのかを話し合いのなかで共有し、それをケアプランに反映していくことの重要性を示唆している事例である。

　個々の認知症のある人のすべてのBPSDの背景を理解することができるとは限らないが、スタッフが共同して理解をしようとする姿勢がきわめて重要である。同時に、こうした試みは、利用者との信頼関係を強めていくことになる。ただし、理解して作成するケアプランは、決してそのBPSDそのものをなくすことを目的にするものではない。そのBPSDの背景にあるものを理解することによって、ケアプランを介して、すべての周囲の者がBPSDに対して、より適切な対応を取れるようにすることである。その対応が、時にはBPSDがなくなることにもつながることになる。このようなケアプラン作成は、認知症のある人のBPSDに対して、施設であればスタッフ全員が、在宅であれば家族やケアマネジャー、ホームヘルパー、他のスタッフが同じ認識に立って、BPSDに対応することがポイントである。

第2部　認知症のある人に対するケアプラン事例から学ぶ

BPSD　3）施設

（9）職員と家族で課題を共有し、繰り返し検討・実践を重ねる

■　はじめに　■

　認知症でBPSDのある人に対しては、在宅であろうが施設であろうが、まずはケアによりBPSDの解決を図ることが大切である。しかし、そのようなケアのみではBPSDに十分な対応はできない、あるいは自傷や事故の恐れがあるといった場合に限っては、入眠剤や向精神薬といった投薬により、利用者の精神を安定させ、BPSDの解決や緩和を図ることになる。本事例は、そのような投薬でのコントロールが大変難しいと医師から診断され、施設内のケアのみでもってBPSDを含めて利用者に対応している事例である。
　このような場合に、本人のいまある力をどのように引き出して支援していけばよいかについて考えてみたい。

■　事例概要　■

Mさん（80歳代、女性）

身体状況
- 要介護度：要介護5
- 認知症高齢者の日常生活自立度：M
- 障害高齢者の日常生活自立度：B2
- HDS-R（改訂長谷川式簡易知能評価スケール）：0点
- 病歴：アルツハイマー型認知症、変形性脊椎症.
- ADL：食事以外は介助が必要な状況であり、暴言・暴力がみられ、意思疎通が困難。入浴時の介助拒否がとくに強くみられる。1人で過ごしているときには精神的に落ち着いていることが多いが、職員や家族が来ると、叫んで不安定になる。

生活史
　20歳代で夫を病気で亡くし、その後は女手ひとつで2人の子どもを育て上げた。仕事は定年まで製造業に従事し、退職後は長女の住むH市に転居した。

家族状況

家族は、積極的に本人と関わり、関係も良好。長女、長女の娘、長男の妻がよく面会に来る。

■ 支援の概要 ■

Mさんは、ひとり暮らしが困難となり当介護老人福祉施設へ入所したが、不安感からか暴言・暴力などBPSDが憎悪し、職員は家族も交えて、対応策を検討した。家族の面会を増やし、居室環境を整え、職員の対応を増やしたりしたが、効果はなく、介護老人福祉施設での対応は限界と判断し、精神科専門病院に入院となった。しかし、入院先では、MさんのBPSDなどの精神状態はパーソナリティに起因しており、薬での調整は難しいと判断され、2か月で退院し、当施設に再入所となった。

退院後のMさんの暴言・暴力はいっそう激しさを増していた。職員は家族の協力を得ながら、とくに拒否の強い入浴を家族の面会日に合わせ、機械浴にするなど工夫をしながら対応している。精神状態をコントロールできず、見守るのに精一杯という状況もあるが、本人の観察を重ねることで、本人が嫌がることや喜ぶことが理解できるようになり、Mさんが自分らしく穏やかに暮らせるよう、日々、対応と試行を続けている。

■ 支援の経過と内容 ■

1) 不安感から暴言や暴力行為を繰り返す

Mさんは、長女の自宅近くにある文化住宅の2階でひとり暮らしをし、長女の援助を受けながら生活していた。足腰が徐々に弱くなり、自分でできないことが増えたため、2007年に介護保険制度の利用申請をし、要介護3の認定を受け、通所介護や短期入所生活介護のサービスを利用して在宅生活を送っていた。

ところが、2007年8月、右足に火傷を負ったことがきっかけで、下肢筋力と認知機能面が急速に低下し、階段が急な2階に居住していたこともあり、在宅生活が困難となり、同年9月に当施設への入居となった。

入居時のMさんは、長谷川式簡易知能評価スケールは3点、性格はおおらかで、周りに気を遣うタイプであった。常に不安感があり、職員をみると「ちょっとこっち、来て」と叫ぶことが多く、職員や面会の家族に対する依存心が強くみられた。対応が遅れたりすると、「帰る」といって立ち上がろうとしたり、「なによ。ばか、アホ!」などの暴言や物を投げる、職員を叩くなどの不穏行動に変わっていった。また、他の入居者と職員が会話しているのをみたときにも、嫉妬心からか同じように暴言を吐くなど不穏行動がみられた。

職員が隣に座って話しかけたりすれば、不穏になることは少なく、落ち着いていた。だが、職員は他の入居者への対応もあり、ずっとMさんに付き添うことが困難な状況であるため、Mさんへの対応方法を検討した。

第2部　認知症のある人に対するケアプラン事例から学ぶ

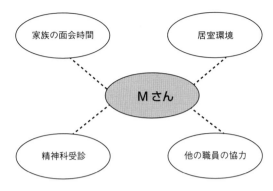

図1　Mさんの取り組み

2) 職員・家族で対応策を検討し、さまざまな実践

　Mさんに関わる職員、そして家族にも参加してもらい、話し合いがもたれた。
「このままでは他の入居者とのトラブルが起き、大きな事故につながる可能性がある。それを未然に防ぎ、なおかつMさんに安心して、穏やかにすごしてもらうにはどのようにすればよいか。」
　このような課題に対して、次のような方針が固まった（図1）。
　①家族の面会を喜ぶので、家族に面会時間を増やしてもらう。
　②居室で穏やかにすごせるような環境を作る。
　③不穏時はユニット職員だけでは対応できないので、他のユニットの職員にも協力してもらう。
　④施設内診療所の精神科を受診する。
　上記方針のもとに、次のような具体的な取り組みを決めた。
・家族の面会時間については、家族の協力を得て、ほぼ毎日、昼から夕方まで複数の家族に面会に来てもらう。
・居室環境をトイレに行きやすいベッド配置にする。長時間座れるソファーを置き、テレビやDVDで好きな歌、映画、さらに家族を撮影したビデオを放映するなど、居室で穏やかにすごしてもらえるような工夫をする。
・ユニット職員で対応できない場合、他のユニットの職員とも連携し、Mさんと少しでも多くコミュニケーションを図れるようにする。
・精神科受診により、Mさんに落ち着いてもらえるように薬の調整を図ってもらう。
　このような取り組みを2010年1月から2011年6月まで実践したが、残念ながらよい結果を得ることができなかった。
　家族の面会や職員の関わりを増やしたことで、家族や職員に対する依存心がますます高まり、以前より不穏状態の回数が多くなってしまった。また、家族は面会時間が増えたことでストレスがたまり、体調を崩した。Mさんは居室ですごすことをいやがり、テレビ

やDVDには無関心で効果はあまりなく、逆にテレビの音に対して怒る場面も出てきた。薬については、処方薬のコントロールに限界があり、眠気ばかりが高じ、転倒リスクが高まってしまった。

その後も家族と検討を続けたが、よい対応策は見あたらず、精神状態の悪化により施設生活は継続困難となり、2011年夏に精神科の専門病院を受診し入院となった。

3）状態悪化し入院、再入所後の観察と試行の日々

入院当初は混乱していたようだが、徐々にそこでの生活に慣れていった。周りに人がいない1人の環境を作ることで、食事摂取が可能となった。しかし、精神状態については「パーソナリティが起因しており、薬での調整は難しい」と判断され、入院2か月後に退院し、当施設に再入所となった。

退院後の状態は、入院前に比べ全般的にADLが低下し、自力での立位保持や歩行は不可能であった。食事は自力摂取が可能だが、暴言が激しいため、他の入居者といっしょにすごすことは難しく、さらに依存心が増していた。改訂長谷川式簡易知能評価スケールは0点で、今後どのようなケアを提供していこうかと、職員間で対応方法を検討した。

他の入居者や職員に対する暴言・暴力は激しさを増してきており、入院時の情報をもとに、施設生活は主に居室とし、食事も1人席を用意して、声かけや見守りで対応していくことにした。

入浴をいやがり、暴力・暴言もあるので、リスクを勘案し、個浴から座位式リフト浴に変更した。また、家族に入浴時の協力を求め、面会日に合わせた週2回の入浴日を設定した。それにより、比較的スムーズに入浴してもらうことができ、家族も面会日が週2回になったことで、負担が減り、ストレスも軽減されたようだった。居室の1人席で穏やかに食事を食べ、毎食ほぼ全量摂取している。しかし、一度不穏になってしまうと、暴言や暴力行為がみられ、関わることでよけいに症状がひどくなり、落ち着いてもらうのが困難となるが、日々の観察を重ねることで、本人のいやがることが少しずつわかってきた。

①本人が心配になるようなことは伝えず、本人の良さや本人自身を評価するような接し方をすることで笑顔になることが多い。
②わからないことが不穏につながるので、話をするときは、ゆっくりとわかりやすい言葉で伝える。
③長く接していると不穏になるので、なるべく短い時間で介助する。

以上のようなことに注意して支援し、不穏になることを未然に防ぐような取り組みを進めている（表1）。

■ 考　察 ■

Mさんへの対応を振り返ってみると、入居当初から認知症があるMさんの「その人ら

しさ」とはどのようなものなのか検討した結果、まずは家族の協力を得ながら、在宅生活に近い環境を作っていくことで、落ち着いた穏やかな施設生活を送ってもらえるのではないかとさまざまな取り組みを実践していった。

しかし、いずれの取り組みもうまくいかず、職員からは「これは無意味なことではないか」「こんなことをする必要があるのか」「施設では対応できないのではないか」などの意見が出た。また、Mさんの暴言・暴力のため、ストレスで涙する職員も現れ、職員のモチベーションの低下を招き、施設でできることの限界を感じた。

結局、施設での対応が困難となり、精神科の専門病院へ入院したが、Mさんの精神状

表1　施設サービス計画書（2）

生活全般の解決すべき課題（ニーズ）	目標		サービス内容等			
	長期目標	短期目標	サービス内容	担当者	頻度	期間
他の利用者や職員に対して、暴言をはいたり介護を拒否したりすることがある	穏やかにすごす時間を増やす	1人ですごせる環境づくり	過度な関わりや、他の利用者と顔を合わせるような席の配置に対しては怒ってしまうため、1人ですごせる環境を作る	介護職	随時	6か月
入浴時に、とくに強い拒否がみられる	身体の保清	安全に入浴する	入浴時は不安定になるため、家族の協力を得て、入浴時間に面会にきていただけるように調整する	家族介護職	入浴時	6か月
本人が少しでも落ち着いてすごせるように専門家のアドバイスをいただく	穏やかにすごす時間を増やす	定期的な精神科受診	精神科受診を継続し、医師のアドバイスをいただきながら、少しでも穏やかにすごせるように取り組んでいく	精神科医師	受診時	6か月
職員などへの依存心が強く、姿がみえると不安定になりやすい	介護時などに落ち着いてもらう	接し方に注意する	本人が不安になるような話し方はせずに、気持ちを受け入れるような接し方に努める。また、関わるときは長くならないように注意する	全担当者	随時	6か月
食事のとき周りに人がいる環境だと、食事に集中せずに暴言などがみられるが、周りにだれもいない環境であれば、ゆっくり食べたり飲んだりできる	良好な栄養状態を保つ	食事量・水分量の安定	本人の食べやすい食事形態や食器を使用して提供し、1人で食べられる環境を作り、過度な声かけなどは行わず、自分で食べられるように努める	介護職管理栄養士	随時	6か月
活動量が低下してきているが、食事などは自分で食べることができているため、できることを維持していきたい	残存機能の維持	残存機能の把握	残存機能を把握し、自分でできることには過度な介助を行わず、なるべく自分でしてもらうように努める。自分で寝返りが困難なため、介助を行う	介護職機能訓練指導員	随時	6か月
以前はベッド上での体動が激しく、ベッドから転落するリスクが高かったため、家族の了解のもとで、4本柵対応をしていたが、少しずつ体動が少なくなってきている	外傷の予防	転倒の予防	ベッドを最低床にし、センサーを使用することにより、本人がベッドから降りようとした際の早期発見に努める	介護職	随時	6か月

態はパーソナリティが起因していると診断され、薬物治療も効果がないことがわかって退院した。再入所後は、暴言・暴力、介護拒否はさらに悪化していたが、その精神状態に合わせた介護を提供しながら、Mさんに「その人らしさ」や「自分らしさ」を表出してほしいと思い、関わりを続けている。

コントロールのできない精神状態につまずくばかりで、見守っていくことに精一杯で、「その人らしさ」を追求していくことが本当に難しく困難なことだと痛感している。家族は、病院ではなく生活の場である施設に再入所できたことを喜んでおり、そのような家族の表情をみると、施設としてもよかったという思いがある。

その家族が期待する介護の提供ができるように、家族と日ごろから情報交換しながら、この先は、Mさんが1日でも長く安定した精神状態で施設生活を継続してもらえるような取り組みを行っていきたいと考えている。

■ **主治医のコメント** ■

Mさんは右足火傷がきっかけで下肢筋力低下、認知症が亢進され、独居生活が困難となったため、施設入所を余儀なくされてしまった。入所前からアリセプト®を服用していたが、生活環境の変化も影響したためか、入所後、BPSDは増悪し、生活の場である施設での対応が困難となってきた。そのため、入眠剤、抗精神病薬の投薬で治療を試みるも、過鎮静に至り、施設での投薬コントロールは困難となってきたため、精神科専門病院を紹介し、入院治療となった。しかし、社会経験に基づく知恵や長い人生を歩んできたMさんの自信と誇りが、パーソナリティとして強い個性を表出させてしまっているので、投薬コントロールは不可能と診断され退院となる。

退院後は意思疎通すら困難となり、BPSDはさらに悪化していたが、ADL低下により徘徊による転倒などのリスクは軽減していた。介護の方法をいろいろ検討し、生活援助により施設生活を継続してもらえることになった。

以前は家族が来ていると落ち着いていたが、最近は家族が来所しても興奮していることがある。Mさんへの対応には、施設職員がたいへん苦労しているが、家族と情報や問題の共有を図りながら、施設で安心してすごせるように"見る、観る、看る"の対応をお願いしたいと思う。

■ **コメント** ■

認知症でBPSDをもつMさんの暴言・暴力が高じて、施設での支援が困難となったため、精神病院に入院となったが、精神病院では医学的な治療が難しいということで、2か月で

第2部　認知症のある人に対するケアプラン事例から学ぶ

退院を余儀なくされ、施設への再入所となった。そのため、投薬治療は行われず、施設でのケアでもって質の高い生活の支援をしている事例である。

本事例では、施設職員と家族が話し合いをし、協力し合って支援を続けている。ただ、そのようななかで、すべての課題が解決できているわけではない。そのような状況においていかに支援をしていくかについて考えてみたい。

1）BPSDはその行為の背景を理解する

　Мさんには、職員や他の利用者に対して暴言をはいたり、物を投げる、叩くといった暴力行為がみられ、また、入浴時に強い介護抵抗を示すといったBPSDを有している。このようなBPSDに対し、なぜこのようなことが起こるのかについて、家族と職員が話し合いをしてBPSDの解決・緩和を図ろうとしている。たとえば、暴言・暴力の背景について、必ずしも十分に理解できているわけではないが、職員との関係が十分確保できなくなると、暴力をふるうといったことが確認されている。そのため、ケアプランのなかでは、できる限りМさんとの1対1の関係を確保することが進められている。

　暴力をふるうというのは、認知症のある人にはよくみられるBPSDである。原因はさまざまであるが、本事例では、他者との関わりが希薄になり寂しくなることが起因していると考えられている。同時にコミュニケーションの際に理解できなくなって不安が高じることも、その理由と考えられる。そのため、できる限りМさんと職員とが関係を作るように接している。同時に長く接していると不穏になるということであるが、それは単に時間の長短の問題ではなく、接している間にコミュニケーションの内容が理解できなくなり、いら立ってきて、それが不穏につながっているということも考えられる。そのため職員には、短い時間で接するというより、できる限りゆっくり簡潔に話をするといった対応が求められている。

　同時に入浴について拒否反応をすることも、認知症のある人にはよくみられるが、なぜ介護拒否をするのかということを考えていく必要がある。本事例の場合には、家族の協力を得て入浴の確保が行われているが、なぜ家族であれば入浴できるのかについても検討してみる必要がある。他人に自身の身体をみせたくないといった思いから入浴を拒否する場合もある。そのような本人の思いに気づくなかで、Мさんを支援していくことが重要である。

　当施設ではユニットケアが行われているが、ユニットケアであればこそ、Мさんがなぜ暴言や暴力、介護拒否をするのかといったことを把握・理解したうえで、細やかな個別ケアである、背景にある本人の思いに沿った支援ができるであろう。入所施設では利用者はいっしょに食事をするが、本事例では食事中に不穏行動が出るため、Мさんは居室で1人で食事をしている。これもユニットケアならではの個別支援ができている例であろう。1人でいるときの心地よさと職員や他の人と関わるよさをバランスよく対応させながら、ユニットケアのよさを認知症ケアに活かしていくこともできる。

2）楽しいことや好きなことに着目した支援

　本事例では、Mさんが自分の気持ちを理解した職員の態度に好感を示すことや、家族の面会をとても喜ぶといった、本人の好きなことやしたいことに着目した支援が行われている。認知症ケアにおいては、前述したような介護拒否あるいは暴言・暴力に対して何とか解決や緩和を図ろうとする支援も重要であるが、その一方で、本人が好きなことやしたいことをどのように実現していくか、そのための支援をケアプランに落とし込み、そしてすべての職員が共通の課題として対応していくことが重要である。

　Mさんとのコミュニケーションを取る際には、本人の思いをできる限り理解して対応するといったことで、適切な施設生活を支援することができている。

3）家族・施設・医師の連携について

　本事例では家族の協力が得られ、頻回に複数の家族が面会に訪れている。同時に職員と家族との話し合いがもたれている。このようなコミュニケーションは、Mさんの良さを理解する、あるいはBPSDの背景を理解するうえで、有効な情報交換になり得ている。

　ただ、面会者家族にも生活があり、頻回な面会は、時には家族の負担を増し、ストレスを生じさせることもある。施設の職員は、家族の負担も考慮しながら連携を図っていくことが重要である。

　医師との連携も大事である。Mさんに投薬したあとの状態については、医師へ情報のフィードバックがなされ、職員と医師との連携のもとで投薬のコントロールがなされることになる。本事例の場合は、そのような連携のなかで、投薬はしないという結論が出されたわけで、それなりに評価できる支援となっている。

4）まとめ

　本事例でケアマネジャーは「利用者の思いがわからず見守っていくことに精一杯だ」と述べているが、ずいぶん利用者の思いを理解して支援ができている事例だといえる。

　それでも、まだMさんにはさまざまな思いや不安があり、その背景にあるものが介護側に十分わかり切れていない部分もあると思われる。

　この事例は確かに難しい事例ではあるが、決して支援困難事例ということではない。このようなBPSDを有する認知症のある人には、投薬コントロールでの支援という方法もあるが、それもできないなかで本人を理解しながら支援できている点で、高く評価できる。まとめとしては、1つは、できる限り本人の好きな事やしたい事、あるいはできる事にもっと着目した支援を継続していくことである。もう1つは、BPSDが起こってくる背景、なぜこのような行動を取るのかを本人の視点に立って考え、理解しながら支援していくことである。これらを、チームで共有しながら、ケアプランのなかに具体的にしっかりと落とし込み、家族を含めた職員全体で支援していくことが重要である。

【第3章】
認知症のある人の権利を護る

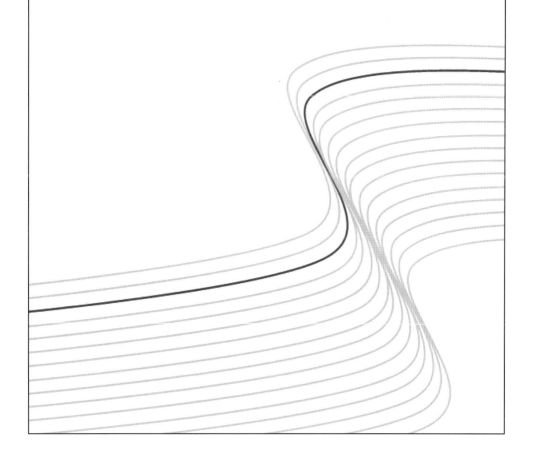

第2部 認知症のある人に対するケアプラン事例から学ぶ

権利擁護 1）在宅

(1) 中等度認知症のある人の独居生活を支える

■ はじめに ■

　認知症のある人のケアマネジメントは、本人の症状や環境的側面によりケアプランの内容が大きく変わってくる。本事例である認知症のある人の環境面であるひとり暮らしをしていることから生じるさまざまな課題がケアプランに反映されることなる。

　その第1点は、認知症のある人と地域住民との間に葛藤が生じやすいことである。地域住民は、認知症のある人が独居で暮らしていると、火事等、万が一の問題が生じることに対して大きな不安をもっている。一方、認知症のある人自身は、住み慣れた地域でできる限り生活を続けていきたいという思いがある。こうした葛藤に対して、ケアマネジャーはこの両者間での葛藤を解決し、いずれの形であろうと本人の思いを大事にしながら、生活を支援していかなければならない。その際、ケアマネジャーはどのような立場でそのような葛藤を解決していくべきか、という課題がある。

　第2点として、ひとり暮らしの認知症のある人は、十分な契約等の取引能力を失っているために、金銭面等でのトラブルに巻き込まれ、財産等の喪失などの問題に遭遇する可能性が高い。そのような問題では、ケアマネジャーが1人で、すべての問題を解決することがきわめて困難になる。その際には、認知症のある人の財産、権利等を保全するという立場から、日常生活自立支援事業での生活支援員の協力、成年後見制度の活用、弁護士等のコンサルテーションを受けることで対応していかなければならない。同時に、民生委員を含めた近隣等のインフォーマルサポートによる見守り活動も重要である。

　本事例は、以上のような2つの問題を抱えた事例を検討してみる。

■ 事例概要 ■

Tさん（90歳代、女性）

身体状況

・要介護度：要介護2
・認知症高齢者の日常生活自立度：Ⅱ

・障害高齢者の日常生活自立度：A1
・骨粗鬆症からくる腰痛がひどく、居室内もゆっくりつかまり歩行の状態。歩行が間に合わず、失禁も週に2～3回程度あり、居室をぬらすことがある。他に主だった疾病はない。
・本人は筆まめで、日記を書き手紙を知人に出す。しかし、自分で書いた内容なのに忘れてしまったり、同じところに同じ内容の手紙を何回も送ったりしている。各種保険証や通帳などのしまい忘れや紛失が起こっている。家事においては鍋を何回も焦がすなどの症状が目立つ。

生活史

ひとり暮しであり、他県に1人娘がいるが、1か月に2日程度の接触と電話、手紙での連絡がある程度。お互い心配し合いながらも、ついつい親子喧嘩になってしまうこともある。本人は、以前、出版関係に勤めていた。また、地域の婦人会などの世話もしてきており、そのような自分の社会的な役割にプライドをもっている。

最近の口癖は、「この90年間、人を騙したこともなければ、騙されたこともない。人の世話ばかりしてきた」と、自分自身にも言い聞かすように発言される。

近隣との関係

長年暮らし続けた地域だけに、当初は気がねなく、困ったときはお互い様の状況で、買い物や食事の世話を本人の依頼にこたえ、近隣が快く行っていた。週に3、4回の依頼なら何の問題もないとのことであった。しかし、本人からの要求が徐々にエスカレートし、日に数回の電話での依頼が連日続くようになると、近隣の人は拘束されている状況になり、負担を感じ始め、関係が悪化してきた。

また、近隣住民が訪問したときに、鍋ややかんに火がつきっぱなしの状況があり、出火の心配も重なり、「ひとり暮しが無理ではないか、私たち近隣だけでは支え切れない。できればどこか（施設）へ入ってほしい」。そういった気運が高まっていた。そのころ（約3年前）から在宅介護支援センターの関わりが始まっている。

■ 支援概要 ■

本事例は、ケアマネジャーが、本人の身体機能面の問題、精神心理面の問題、社会的な問題を、フォーマルなサービスによる支援だけでなく、疎遠になりかけていた地域住民にも協力者として再度参加してもらいながら、本人の望む在宅生活を支援し、継続している事例である。

加えて、今回は、金銭、土地問題にかかわる社会的問題を成年後見制度に関するNPOにも相談しながら財産の保全を行った部分もクローズアップしてまとめたい。

表1　居宅サービス計画書（ケアプラン）

生活全般の解決すべき課題（ニーズ）	長期目標	短期目標	介護内容	サービス種別	頻度
長時間の立位がつらく、また、火の消し忘れがあるため、調理や買い物が自分でできず、困っている	一部介助を受け、自分でも調理に参加する（6か月）	全介助を受ける	調理 買い物 ガスの元栓管理	訪問介護 訪問介護 訪問介護・近隣	7／週 2／週 7／週
腰痛がひどく、掃除や洗濯が十分できないため、手伝ってほしい	一部介助を受け、身の回りの簡単な掃除は行えるようになる（6か月）	全面介助を受け、負担軽減を図る	掃除、洗濯	訪問介護	3／週
自宅の浴室は狭く、浴槽はまたぐのが大変なので、1人で入れず困っている	一部介助を受け、自宅で入れるようになる（6か月）	自宅外で、安全に入浴を行う	入浴介助	通所介護	3／週
外出することが少なく、人との触れ合いもないため、1日中部屋ですごすことが多く、退屈で寂しい	できるだけ多く外出し、1人きりになる時間を少なくする（6か月）	外出と、訪問者により、1人きりになる時間を少なくする	声かけ、見守り楽しみ、生きがいづくり	近隣・家族 訪問介護 通所介護	適宜 7／週 3／週
火の消し忘れが多く、ボヤ騒ぎにもなったことがあり、家族、地域住民が心配で仕方がない	出火しないようにする（6か月）	出火を未然に防ぎ、出火しないようにする	ガスの元栓管理、火災報知器つき緊急通報システムの設置	訪問介護・近隣 緊急通報システム	7／週
定期受診の時、自力で通院するのが大変なため、手伝ってほしい	一部介助を受け、通院する（6か月）	一部介助を受け、通院する	通院介助	訪問介護	1／月

■　支援の経過と内容　■

支援の開始

　本人は、「ボケた、ボケた」と、気弱に言葉を発するが、人から忠告されたりすると、そのときだけは、「ボケてなんかいない！」と声を荒げて否定する。3年前から通っているデイサービスは楽しみで、週3回欠かさずに通っている。また、家事援助の訪問介護にも（火元確認の目的も含め）毎日、朝夕入ってもらい、見守ってもらっている状況である。

　一方、地域で孤立しかけていたTさんであったが、娘、民生委員とともに、近隣の方々へ、見守りの役割を再度お願いに回り、本人が近隣に依頼していた部分を、訪問介護員が対応することで、近隣の負担軽減を図った。その分、近隣の方には話し相手、安否確認で継続した訪問を行ってもらえることになった（表1、表2）。

本人が感じていない周りの心配事

　最近、昔から知っている同じ校区内の方が出入りし、お金を借りていったり、その人の紹介で、不動産業者が入り、土地を資材置き場に貸す（名義換えの恐れ）などの話が浮上している。その事実を娘と民生委員が、ケアマネジャーへ知らせてくれたことから新たな支援が始まる。

表2 週間サービス計画表

		月	火	水	木	金	土	日	主な日常生活上の活動
深夜	4:00								
	6:00								
早朝	8:00								
午前	10:00	訪問介護 通所介護	訪問介護	訪問介護 通所介護	訪問介護	訪問介護 通所介護	訪問介護	訪問介護	朝食準備 月・水・金は掃除、洗濯等、火・木・土・日は昼食準備
	12:00								
午後	14:00								
	16:00		訪問介護		訪問介護		訪問介護	訪問介護	夕食準備
夜間	18:00								
	20:00								
	22:00								
深夜	24:00								
	2:00								
	4:00								

週単位以外のサービス	近隣、娘、民生委員の見守り訪問

事件の発生

Tさんの生活が何とか落ち着いていたある日、2台の車から男5人がTさんを取り囲みながら自宅に帰ってきた。見守り役の近所の1人がたまたま見かけ、異様な雰囲気に「どこからのお帰り?」と尋ねると、「市役所に印鑑証明を作りに行った」とTさんは答えた。

これはただ事でないと察知し、他県にいる娘と民生委員に連絡。娘は、警察へ連絡し、Tさんの自宅へ駆けつけた。娘からケアマネジャーにも連絡が入るが、そのとき自宅にいたのはTさんだけで、警官に囲まれて本人はなにが何だかわからない状況にあった。

事情を尋ねても、「土地を資材置き場に貸すだけ」と、Tさんは言い切るが、帰ってきた娘がTさんがもっていた不動産業者の名刺に電話をかけると、業者は、「本人としか話さない。娘には関係ない」と、脅し半分で電話を切られたとのことであった。「騙されているのではないか」と娘、民生委員、皆で追及すればするほど、本人のプライドを傷つけてしまい、「私は騙されたりしない」と聞く耳をもたなくなる。

とにかく本人の希望である「この家でずっと暮らしていきたい」という願いを守るために、娘と手分けして、法務局に問い合わせて財産の保全処置を取ることになった。また、ケアマネジャーは成年後見・権利擁護事業のNPO団体にアドバイスをもらいなが

ら、悪質と思われる不動産業者に対し娘が内容証明郵便を発送することの援助をし、主治医と精神科医の往診で認知症の診断を受けさせ、契約が困難な状態であるという内容の診断書がいつでも取れるように準備した。

精神科医の話では「Tさんは一種のマインドコントロールをされているようです。土地の話を第三者がすると、強く否定したりしゃべらなくなったりと、他人に知られると儲け話がつぶれるような…そのような様子が見受けられる」ということであった。

現在の状況

現在は、娘から業者への直接断りの連絡や、契約が困難であるという複数名の医師による診断書の作成準備、可能な限りの法務局等への土地の保全処置等、成年後見・権利擁護事業のNPO団体のアドバイスにより落ち着きを取り戻している。

一方、近隣住民、本人、民生委員、訪問介護員、ケアマネジャーで、カンファレンスを開き、それぞれの役割を確認し、本人へも理解できるような説明を行い、了解を得てきた。その後はカンファレンスの日のスケジュール調整を行い、娘がそれぞれに電話依頼をしており、ケアマネジャー、訪問介護員とも、何度も顔を合わせ、調整したうえでサービスの提供を行うようにしている。

今後もケアプランに作成されているサービスを行っている時間だけでなく、それ以外の多くの時間を地域ですごす認知症のある人には、地域の見守りや声かけなど、地域のケア機能の見直し、掘り起こしをし、活用していく必要がある。

■ コメント ■

1）リスク予防のケアプランを介しての近隣との関係づくり

「はじめに」で述べた第1の課題は、利用者と地域住民の葛藤をケアマネジャーが認識し対応することである。本事例では、地域住民に過重な負担となっていることを、フォーマルなサービスに移すことで、葛藤の解決を図っている。火事の不安についてはケアプランのなかに、ガスの元栓管理などに対して的確に対応したケアプランを作成している。このことは評価できることであり、地域住民との関係を良好にするうえで重要な対応である。

しかしながら地域住民は、こうしたケアプランが実際になされていることを認識していない。認識を得るためには、サービス担当者会議や地域ケア会議が行われるときに、本人の了解を得て、民生委員等地域住民にも参画してもらい、「このような対応をしている」といったことを説明し、近隣者にTさんの支援者としてさまざまなサポーター役を要望していくこともケアマネジャーの仕事として重要である。そのうえで、認知症のレベルが進み、火事等のリスクが大きい場合には、電子レンジでの調理や配食サービス等での対応といったことも検討していかなければならない。

一方、ケアマネジメントは、必ずしも本人が在宅生活を最期まで続けられることが成功の証しではない。ケアマネジャーは本人と地域住民との最終的な折り合いのなかで、在宅生活の限界点がどこにあるかなどを認識しながら在宅生活を支援していくことが重要である。本事例の場合にも、将来的にはケアマネジャーはTさんと娘との話し合いの時間を作り、在宅生活での最終的な限界点を探っていくことも求められる。

2) 財産保全のための支援

第2の課題である財産保全に関わる内容について必要な事柄としては、医師による「認知症の診断書」の準備、法務局等への土地の保全処置、NPO団体との関わり等がある。このような事例については、日常生活自立支援事業よりも成年後見制度で対処すべき課題である。成年後見制度を活用し、娘がその財産処分の対応ができるようケアマネジャーも援助していくことが必要である。ただ、表1の居宅サービス計画書をみる限りにおいては、そのような対応についてはニーズとして取り上げていない。こうしたニーズもぜひケアプランのなかに取り込むことによって計画的に対処することが重要である。

さらにこれらの課題を未然に防ぐために、民生委員や近隣住民が支援しているが、これらのことを前もって予測し、彼らに依頼しておくことも重要なポイントである。

今回の事例を通じて、ひとり暮らしの認知症のある人のケアプランについては、介護保険の給付サービスやその他のフォーマルなサービスだけではなく、インフォーマルサポートを取り入れることの重要性が理解できた。それは認知症のある人が単に介護面での支援だけでなく、生活全体での支援を求めているからである。

権利擁護 1）在宅

（2）日常生活自立支援事業を活用し、金銭管理や悪徳商法の被害予防も

■ はじめに ■

　認知症のある人、とりわけひとり暮らしの認知症のある人には、さまざまな視点から利用者の権利を擁護していくことが迫られる。そのような人々は、最近いわれているような悪徳な住宅改修業者や物品販売業者から騙されたり、地域の人々との金銭的なトラブルが生じたりする場合が多くみられるからである。こうした問題に対してケアマネジャーは、予防的な対応、場合によっては事後的な対応が必要不可欠である。

　対応する社会資源としては、利用者の日々の日常生活を支援してくれる日常生活自立支援事業の生活支援員による援助、予防的には財産を守ったり、身上監護してくれる成年後見制度を活用することも可能である。さらにはそのような制度以外に、地域の民生委員や近隣等のサポートを受けて、利用者の権利を擁護していく視点も必要である。さらには、事後的な対応としては、買った商品を一定期間であれば返品できるクーリングオフの制度を活用することも可能である。ケアマネジャーは認知症のある人の権利を擁護する視点から、このようなフォーマルおよびインフォーマルな社会資源を活用し、安心した在宅生活の支援を進めていくことが重要である。本事例を通して、これらのことを学んでいきたい。

■ 事例概要 ■

Wさん（80歳代、女性）

身体状況

- 要介護度：要介護1
- 認知症高齢者の日常生活自立度：Ⅱa
- 障害高齢者の日常生活自立度：J1
- 病歴：認知症、高血圧症、難聴

家族状況

現在はひとり暮らし。1人娘は遠方に住み、年1、2回程度の訪問頻度であったが、今回の件で毎月1回はきてくれるようになった。

経済状況

年金収入の月20万円のみ。お金の使い方は荒いものの、年金の額が多いため、お金は貯まっている。住まいは一戸建て平屋。家財道具など物は多いが、訪問介護サービスを利用していることもあり、整理整頓されている。

■ 支援概要 ■

Wさんは8年前に夫を亡くしてから市内でひとり暮らしをしている。娘が遠方に住んでいるが、最近は年に1、2回くる程度であった。Wさんは加齢による両下肢の筋力低下があるものの、食事は近所に住んでいる親戚に惣菜を買ってきてもらったり、訪問販売車を利用したりして、生活できていた。また、耳が聞こえにくく、耳元で大きな声で話すと通じるが、近年、一方的に同じ話、とくに昔の話を繰り返すようになってきている。几帳面な性格で、以前から習慣的に行っていることは何とか判断できるが、急な出来事などには判断力の低下がみられるようになってきた。

こうした状況下で、Wさんは隣に住んでいた中年男性にお金を貸してほしいと頼まれ、少額を貸しては返してもらうことを繰り返していた。ある日、その男性から「刀を磨いであげる」といわれ、骨董品の刀と多額の金を預けた。ところが、両方とも返してもらえず、男性は行方不明となってしまった。その中年男性はサラ金から多額の借金をしていたらしい。Wさんは頼まれるといやとはいえない性格であり、悪徳商法も地域で頻発している。また、郵便物など書類も封を開けず山積みの状態であることから、先々のことを不安に思った娘がケアマネジャーに相談をし、社会福祉協議会の権利擁護センターへとつながり、センターの生活専門員が訪問することになった。

■ 支援の経過と内容 ■

娘から権利擁護センターへ電話があった。「母がひとり暮らしをしており、隣人に現金55万円と骨董品の刀を持って行かれてしまった。最近もの忘れが多くなってきており、日常生活が不安なので金銭の管理をお願いしたい」とのことであった。まずは本人と会って現状の把握と本人の意思および判断能力を確認する必要があり、生活専門員が訪問させていただきたい旨を伝える。

娘が帰ってくる日に合わせて訪ね、本人を中心に娘、ケアマネジャー、日常生活自立支援事業の生活専門員および生活支援員の5人が参加して、対策のカンファレンスを行った。本人は難聴であるが、耳元で少し大きな声で話をすれば何とか聞き取ることがで

きるようである。隣人に持っていかれた現金と刀の話をすると、「困ってるのやわ」と話す。経済状況を知るため預金通帳について聞くと、「どこにいったかな…」と通帳を探し始める。娘もいっしょになって探し、ようやく見つかる。認知症が進んできているようであった。

　本人と話をしていると電話が入った。最初、娘が電話に出て対応していたが、様子がおかしいため生活専門員が代わったところ、電話の相手はどうも借金取りのようだ。「Ｗさんを電話に出せ！」と威圧的にいってきた。そこで、こちらも「本人の代理の者ですが用件は何ですか？」と応対。「いいから本人を出せ！」と繰り返し、平行線のまま電話が切れる。どうやら借金取りは行方不明の隣人を探しており、関わりのあったＷさんにその居所を聞こうとしたらしい。

　カンファレンスでは、「隣人が刀やお金を返してくれる見込みはないだろう」との結論となり、警察へ被害届けを出し、役所へも連絡をした。

　Ｗさんは、「日常生活自立支援事業」を契約。その後は、月２回ほど同事業の生活支援員が訪問し、日常的な金銭管理や役所などへの書類提出の手伝いなど見守りも含め支援している。そのうえで、もともと頼まれ事に対していやとはいえない性格であり、最近は判断能力が低下してきていることから、悪徳商法対策として娘を申立人として「成年後見制度」の申立をしてもらった。予防的な意味の活用を考えてのことである。現在の成年後見制度の申立状況は、１か月ほど前に裁判所の調査官がきて、娘とケアマネジャーが立ち会い、調査が行われた。おそらく補助類型になると思われ、３万円以上の契約については補助人の同意が必要といった付帯条件をつけることになると思われる。

　日常生活自立支援の契約後５か月経つが、隣人は依然として行方不明で、現金や刀は返ってきていない。借金取りからの電話はあれからかかってこない。生活面では、本人は生活支援員の訪問にも慣れてきて、支援員とヘルパーや訪問看護師との連携もスムーズにとれている。ケアマネジャーを中心とした支援で安定した生活が送れている（表1）。

■ 考　察 ■

　最近、悪徳商法に引っかかり多額の借金を背負い、権利擁護センターへ相談にくる利用者が急増してきている。ケースによっては弁護士や司法書士へとつなぎ、自己破産を行う場合もある。そのような場合、自己破産費用を捻出できない場合には、法律扶助協会を活用することになる。法律扶助協会では弁護士費用などをいったん立て替えてくれるが、手続き後、同協会へはそれを月々分割で支払っていかなければならない。そこで日常生活自立支援事業により、日常的な金銭管理などの支援も行っている。

　今回のＷさんのケースは、権利擁護センターに相談があった時点で基本的な支援体制を作ることができたが、今後の支援としては近隣による見守りの強化や成年後見制度の利用などを考えていく必要がある。成年後見制度は、補助や保佐でも「一定額以上の

表1 居宅サービス計画書(2)

生活全般の解決すべき課題(ニーズ)	援助目標		援助内容					
	長期目標	短期目標	サービス内容	※1	サービス種別	※2	頻度	期間
1人で外出ができないので、ゴミ捨て・買い物ができない	自立支援を念頭に、家事の負担の軽減を目指す	適切なゴミ分別の実施。買い物ができる	・家事／買い物の実施	○	訪問介護	ヘルパーステーション○○	2回／週	半年
			・家事／ゴミの回収に関わる作業	○	訪問介護	ヘルパーステーション○○	2回／週	半年
日中1人ですごすことが多いので、孤独になりやすく、不安感が強い(認知症)	心身共に安定、維持を保つ	精神状態の安定を図る	・看護・介護／病状の観察	○	訪問看護	訪問看護ステーション○○	1回／週	半年
遠方の病院までの交通手段がなく、受診ができない	受診ができるようにする	○○病院と△△医院に月に1回受診ができるようにする	・通院送迎サービス		移送サービス	市社協○○支所	2回／月	半年
		薬をもらえるようにする	・薬をもらいに行く	○	訪問介護	ヘルパーステーション○○	2回／月	半年
金銭管理に不安がある	金銭管理が援助によりできる	金銭管理が援助によりできるようにする	・金銭管理		日常生活自立支援事業	○○地域権利擁護センター	随時	半年
			・財産保全・身上監護		成年後見制度		早急に	半年

※1 「保険給付の対象となるかどうかの区分」について、保険給付対象内サービスについては○印を付す。
※2 「当該サービス提供を行う事業所」について記入する。

契約については補助人・保佐人の同意が必要」などの付帯条件をつけると、クーリングオフをしなくても契約を無効にすることができる。そのため近年、権利侵害への予防対策として成年後見制度の利用が注目されている。

　日常生活自立支援事業は福祉サービスとの契約の支援、通帳や印鑑の預かり、日常的な金銭管理などを主業務として行うが、福祉サービスの利用援助という視点があり、介護保険のサービス以外にも、場合によっては弁護士や司法書士、警察などへもつないでいく役割も担っている。

　ケアマネジャーがケアプランを作成する際に、社会資源の1つとして日常生活自立支援事業を活用することで、福祉サービスをスムーズに利用していくことができ、同時に、権利侵害などからも利用者を守っていくことができる。ぜひ、さまざまな場面で日常生活自立支援事業を活用していければと思う。

■ コメント ■

　Wさんはひとり暮らしの認知症のある人であるが、近隣との金銭面のトラブルで貸した金銭等を返してもらえない状況が生じている。このような近隣とのトラブルだけでなく、リフォーム会社や物品販売業者のサービスなどで問題が生じる可能性も高くなってきている。これらの状況にケアマネジャーはいかに対応していくべきかについて考えてみたい。

1) 日常生活自立支援事業の活用

　日常生活自立支援事業は、福祉サービス利用援助事業ともよばれ、市町村社会福祉協議会が事務局になって対応している事業である。

　利用者との契約のもとで、福祉サービスの利用手続きの援助や支払いの管理、生活費の引き出しや支払いといった日常的金銭管理、通帳や印鑑などの預かり、場合によっては弁護士や司法書士、警察につなぐといった役割も果たしている。このサービスの利用については一定の要件がある。契約時点において本人が契約者との意思疎通が図れる能力があるということであり、認知症が進行するとこの契約はできなくなる。そのためケアマネジャーとしては、ひとり暮らしで軽度認知症のある人にはできる限り早期に予防的な視点で利用を進める必要がある。また、利用には生活保護を受けている人は無料になるが、その他の人は1時間に1,000円程度の自己負担がかかる。

　ケアマネジャーは、介護保険のサービスと結びつけて日常生活を支えることだけでなく、金銭面でのトラブルといったリスクの予防にも着目し、日常生活自立支援事業などの社会資源にも目配りをし支援していくことが重要である。ただ、生活支援員の支援だけでは、24時間利用者の生活を守ることはできない。そのため金銭面でのトラブルが生じる可能性のある事例については、日常生活自立支援事業に加えて、地域の民生委員や利用者にとってもケアマネジャーからみても信頼のおける地域住民から、見守り活動的な支援を得ていくことも不可欠な視点であるといえる。

2) 成年後見制度の活用

　本事例においては、娘が申立人となり、成年後見制度の利用を準備中である。法定成年後見は利用者の財産をはじめとする生活するうえでのさまざまな権利を守っていくものであり、本人の意思疎通の度合いによって、もっとも身上監護と権利擁護を必要とする人への「後見」から、「保佐」「補助」までの3類型がある。

　日常生活自立支援事業と同じように、予防的に財産保全を行う観点から重要なものであるが、成年後見にも自己負担がかかる。そういうことについても理解をして支援をしていく必要がある。具体的には、利用者が不必要な物品の買取りなどの契約をした場合でも、成年後見人などにその契約を取り消すことのできる権限が与えられ、財産が保全されることになる。これを利用するために、本事例では娘が家庭裁判所に申し立てをしているが、身寄りがないなどの理由で申し立てをする人がいない場合には、市町村長に法定後見開始の審判の申立権が与えられている。

3) ケアマネジャーの対応

　本事例では近隣にお金を貸した後での対応、事後的な対応ということになっているが、ケアマネジャーはできる限り予防的な視点から日常生活自立支援事業の利用を検討すべ

きであろう。同時に本事例では、ケアマネジャーからの情報提供で遠方の娘から生活専門員へ連絡がくるという形で対応しているが、本来であればケアマネジャーと娘がいっしょになって日常生活自立支援事業につなげていくことが望ましい。ケアマネジャーは介護保険以外の、こうした権利擁護に関する制度やインフォーマルサポートと積極的に結びつけていく役割を担うことが必要である。

　同時に本事例のケアプランのなかにも記述されているように、当然「金銭管理ができない」というニーズにこたえて、日常生活自立支援事業や成年後見制度がサービス内容として明記されることが適切である。そのような支援ができれば生活支援員もサービス担当者会議に参加でき、他の介護サービス事業者との協力のもとで、利用者の安心した生活を守ることができる。さらに付け加えるなら、地域の民生委員や近隣の人たちも、利用者の財産や安心を守っていくという視点でサービス担当者会議に参加して関わってもらうことが求められる。民生委員や地域住民が参加し関わってくれることで、ひいてはひとり暮らしの認知症のある人を「火事を起こしたら怖い」というような理由で地域から排除しようとする動きに対して、そのような意識を払拭させてくれる役割も果たしてくれることになる。

権利擁護 1）在宅

(3) 成年後見制度の活用とケアマネジメント

■ はじめに ■

　認知症のある人は、意思表示が十分にできない場合が多い。こうした高齢者に対して本人の権利を擁護していく方法としては、さまざまなものが考えられる。福祉サービスの利用と結びつける日常生活自立支援事業、あるいは財産管理や身上監護でもって本人の権利を擁護していく成年後見制度があげられる。また、2006年に施行された「高齢者虐待防止法」でもって、虐待のおそれがあったり、虐待の事実がある家庭への市町村の立ち入りが可能となり、当事者を切り離すことも容易になった。これら以外に、ケアマネジャーが本人に代わって弁護的な役割を直接果たすことも考えられる。それは、介護サービス事業者や地域住民に対して利用者の権利を擁護する形で働きかけるものである。

　本事例では、ケアマネジャーが成年後見制度を、財産管理という面よりも身上監護という観点から導入している。同時に、申し立て人がいない場合の市町村長による法定後見開始の審判申立についても学んでみる。

■ 事例概要 ■

Xさん（70歳代、女性）

身体状況
- 要介護度：要介護1
- 認知症高齢者の日常生活自立度：Ⅱb
- 障害高齢者の日常生活自立度：A1
- 病歴：心臓疾患、気管支喘息、認知症

家族状況

　現在はひとり暮らし。夫は10年前に亡くなり、1人息子（30歳代）がいるが、Xさんから連絡することはない。Xさんは若いときに旅館の仕事などをしていたが、60歳ごろから仕事はしていない。姉妹がいるようであるが、連絡先などはわからない。

経済状況

生活保護を受けている。金銭管理は日常生活自立支援事業の金銭管理サービスとヘルパーにて対応。住まいは、当初市内のアパート2階部分に居住（共同トイレ）。

■ 支援概要 ■

社会福祉基礎構造改革の流れのなかで、利用者本位の視点に立った社会福祉法や介護保険法との"車の両輪"として導入された成年後見制度は、高齢者の権利擁護のための新しい仕組みとして期待されているにもかかわらず、それが周知され有効に機能し活用されているとは言い難い状況にある。

Xさんは20数年前に来県、市内で1人で暮らしてた。しかし、認知症のため、介護保険法施行前より生活援助としてホームヘルパー、金銭管理については社会福祉協議会の日常生活自立支援事業を利用するようになった。こうしたなか、ケアマネジャーが関わるようになり、金銭の使途や自宅で買い置きの食料について不明な点があることに気づいた。そのためケアマネジャーは観察をしていたが、住所不定で無職の1人息子が、時折訪問して食料等を持ち帰っていたことが判明した。

ある日、電子レンジの使用が原因でボヤを出し、家主から退去を強く求められ、現在のアパートに転居した。認知症の進行に伴い、本人の生活支援や権利擁護の立場から、在宅介護支援センターや市役所、法人後見受任を目的に設立された任意団体（現在はNPO）にも協力を求め、市長申立の手続きを行った。

■ 支援の経過と内容 ■

2000年4月の介護保険法施行とともに、居宅介護支援事業所と利用者契約を行った。Xさんは数年前より金銭管理が困難となり、日常生活自立支援事業を利用しているとのことであった。生活支援員より、渡していた生活費が突如なくなる、保存してある食料品もなくなることがあると連絡があった。本人に聴き取りをすると、「息子が友だち数名ときて、もって帰るんや」とのことであった。これが頻回になり、本人の生活に支障をきたすようになってきた。

介護保険サービスなどの利用については、通所していたデイサービス事業所が閉鎖してしまい、事業所が変更になった。また、Xさんは心臓に病気をもち、喘息が時折発症するため、内服が欠かせないが、服薬管理もできない状況であったため、薬剤師に一包化を依頼し、ホームヘルパーが内服確認を行っている。

＜2000年12月＞　家主より連絡が入り、本人宅より煙が発生し、アパート中が煙に包まれていたとのこと。原因は肉まんを電子レンジにかけすぎたためであったが、このことが原因で家主より退去を告げられた。

＜2001年3月＞　本人とも相談して、近隣地域へ転居した。Xさんは独居で生活保

護受給者であることから、このときは保証人がなくても契約することができた。以前から息子による金銭の持ち出しなどがあったため、転居に際しては、福祉事務所や日常生活自立支援事業の生活支援員と相談し、本人の希望により息子への連絡を取りやめた。転居当初は、環境変化のため精神的に不安定になり、2回ほど道に迷い、近隣からケアマネジャーへ連絡が入ることもあった（本人には、いつももっている鞄にケアマネジャーの連絡先を所持してもらっている）。

しばらくすると、息子からケアマネジャーへ「母をどこへやった！」など再三電話が入るようになる。当初は会話にならず、一方的に怒鳴ったり、息子の友だちと思われる人物からも怒鳴る電話が入ったりしていた。しかし、しばらくして息子と話ができるようになり、徐々に息子の状況についてもわかってきた。ただ、Xさん本人は困惑した感じで、連絡先を「いまは教えないで」とのことであったため、このことを息子に伝え、ケアマネジャーが今後の窓口となる。

<2003年1月> 息子との関係でXさんの見守りを地域の在宅介護支援センターに依頼してきたが、身上監護の観点からみて成年後見制度の利用が望ましいということになった。Xさんの場合、身内の息子が財産を含むXさんへの経済的虐待行為があり、Xさん自身も認知症の進行に伴う自己決定能力が低下してきている。そこで日常生活自立支援事業だけでは支え切れないとの判断をしたためである。地域で法人としての第三者後見を目指す任意団体にも日常の生活支援と市長申立ての協力などを依頼し、2003年5月には市長申立てを行った。

本人の生活状況としては、喫煙による火災の危険性が近隣より指摘され、防災家具への切り替えや、ケアプランのなかにそれぞれのケアスタッフが注意するように位置づけた。

<2004年8月> 息子より連絡が入り、「いま、D市で生活保護を受けて、社会復帰しようと頑張っている。自分はアルコール依存症であり、現在は精神障害者手帳の交付を受け、障害ヘルパーを利用している。だから、母に会わせてほしい」とのことであった。このことを本人に説明をしたが、本人は連絡を拒んだため、その旨を息子に連絡する。

<2005年12月> 2年以上経過した12月に、家庭裁判所より成年後見人の審判が下った。これまで支援していた地域の後見団体はNPO法人を取得していたが、法人後見については認められず、社会福祉士が成年後見人に就任した。現在、在宅介護支援センターやヘルパー、日常生活自立支援事業などの関係者が社会福祉士と本人らしい生活をすごすため相談しつつ、また息子との関係の再構築に取り組んでいる（表1）。

■ 考　察 ■

ひとり暮らしや認知症のある人が増加しており、家族や地域の機能が脆弱化するのに伴い、高齢者虐待防止法の施行にみられるように、成年後見制度を含めた地域における包括的な権利擁護システムの構築が必要不可欠になっている。

表1　居宅サービス計画書(2)

生活全般の解決すべき課題（ニーズ）	援助目標		援助内容					
	長期目標	短期目標	サービス内容	※	サービス種別		頻度	期間
薬を確実に内服し、喘息・心臓病再発を予防し、身体能力低下を防ぎたい	服薬の習慣を獲得してもらう	再発を予防していく	・服薬の介助 ・服薬の確認	○ ○	・訪問介護 ・通所介護		4日／週 2日／週	3か月
食事をしっかり摂取し、健康状態を保つ	安定した食事を取れるようになる	栄養状態を改善する	・朝食の確保 ・昼食の確保 ・夕食を本人といっしょに考えて摂取	○ ○	・訪問介護 ・配食サービス ・通所介護		4日／週 4日／週 2日／週	3か月
好きな喫煙をできる限り少なくし、喘息悪化を予防する	楽に歩けるようになる	喫煙本数を減少させる	・声掛けをしていく ・灰皿の状態を確認	○ ○	・訪問介護 ・通所介護		4日／週 2日／週	3か月
喫煙による火災を予防する	火災を予防する	燃えるものを極力部屋に置かない	・整理整頓 ・焦げを確認する ・防災器具設置	○ ○	・介護支援専門員 ・訪問介護 ・通所介護 ・日常生活自立支援事業 ・在宅介護支援センター		毎日 4日／週 2日／週	3か月
定期的な入浴を行い、身体清潔を確保する	身体清潔の習慣をつける	着替えを覚えてもらう	・着替えの声掛け ・洗身介助 ・洗髪介助	○ ○	・訪問介護（着替え） ・通所介護（入浴）		4日／週 2日／週	3か月
息子さんとの関係を再構築していく	本人・息子さんの意思を尊重した関係を支援する	息子さんをよく知る	息子さんの身体・精神・環境状態を確認していく	○	・成年後見人 ・介護支援専門員		随時	通年
本人の意思を拾い上げて、今後の支援をする（意思表示をあまりしないため）	本人の意思決定力をつけ、今後の人生を検討する	身近な自己判断ができるようにする	日常生活内での判断をいっしょに決める	○ ○	・成年後見人 ・介護支援専門員 ・訪問介護 ・通所介護 ・日常生活自立支援事業		随時 4日／週 2日／週	通年 3か月
孤立しないよう、近隣に本人の状態を理解して協力してもらう	地域との関係を作っていく	近隣とのトラブルを起こさないようにする	・声かけをしていく ・外出を促す	○	・介護支援専門員 ・在宅介護支援センター		随時	通年

※介護保険給付サービス

　ケアマネジャーが「これでよいのだろうか」と悩みながら、やむを得ず入院時やアパートを借りるときも保証人になるという例をよく耳にする。また、預貯金の管理や生活全般についても、ケアマネジャーが関わり、本人の代理人となって決めざるを得ない現状もある。

　そもそも成年後見制度は、本人の選択や契約を担保するうえで重要であるはずであるが、財産管理面ばかりが強調され、身上監護面からのアプローチが弱いように思われる。第三者後見の受け皿をどのようにするのか、法人後見に期待をかけていくのか、個人後見でいくのか、さらには市民後見まで進めるのか、他の専門職種や市民、そして家族との複数後見の可能性はどのようなのか、日常生活自立支援事業との関係、医療同意や後見人の責務の範囲等、課題は山積している。

　Xさんのように、ひとり暮らしで認知症のある人は多数いる。こうした人々に対して時間をかけて、思いや感情にアプローチしつつ、「本人らしさ」を支え代弁するため、福祉実践活動として地域に働きかけ、仕組みを作り、協働し、地域のなかで包括的権利擁護システムの構築をしていく必要性を感じている。ちなみに、現在、地域に関わる行政関係者や社協関係者、学識経験者、弁護士、医師、福祉関係者で法人後見を目指した団体を結成し、昨年、法人格を取得したことを付記しておきたい。

■ **コメント** ■

　本事例は認知症のひとり暮らしの高齢者が、アルコール依存症の息子がお金や物品をもっていくといったような事態に遭遇し、そのため本人は息子と会うことを拒否している。こうしたなかで成年後見制度の利用を申請し、最終的には社会福祉士が成年後見人となったが、その際にケアマネジャーが中心となり、そうしたサービスと結びつけた事例である。

1）成年後見制度へのケアマネジャーのかかわり

　認知症のある人の福祉サービス利用手続きや支払いを支援したり、あるいは預金通帳の管理等が必要な場合には、一般にケアマネジャーは、日常生活自立支援事業の生活支援員と結びつけるよう支援する。この場合には、市町村社会福祉協議会に連絡をし実施することが多く、ケアマネジャーにもなじみのある業務であるといえる。しかしながら、成年後見制度はその手続きの煩雑さと、申請先が家庭裁判所ということもあり、なかなか十分にケアマネジャーが結びつけるサービスになっていないのが実状である。

　成年後見制度は、一般的には財産を保全するという視点から申請されることが多い。たとえば本人が行った物品の購入契約等についても、後見・補助・保佐の3類型によってそれぞれ水準は違うが、取り消しができることになっている。本事例では生活保護を受給しており、現状では財産的な面においてさほど大きな問題をもっているわけではない。しかしながら、本文中でも記述されているように、息子により金銭や物品が盗まれるといった経済的虐待の状況があり、そうした身上監護をどのようにしていくのかという課題に対しては、日常生活自立支援事業の生活支援員では対応できない問題であり、ケアマネジャーでも本来的に対応できる問題ではない。そのため成年後見制度の利用に結びつけた事例である。同時に、こうした後見人がつくことによって、住宅を借りたりする際の代理人になることも可能である。本事例では、1回目の家主からの立ち退きの勧告に対して、新たなアパートに引っ越しをしている。そのときは生活保護受給世帯ということで保証人がいなくても契約ができたが、今後はそのような場合にも、成年後見人が本人に代わって契約を行うことができることになる。

　成年後見制度での後見を申し立てるのは、基本的に本人の配偶者、または四親等内の親族である。しかしこのような人がいなかったり、音信不通になっている場合においては、市町村長が申請できることになっている。本事例においても、現実には息子がいるが、虐待の張本人であり、身上監護の側面から後見人としては不適切であるということで、新たな後見人を探さなければならなかった。そのような場合には、市町村長による後見申請が可能であり、さらには後見人として弁護士、司法書士、NPO、社会福祉士を申請することもある。本事例は初め権利擁護を行う団体を後見人として申請を行っ

いたが却下され、最終的には社会福祉士が後見人として採用されることになった。

　以上のように、成年後見制度を利用するためには、なにを目的に成年後見人をおくのか、さらに誰を後見人にするのか、といったことがケアマネジャーのなかで明確になって初めて可能となる。

2）成年後見制度を使う際のケアマネジメントのポイント

　成年後見制度を活用することでどのような生活ニーズを解決できるのかという、生活ニーズが明らかにされることがいちばん重要である。本事例では、本人が息子と会うことを拒否する断絶問題が生じており、家族との良好な関係が築かれていない。だが、今後は社会福祉士を後見人として選定されたので、後見人である社会福祉士を介して本人と息子の新たな関係づくりへの支援を依頼することが可能になる。その意味では、成年後見人をなぜ選ぶのかということが、生活ニーズとして明確にされている必要がある。同時にそのことがケアプランのなかに記述されることにより、後見人の役割が明確になり、後見人の依頼が可能となる。一方、後見人には、ケアプランに書かれている内容を、利用者の了解のもとで進めて行かなければならないことは当然である。

　それゆえ、別の事例においては、生活ニーズとして財産管理の問題が生じ成年後見を必要とする場合もあるだろうし、あるいは高齢者の身上監護のために後見人を必要とする場合もあるだろう。いずれにしても、生活ニーズをベースにしてサービス利用を利用者といっしょに決定していくことが大切である。

3）本事例に対する評価

　本事例では既に日常生活自立支援事業を活用して、日常生活での金銭管理や火災の予防にも寄与しているが、今後は成年後見制度を利用することによって、利用者の権利を擁護する視点での支援がいっそう可能となった。その意味では、本事例は介護保険のサービスは通所介護や訪問介護だけにとどまっているが、介護保険外のサービスとして、在宅介護支援センターを含め、日常生活自立支援事業が活用されていることが評価できる。さらには、成年後見制度で後見人が容易に見いだせる場合には、このような制度を円滑に利用できるが、本事例のように後見人の選定が難しい場合に、任意団体への依頼を進めながら、最終的には社会福祉士に後見人を依頼するところまでもっていくことができたことは高く評価できる。

　同時に、成年後見制度にもいくつもの課題があり、本事例の場合も審判が下るまでに2年という長期の時間がかかっている。このように長期にわたって成年後見人が決まらないようでは、本人と息子の関係の再生への円滑な支援が進まない。このような場合には、ケアマネジャーが、Xさんと息子との間の調整に関わりをもちながら、代替的に良好な関係を作り上げていくことが必要であるといえる。

権利擁護 1）在宅

(4) 経済的な問題を抱えながらも自宅で暮らし続けたいという人への支援

■ はじめに ■

　一般に高齢者や障害のある人を在宅で支援をしていく場合には、①フォーマルサービス、②インフォーマルサポート、③セルフケア（内的資源）の3点の活用が大事であるといわれている。意思表示の能力が不十分な人を支援していく場合でも、そうした基本を頭に描きながらケアプランを作成・実施していけば、より的確な支援ができるといえる。本事例を介して、これら3つの視点で支援がなされていることを理解してみたい。

■ 事例概要 ■

Uさん（60歳代、男性）

身体状況

・要介護度：要介護4
・認知症高齢者の日常生活自立度：Ⅱb
・障害高齢者の日常生活自立度：B2
・主な疾病：筋力の低下から寝たきりの状態だったが、脳梗塞を発症し入院。退院するものの言語障害、右半身マヒが残る。認知症

家族状況

　妻は7年前に亡くなり、現在は持ち家で長男（30歳代、市内の商店でアルバイト中）との2人暮らし。隣町に次男夫婦が暮らしている。

■ 支援概要 ■

　Uさんは若いころから工場に勤務していたが、50歳代前半、交通事故に遭い、左足を複雑骨折した。けがは完治したが、長く寝たままの生活が続いたため、筋力の低下から自宅にて寝たきり状態の生活を送っていた。

隣町に住むUさんの次男の嫁から在宅介護支援センターへ相談があり、「義父が寝たきりで義兄も頼りなく、大きな借金を抱えてすさんだ生活を送っている。早急に施設に入所させるなど、何とかならないものか」とのことだった。在宅介護支援センターの相談員が訪問した結果、Uさんには認知症の症状があり、また親子共に軽度の知的障害があると思われた。2人には多額の借金があり、金銭面に関するサポートが必要との観点から、日常生活自立支援事業に中心を移して、支援を行っていくこととなった。親子共に知的障害についての自覚はない。

■ 支援の経過と内容 ■

　Uさんと相談を進めていく過程で借金があることが、次から次へと判明した。もっとも大きいものは住宅ローンの返済であるが、消費者金融からの借金もあり、借金の総額は親子合わせて約2,400万円にのぼることがわかった。さらに、詐欺に合い約700万円を騙し取られていたこともわかった。その他、まったく使わない電気健康器具を40万円で購入するなど、成年後見制度を使って早急な支援の必要性があった。
　また、お金の使い方に無駄が多く、1か月の収支を見てみると、生活費と借金の返済が収入を上回り、生活のためにまた借金を繰り返すという悪循環に陥っていることも判明した。収入は、長男の月10万円程度のアルバイト料とUさんの老齢厚生年金であるが、残念ながら年金は住宅ローン返済のためほとんど手元に入らない状態である。
　その後、司法書士にも支援に加わっていただき、自己破産も視野に入れて話を進めたが、そうしているうちに本人が脳梗塞になり入院した。2か月後、医師から再梗塞のおそれがあることから長期療養病棟へ移ることを勧められたが、自宅へ帰りたいという本人の強い希望で退院する。言語障害、右半身マヒが残っており、ほとんど全介助の状態であった。在宅での生活をサポートするため、ケアマネジャーにつなぎ、介護保険制度を利用することとなる。

現在の支援状況

　Uさん宅は住宅街のなかにある持ち家で、支援を開始した当初は、建物が比較的新しいにもかかわらず、給湯器や風呂が故障しており、居室は締め切られたままであり、タバコのヤニで壁が変色してしまっている状態であった。室内は掃除をしている形跡はなかった。
　借金を返済していくことのできる経済力はUさん、長男共になく、自己破産をする方向が妥当だと考えられた。しかし、可能な限り住み慣れたいまの家に住み続けたいという本人と長男の強い希望により、きわめて苦しい状況が予想されるなか、借金を返済しながら在宅での生活をサポートしていくこととなった。
　Uさんは退院すると、すぐに毎日のホームヘルパー訪問および週1回のデイケアを利

用し始める。言語障害があり、当初なかなか会話ができなかったが、徐々に単語ではあるが意思表示をはじめ、退院後半年ほどで、ホームヘルパーとコミュニケーションを図ることができるようになってきた。そのためか、最近では好きな食べ物しか食べようとせず、逆にホームヘルパーを困らせることが増えてきている。

　一方、知的障害の方向からも支援を行うため、障がい者の相談支援センターへつなぎ、長男に対して療育手帳発行のための判定実施を含めた働きかけを行った。その結果、療育手帳取得のための判定を受けることには長男から理解を得られていないものの、長男は掃除、洗濯や布団干しなどを行うことが可能になってきた。また、金銭面ではファイルにレシートを張りつけ、ある程度ではあるが、収支を自分で管理しはじめ、周囲を驚かせた。こうしたことから各種援助も軌道に乗り出し、Uさんと長男の生活の質は当初に比べ格段に向上してきている。また、Uさんについては身障手帳の交付手続きを行い、1種2級で医療費が無料となった。

　先日も雨が降りそうだったにもかかわらず布団が干しっぱなしになっていると、近隣住民から社会福祉協議会へ連絡が入った。訪問してその人から話を聞くと、妻が亡くなってからずいぶん気にかけていてくれており、洗濯も時々援助してくれていた。また、昔から本人家族が入信している宗教上の友人も定期的に訪問しており、相談に応じたり、なにかと支援してくれている。

　日常生活自立支援事業としては、生活支援員が月に1回の訪問の際、銀行からお金を引き出し、本人に食費など生活費を渡すほか、介護保険サービスの利用料、住宅ローン等の支払い代行を行っている。ローン会社にも働きかけ、本来月約10万円の返済額を3万円に減額してもらった。最近では長男はずいぶん関係者を信用してくれているのか、金融関連などの書類がくると、長男からそれを知らせる電話連絡が当方にあり、相談もしてくれるようになってきた。

　当初、次男夫妻の意向としては自己破産を行った後、すぐにでもUさんを施設へ入所させたいと話していたが、住み慣れた自宅で暮らしていきたいという本人の希望を踏まえ、話し合いを重ねるうち納得してくれた。現在、在宅での生活を支えていくため、次男を後見人としてUさんの成年後見制度の手続きを行っているところである（**表1、図1**）。

■　考　察　■

　一時は、自己破産したうえで家を手放し、アパートなどでの生活による生計の立て直しを検討したが、本人親子はマイホームの建築が長年の夢であり、ようやく実現したわが家で住み続けたいという強い意思が感じられた。その結果、個人再生法を活用することも検討した。

　しかし、次々に明らかになる膨大な借金をわずかな収入で賄うには困難をきわめる。

表1　介護サービス計画書(2)

生活全般の解決すべき課題(ニーズ)	援助目標		サービス内容		頻度	期間
	長期目標	短期目標	介護内容	サービス種別		
住み慣れた自宅で住み続けたいが、膨大な借金があり、家族だけでは処理できない	借金の返済を処理できるようにする	債務の全容を把握し、適切な解決策を講じる	日常生活自立支援事業により、債務状況を把握するとともに、適切な返済処理計画を立案する(専門員)	日常生活自立支援事業		12か月
			債権者へも直接交渉し、債務の負担軽減を図る(専門員)	日常生活自立支援事業		12か月
家族だけで日常的な金銭管理を行うことは困難である		日常的な金銭管理を支援する	日常生活自立支援事業の生活支援員により、日常生活に必要な金銭的管理を支援する	日常生活自立支援事業		12か月
各種サービスの利用手続きを行うことに支援が必要である		各種サービスの利用手続きを支援する	日常生活自立支援事業によりサービス利用契約を支援する(専門員)	日常生活自立支援事業		6か月
不要な物を購入してしまう事態にさらされやすい	経済的異変を察知できる態勢を整える	クーリングオフ等が可能となるよう定期的に見守る	日常生活自立支援事業の生活支援員の定期訪問により見守る	日常生活自立支援事業	2回/週	12か月
日中独居で、寝たままの状態が続くため、身体機能低下のおそれがある	基本動作や意欲の向上を図る	基本動作や日常生活動作を維持改善する	通所リハビリテーションの利用により、リハビリテーションを実施する	通所リハビリテーション	1回/週	6か月
言語障害や右半身マヒのため外出が困難で、コミュニケーションが図れず、孤立化しがちである	他者との交流の機会を作り、コミュニケーションを円滑にする	本人宅への訪問や外出の機会に本人に会話を働きかける	関わるスタッフ全員が話し相手となって、声かけを行う。また、本人の楽しみを探る	訪問介護 通所リハビリテーション 日常生活自立支援事業 民生委員・近隣住民 兄弟・ケアマネジャー	随時 1回/週 随時	12か月
言語障害や右半身マヒのため外出が困難でコミュニケーションが図れず孤立化しがちである	緊急事態を発見・対応できるようにする	関係者による見守りの実施	異変を感じた場合は、かかわるスタッフがケアマネジャーへ連絡する体制をつくる	訪問介護 通所リハビリテーション 日常生活自立支援事業 民生委員・近隣住民 兄弟・ケアマネジャー	随時 1回/週	12か月
脳梗塞の後遺障害による右半身にマヒがあり、息子も勤務しているため自宅の浴槽を使った入浴はできない	他者の支援により、入浴や清潔が保持できるようにする	施設のサービスを利用して安全かつ安楽な入浴を実施する	バイタルチェック、入浴介助、更衣介助の実施	通所リハビリテーション	1回/週	6か月
脳梗塞の後遺障害による右半身にマヒがあり、息子も勤務しているため自宅の浴槽を使った入浴はできない	他者の支援により、入浴や清潔が保持できるようにする	清拭や部分浴により清潔を保つ	全身状態の観察、清拭・部分浴の実施	訪問介護	6回/週	12か月
疾病のため定期的な受診が必要だが、本人と介護者だけでは通院するのが困難である	安全かつ安心して通院できるようにする	介助者が付きそう	訪問介護により通院時に介助する	訪問介護	1回/週	12か月
		移動手段を確保する	リフト車により送迎する	重度身体障害者等外出支援事業	1回/週	12か月
膨大な借金があるため、医療費の捻出が困難である	医療費負担を軽減する	医療費負担の軽減	身体障害者手帳の交付により医療費助成を受ける	福祉医療費助成制度		12か月
尿意、便意共になく、おむつを使用しているが、日中は独居のため交換できないので清潔を保てない	おむつを外すことができないか試行する	定期的なおむつ交換を実施し清潔を保つ	おむつ交換と部分洗浄の実施	訪問介護	14回/週	12か月

今後、年金額のスライド増加に伴って、若干の生活向上は望める。加えて、長男に知的障害による障害年金が支給されれば、より改善が見込める。父親が死亡し、年金収入がなくなった時点で自己破産の方向で支援を継続していくことも考えられる。幸い、生活

第2部　認知症のある人に対するケアプラ事例から学ぶ

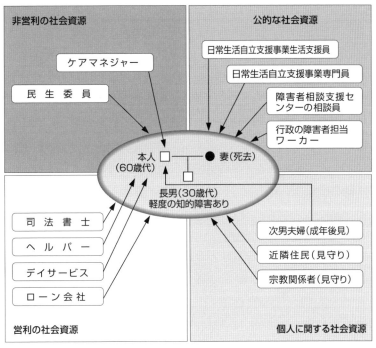

図1　関係者の支援の概要

の質という点では、長男が家事に参加するなど、支援を開始する前に比べて格段に向上してきた。

　在宅生活が困難になる背景はさまざまである。本人の身体的状況によって困難になることが多いが、経済的な問題によって生活が継続できなくなることもある。

　本事例では、意思・判断能力の弱い人が生活をどのように継続させていくかが問われている。他の家族成員がいる間は問題が表面化しないが、認知症や知的障害など意思・判断能力が弱い家族成員だけになると、詐欺や押し売りなどの被害に合いやすく、生計の維持が困難となるケースも多い。できる限り早期にそうした状況を発見・察知し、援助に結びつけることで、在宅生活が継続できるのではないだろうか。

■　コメント　■

　本事例は、本人が認知症であり、かつ本人・息子とも若干の知的障害があるが、在宅生活を続けている事例である。現実には、住宅ローンの返済や消費者金融からの借金が多く、また高額な物品も購入するなど経済的な問題を抱えている家族への支援である。この事例を通じて、意思表示に問題があり、金銭管理での支援に対してケアマネジャーはどのような視点で関わっていけばよいかを、フォーマルサービス、インフォーマルサポート、セルフケアの3つの視点から示してみる。

249

1）フォーマルサービスの活用

　住宅ローンや消費者金融からの負債があり、自己破産ということも検討されたが、本人や長男の自宅で住み続けたいという思いを理解し、日常生活自立支援事業を活用して返済計画を考え、いままでの住宅に住みながら返済を継続していくケアプランの作成がなされている。さらには将来を考え、Uさんの経済的な管理の不安を払拭するためにも成年後見制度を活用し、次男を後見人として支えていく計画が進められている。Uさんの要介護状況に対するホームヘルパーやデイケアの介護保険サービスに加えて、こうした権利擁護のさまざまなサービスを活用することによって、Uさんと長男の在宅生活を支えるという役割を果たしている。

2）インフォーマルサポートの活用

　本事例では、洗濯等については近隣が支援をしており、また本人の宗教上の友人も相談に応じたり支援をしたりしている。そうしたインフォーマルな資源を活用したケアプランを作成していることが評価できる。上記の日常生活自立支援事業の生活支援員は必ずしも常時関わって支援できるわけではなく、定期的に来所しての対応にならざるを得ない。その点インフォーマルサポートを活用することで、日常での支援が可能になり、そうした人たちとケアマネジャーや日常生活自立支援事業の人たちとの連携を深めれば、金銭面での管理の支援についてもよりいっそう的確にできるといえる。

　具体的にいえば、高額な物品を買ったりした場合には、周囲の人々が日常生活自立支援事業の生活支援員に連絡したり、ケアマネジャーに連絡をしてくれることで、即応できる態勢を確保することができる。そうした態勢をケアプランで確保していることが、この事例で評価できる部分でもある。

3）本人や家族の能力の活用

　フォーマル、あるいはインフォーマルな社会資源を活用して、何とか金銭面を管理し、Uさんの介護の問題を解決して在宅生活を支援していくことは重要であるが、やはり本人や長男がもっている力をできる限り引き出し活用して、経済的な管理や介護問題を解決できるような支援をしていくことがもっとも重要である。本事例では、長男の療育手帳の取得については、知的障害があるということを認めることにもなるとして長男が拒否をしている。こうした場合、支援者は拒否を問題として考えるよりも、そのことをストレングスとして、本人の頑張ろうとする力として理解していくことも重要であろう。同時に長男の場合には、金銭の管理を主体的に行ったり、あるいは家事に積極的に参画したりしている。

　このような形で、本人がもっている能力をできる限り引き出していくような支援がなされている。さまざまな社会資源を活用して支えることも重要であるが、本人や家族が

もっているストレングスを引き出して支えていくということも重要な視点であり、その意味でも本事例で評価できる部分である。

　フォーマルサービスの活用、インフォーマルサポートの活用、本人や家族のもっているストレングスの活用、これらのことは、一般的にすべてのケースに通じる基本である。本事例のような、金銭管理が必要なケースの場合には、介護保険を超えたサービスを必要としているが、こうしたケースにおいても、このような基本を理解し実施することで適切なケアプランができるといえる。

権利擁護 2）施設

(5) 多職種の連携と権利擁護の視点で支え、在宅移行を実現

■ はじめに ■

　日本の認知症高齢者は、厚生労働省の報告では約439万人とされ、同時に正常でもなく認知症でもない、正常と認知症の中間の軽度認知障害（MCI）の人が約380万人もいると推定されている。このMCIとはピーターセン（Petersen）らによれば、以下の5項目すべてに該当する人である。

①本人または家族（介護者）から、もの忘れの訴えがある。
②加齢の影響だけでは説明できない記憶障害の存在。
③日常生活能力は自立。
④全般的な認知機能は正常。
⑤認知症は認められない。

　MCIで記憶障害のみの人の4年後の認知症への移行率は24％であるが、言語・注意・視空間認知の障害のいずれかを併せもっている人の移行率は77％と高くなっている。その意味では早期に認知症の鑑別を行い、MCIの段階から適切な支援をしていくことが大切である。本事例のAさんは、認知症との診断はなされていないが、認知機能の低下がみられる。本事例を介して、いかにMCIの人を支援していくべきかについて考えてみたい。

■ 事例解説 ■

Aさん（70歳代後半、男性）

身体状況

・要介護度：要介護3（入所時）→要介護1（退所後）
・認知症高齢者の日常生活自立度：Ⅱa（入所時）→Ⅰ（退所後）
・障害高齢者の日常生活自立度：A1（入所時）→J2（退所後）
・HDS-R（改訂長谷川式簡易知能評価スケール）21点（入所時）→26点（退所後）
・MMSE（ミニメンタルステート検査）19点（入所時）→25点（退所後）

- 病歴：(主病) ビタミン B1 欠乏に伴う末梢神経障害。(既往歴) 胃潰瘍、十二指腸がん（胃の 1 ／ 2 切除）、逆流性食道炎、高血圧、発作性心房細動。
- 処方：ビタミン B 群配合薬（2T ／毎食後／朝・夕）のみ。
- ADL・IADL：歩行は、下肢筋力低下により不安定なため一部介助。転倒のリスクが高いため移動時や移乗時、入浴時は見守りが必要。食事、排泄は自立。高度難聴があるが、耳元で大声で話せば聴こえる。IADL では、服薬管理ができず、金銭管理は公共料金などに滞納がみられるため、一部介助が必要。

家族状況
　ひとり暮らし。妻、長女、次女と持家に住んでいたが、A さんの公営競技への浪費が原因で、50 歳代のときに妻と離婚。それ以後、2 人の娘とも音信不通で、家族からの協力が得られない状況。

住居状況
　離婚後、築 40 年以上の賃貸住宅に 20 年近く居住。屋根、壁はトタン板で造られ、夏は暑く、冬はすきま風が入り寒い。室内は衣服や物であふれ、住宅環境は劣悪な状態。

生活史
　生活史：20 歳代〜 60 歳まで、港湾関係の仕事に従事。20 歳代で結婚し、2 女をもうけるが、50 歳代で離婚。70 歳代になってから、入退院を繰り返すことが多くなった。

■ 支援概要 ■

　A さんは賃貸住宅に 1 人で 20 年近く暮らしていたが、70 歳代になってから入退院を繰り返すようになった。2013 年 4 月にビタミン B1（豚肉やハム類など主に肉類に多く含まれる）欠乏で急性期病院に入院し、同年 8 月に当老人保健施設に在宅復帰目的で入所となった。入所後は A さんの能力、意欲などを活用した施設ケアプランを作成して歩行訓練や IADL 訓練を実施したところ、シルバーカーを使えば安定して歩行できるまでに改善した。また、A さんの自己決定を尊重した支援として、軽費老人ホームへの住み替えへの支援、権利擁護の支援などを実施した。その結果、A さんは同年 12 月に軽費老人ホームに移り、現在では訪問介護などのサービスを利用しながら、自立した生活を送っている。

■ 支援の経過と内容 ■

1）老人保健施設入所までの経緯
　2009 年ころより、A さんは十二指腸がん（胃を 1/2 切除）などで入退院を繰り返し

ていた。その後、要支援2の認定を受け、予防通所介護などを利用しながら自宅で生活していた。

　2013年4月、偏食などによる低栄養で下肢感覚障害から歩行困難となり、ビタミンB1欠乏による末梢神経障害と診断され、急性期病院に入院した。その後、症状は軽快したが歩行が不安定であり、独居での生活は困難と見なされた。2013年8月初旬に、地域包括支援センターのソーシャルワーカーから当老人保健施設の支援相談員へ依頼があり、同月中旬に在宅復帰目的で当施設に入所した。

2）入所後のアセスメントと支援方針

　当施設への入所にあたり、多職種によるアセスメントを実施し、次のように支援の方針を確認した。

① Aさんの意向は、自宅で生活したいという思いと同時に、「この施設にずっと置いてもらえないだろうか…」という気持ちもあり、在宅生活を続けていくことへの不安を感じている様子であった。支援の方針は、自宅復帰を最優先とし、自立生活を前提とした施設である軽費老人ホームへの住み替えについても検討するということになった。

② 身体面では、Aさんには「自分で歩きたい」という意欲がみられたので、屋内つたい歩き、屋外杖歩行レベルまでの改善を目標とした。また、IADLの訓練として、洗濯物降ろし、洗濯物たたみなどの軽作業への参加を促し、本人のできることを増やすことを目標とした。

③ 入所時のスクリーニング検査ではHDS-R：21点、MMSE：19点の得点であり、軽度の認知症が疑われ、神経内科で鑑別診断を受ける必要があると考えられた。

④ 心理面では、Aさんは「今後また入院となったときに、どうすればよいのか」といい、頼れる家族がいないという自身の置かれている状況を理解している様子だった。Aさんの同意を得たうえで、家族による協力の有無を調査・確認していくこととなった。また、家族による協力が得られない場合は、意思能力を欠く状態になったときに備えて、自分史、延命治療、財産管理、葬儀・埋葬、相続などの内容を記すエンディングノートの作成支援と、併せて任意後見制度の利用を検討することとした。

　施設ケアプランの目標としては、Aさんの意向が「自分で歩けるようになり、在宅で自立して生活したい」というものだったことから、支援方針は「施設から円滑に自宅（あるいは軽費老人ホーム）へもどり（入居し）、その後も安定・安心して生活できるよう、他機関と連携しながら支援する」とした。

　施設入所1か月後の施設サービス計画書は表1のとおりである。

表1 施設サービス計画書

生活全般の解決すべき課題（ニーズ）	目標		援助内容			
	長期目標	短期目標	サービス内容	担当者	頻度	期間
在宅にもどってからも、自分で歩けるようになりたい	屋内ではつたい歩き、屋外では杖歩行レベルまで、歩行レベルの改善	歩行能力の改善	・短期集中リハビリテーションの実施。筋力強化訓練、歩行訓練、階段昇降訓練、IADL訓練の実施	作業療法士医師	週3回以上	3か月
入院中は歩行器歩行で安定していたが、施設入所中も転倒に注意して生活したい	転倒の防止	歩行時、移乗時、入浴時の見守りの強化	・移動は歩行器を使用し、歩行が不安定なときや、移乗時には横に付き添う ・危険が認められる場合、一部介助にて移動介助を行う	ケアワーカー看護師作業療法士	移動時移乗時	3か月
栄養状態を改善し、適正体重を維持したい	栄養面でのサポートにより適正体重を維持し、心身ともに安定した生活を送る	適正な食事の提供と摂取量の安定を図る	・食事は主食：軟飯、副食：刻み食にて提供 ・適正な食事の提供と食事時の声かけにより摂取量の安定を促す ・十二指腸がんで胃の1/2切除の既往があり、必要に応じて消化のよいものを検討する	管理栄養士看護師ケアワーカー	毎食事	3か月
高度難聴であるため、コミュニケーションがうまく取れるように話しかけてほしい	本人の思いを引き出す	コミュニケーションが円滑に行えるように支援し、信頼関係を築く	・話し手は耳元でやや大きめの声でゆっくりと、表情を確認しながら話をする ・本人の思いを引き出すため、信頼関係を構築し、コミュニケーションを図る ・本人の訴えを傾聴し、その訴えが解決できることであればすぐに解決する ・契約書などに本人への説明と同意が必要な場合は、ていねいにわかりやすく説明する（書面に署名・押印が必要な場合は、本人にしてもらう）	支援相談員ケアワーカー看護師作業療法士	随時	3か月
老人保健施設に入所中も、生活に楽しみをもち、活気ある生活を送りたい	活動面での意欲の向上	自分でできることを増やす	・日中はできる限りデイルームで他の人とすごせるように配慮する ・洗濯物降ろし、洗濯物たたみなどの軽作業のお手伝いをしてもらう ・季節ごとの行事、月ごとのアニマルセラピーや音楽療法に参加できるように声をかけて促す	ケアワーカー看護師作業療法士	随時	3か月
在宅にもどってからも、安心して生活したい	在宅復帰への支援	他機関との連携の強化	・軽費老人ホームを見学し、住み替えについて検討する ・退所前訪問を実施し、在宅の住環境の評価、必要な住宅改修や福祉用具を検討する ・地域包括支援センター、居宅介護支援事業所などの機関と連携しながら、在宅復帰後に必要な医療・福祉サービスを検討する	支援相談員ケアワーカー看護師作業療法士地域包括支援センター居宅介護支援事業所	随時	3か月
頼れる親族がいないため、将来が不安である。安心して暮らしていきたい	本人の将来不安の解消	本人の将来不安の内容を明らかにし、その解決方法を検討する	・本人の2人の娘とは7年以上音信不通であり、地域包括支援センターと連携しながら、親族の支援が得られるか、調査・確認する ・上記の協力が不可能な場合、本人の意思を尊重しながら、エンディングノートの作成支援、任意後見制度の利用を検討する	支援相談員地域包括支援センター司法書士	随時	3か月

3) 在宅移行を目指すさまざまな支援内容

・軽費老人ホームへの住み替え（自己決定の支援）

　Aさんは支援相談員らといっしょに軽費老人ホームを訪問し、当該施設の相談員から施設の概要などについて説明を受けた。Aさんは「思っていたよりも環境がいいな。ここなら行ってもいいかな」と述べ、支援相談員は「すぐに決断する必要はない」といい、「自宅にもどるか軽費老人ホームに入居するかをよく考えて、返事をしてほしい」旨を伝えた。その後、Aさんは軽費老人ホームへの住み替えを希望した。

・身体機能の改善

　リハビリテーションの実施により入所3か月を経過したころには、歩行器歩行からシルバーカー歩行で安定して歩行できるまでに改善した。入所当初は、テレビの前で1日すごすことが多かったが、スタッフの声掛けにより、少しずつ洗濯物たたみなどの軽作業に参加するようになり、活動面で意欲の向上がみられるようになった。

・神経内科の鑑別診断

　神経内科を受診したところ、頭部CTでは軽度～中程度の側脳室下角の開大が認められるが、海馬の委縮は若干みられる程度であり、「認知機能の低下が認められる状況」との診断であった。医師から「Aさんは身寄りがない状況であり、また高度な判断は難しいということを前提として、本人の最善の利益を考えながら専門職の合議で支援を考えていくべきではないか」という助言を得た。

・家族への協力依頼

　支援相談員らは元妻と次女とが同居している家を訪問した。3度目の訪問で元妻に会うことができたが、「本人と関わりたくない。長女、次女の連絡先も教えられない」とのことだった。

・エンディングノートの活用と任意後見制度の検討

　Aさんが将来的に意思能力を欠く状態となったときに備え、自己決定を尊重したケアや支援を考えていくことを目的として、エンディングノートを対話の道具として活用し、Aさんの語りのなかでそれを作っていくこととした。最初はエンディングノートの各項目の意味を支援相談員がAさんに説明し、Aさんに自由に書いてもらったが、半分以上が空欄のままであった。そこで、各項目の内容についてAさんがどのように思うかを語ってもらうことにして、その内容を数回にわたり記録していった。

　Aさんの語りから「自分の浪費が家庭を崩壊させたことについて自身を責めている」こと、「お金の管理ができなくなったときのことが心配である」ことなどがわかった。Aさんに任意後見制度をわかりやすい言葉で説明すると、利用を検討したいという意思が示されたことから、司法書士と連携して将来型の任意後見契約を作成していくこととなった。

・住み替えの支援と権利擁護

老人保健施設から軽費老人ホームに移るにあたって、賃貸住宅の原状回復、公共料金の滞納状況の把握と債務の支払い、契約解除、引っ越し、住所変更に伴う行政への申請手続きなどの課題を解決する必要があった。これらの法律行為は本人単独では難しいと思われたため、本人から口頭または書面での委任を受けながら、これらの課題解決について支援相談員らが対応した。賃貸料と公共料金の滞納状況は、通帳の取引履歴と郵便物の確認から、収支状況を把握するためのリストを作り、債権者側に滞納分の請求書を一括して施設宛てに送付するように依頼し、弁済したのちに契約解除とした。

・老人保健施設退所前カンファレンスで必要なサービスを検討

2013年11月、当施設の職員と、軽費老人ホームの職員、新しく在宅のケアプランを担当する居宅介護支援事業所のケアマネジャーとともに、老人保健施設退所前カンファレンスを実施し、AさんのADL・IADLや支援経過に関する情報を共有し、今後必要となるサービスについて検討した。入浴は見守りのための訪問介護を利用し、洗濯やゴミ出しは軽費老人ホームのケアワーカーが見守りをすることとなった。

残された課題は、Aさんは高度の難聴であるため耳鼻科に通院して補聴器を作成する必要があることと、権利擁護への対応の2点であった。任意後見契約は契約内容の検討段階であり、公正証書作成までにはあと数回の面談が必要なため、時間がかかる状況であった。そこで、Aさんが軽費老人ホーム入居後も、当施設の支援相談員が司法書士との連携の窓口となり、継続して支援していくことを確認した。

4）軽費老人ホームへの入居

2013年12月、Aさんは軽費老人ホームへ入居した。杖の使用により安定した歩行が可能となり、軽費老人ホームのケアワーカーに見守りを受けながら生活している。2014年3月の神経内科の受診結果はHDS-R：26点、障害高齢者の日常生活自立度はJ2となり、身体機能と認知機能に改善がみられた。2014年4月現在では、補聴器が完成し、Aさんのコミュニケーションに向上がみられるようになった。老人保健施設では医師が診ていたが、軽費老人ホームへ移ってからは近隣の内科に定期受診している。

任意後見契約については、Aさんと、司法書士、当施設の支援相談員、軽費老人ホームの相談員が数回の協議をして代理権の範囲などの契約内容を決定し、次回は公証役場に出向いて公正証書を作成する予定となっている。

■ 考　察 ■

Aさんは認知機能の低下がみられる状況であったが、時間をかけてわかりやすい言葉を用いて理解度を上げるように努め、Aさんの自己決定を尊重するように支援した。Aさんの「歩けるようになりたい」「自立した生活をしたい」という意欲や能力を活用した施設サービス計画書を作成し、多職種が連携して支援していくことで、身体機能や認

知機能が改善し、Aさんは老人保健施設から新たな住まいへと移り、自立して生活できるようになった。

■ コメント ■

　Aさんは単身の高齢者がビタミンB1欠乏による末梢神経障害で急性期病院に入院し、治療後に、老人保健施設に入所した。老人保健施設では、支援による身体面・心理面の改善がみられ、在宅復帰（軽費老人ホームへの住み替え）がなされた事例である。

1）MCIへの対応

　本事例のAさんはMCI（軽度認知障害）であると思われる。入所時点で、身体面では歩行などADLの改善、あるいは洗濯物たたみなど軽作業を通したIADLの改善を目的とし、心理面では今後の生活に対する不安について、エンディングノートの活用や任意後見制度の利用によって解決を図ろうという目的をもってスタートした。

　その結果、本人の身体面のADL・IADLの改善が図られ、心理面でも今後の生活に対する不安が解消され、老人保健施設退所時には、要介護度、認知症のある人の日常生活自立度、HDS-R、MMSEが改善されている。このことから、本人の身体面・心理面の改善が、認知障害のレベルにも影響を与えていることが明らかである。

　なお、Aさんには高度の難聴があり、補聴器を装用することになった。「難聴が認知症リスクと関連する」という結果も報告されており、Aさんの聴力の改善が、今後認知障害の改善にいっそうつながる可能性がある。

2）任意後見制度の活用

　Aさんは以前、ギャンブルなどで金銭管理が十分できなかったことがあり、将来の金銭管理に対して不安を感じている。同時にMCIがみられ、今後は自分で生活を切り盛りするために意思決定をしていくことにも不安をもっている。そのようなことへの支援として、任意後見制度に結びつけた。

　任意後見制度は、本人が契約の締結に必要な判断力を有している段階で、判断能力が不十分になったときに備え、後見事務の内容と任意後見人を事前に契約によって決めておく制度である。その意味では、将来意思表示が十分できなくなった場合の予防的な観点での支援である。

　任意後見制度には本事例で利用したような将来型の他に、即効型、移行型の3つのタイプがある。将来型は判断能力が低下したときに任意後見契約を開始させる契約であり、任意後見契約の基本形といえるもの。即効型は、契約を結ぶ判断能力はあるが、少し判断能力が衰えており、速やかに後見を開始したいときのもの。移行型は、任意後見の契約時の判断能力に問題はないが、身体の具合が悪いなどの理由により、信頼のできる将

来の任意後見を予定している人と、財産管理などのサポートを受け財産管理を委任する契約を結び、最終的にはすべての側面のサポートに移行していくものである。

　本事例では現在、任意後見契約の協議の途中であるが、このような制度を活用することによって、将来に対する不安の解消を図ろうとしていることが評価できる。

3）退所施設としての機能の遂行

　本事例は老人保健施設に入所した事例である。老人保健施設は3か月後なり6か月後に退所し、社会復帰することを目的にした施設として位置づけられている。本事例においては、入所から4か月後に在宅復帰を実現している。

　なぜ、その目的が遂行できたのか。それは、本人の施設入所時に、「円滑に在宅にもどり、その後も安心安全に生活できる」ことを最終的な目標とし、そのため、お互いに合意した老人保健施設退所日を決めて、具体的な支援方針や内容を検討し、実践していくことが本人と施設側で共有できていることが大きなポイントである。

　さらに、最終目標を達成するために、身体面では歩行能力を含めたADLや在宅生活に必要なIADLの改善を図り、同時に社会復帰していくうえでの課題である精神的不安を解消するためにエンディングノートの活用や、経済的な安心を担保するための任意後見制度の利用を具体的に計画している。そのような計画を着実に進めることで、Aさんの在宅復帰が可能になった。

　このように老人保健施設では、在宅復帰に向けて入所時点で、どのような方向や内容で支援していくのかが十分に議論され、その方針に沿ってさまざまなサービスが提供され、それらの結果について評価され、退所へとつながっていくことが大切である。本事例は、その遂行のための施設サービス計画書が作られ、さまざまな支援が実行され、在宅移行が実現された点で高く評価できる。

【第 4 章】
認知症のある人と家族介護者を支える

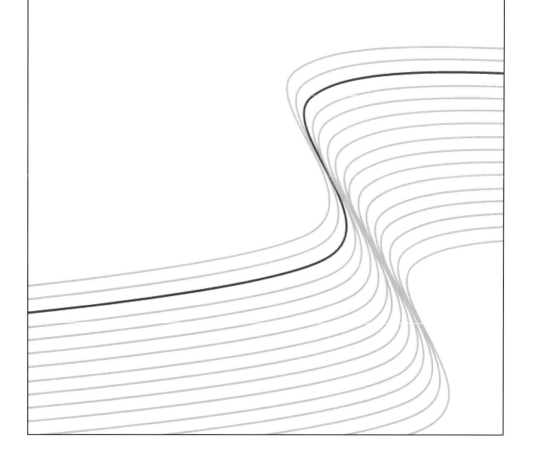

家族支援 1）在宅

（1）認知症の母と障害をもつ娘の家族全体を支える

■ はじめに ■

　在宅の認知症のある人に対するケアマネジメントでは、いかにして本人や家族をケアし、在宅生活を継続できるかという視点だけでなく、認知症から生じるさまざまな行動・心理症状（BPSD）を受け入れようとする視点が重要である。このことが、ひいては本人と家族との良好な関係を導き出し、本人のBPSDを減少させることにもつながる。このようなことを本事例を介して考えてみたい。

■ 事例概要 ■

Aさん（70歳代、女性）

身体状況
・要介護度：要介護5
・認知症高齢者の日常生活自立度：Ⅳ
・障害高齢者の日常生活自立度：Ⅲa
・病歴：1999年に脳血管性認知症を発症。2001年に右橈とう骨骨折、腰椎圧迫骨折、右大腿骨頸部骨折（人工骨頭置換術）。

生活史
　結婚後は専業主婦として4人の子どもを育てた。性格は几帳面で頑固なところがある半面、面倒見がよく、明るく朗らか。夫とOLの長女との3人暮らしであったが、長女がリウマチを患い、歩行も困難な状況となり、排泄介助など身の回りの世話をAさんが行っていた。夫ががんで先立ってからは、長女との2人暮らし。

家族状況
　夫の死後、長女の将来を心配したAさんは、独立している他の子どもたちに「私が死んだら長女をお願い」と頼んだが、だれひとり返事をしなかったと、Aさんは怒っていた。

■ 支援概要 ■

Aさんは夫の死をきっかけに、認知症を発症させた。重度障害のある、要介護5の娘との2人暮らしで、他の親族の協力が得られないなかで、2人の在宅生活を支援した事例である。

Aさんには、徘徊・異食・昼夜逆転などのBPSDがみられた。ひと時もじっとしていられない状態であるが、24時間の介護サービスを利用することは、社会資源の面からも経済面からも難しい。施設ではなく在宅での生活を望むAさんに対して、サービスに関わるスタッフが支援方法を統一し、根気強く関わり続けることで、不安行動が減少するようになった。

■ 支援の経過と内容 ■

1) 2009年6月：支援開始時の家族の状況

Aさんは、夫の死を理解しておらず、「仕事に行っている。足だけ（?）もどってくる」と話す。長女はリウマチが徐々に悪化し、1人で寝返りも打てず、Aさんが部屋をウロウロしても、大声で静止することしかできない。Aさんは徘徊により転倒を繰り返し、骨折、擦過傷等の受傷を負っていた。

そのようなとき、内科主治医より当センターに依頼があり、ケアマネジャーとして関わることになった。長女は母親の認知症を他者に知られたくないという思いから、それまで介護保険の要介護認定を受けていなかったが、内科主治医からの勧めもあって、認定を受けた。Aさんは身体的には元気で、それゆえ徘徊行動が激しかった。会話の受け答えはできるものの、話の途中で何度も「じゃ～そろそろ」と立ち上がる。家中のものを紐でまとめ、「家に帰る」と夜中でも外へ出ようとする。近くの診療所へは1人で出かけるが、もどってこられないこともあった。

長女は立位や歩行は不可能であるが、背もたれがあるとかろうじて座位は保持できた。ベッドから車いすへの移乗や室内移動は介助を必要とした。排泄は尿器を使うが、調子がよいときはAさんが介助できていた。最初、長女は母親を他人が看ることに警戒感を抱いたため、サービスの利用は週1回の訪問介護から始めることになった。

2) 2009年7～8月：母のBPSDの悪化と長女のストレスの増大

長女の病状が進み、寝たきり状態になるにつれ、AさんのBPSDは悪化していった。フライパンで輪ゴムを炒めたり、外出して遠方まで何時間も歩き続けた。昼夜逆転となり、夜中に荷物をまとめ、公園のベンチで座っていたこともあった。

Aさんの始終の見守りと生活リズムを整えることを目標に、月曜から日曜までの毎日、訪問介護や訪問看護を利用することになった。夕方以降、頻回に家を出て行くため、そ

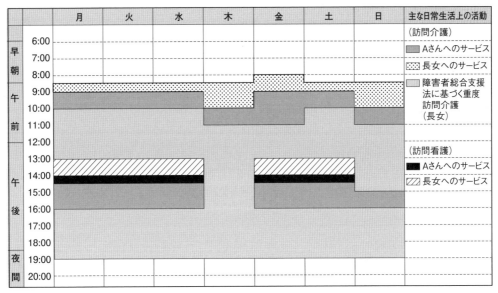

図1　Aさんのサービス時間に長女の分をプラスした週間サービス計画書

の時間帯に合わせて訪問介護を利用してもらったが、Aさんは「こんな時間に申し訳ない」と他人がいることに興奮し、頻回にトイレへ行くようになった。その結果、夜間はまったく入眠せず、朝方から眠るようになってしまった。そこで、再度ケアプランを見直し、訪問介護の夕方へのシフトを変更して、午前中の訪問を増やし、日中起きていてもらうようにした。

　長女は母親と同様、介護保険の要介護認定を受けており、要介護5である。それに加えて、A市の上乗せサービスである障害者総合支援法に基づく重度訪問介護のサービスを利用していたため、日中ほとんどの時間、訪問介護や訪問看護のケアスタッフのだれかの見守りが可能となった（図1）。

　しかしながら、長女は認知症の母親のBPSDを受けとめられないイライラから、母親に対して虐待に近い言葉がみられた。長女が興奮すると、ますますAさんのBPSDは悪化し、Aさんはたびたび警察に保護された。

3) 2009年8月：医療の関わり、近隣の見守りも要請

　ケアマネジャーから「認知症に対し、専門科を受診してみては？」と提案した。初めは拒否的であった長女だが、夜間不眠で精神的・肉体的に疲れ果てていたこともあり、提案を了解し受診となった。

　医師より、内服薬の投与と合わせて、認知症という病気について、いまのAさんの頭のなかで起きていること、そして今後の経過などについての説明を受け、長女は納得した様子だった。

表1 居宅サービス計画書

生活全般の解決すべき課題（ニーズ）	援助目標		サービス内容		
	長期目標	短期目標	介護内容	サービス種別	頻度
認知症の進行により、身の回りのことができず、家事全般すべてに介助が必要である	日常生活がスムーズに過ごせるよう支援する	・身の回りの整理・整頓をし、転倒を予防する ・掃除・洗濯を行う ・必要に応じ買い物を行う	・家事／居室内環境整備・掃除・洗濯、買物の実施	訪問介護	5回/週
食事の準備・片付けができない。食事を摂るときには、誤嚥予防のため、見守り・誘導・介助が必要である	バランスのとれた食事を摂ることによって健康を維持する	・食べやすい方法を工夫することで、誤嚥せずに摂取できる ・本人が食事を作らなくてすむように支援する	・食事/食事の介助 ・食事/食事の準備・配膳後の介助 ・配食サービスを利用する	訪問介護 訪問介護 配食サービス	2回/日 2回/日 1回/日
歩行が不安定である。そのため転倒予防として、排泄や移動時には常に見守り・誘導が必要な状況	転倒を防ぎ、事故を防止する	・定期的な排泄の促しにより失禁が予防できる	・排泄/排泄の介助 ・バイタルチェック、服薬管理 ・介護/排泄の介助	訪問介護 訪問看護	3回/日 1回/日
遠方まで外出して、道に迷ってしまい1人で帰ることができない	本人の不安を解消し、安心して生活が送れるようにする	・本人1人で外出しないように支援を行う	・GPSをもってもらい、外出したときに本人の居場所がわかるようにする ・玄関をオートロックにして、本人1人での外出を防ぐ ・近隣の人に声をかけて、本人が1人で外出した場合、対応してもらう	警察・消防・コンビニ、民生委員	随時
夜間室内を移動し、転倒を繰り返しているため眠れない	生活リズムを整える	・外出の機会を確保することで、昼夜逆転が予防できる	・移動時に歩行介助	訪問介護	1回/日
介護者に重度障害があり、介護負担が大きい	長女の不安を解消し、安心して生活が送れるようにする	・介護者の負担の軽減ができる	・長女への適切な助言	訪問介護	随時
本人の不安が強いと、BPSDが激しくなり、長女との生活が困難になる	本人の不安を解消し、安心して生活が送れるようにする	・医師との連携で本人が安定する支援を行う	・相談し助言を得る ・医師と連携をとりながら、薬物療法も含めた本人が安定できるケアを行う	訪問介護 主治医	随時 随時

　長女は母親の認知症を周囲の人に知られたくないという思いから、他者の介入を拒んでいたが、徘徊でのリスクがあることを説明し、長女の了解を得て、警察、消防、コンビニ、民生委員などへ本人の写真を持参し、万が一の場合の協力を依頼した。また、Aさんの外出は極力、訪問介護士といっしょにするようにした（表1）。

4）2009年10月：本人・家族、共に穏やかな表情を取りもどす

　徘徊への対応として、GPS（徘徊する人の位置を示す探知機）を利用したり、玄関をオートロックにした。食事は配食サービスも利用して、Aさんがガスを使わなくてもすむようにした。Aさんは1日に何回も着替え、洗濯をしているが、ヘルパーといっし

ょに洗濯物を干したり畳んだりすることで、母としての役割を遂行してもらった。

こうしてAさんは、幻覚や徘徊はあるものの、穏やかな表情が多くなっていった。Aさんの身体的・精神的安定が図られるにつれ、長女の精神的安定も保たれ、時には苛立って大声を出すことがあっても、すぐに穏やかになった。「これは病気だから」という長女の発言も増えた。Aさんの緊張感が減少し、娘の手を握って入眠するようになった。

その後、Aさんが転倒して骨折してしまう事故が起きてしまった。しかし、本人や家族の希望もあり、骨折時の入院は短期間とし、在宅へ復帰している。

■ 考　察 ■

本事例は、認知症をもち、そのためにBPSDを伴う高齢者への支援について述べたものである。加えて、介護者自身も重度の障害を有しており、家族全体への目配りと支援が求められた。

「住み慣れたわが家で暮らしたい」という思いを尊重するには、認知症についての知識不足やマンパワー不足により、それを困難にする。このような精神的にも肉体的にも、介護負担が重くのしかかるケースをどのように支援していけばよいのか、悩みは大きかった。

認知症のある人のBPSDは、環境とぶつかるところで、暮らしのなかで作られる症状だといわれている。そのため、暮らしのなかでいかに手を差し伸べ、不安を鎮めていくかといった視点からのケアが求められる。Aさんについては、できる限り1人にならないようにして、リスクを最小限にしていく関わりを大切にした。そして、Aさんに関わるすべての人に認知症に対する知識を深めてもらい、Aさんへの尊厳を大切にしつつ、介護者の長女が頑張りすぎないよう介護負担軽減に配慮しながら、2人の居心地のよい環境づくりができるように努めた。さらに、介護のみならず、医療面のサポートや近隣・地域のサポートを得られたことが、家族を支える力をより大きなものにしたと考えている。

■ 専門医のコメント ■

私はAさんの認知症による行動・心理症状（BPSD）が激しくなってから精神科医として関わったが、日々の心身の状況はケアマネジャーからの情報が役立った。

血管性認知症の特徴であるが、Aさんも「できること」「できないこと」の差が大きく、一見すると認知症の症状が目立たない「まだら認知症」の状態が長く続いたのだろう。ゆっくりとした変化のために娘も病状に気づきにくかったと思われるが、夫の死による環境の激変がAさんの中核症状のみならず、BPSDを一気に表面化させた。

認知力低下や失見当のために状況の判断ができないだけでなく、昼夜逆転や徘徊といったBPSDが続けば、Aさんの心身は疲弊する。介護者もリウマチがあり、ケアが必要なこの家族に私が試みた治療的関わりは2つである。
　1つはBPSDの改善のためにAさんに薬物療法を行うこと、もう1つは母親の認知症を受容できず、自らのリウマチの影響から焦燥感がある娘の心理サポートをすることである。薬物療法で昼夜逆転を改善するとともに、過剰活動を沈静して、心臓や脳への負担を減らした。並行して娘へのアプローチを開始した。娘が虐待ととられても仕方がないほどの感情表出をしていては悪循環になる。娘とは、Aさんに不可解な症状がどうして起きるかを話し合った。Aさんに振り回されている娘の心にも共感的に解釈した。「それでも在宅でケアしたい」とする娘の気持ちを評価し、彼女が「もう一方の被害者」にならないようにする方法を話し合った。
　Aさんの支援では、ケアマネジャーからの多くの情報がもっとも大きな力となった。2人の状況がよくわかり、薬物療法の際に過剰投与を防いだだけでなく、2人の心の内を伝えてくれたために心理サポートの大きな力となった。Aさんにだれかの目が必ず注がれるようにしたことも、娘の心身を安定させた。この家族への治療はケアマネジャーとの連携と協力がなければなし得なかっただろう。

■ コメント ■

　本事例は、認知症のある人の母親とリウマチで重度の障害をもつ娘との2人家族への支援である。両者とも要介護者であり、2人の在宅生活を維持していくためには、見守りなど相当量のサービスを利用していかなければならない。それに加え、母親のBPSDによって、母と娘の関係が悪化していることへの支援も求められた。

1）認知症のある人のケアマネジメントの特徴

　本事例は、母親が認知症のある高齢者であり、娘も要介護5の寝たきり状態に近い家庭への支援である。そのため、2人が在宅生活を続けるには、安全を基本にしながら、全面的な見守り態勢が必要不可欠である。さらに母親には徘徊などのBPSDがあり、自由に動くことのできない娘が虐待に近い言葉を投げかけ、そのことがさらに母親のBPSDを助長している状況がある。
　そのようななかでは、介護者である娘が認知症とはどのような病気なのか、BPSDが起こる原因や不安を理解できるように支援していくことが重要である。本事例では、

そのような支援がケアマネジャーだけでなく、専門医からの支援も得て行われ、介護者の認知症に対する見方を変えることによって、両者の関係が良好になっていったといえる。さらには、他者に母親の認知症を知られたくないという娘の思いも払拭され、近隣や行政機関の協力も得て、本人の安全を守るネットワークを作り上げることができた。

このように認知症のある人の支援においては、介護者である家族が病気やBPSDについて十分な理解ができるような支援が重要である。

2) 本人と家族の関係

本事例では、母親のBPSDに対して、娘がイライラを募らせ暴言を吐いている。しかしながら、基本的に両者の関係が悪化しているわけではない。娘は母親が転倒し入院をしても、できる限り早く在宅に復帰させ、生活を継続しようとする母親に対する強い愛情をもっている。同時に母親自身も、本人が話をしているように「住み慣れたわが家で暮らしたい」という願いをもち、娘の将来を心配している関係にある。両者の関係は基本的には良好な状態にあるといえる。その意味では、もう一度、従来のような良好な関係をどのようにして取りもどしていくかというのが本事例の課題である。

そこでケアマネジャーは専門医の受診を促し、投薬だけでなく、娘の母親に対する理解を深めさせる支援を専門医に依頼している。その結果、娘の母親への理解が深まり、暴言がなくなり、同時にAさんのBPSDも減少し、再度良好な関係を取りもどしていっている。その意味では、ケアマネジャーの仕事は、単に利用者あるいは介護者に目を向けるのではなく、家族関係にも目を向けることが大切である。本事例ではケアマネジャーが、本人と娘との良好な関係をどのように作りあげていくかに注目しており、そのような視点に立った支援を行っている点が評価できる。

3) 専門医との関係

本事例は専門医との関係が築かれるなかで、大きな変化が生じていった例である。ケアマネジャーは、専門医との情報交換のなかで支援を展開していった。

第1は、専門医から娘への心理的・教育的なサポートとしての、認知症理解の促進を進めていったことが挙げられる。

第2は、BPSDの改善のため薬物療法を行っているが、Aさんの状況の変化について、また、介護者である娘の状況についてもケアマネジャーが随時確認し、医師に伝えている。そのようなことが過剰投与を防ぎ、適量の投薬の対応ができることにつながっている。

第3は、ケアマネジャーと医師との密な連携である。医師もコメントしているように、ケアマネジャーから医師への情報提供が、2人の身体状況だけでなく、2人の心理的な状況についても伝えることで、介護者への心理的サポートが医師からもなされたことが評価できる。

4）おわりに

　本事例では、ケアマネジャーが専門医と連携しながら、本人と介護者の良好な関係づくりを支援している。その結果、本人のBPSDが減少し、介護者は冷静に本人と関わることができるようになった。さらには、警察、消防、コンビニ、民生委員も含めたサポートネットワークを作りあげることができた。その意味では、専門医が関わることが、本事例の在宅生活を継続していくうえで大きなきっかけになったといえる。

家族支援 1）在宅
(2) 共に認知症である夫婦への在宅支援

■ はじめに ■

　本事例は、認知症のある人が認知症のある人を在宅で介護するものであり、最近はこのような事例が増えてきている。いわゆる「認認介護」といわれるものである。支援は、1人のケアマネジャーが両者を担当する場合と、あるいは2人のケアマネジャーがそれぞれを担当する場合があるが、後者の場合は2人のケアマネジャー間の連携が不可欠である。このような事例のケアプランには、その人をいかに支援していくかに加えて、世帯の家事全般を含めた家族支援が重要であり、その検討が必要である。本事例においては、このようなことを含めて、認知症のある人の夫婦が共に自宅で暮らすための在宅介護のあるべき方向を探ってみたい。

■ 事例概要 ■

Aさん（80歳代前半、女性）

身体状況

- 要介護度：要支援1→要支援2→現在は要介護2
- 認知症高齢者の日常生活自立度：Ⅰ→Ⅱa
- 障害高齢者の日常生活自立度：J2
- HDS-R（改訂長谷川式簡易知能評価スケール）：20点→17点
- 病歴：（主病）アルツハイマー型認知症。（既往症）狭心症・気管支炎
- ADL：（食事）自立。（排泄・更衣・整容）自立。（移動）独歩が可能。（入浴）一部介助。
- IADL：（洗濯・掃除・買い物・整理）一部介助。（服薬管理）不十分。（金銭管理）一部介助。書類が管理できず、必要な手続きもできない。

生活史

　事務職に就いていたが、夫の仕事の転勤に伴い、退職して県外へ転居。市内にもどっ

てからは人材派遣業を営んでいた。ある宗教を熱心に信仰している。

家族状況

夫が施設入所してからは独居生活となる。子どもは1人娘を3歳で亡くす。隣の市に姉と姪が住む。

■ 支援概要 ■

　Aさんは子どもを早くに亡くし、夫との2人暮らしであった。夫は7年くらい前から認知症が進行しており、日常生活全般において介護が必要な状態であるため、Aさんが夫を看てきた。

　親族からの積極的な援助はなく、Aさんは1人で夫を介護しており、夫のケアマネジャーである筆者に、常時疲労感や体調不良を訴えていた。本事例では、夫婦共に認知症であっても、何らかの支援があれば在宅生活が可能なのではと考え、Aさん夫婦が安心してすごすにはどのような支援が必要かを検討した。

　Aさんは夫の徘徊や排泄の失敗、夫との会話が成り立たないことなどにより、心身共に負担のかかる状況ではあった。夫を買い物に連れて出たり、共に信仰している宗教の集会にいっしょに参加したりと、夫婦で行動することが多かった。Aさん夫婦は当センターに相談する以前に宗教団体へ多大な寄付をしており、他にも不明瞭な出費や通帳の紛失などがあり、金銭管理が困難な状況であった。また、認知症の治療を受けておらず、専門医による診断の必要性も理解せずに受診を拒否するなど、医療管理面にも課題があった。

　調理や掃除、買い物などへの支援も必要と思われたため、Aさんに訪問介護の利用を提案した。夫はデイサービスやショートステイを利用することで、Aさんだけの時間を確保し、体調の安定が図られるようにした。しかし、夫の認知症は徐々に進行して悪化したため、Aさんは在宅介護に限界を感じ、夫の施設入所を望むようになった。夫の施設入所以降、Aさんの負担は軽減されたものの、それまで夫の介護に追われていたAさんは1人でどのようにすごしてよいのか戸惑う様子がしばしばみられた。現在は、Aさんに自分自身の生活を大切にしてもらい、その生活の質を高めていけるような支援を行っている。

■ 支援の経過と内容 ■

1) サービス利用の必要性への理解を得る

　夫への支援をしていた関係もあり、2年前に地域包括支援センターから紹介され、Aさんへの支援も開始した。Aさんは介護疲れを訴えつつも介護保険サービスの利用に拒否的で、サービス利用の必要性を理解してもらうことが容易ではなかった。夫がサービ

ス（デイサービス、ショートステイ）を利用し始めてからも、Aさんは相変わらず不調を訴えるなどの不定愁訴が続いた。

　Aさんは近所への買い物は自分で行け、簡単な調理も可能であった。ただ、作るものには偏りがあり、味つけもほとんど同じものになってしまうことが多かった。調理の際の火の不始末も心配され、食事の準備は不十分であった。洗濯も行えたが、少しの汚れでは洗濯せず、何日も同じ服を着ているように見受けられた。

　このような状況だったことから、訪問介護の利用を提案したが、初めは受け入れなかった。その後、夫の担当スタッフと馴染みの関係ができてきたのをみて、Aさん自身も支援が受けられることを繰り返し説明した結果、訪問介護の利用を受け入れてくれた。

　AさんのADLは維持されているので、指示すればできることがあり、それを見極めながら支援にあたった。ヘルパーが買い物支援を行う際には買い物内容を相談し、栄養のバランスが取れるように話し合いながら買うものを決めていった。掃除機がけ、浴槽掃除、寝具交換などの体に負担のかかることは訪問介護に依頼することにした。Aさんは家事支援を受け入れてくれたが、入浴の介助については「やせた体をみられるのは嫌。自分で身体を拭いているから手伝ってもらわなくていい」といって拒否が続いた。体臭が気になるようなことはなかったので、様子をみていくことになった。

　医療面では通院拒否があり、専門医を受診するのは要介護認定を受けたときだけで、その後継続して診察を受けることは拒否した。夫が認知症専門医の診察を受けるにあたってはAさんが付き添っていたが、Aさん自身の受診となると強い拒否があった。夫の主治医は、診察に付き添うAさんにも認知症がみられると気にかけていたが、本人から診察の了解が得られなかったため様子を観察するだけにとどまった。

　Aさんは風邪を引いた場合など自覚症状があるときは通院していたので、その後も、倦怠感などを訴えるたびに受診の機会ととらえて働きかけを行ったが、容易には応じてもらえず、支援方法を模索した。

2）権利擁護による支援導入を模索

　私たちが関わる以前から、Aさん夫婦は宗教の集会へいっしょに出かけ、その宗教団体へ多大な寄付をしていた。また、通帳を紛失して再三にわたって再発行するなど、重要書類の管理が不十分であり、支出金額の把握も不十分だったため、権利擁護の支援を受けるように勧めた。ケアマネジャー1人で勧めても納得を得るのは難しいと思われたので、在宅介護支援センターの職員に同席してもらい、権利擁護相談員と面談してもらうことにした。だが、権利擁護相談員が何回か足を運んでも、Aさんは支援を受けることに対しては拒否的であった。ADLが維持されており、近所の銀行まで自身で歩いていって記名が可能であるため、支援の必要性を感じてもらうことは難しかった。「自身での管理が不十分」と言うと拒否的な言動がみられたので、Aさんのプライドを傷つけ

ないようにしつつ導入できる方法を模索した。しかし、いざ契約の段階になって、やはり支援の了解が得られないといった状況が続き、不明な支出もみられていたので課題が残った。

3）難しい近隣の人たちからの支援

　夫の認知症が悪化し、妻のAさんにも認知機能の低下がみられてきたことで、近所の人たちは火の不始末を心配した。Aさんの繰り返しの話に感情的になってしまう人や、「自宅での生活は無理だから施設へ入所させたほうがいい」という人も少なからずいた。ただ、認知症のあるAさんを近所の人たちすべてが否定していたわけではなく、宗教関係の人たちはよくAさんの家を訪問し、外出に付き添ったり話し相手になってくれたりと、支えてくれる存在になっていた。それでも、認知症のある人が地域のなかで暮らすことへの理解を得るのは難しいと感じた。

4）独居となった認知症の妻への支援

　夫の認知症の悪化に伴って妻であるAさんの介護負担が増大したため、Aさんからの要望もあって夫は介護老人福祉施設に入所することになった。そして、独居となったAさんへの支援を検討することとなった。本人は寂しさを訴えることがあり、入浴が十分にできていなかった。ただ、人と話をしたり、外出するのは好きであったことから、デイサービスの利用を提案した。夫がいなくなってからの孤独感もあったようで、デイサービスの利用は受け入れてもらえた。

　デイサービス利用当初は行く曜日を忘れたり、迎えが来ても持ち物の準備ができていなかったりすることがあったが、ヘルパーに準備支援をしてもらうようにしてからはスムーズに送迎できるようになった。デイサービスでの入浴に対しては誘導時に拒否があるものの、時間をかけて誘導し、声がけに工夫したり、他の利用者から"いっしょに行こう"と誘いがあったりすると、毎回ではないが応じてくれるようになった。デイサービスの他にも、夫への面会による外出の機会や、宗教の集会への参加など、人との関わりはもち続けるようにしてもらっている。このようにして、現在のAさんはデイサービスなどに出かけることで社会性を保ち、楽しみのある生活を送れるようになった。
また、家事面ではヘルパーによる住環境の整備支援、洗濯・買い物支援、デイサービス利用時の送り出し援助も継続することで、Aさんは安定した生活が送れている。ヘルパーが買い物した食材で簡単な調理を行う、ヘルパーが分別をしておいたごみを出すなど、Aさんの能力を活かす場面もある。このように、本人ができることは本人が行えるように配慮した支援を行うようにしている。Aさんは同じ支援を受けても、日によってその必要性の感じ方に違いがあるが、支援者はその点を理解して対応にあたっている（**表1**）。

　さらに、Aさんがずっと拒否していた日常生活自立支援事業による権利擁護の支援に

第2部 認知症のある人に対するケアプラン事例から学ぶ

表1 居宅サービス計画書（2）

生活全般の解決すべき課題（ニーズ）	目標 長期目標	期間	目標 短期目標	期間	援助内容 サービス内容	※	サービス種別	頻度	期間
手伝ってもらいながら身の回りのことをする	自分でできる家事を行う	6か月	・洗濯を行う ・掃除を一部介助で行う ・ごみ出しを行う ・軽いものの買い物を行う ・購入品の選択をする	3か月	・居室、寝室、トイレ、台所の掃除の一部介助 ・ごみの分別 ・買い物代行 ・調理の一部介助 ・衣類の片付けの一部介助 ・布団干しの介助 ・寝具交換、洗濯 ・本人にできることは誘導し、いっしょに行う	○	訪問介護	2回/週	3か月
			・更衣や入浴をする		・入浴の誘導 ・洗身・洗髪の一部介助 ・浴槽への出入りの一部介助	○	通所介護	1回/週	3か月
	金銭や書類の管理を、援助を受けて行う	6か月	・援助を受けて、必要な手続きができるようにする	3か月	・郵便物の確認 ・通帳や金銭の管理 ・金融機関への付き添い ・重要書類の管理や手続きを行う		姉・姪	必要時	3か月
いつも倦怠感があるので、動くことがおっくうだが、身体が弱らないようにしたい	身体機能の維持を図る	6か月	・日常のなかで身体を動かすようにする ・しっかりと栄養を取る	3か月	・調理の一部介助 ・食品の買い物代行 ・食事摂取の促し	○	訪問介護	2回/週	3か月
					・食事や水分の準備 ・健康チェック ・めまいに留意しながら、体操やレクリエーションに誘導する ・体調に留意し、気分緩和が図れるように介助する	○	通所介護	1回/週	3か月
孤独感があるので、人といっしょにすごせる日をもちたい	人との関わりをもち、和やかにすごす	6か月	・自宅外でも活動の機会をもつ ・デイサービスでの活動に参加し、楽しい時間をすごす	3か月	・歩行移動時のふらつきに留意し、送迎介助をする ・他者との会話のきっかけを作る ・他者とともにデイサービスの取り組みへの参加を促し、誘導する	○	通所介護	1回/週	3か月
					・外出準備の一部介助 ・更衣の指示介助 ・施錠確認 ・電気や空調器具の確認	○	訪問介護	2回/週	3か月
					・外出支援 ・宗教団体の集会に付き添う ・夫の面会に付き添う		知人	随時	3か月

※「保険給付対象か否かの区分」について、保険給付対象サービスについては○印を付す。

ついても、書類・金銭の管理を依頼することができた。夫の施設入所をきっかけに、Aさんの姉や姪に訪ねてもらう機会が増え、彼女たちからAさんの金銭管理の不十分さ、必要な手続きが十分にできていないこと、紛失の多さなどをAさんに説明してもらい、管理が必要だと伝えたところ、支援の必要性を理解してもらえた。

■ 考　察 ■

　Aさんは身体機能が維持されており、ある程度身の回りのことができていたため、支援者側は当初支援が必要な状況になっているとは感じていなかった。ただ、Aさん自身にも認知症があって重い認知症の夫の介護をするうえでつらいことや戸惑いを感じることがたくさんあり、いかに自分が大変かをケアマネジャーに訴えることが多かった。

　ところが、いざサービスを利用するとなると、Aさんは拒否し、支援が難しかった。Aさんには感情の不安定さがみられ、その意向は二転三転した。ここが認知症のある人への支援の難しさであると思う。権利擁護の支援についても介護サービスの利用についても、私たち支援者はすべて必要な支援と考えたが、本人には理解してもらえず拒否された。認知症のある人に対してはどのように介入していけばよいのか、なにをきっかけにサービス利用へと導いていけるのかなど、その対応に難しさを感じる。

　いかにして本人との間に信頼関係を築き、支援を受けることに同意してもらうか。それは私たちが本人の思いを傾聴して深く理解していくことから始まると思う。本事例では、夫の担当の訪問介護士がAさんに安心してもらえるようにコミュニケーションを図って対応したことで、徐々に彼女の信頼を得ることができ、訪問介護の利用を受け入れてもらうことにつながったといえる。

　認知症のある人たちにはAさんのように自分のおかれている状況が理解できず、支援を受け入れようとしない人が多くいる。Aさんの住む地域では、独居や高齢世帯の認知症のある人たちを地域で支える仕組みがまだ十分に整ってはいないため、介護サービスのみの支援では認知症のある人たちが地域で暮らし続けることを十分に支えてはいけない。さらに、地域には精神疾患の家族を抱えて孤立している人もいる。今後は、そのような人たちを地域住民全体で支えていく仕組みを作っていく必要がある。

■ コメント ■

　本事例は、軽度の認知症の妻が、重度の認知症の夫を在宅で介護している事例である。夫の在宅介護が困難になり、特別養護老人ホームに入所したあとは、妻への支援を続け、本人のできることを見極めながら生活が維持できるような支援をしている点に特徴がある。一方で、地域のなかで支えられていくという面では、住民の理解が得られず、課題がある事例でもある。

第2部　認知症のある人に対するケアプラン事例から学ぶ

1）認知症のある人が認知症のある人を介護するのを支援する方法

　認知症のある人が認知症のある人を在宅で介護するケースは、今後いっそう増加するものと考えられる。そのような事例については、1人のケアマネジャーがそれぞれの利用者本人に焦点をあてた2人のケアプランを作成し、同時に家族全体についてのケアプランをつけ加えることによって在宅介護を支える支援をすることができる。一方、2人を別々のケアマネジャーが担当する場合には、どちらのケアプランに家事などの生活全般への支援内容を含めるのか、さらには両者の関係から生じるニーズに対してどのケアマネジャーが対応するのかが不明瞭になりがちなので、それらを明確にするために両ケアマネジャーの連携が必要不可欠となる。

2）本人のできることを支える支援

　本事例で妻は在宅サービスを利用しているが、ケアマネジャーはできる限り本人の有している能力をアセスメントし、その能力を活かしたケアプランを作成している。家事援助としてヘルパーが買い物や掃除などを行っているが、買い物の内容については本人に購入品目を決定してもらう、分別されたごみ出しは本人ができるのでやってもらうというように、本人の能力を活用した支援をしていることが高く評価できる。さらに、このような本人の能力を活かす支援に加えて、本人がしたいことや好きなことを引き出してそれを支援していくことも重要である。これはストレングスといわれるものであり、認知症のある人をケアするうえでは、とりわけこのストレングスを活用した支援が、質の高い在宅生活を支えるうえで有効である。

3）サービス利用拒否への対応

　Aさんはケアマネジャーが必要と考えるサービスの利用を拒否しがちである。入浴についてはヘルパーの介助を拒否し、医療についても専門医の診断を受けることなどを拒否している。このようなサービス利用に対する拒否に対して、ケアマネジャーはどのように対応していくべきかを考えてみたい。

　基本的には、利用者の自己決定が原則であることが大前提であるが、まずはなぜ拒否しているのかということを考慮して本人の思いを受けとめることからスタートすることが重要である。ただし、医療サービスについては病気の進行を防ぐうえで受診することが有効であるので、さまざまな工夫をして医療とつなげていくことが必要である。たとえば、訪問診療をしてくれる医師を見つけたり、本人が信頼している友人（本事例の場合は信仰している宗教団体の人）を介して医療につなげたりするといった工夫が必要である。同時に、本人の拒否している理由を理解した支援も必要である。Aさんの場合、入浴の際に身体をみられたくないという理由で入浴サービスを拒否している。そのような本人の思いを十分理解し、それに配慮した介助の仕方をすることで、徐々にサービス

を受け入れてもらえるように仕向けていくことができる。併せて、夫にサービス提供している人々がAさんとの信頼関係をいっそう強化していってもらうことで介護サービス等に結びつけていくことも重要である。

さらに、Aさんは現在ひとり暮らしであり、認知症もあることから、今後の在宅生活の可能性について本人と話し合っておくことが重要である。すなわち、どの時点で在宅生活が限界になるかを見極めていくことについて、Aさんとの話し合いが不可欠である。このような話し合いには親戚や友人も交えながら、徐々に方向づけをしていく必要がある。

Aさんは成年後見制度や日常生活自立支援事業による権利擁護の支援についても拒否していた。この支援についても本人の意向が尊重されなければならないが、親戚などとも相談しつつ今後の可能性を見据えながら進めていく必要がある。現在は財産管理が中心の課題となっているが、将来的にAさんの判断能力が失われれば、身上監護も必要となってくると考えられる。

4）地域の人々への対応

Aさんは地域の人から火の不始末などを心配されて施設入所を求められている。ひとり暮らしの認知症のある人の在宅生活にはこのようなことがよくみられるが、このような問題の解決のための対応方法として、ケアマネジャーがそのような発言をする地域の人たちと話し合いをもつことが挙げられる。その話し合いの場で、どのようなケアプランで本人を支えているのか、火の始末についてはどのような注意を払って支援しているのかを地域の人たちに説明し、彼らの理解を得て安心してもらうこともケアマネジャーの役割である。これは一般にアドボケイト（弁護的機能）といわれるもので、ケアマネジャーの大切な業務の1つである。

最近では、高齢者が認知症になっても地域で暮らし続けられるように地域全体で支え合う仕組み作りが、多くの地域で展開されている。地域住民の認知症への理解を深め、互いに支え合う仕組みを作ろうという取り組みが各地域でみられる。ケアマネジャーには、そのような地域社会づくりに地域包括支援センターといっしょに積極的に進めていくことが求められている。

家族支援 1）在宅

(3)「もの忘れ」の不安がある
ひとり暮らしの高齢者への支援

■ はじめに ■

　厚生労働省が2015年1月に打ち出した認知症施策推進総合戦略（新オレンジプラン）では、2018年4月までにすべての市町村の地域包括支援センター等に認知症の早期発見・早期治療を目指した認知症初期集中支援チームの設置を提案している（2016年時点では703市町村）。現実に地域包括支援センターには、認知症に対して不安をもった人が相談に訪れたり、地域住民から「近隣の人が認知症ではないか」という情報がよせられたりしている。

　地域包括支援センターは、包括支援業務の1つとして、地域の高齢者の総合相談に応じる役割や介護予防の促進を図る役割を担っている。以上の観点からも、地域包括支援センターは、軽度の認知症が疑われる人や、MCI（軽度認知障害）が疑われる人に対する対応が重要な課題である。

■ 事例概要 ■

Aさん（70歳代、女性）

身体状況
- 要介護度：自立
- 認知症高齢者の日常生活自立度：自立
- 障害高齢者の日常生活自立度：J1
- HDS-R（長谷川式スケール）：未受診
- 病歴：認知症の鑑別診断は受けていないが、もの忘れがある。
- ADL：生活は自立。家事もこなす。

生活史

　Aさんは50歳代で倒れ寝たきりになった夫を15年間介護した。夫は10年前に他界。以降ひとり暮らし。Aさんはもともと行動的な性格で、かつては老人会の役員を務め、

女性部長を任されたこともあった。若いときは車の運転もしていたが、70歳をすぎたころ、運転中に怖い思いをしたため免許証を返上した。

家族状況

子どもは娘2人、共に他市に嫁いでいる。

■ 支援概要 ■

2006年に設置された地域包括支援センターは、現在ようやくその存在が地域に知られ、総合相談窓口としての役割が期待されている。相談の内容は、さまざまな課題が複雑に絡んでいることが多く、その課題を引き起こしている原因の1つに認知症がある。「認知症」への理解は十分ではなく、認知症ではないかと気になる人がいても、地域の人々からの支援が乏しく、発見が遅れることも少なくない。

これからの認知症対策では、認知症の早期発見、早期治療が重要な課題であり、地域包括支援センターによせられる期待は、今後ますます大きくなると思われる。

ここに挙げた事例は、もの忘れに不安を抱える独居の女性で、認知症の診断はまだ受けていないが、家族から当地域包括支援センターへ支援の相談がよせられたものである。認知症の早期発見における地域包括支援センターの役割を考えつつ、専門医への受診を勧める、介護予防教室への参加を提案するなどの支援を継続している事例である。

■ 支援の経過と内容 ■

1) 2012年6月初旬：家族から介護保険についての相談

長女は「別居の母親（Aさん）が、最近もの忘れが多くなり心配なので、介護保険の認定申請をしたい」と市役所へ電話をした。市職員から「居住地の地域包括支援センターに代行申請をしてもらうことも可能」といわれ、当地域包括支援センターを紹介され、長女から相談が持ち込まれる。

長女は「母はスイミングに行くなど行動的だが、最近は同じことを繰り返し話すことが増えた。ひとり暮らしなので、困ることが起きないうちに介護保険の認定を受けておきたい。申請手続きは直接本人に説明してほしい」と話す。依頼から3日後、Aさんに電話をすると、「長女から話は聞いている。介護保険のことも知りたいので教えてほしい」とのこと。

2) 2012年6月中旬：訪問してアセスメントを行う

数日後、Aさん宅を訪問した。玄関先でセンターの名を告げると、訪問を忘れている様子は見受けられず、家に入れてくれた。

アセスメントを実施したところ、Aさん自身から次のような情報が得られた。

「子どもは娘2人、共に他市に嫁いでいる。50歳代で倒れ寝たきりになった夫の介護を15年1人で頑張った。10年前に夫が他界し、それ以降はひとり暮らし。嫁いだ娘は2人とも実家に来ることは少ないが、連絡をすれば、2人の娘の夫が庭の手入れなど、それぞれ得意なことをしてくれ、私に対してよくしてくれている。」

Aさんは会員制のスイミングスクールに入っており、ほぼ毎日通っている。9時半のバスに乗って出かけ、帰りは午後2時ごろで、昼食は途中で弁当を買って、家に帰ってからゆっくり食べる。スイミングスクールには、近所のBさんも以前は通っていたが、いまは1人で行っている。

近隣に民生委員が住んでおり、時々来てくれる。また、向かいの家のCさんが3か月前に娘さん宅へ引き取られていったので、Cさん宅は空き家になっている。「以前は老人会の役員をしていたが、いろいろ役を任されて困った」などの話が続いた。

やがて、「介護保険について聞きたい」とAさん自身から切り出したので、資料をもとに説明した。Aさんは「メモを取る」といってノートを広げたが、1行程度文字を走らせただけで、その後メモする様子はみられなかった。「ひとり暮らしが不安で、自分でも入れる施設はないか」とも話す。話を始めて1時間ほど経過したところで、「もの忘れが心配と聞いたが」と本題を切り出した。

Aさんに「置き忘れや約束を忘れて心配なので、介護保険の申請をしたほうがいいのか」と打ち明けられたので、介護保険サービスについて説明したところ、「私がしてもらうことはなさそう」と答えていたが、2時間半ほど経ったころ、訪問直後に話していた内容を繰り返した。

3) 2012年6月下旬：家族に鑑別診断を勧める

初回訪問後、長女より連絡が入り、「"介護の申請をしなくても大丈夫といわれた"と母親から電話がかかってきた。本人は喜んでいるが、心配だ。申請代行はしてもらえないのか」とのこと。

初回訪問時の様子を伝えるが、長女は「認知症ではないのか、介護保険は使えないのか」と繰り返す。心配はしているものの、長女自身が動くつもりはないようだ。

「認知症が心配なのか、介護保険を利用したいのか」と、相談内容を確認した。長女からは「認知症が心配」との回答を得たので、まずは、認知症の鑑別診断を受けてみることを勧める。地域包括支援センターの併設病院内に認知症疾患医療センターがあることを伝え、本人とともに受診してほしい旨を伝える。当センターから認知症疾患医療センターにつなぎ、受診予約もできるが、その際は主治医からの紹介状が必要になることも加えて説明する。しかし、その場では予約の希望はなく、情報提供のみとなる。その後も予約希望の連絡は当センターにも認知症疾患医療センターにもきていない。

4）2012年7月：認知症状の判断に迷う

2回目の自宅訪問。居間に上がるや否や、初回訪問時と同じ内容の話が繰り返される。話の内容はぶれがなくほぼ同じ。同じであることを正常と判断するのか、それとも認知症状が発現していると判断したらよいのか。介護保険ですべてが解決できると理解している家族と、Aさんの気持ちや現在の生活との乖離が見え隠れしている。

5）2012年8月：主治医への相談を勧める

3回目の自宅訪問。事前に電話を入れてあったのでインターフォン越しに声を掛け、玄関の鍵を開けてもらう。家のなかは前回と変わらず、整理整頓がなされており、生活障害があると思われるような状況はみられない。

会話が始まると、1、2回目同様の話が繰り返される。話の内容は変わらないが、暮らしの状況も変わらないと判断できるのか疑問が残る。もの忘れが気になるのであれば、専門外来への受診を希望していることを主治医に話してみたらどうかと勧めてみる。長女から受診同行の話はない様子。次回受診時に、Aさんが主治医に話してみることにするとのことである（**表1**）。

表1　相談に関する支援計画（2）

生活全般の解決すべき課題（ニーズ）	目標				支援内容			
	長期目標	期間	短期目標	期間	支援内容	支援の方法	頻度	期間
①もの忘れの不安について医療的な診断を受けたい	早期に治療が開始できる	受診後から	鑑別診断を受けることができる	11月末までに	ア．家族へ受診の必要性を説明する イ．本人任せでは主治医への説明は難しい。定期受診時に鑑別診断につながるよう説明し、紹介状の作成を依頼する ウ．主治医への働きかけ	・家族への説明支援 ・受診への協力依頼 ・受診同行 ・認知症疾患医療センターとの連携・相談	定期受診時	11月末までに
					・地域包括支援センターの役割を説明し、支援に対して協力を依頼する	・主治医との連携		
					・Aさんの日常生活の状況を伝える（Aさんの思いを伝える）	・代弁		すぐに
②暮らしのなかで生じる困り事に注目し、支援してほしい	生活障害を早期に発見できるよう見守りを続ける	当面は訪問を継続	定期的に生活状況を確認する	毎月	ア．再アセスメントを実施 ・Aさんの力（意欲・楽しみ）を見直す	・アセスメント ・ストレングスの発見		
					イ．課題の整理 ・Aさんと家族の主訴から課題の発見	・エコマップの作成		
					・現在の暮らし方から、生活障害となるようなリスクを見つける	・生活情報の入手		
					ウ．定期的な訪問	・生活状況の確認	1回／月	定期的に

6）2012年9月：脳活教室への参加を促す

4回目の自宅訪問。特段生活の変化はみられない。11月に、ある地域の文化祭でコーラスに出る予定という話が出たので、文化祭のことやコーラス仲間のことなどを聞いてみる。

「文化祭の話がなかなか自分のところまで届かず、途中から参加したので、上手に歌えない。練習が始まるときに声を掛けてほしかった」と不満がある様子。どのような曲を歌うのか、あるいはチラシなどがあるのかも聞いてみる。曲名は言葉に出ず、「練習時に使うような楽譜や文化祭のプログラムなどは手元にない」とAさんは話す。

11月から老人センターで始まる「脳活教室」への参加を促してみる。「スイミングスクールがあるから、どうしようか」といいつつ、またいつもの話にもどってしまう。これまで、受診を勧めて以降、家族からの連絡は途絶えている。

■ 考　察 ■

地域にはひとり暮らしの高齢者が増えている。Aさんのように、訪問時に話してくれる内容が、実際に支援を必要とすることなのか、Aさんが語るのを傾聴するだけでよいのか、その判断はたいへん難しい。認知症のある人への支援は、BPSDなど客観的にだれにでも支援の必要を判断できる状況があれば、本人とともに解決策を考えればよいが、初期の認知症あるいはMCIが疑われる人には、何らかの支援が必要だろうと思っても、本人の求めるものが何であるのかを探ることは難しい。また、そのような人を鑑別診断に導くには、だれがどのように支援するべきかという課題も残る。

Aさんが話す内容は、疑おうと思えば限りなく疑えるが、真実であるとすれば、特段異常とは思えない当たり前の光景である。主治医を前にしたAさんの姿から認知症の発症を疑うような様子はほとんどみられず、Aさん自身が医師にSOSを出していても、必ずしも早期発見、早期治療につながるとは限らない。さらに、「認知症は早期発見により早期治療が始まることで、改善の見通しがある」という情報提供も、まだまだ一般的といえる状況ではない。

Aさんの場合、自ら「もの忘れが心配」といっているのでSOSを出しているととらえることができるが、治療という行動には結びついていない。長女からも問い合わせがあったが、いっしょに受診する行動にまで結びつかないまま、時が経過している。

他方、早期に治療開始が必要な高齢者は敏感で、「もの忘れ」「認知症」という言葉を「聞きたくない」「嫌なもの」として無意識に避け、治療に拒否的になることもある。早期に発見されたとしても、治療に結びつけるまでには至らないケースが多いのが現実である。

一方、家族は、介護保険が認知症のすべてに対応できると思い、申請を求めることがある。その場合、介護保険の申請以前に鑑別診断につなげること、早期に適切な治療により改善が期待されることを家族に知らせていくことが、地域包括支援センターの役割

となる。また、支援が必要なひとり暮らしの認知症のある人の場合、近隣住民や民生委員からの「生活上で障害が見受けられる」といった情報も早期発見の1つのきっかけと考えられる。そのような情報を円滑に得ることができるようなネットワークづくりも、地域包括支援センターの大切な役割の1つである。ただし、その場合には「個人情報」の壁が厚いことが課題となっている。

■ コメント ■

本事例は、長女から地域包括支援センターに電話があり、「ひとり暮らしの母親に認知症の可能性があるので、介護保険の認定を受けたい」という話から始まった。このような相談は、家族からよせられることもあれば、地域の民生委員、自治会の人、あるいは近隣住民から提供されることもある。このような相談や支援の要請に対して、地域包括支援センターはどのように関わっていけばよいかを、本事例を介して考えてみたい。

1）地域包括支援センターの役割

地域包括支援センターは、包括支援業務として、総合相談と介護予防の促進という役割を担っている。総合相談は地域の高齢者のさまざまな相談に応じることであり、介護予防は地域の高齢者が要介護や要支援にならず、自立した生活が営めるよう、予防のためのいろいろな活動を行っていくことである。このような業務を担っている以上、Aさんのような課題を抱えた人に対して、地域包括支援センターは積極的に関わっていかなければならない。

2）MCI（軽度認知障害）の人への対応

MCIとは、認知機能の障害が軽度な状況をいう。よく用いられるMCIの基準は表2に示す5つの条件がすべて当てはまったときに、MCIと判定される。AさんがMCIかどうかは専門医の診断を受けなければ判断できないため、地域包括支援センターは、まずは専門医につなぐことを考える必要がある。

表2　MCI診断基準

1	主観的なもの忘れの訴えがある
2	年齢に比して記憶力が低下している
3	日常生活動作は正常である
4	全般的な認知機能は正常である
5	認知症は認められない

出典：朝田隆「軽度認知障害（MCI）」認知神経科学 Vol.11 No.3・4, 252（2009）.

MCIについてはいろいろな議論があり、「栄養、運動、知的活動などにより認知障害の進行を予防する効果がある」という報告もある。Aさんの場合、毎日スイミングスクールに通って運動をしており、また、地域の文化祭のコーラスにも参加している。地域包括支援センターのほうでも老人センターで実施している脳活教室への参加を促しており、知的活動による刺激の効果を求めている。

　なお、MCIは必ずしも認知症の発症に結びつくものではない。ある研究によれば、「記憶障害のみであれば4年後の認知症への移行率は24％で、言語・注意・視空間認知の障害のいずれかを併せもっている人の移行率は77％」といわれている。

3）医療との結びつけ

　もの忘れのある人、あるいはMCIの状態にある人の多くは病識がなく、専門医に診てもらうことに拒否反応を示すことが多い。また、一部の人たちにおいて「自分は認知症ではないか」と不安を高めてしまうという問題もある。

　本人がもつ不安の解消を図りながら、医療と結びつけ、受診してもらうことが大事である。本人が拒否をする場合に、どのように医療に向かわせたればよいのかは大きな課題であるが、手段の1つとして主治医を介する手立てが考えられる。地域包括支援センターが主治医に働きかけて、主治医から専門医に、あるいは認知症サポート医に連絡してもらい、診断につなげるという支援の仕方も有効である。あるいは、家族も含め、地域のなかの信頼関係が築けている人たちに働きかけて、受診するよう助言してもらうことも考えられる。

4）地域の関係づくり

　認知機能の低下の予防は、地域のなかでのさまざまな人々との関わりや支え合いのなかで、その効果が期待される。本人が地域との多様な関わりをもち続け、生活を豊かにしていくことが大切である。Aさんは毎日スイミングスクールに通っており、近所の友人とも交流があるようだ。また、民生委員との定期的な関わりもある。ただし、なにか困ったことがあったときには、地域包括支援センターと連絡がつくように支援しておくことが必要である。

　このように地域とつながるさまざまな回路をもてるような体制を作っていくことが、地域包括支援センターの重要な役割であり、これらが、認知機能の低下を予防する効果をもたらすことにもなる。

【第5章】
医療との連携で認知症のある人を支える

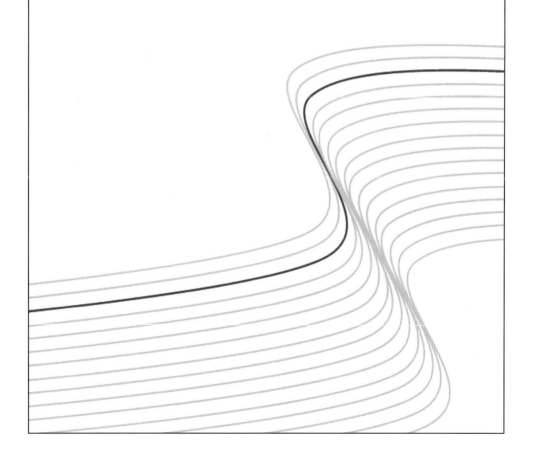

医療連携　1）在宅

（1）定期巡回・随時対応型訪問介護・看護を利用することで認知症が緩和

■　はじめに　■

　2012年4月から、新しい介護保険の地域密着型サービスとして「定期巡回・随時対応型訪問介護看護」が始まった。これは、地域包括ケアシステムを推進するうえでの目玉サービスの1つといわれている。サービスの特徴は、利用者の生活ニーズに合わせて、夜間も含め、訪問介護と訪問看護を定期・随時に短時間提供することである。サービス事業者には24時間体制でオペレータが配置され、利用者はナースコールでオペレータに連絡できるようになっている。

　このサービスは、地域のなかで展開する場合とサービス付き高齢者向け住宅を中心に実施する場合とがある。認知症のある人にとっては、短時間の訪問であり、かつナースコールを活用することが難しい場合が多いため、これまではこのサービスの有効性が疑問視されてきた。本事例は認知症のある人を対象にした本サービスの利用であり、本事例を通して、認知症のある人に対しての定期巡回・随時対応型訪問介護・看護サービスの有効性を検証してみたい。

■　事例概要　■

Aさん（80歳代、女性）

身体状況

- 要介護度：要介護3
- 認知症高齢者の日常生活自立度：Ⅲa
- 障害高齢者の日常生活自立度：B2
- 病歴：転倒による歩行困難、右鎖骨骨折、アルツハイマー型認知症、糖尿病、軽度の緑内障
- ADL：寝返り・起き上がりは柵につかまって行う。体調によりふらつきが強く、膝の痛みもあるため、歩行器を使用して見守りで移動。転倒のリスクは高い。食事摂取は時間がかかるがほぼ自立。入浴は声かけで着脱し、浴槽への出入りや洗

身の一部介助を受けて行う。排泄はリハビリパンツとパットを使用。定時にトイレ誘導。自発的な発語はあまりないが、簡単な挨拶や名前はゆっくりと話す。
・服薬：インスリン注射。他に、心疾患薬や血栓防止薬などの処方がある。インスリン注射は、朝食前と夕食前の1日2回打っていたが、サービス付き高齢者向け住宅に転居した現在では、昼食前1日1回に改善されている。

生活史

20歳代で地元の大地主の家に嫁ぎ、夫婦で広大な畑と田んぼを耕作していた。4人の子どもを育て、十数年前に夫を亡くしてから独居生活になるが、入院するまでは近隣の人の援助を受けながら畑仕事をしていた。性格は控えめで穏やか。夫を亡くしてからはひとり暮らし。

家族状況

子ども4人、長女、次女は他県に住む。隣の市に居住する長男が、妻ともどもAさんを支えてきた。現在住まうサービス付き高齢者向け住宅は、長男夫婦の家が近いので、週1回以上面会がある。

■ 支援概要 ■

Aさんは夫が亡くなってからはひとり暮らしとなり、近隣の親戚や隣の市に住む長男夫婦が日常的な援助を行っていた。その後、ケアハウスに入居するが、もの忘れがひどくなり、服薬管理ができなくなっていった。ある夜、ベッドから転落して右鎖骨を骨折し、認知症も増悪したことで、グループホームに転居。ケアハウス入居時からの食事コントロールの不良による糖尿病の悪化で、入院することもたびたびあった。グループホームでは、病院で施注されていたインスリン注射ができないため、内服薬治療となり、徐々に糖尿病が悪化した。また、傾眠状態も多くみられるようになり、日常生活にも支障が出始めたため、長男夫婦の住まいに近いサービス付き高齢者向け住宅に入居した。そこでは、併設の定期巡回・随時対応型訪問介護看護を利用することで、糖尿病も認知症の症状もかなり緩和した。

■ 支援の経過と内容 ■

1）サービス付き高齢者向け住宅入居前

● 多職種によるアセスメントと支援の方向性

Aさんの家族より、グループホームからサービス付き高齢者向け住宅への転居希望があり、サービス付き高齢者向け住宅の建物内にある居宅介護支援事業所のケアマネジャー、定期巡回・随時対応型訪問介護看護サービス事業所のサービス提供責任者、また連

携している訪問看護ステーションの看護師の3名でグループホームに出向き、アセスメントを実施する。

居室に入ると、Aさんは職員に支えられながら起き上がろうとし、立ち上がり、時々大きくふらついた。グループホームの職員から「強い眠気や意欲低下で、生活動作全般に声かけや介助が必要になっている。日中も横になっていることが多い」と説明を受ける。

事業所にもどり、入居後の支援の方向性を検討する。看護師からは「血糖値のコントロールにより状態が安定すれば、傾眠状態も緩和される」、サービス提供責任者からは「状態が安定して覚醒する時間が増えれば、コミュニケーションも多く取れるようになり、生活の改善を図れる。意欲が出てくる可能性も高い」との意見が出された。

看護と介護が連携した、定期巡回・随時対応型訪問介護看護サービスの提供と、在宅時医学総合管理による医療支援との連携により安定した健康状態を維持し、同時に家族の面会などの協力で、Aさんの安心感が増して意欲が出てくれば、認知症の緩和につなげていけるのではないかと、支援の方向性が確認された。

事前面談で家族に支援の方向性を話すと、「私たちも、血糖値のコントロールができて健康状態がよくなれば、意欲も出てくるのではと思っている」と同意を得られた。

また、家族に対し、「本人は自分の意向を十分に表出できないので、些細な表情や動作から"思い"を汲み取り、身体的・精神的不安を少しでも減らしていけるよう、各職種が共通認識をもって、連携してケアにあたる」と伝える。さらに、安全な起居動作・移動のために福祉用具の活用について相談をした。とくに、少しでも自力歩行をしてもらえるよう「サークルタイプの歩行器」の利用を提案し、家族から了解を得た。

さらに、薬剤師の居宅療養管理指導を希望し、医療・看護・介護・薬局が連携した健康管理を主とした居宅サービス計画書の原案（**表1**）を作成した。とくに連携訪問看護ステーションとは、糖尿病対応プランについて相談を重ねた。スライディング・スケール（インスリンの注射量を加減するために測る直近の血糖値）の設定や日々の観察ポイントなどを確認し、介護スタッフと連携した。

また、併設の定期巡回・随時対応型訪問介護看護サービスの利用にあたり、訪問介護サービス事業者には、次のようなサービス内容を依頼した。

①食前のトイレ誘導と食堂への往復の付き添い
②モーニングケア、ナイトケア
③定時のトイレ誘導
④入浴介助（週2回）
⑤アクティビティ参加への誘導

さらに、これらについて手順を含めて相談を重ね、訪問看護へ、次の3点を依頼した。

①バイタルチェック
②服薬とインスリン注射の管理

表1 居宅サービス計画書（2）

生活全般の解決すべき課題（ニーズ）	目標		援助内容				
	長期目標	短期目標	サービス内容	※1	サービス種別	※2	頻度
体調に気をつけて穏やかに暮らしたい	医学管理を受けながら健康に暮らせる	糖尿病が悪化しない	訪問診療を受ける		訪問診療	在宅緩和ケアクリニックB	2回/月
			糖尿病の治療のためのインスリン注射を施行	○	訪問看護	連携訪問看護ステーションB	2回/日
			日常的健康管理、健康相談、医療との連携	○	訪問看護	連携訪問看護ステーションB	1回/週
		薬を確実に内服できる	服薬管理、指導	○	居宅療養管理指導	C薬局	2回/月
			薬を手渡し、飲み込むまで確認	○	定期巡回・随時対応型訪問介護看護	D定期巡回随時対応型訪問介護	3回/日
		転倒しないですごせる	起き上がり・立ち上がり動作が困難なため、特殊寝台および付属品、歩行器、センサーマット（安全確認のため）の使用	○	福祉用具貸与	E福祉用具事業所	レンタル
			・歩行器を使用した移動の見守り	○	定期巡回・随時対応型訪問介護看護	D定期巡回随時対応型訪問介護	毎日
			・移乗時の介助				
			居室の環境整備、掃除	○	定期巡回・随時対応型訪問介護看護	D定期巡回随時対応型訪問介護	1回/週
		便秘にならない	・定期的な水分補給（毎食・10時・15時）、水分量の確認	○	定期巡回・随時対応型訪問介護看護	D定期巡回随時対応型訪問介護	毎日
			・夕食後に下剤を手渡し、飲み込むまでを確認				
			・定期的なトイレ誘導				
メリハリのある生活が送れる	安全に入浴ができる	声かけ、介助で入浴ができる	入浴の準備、浴室までの移動、浴槽の出入り、洗身の一部介助	○	定期巡回・随時対応型訪問介護看護	D定期巡回随時対応型訪問介護	2回/週
	離床時間を長くし、生活意欲がもてる	着替えが声かけだけでできる	声かけ・誘導で着衣・脱衣	○	定期巡回・随時対応型訪問介護看護	D定期巡回随時対応型訪問介護	毎日
		食堂に行き食事を自分で食べる	1人で食べられるように声かけ介助	○	定期巡回・随時対応型訪問介護看護	D定期巡回随時対応型訪問介護	毎食事時
		散歩、アクティビティに参加する	声かけ誘導で、散歩・アクティビティに参加	○	定期巡回・随時対応型訪問介護看護	D定期巡回随時対応型訪問介護	6回/週

※1 「保険給付対象か否かの区分」について、保険給付対象内サービスについては○印を付す
※2 「当該サービス提供を行う事業所」について記入する

③主治医と同行して本人の経過の観察

2）サービス付き高齢者向け住宅入居後

●定期巡回・随時対応型サービスの実施

　入居の準備が整い、Aさんは2012年11月にグループホームからサービス付き高齢者向け住宅に入居した。家族に支えられ、不安そうな表情をし、ふらつきながらも杖を

表2 週間サービス計画書

時間帯	時刻	月	火	水	木	金	土	日	主な日常生活の活動
深夜	4:00	定期巡回							(トイレ誘導)
早朝	6:00								
		定期巡回							(トイレ誘導・モーニングケア)
		訪問看護							(インスリン注射)
	8:00	定期巡回							(食堂誘導・服薬確認)※
午前		定期巡回							(居室誘導・口腔ケア)
			定期巡回						(居室清掃・シーツ交換)
	10:00								
	12:00		訪問看護						(定期訪問看護)
		定期巡回						昼食	(食堂誘導・服薬確認)※
午後		定期巡回							(居室誘導・口腔ケア)
	14:00	定期巡回							(トイレ誘導・アクティビティ誘導)
	16:00								
		定期巡回			定期巡回				(入浴・洗濯)
		訪問看護						訪問看護	(インスリン注射)
	18:00	定期巡回							(食堂誘導・服薬確認)※
								夕食	
		定期巡回							(居室誘導・口腔ケア)
夜間	20:00	定期巡回							(トイレ誘導・ナイトケア)
								就寝	
	22:00								
深夜	24:00	定期巡回							(トイレ誘導)
	2:00								※食事前のトイレ誘導含む

週単位以外のサービス	・福祉用具貸与(特殊寝台・特殊寝台付属品・歩行器・センサーマット)	・居宅療養管理指導(月2回)
	・「定期巡回・随時対応型訪問介護看護」の随時訪問サービス	・訪問診療(月2回)

つき、ゆっくりと歩いて入居してきた。

　その後、本人・家族とサービス担当者全員とでサービス担当者会議を開催し、意見交換を行い、以下のことを確認し、週間サービス計画書(**表2**)を作成した。

①自身でナースコールを押せないため、ベッドに端座位になっているときは、トイレ誘導を随時対応で行う。
②本人は歩行器を気に入ったようだが、訪問時には歩行状態・使用状態を注意深く観察する。
③慣れない環境で精神的に不安定になることも考えられることから、居室内での動作を把握する必要がある。暫定的にセンサーマットを導入することをケアプランに位置づける。
④糖尿病については、看護師による朝・夕食前の血糖値測定と朝・夕のインスリン注射の施注、それに伴う内服薬の減量を決定した（現在は、週2回の血糖値測定と1日1回（昼）のインスリン注射で血糖値は安定しており、低血糖症状はみられない）。
⑤「日中はなるべく起きている」「食堂に行き自力で食事する」ことを生活目標とする。食堂への往復の移動は、本人のペースで歩行器を使用し、訪問介護員が付き添いをする（入居当初は、声かけがないと食器や箸ももてない状態だったが、現在はゆっくりと箸を使い、自力で食事をしている）。
⑥定時誘導で排泄介助し、排泄リズムを作っていく（現在は排泄リズムをもち、失敗することはほとんどない）。

3）Aさんの現在

　安全確保と状態把握のために導入したセンサーマットは、歩行状態や精神状態が安定したことから、2013年3月に利用を中止した。また、同年2月ごろから血糖値の安定がみられ、日中の離床時間が増え、表情も豊かになってきた。家族からも「笑顔が多くみられるようになった」と評価されている。
　アクティビティにもほぼ毎回参加し、他の入居者とともに歌が唄えるようになった。また、訪室した訪問介護員への「どうしたの？　なにかあったの？」などという他者を思いやる言葉が聞かれ、意欲的な面が多くみられるようになった。Aさんは歩行器を押しながら、食堂への往復の折に、事務所にいる職員に向かって片手を挙げ満面の笑みであいさつをする。それをみるたびに私たちも癒されて、この住宅での生活を長く続けてもらえるよう、多職種が力を合わせ支援を続けていこうという思いを強くしている。

■ 考　察 ■

　糖尿病の状態改善が、認知症状の緩和に大きく寄与したのは確かである。さらに、看護・介護が連携した定期巡回・随時対応型訪問介護看護サービスの利用により、毎日8回以上の訪問介護を受けたことは、不安の軽減やコミュニケーションの醸成に寄与した。さらに、アクティビティや食事時などに他者と交流することで刺激を多く受けたことで、認知症状を緩和させ、生活の改善にもつながったと考える。

第2部　認知症のある人に対するケアプラン事例から学ぶ

　Aさんを担当している訪問介護員およびケアマネジャーは、サービス付き高齢者向け住宅の同じ事務所内で業務しており、また提携先からきている看護師とも密に連携しているため、状態や状況を常時、連絡・相談することができることも、Aさんへの的確な支援につながったといえる。また、看護師は常に医師に報告・相談をし、在宅時医学総合管理と連携している。このような介護と医療・看護の密な連携体制が、現在も引き続きAさんを中心に展開されている。

■ コメント ■

　本事例は、糖尿病の疾患を抱えるAさんが、グループホームからサービス付き高齢者向け住宅へ転居することで、十分な医療ケアを受けることができ、疾患のみならず認知症状も緩和できた事例である。サービス付き高齢者向け住宅では、定期巡回・随時対応型訪問介護看護サービスを利用し、訪問看護師による1日2回のインスリン注射が実施され、症状の改善が図られた。結果的に、血糖値の改善により傾眠状況が緩和され、認知症状の改善にもつながり、生活の活性化が図られた。

1）定期巡回・随時対応型訪問介護看護は認知症のある人に有効か

　本事例では、Aさんは 定期巡回・随時対応型訪問介護看護サービスを利用し、訪問看護では、看護師が1日2回のインスリン注射と週1回のバイタルチェックを実施している。一方、訪問介護では、モーニングケア、ナイトケア、随時のトイレ誘導、週2回の入浴介助、そしてアクティビティ参加への誘導を実施している。この2つのサービスと同時に、医師による訪問診療を受け、サービス付き高齢者向け住宅での医療ニーズが充足されることで、認知症状にも改善がみられた。結果的に、定期巡回・随時対応型訪問介護看護サービスは、認知症のある人にとっても意義のあるサービスになっている。

　とくに本事例は、サービス付き高齢者向け住宅のなかにこれらのサービスが組み込まれているため、柔軟にかつ頻回にサービス利用ができるというメリットがある。ただし、認知症のある人にはナースコールを活用することができない場合があり、本事例ではその問題をカバーするため、初期の一時期は居室内での動作を把握するための随時のトイレ誘導、センサーマット導入などを実施するなどの工夫がなされている。

2）医療面の改善が認知症状の改善を進める

　グループホーム入居時には、Aさんの糖尿病の治療は内服薬で行われていたが、サービス付き高齢者向け住宅に転居してからは、訪問看護師によるインスリン注射の治療に変更され、その結果、血糖値の安定が図られ、傾眠傾向も緩和され、生活意欲も高まっていった。さらに本人の意欲の高まりが、認知症状の緩和にもつながっていった。

　この例からも、身体面の改善が認知症状の改善にも影響を与えることが理解できる。

その意味では、認知症のある人についても個々の医療ニーズに合わせて的確な治療を受けられることが、たいへん重要な意味をもっているといえる。

3）介護・看護・医療の連携の重要性

本事例では、医師による訪問診療と薬剤師による居宅療養管理指導、さらに定期巡回・随時対応型訪問介護看護による訪問介護と訪問看護という4つのサービスが提供されているが、これらサービスが密接に連携することによって、Aさんの身体状態が改善し、同時に在宅生活を支える支援となっている。さらに加えて、アクティビティ活動への参加を促すことにより、本人の積極的な在宅生活を実現していることが評価できる。

4）訪問介護サービスの有効性

定期巡回・随時対応型訪問介護看護サービスでの訪問介護の特徴は、短時間のケアを定時に実施することで、本人の生活ニーズに対応することである。本事例においても、トイレ誘導は随時の対応を実施しており、同時に本人ができることはしてもらうという自立支援が進められている。たとえば食事は、自力で食堂に行けるように付き添い、またベッドからの離床時間を長くする工夫をすることによってメリハリのある自立生活を支援している。このように短時間の支援でも、その中身に十分な配慮がなされている点が評価できる。

5）まとめ

本事例はサービス付き高齢者向け住宅での定期巡回・随時対応型訪問介護看護サービスの利用例であるが、このような支援が自宅においても可能になるかどうかということが、24時間型サービスの重要な課題である。頻回な訪問介護であるとか随時のトイレ誘導といったことを、サービス付き高齢者向け住宅を越えて、自宅で生活している高齢者にも提供できるかどうかが、定期巡回・随時対応型訪問介護看護サービスの1つの課題であるといえる。

なお、本事例のように、当時はグループホームにおいては十分な医療サービスが提供できなかったが、現状では、訪問看護の利用が可能なように制度改革がなされている。

医療連携 1）在宅

(2) 重度認知症患者への支援を通してチームアプローチを考える

■ はじめに ■

　認知症のある人のケアマネジメントでは、さまざまな視点からの支援が必要となってくる。1つ目は、認知症は加齢とともに発症の可能性が高くなることから考えても、認知症のある本人が別の病気やそこから起因する障害を有していることも多い。むしろ、認知症に関わる問題だけを抱えていることのほうが稀である。そのため、認知症ケアと同時に身体的なケアをどうするのかといった課題が生じてくる。2つ目に、認知症のある人と介護者とのコミュニケーションが難しいことがあり、そこから生じる精神的な介護負担が大きくなるゆえに、時には虐待や介護放棄が起こる恐れがある。こうした事態に対しても観察と適切な対応が求められる。3つ目には、認知症のある人が抱えるBPSDへの対応についてである。認知症のあるステージでは、6〜9割の人にBPSDが起こるといわれる。この行動・心理症状に対して、ケアマネジャーには適切な対応と支援が求められている。

　しかしながら、以上のような課題に対応していくためには、ケアマネジャー1人がケアプランを作成するというよりは、利用者・家族と同時に、他の専門職とのチームアプローチで、作成・実施していくことが重要であるといえる。

　上記3つの状態すべてにおいて、なぜチームアプローチが必要なのか。本事例を介して考えてみたい。

■ 事例概要 ■

Aさん（70歳代、女性）

身体状況

・要介護度：要介護4
・認知症高齢者の日常生活：Ⅲb
・障害高齢者の日常生活：B2
・病歴：パーキンソン病（今から10数年前に病院の神経内科を受診し診断を受け

ている)、褥瘡、アルツハイマー型認知症

生活史

現在居住している市で生まれ育つ。兄弟は5人で、学校卒業後は家業の手伝いをしていた。結婚後は専業主婦になり、夫の両親と同居し、最期まで看取っている。子どもは2人。性格は几帳面で頑固、神経質であり、攻撃的な面がある。また、自分の思いどおりにならないと気がすまないところがある。

家族状況

夫と2人暮らし。子どもは独立しており、結婚して他県で暮らす長女は、月1回は訪問して、食事に誘ったりしている。他市に住む長男は、週1回様子を見に来てくれている。子どもたちは泊りがけで介護をすることはない。夫は糖尿病で週3回の透析が必要なため通院している。その間、Aさんは1人きりになり、室内を徘徊したりして、転倒を繰り返している。

■ 支援概要 ■

在宅の場合、認知症があり、加えて医療依存度の高い利用者は、基本的疾病の治療も含めてその支援は複雑でかつ多くの問題点を有することが多い。

今回は、パーキンソン病と褥瘡を抱えた重度の認知症のAさんと、介護者であり糖尿病の透析のための通院が必要な夫の、2人暮らしの在宅生活を支援した事例である。Aさんの生活上のさまざまな問題は、疾病によるものかあるいは認知症に起因するものかの判断が難しく、サービスに関わる人たちの対応方法によっては、かえって介護の負担増を招く恐れがあった。

Aさんは、日中はほとんど寝ているが、一部介助で食事摂取や排泄はできる。認知症の症状があり、介護者である夫の負担は大きく、ストレスも増大していた。そのため、長年にわたり夫婦と関わりをもってきたかかりつけ医を通して、サービス提供者間で、褥瘡の処置を共通した方法で行うなど、支援方法の統一を図りながら、在宅生活を維持すべく対応してきた。夫は妻の在宅生活を強く望んでいるものの、時には虐待が疑われるような場面もあった。

■ 支援の経過と内容 ■

1) サービス利用前 (200X年5月)

夫より地域包括支援センターへ次のような相談が寄せられた。

「透析で通院している間、妻が1人きりになる。戻ってみると、食事もあまり食べておらず、室内を移動したのか転倒していたこともあった。1人では排泄が困難で、失禁

もたびたびみられる。臀部に床ずれもできているので、介護保険のサービスを使いたい。」相談された地域包括支援センターから当ケアプランセンターに依頼があり、ケアマネジャーとして関わることとなった。Aさんは会話の受け答えはできるものの、感情失禁（わずかなことで泣いたり笑ったり怒ったりする状態）がみられた。日中は横になっていることが多い。歩行は困難だが、夫の留守中、這いずって動き回ったりする（外出時は車いすを使用）。長女や長男が来るときは、身だしなみをきちんと整えており、美容院へは定期的に通っている。また、夫の兄弟や自身の姉妹との付き合いもしている。

室内はあまり片づいておらず、夫には疲れた表情も見受けられたが、穏やかで優しく、妻を大事にしている様子がうかがえた。Aさんは、床ずれの痛みの訴えもなく、言いたいことを言い、よくしゃべる。だが、夫のことにはなにひとつ関心を示さなかった。

2）サービス利用開始（200X年6〜7月）

Aさんはパーキンソン病の振戦により食事の食べこぼしが多く、充分に摂取できていなかった。また、夜中に2階へ上がり、タンスの中身を出すなど、昼夜逆転の症状がみられた。会話は、理解不可能なことばかりを口にし、認知症の進行がみられた。夫へは「Aさんが話しをしたときは、その内容を否定したりせず、よく聞いてあげてください」との助言をした。

当時、夫からは「夜間ゆっくり眠れない」との訴えがあり、介護疲れと持病の悪化が懸念された。そこで、夫の介護負担の軽減を図りながらAさんを支援していくために、デイサービスの利用で、Aさんが昼食をきちんと摂り、確実に褥そうの処置ができるようデイサービスセンターに依頼した。自宅でも、夫ができる範囲で褥そうの処置ができるよう、そのやり方を夫に指導した。同時に、訪問介護を毎日利用し、調理や排泄介助、夫の留守時には不安のないよう、また、危険防止のための見守りや精神的に寄り添う支援を依頼し、その後の変化への対応も予測に入れた計画を作成した（**表1**）。

かかりつけ医と訪問看護師との連携により、点滴や褥そう処置を行うことで悪化防止を図った。認知症状については、ホームヘルパーや訪問看護師との間で「今日はこういうことがあった」などとFAXなどで情報交換をし、お互いの支援に役立てるようにした。

この間、Aさんは冷蔵庫のなかのものを出してしまうなどの行為や失禁が続いた。ある日の訪問時に、右手に5センチほどの水疱がみられ、火傷の可能性が疑われた。夫も原因がわからないとのことだったので、ポットなど火傷の危険性のあるものを本人の手が届かないよう配置替えをした。

長女の訪問時には現状を伝え、サービス調整のための話し合いをもった。夫のレスパイトのためのショートステイを紹介したところ、長女は利用を希望した。ただ、長女は「父親が自分のやり方に固執し、子どもの言うことに耳を貸さない」「母親も夫や子どもの言うことを聞かない」と悩んでいる様子であった。長女は、さまざまな症状がパーキ

表1　居宅サービス計画書（2）

生活全般の解決すべき課題（問題点・ニーズ）	援助目標		援助内容			
	長期目標	短期目標	サービス内容	サービス種別	頻度	期間
パーキンソン病からの振戦により、食事摂取がしにくく、食事量が減少している	食事が困難なく摂取できる	食べやすい方法の工夫や介助により、必要量が摂取できる	・本人の好きなものや栄養のバランスを考え、食べやすい形にして量が摂れるよう調理する ・メニュー作り ・内服を確認し、薬が効いているときに食事を摂ってもらい、見守る。または一部介助する	訪問介護 夫 保健センター栄養士	毎日 毎日 1回/月	6か月 6か月 1か月
1人での排泄が困難となり、失禁するようになり、右腸骨に褥瘡が出現し、悪化の可能性がある	安全に排泄が可能となり、褥瘡の悪化防止ができる	定期的な排泄の促しを図り、失禁防止ができる	・排泄の声かけと失禁の後の下着交換、下半身の部分清拭 ・皮膚状態の観察と褥瘡の処置 ・家族への皮膚の処置の指導	訪問介護 夫 訪問看護（医療） 居宅管理指導	毎日 毎日 3回/週 1回/2週	3か月 6か月 6か月 6か月
夜間、室内を移動し、転倒を繰り返し眠れていない	夜間安全に睡眠を取ることができる	昼夜逆転が防止でき、安全の確保ができる	・日中の外出の機会を作り、楽しみの時間を作る ・家族での外出や外食 ・姉妹の訪問	通所介護 家族（娘・息子・夫） Aさんの姉弟	2回/週 随時 1回/月	6か月 6か月 6か月
介護をしている夫の介護負担が大きいので、軽減させたい	在宅でAさんとともに安定した生活が営める	夫の病状の悪化防止と介護負担の軽減ができる	・夫の健康管理 ・夫婦との会話に傾聴し、困り事に対応していく	訪問介護 訪問看護（医療） 短期入所生活介護	随時 随時 随時	6か月 6か月 6か月

ンソン病に起因しているのではと考えており、病状を改善できる手術があるとかかりつけ医から勧められ、遠隔地にある大病院を数回受診させていた。しかし、結局手術はリスクが大きいということで断念した。そこで、その病院から近くの総合病院を紹介してもらい、通院での内服治療を行うことになった。

3）入院そして再び在宅へ（200X年8月～）

　Aさんに右腸骨からさらに背中へ褥そうが広がって表皮剥離がみられ、発熱もあったため、かかりつけ医と相談の上、総合病院に入院することにした。入院は夫のレスパイトケアになるはずだったが、Aさんに認知症があるため、家族の付き添いを求められた。夫は自身の通院とかけもちを強いられ、「しんどい」ともらすようになり、「これなら在宅に戻して自分が介護したい」と強く希望した。結果、3週間ほど入院したAさんは再び在宅に戻った。

　在宅復帰に際しては、介護支援専門員、サービス事業者、家族（夫と長男）、病院の医療相談員、退院調整看護師、病棟師長、主治医に参加してもらい、カンファレンスを行った。そこで確認したことは、第1は褥そうを早く治癒させること、第2は認知症状の安定を図ること、第3は夫の介護負担をできるかぎり軽減すること、などであった。また、Aさんには環境の変化により攻撃的にならないよう配慮することにした。

　夫の透析の日に合わせて、Aさんはデイサービスを利用することにし、そこで、入浴、食事、褥そうの処置ができるようにした。訪問介護は毎日、訪問看護は週3回対応し、

褥そうの処置方法の統一も図られた。週末はショートステイの利用で支援しようとしたが、実際にはAさんが拒否反応を示し、行くたびに失禁や発熱を繰り返し、褥そうもさらに悪化した。そのため、ショートステイの利用は中止せざるを得なくなった。デイサービスのほうは、Aさんの通うかかりつけ医が運営しており、Aさんには馴染みの場所であり、スタッフも顔見知りのためか、行くことを嫌がらず、夫も信頼していた。

Aさんは、たびたび褥そうのガーゼを取ってしまう。また、発熱時に、下肢筋力の低下があるにもかかわらず動きまわり、転倒し、顔にアザをつくっていた。このころ、訪問介護員は介護中に、夫が「早くしろ」とAさんを叩いたり、「早く起きろ」とベッドマットに頭を押し付けたりしている様子を目にした。夫の褥そうの処置も適切になされていないようだった。訪問介護員から報告を受け虐待が心配され、ケアマネジャーが夫に尋ねると、「自分はちゃんとやっている」と言い切ったが、早期の対応が必要と判断し、地域包括支援センターへ通報した。しかし、市による審査の段階で、かかりつけ医が「夫は自分も透析のため疲れていてたいへんな状況にある。今後はサービス事業者ともども頑張って夫婦を支えていく」という話をし、結局申請は取り下げられることになった。

Aさんの支援を密にすべく訪問介護を午前と午後の2回、訪問看護を毎日利用することにした。多くの目が注がれることで、夫のSOSサインを素早くキャッチできるようになった。また、デイサービスの利用を増やすことで、褥そうの状態把握が的確にでき、必要時には点滴も実施してもらうことにより、褥そうは少しずつ回復していった。

サービスを毎日利用し、内服の調整もうまくでき、褥そうが回復することで、Aさんの精神状態にも少しずつ変化がみられるようになった。このような経過を経て現在、Aさんは夫に相変わらず言いたいことを言っているが、夫婦のやりとりのなかに明るさが感じられるようになってきている。

■ 考　察 ■

今回の事例は、認知症であり、かつ重度の疾患を抱えた高齢者への支援である。加えて介護者も通院を要する疾患を有している。そうした夫婦の在宅生活をどう支援していくのか。医療を優先すべきか、認知症への対応を優先すべきか。介護者の生活ニーズと本人の行動の意味をどうとらえ調整していくのか、考えさせられることが多かった。

ケアマネジャーは、アセスメントから抽出した生活ニーズに対して、適切なサービスを考え、本人に利用を勧め同意を得なければならないが、刻々と利用者の状態は変化するため、生活ニーズもまた変化していく。ケアプランも生活ニーズに合わせて対応していくものである。この事例でも、褥そうが少しよくなったかと思えば、今度は認知症状が悪化するという繰り返しであった。それに対しては、長年夫婦を診てきたかかりつけ医をはじめ、訪問看護師、ヘルパー、ケアマネジャーが、その都度情報交換を行い、連携を図ることで対応してきた。

夫へは、「頑張りすぎないよう、マイペースで」と助言した。他の家族の協力も欲しいところだったが、「娘は子どもに手がかかるし、息子は独身でしかも商売がたいへんなので言えない」という夫の意向を大切にすることにした。

　介護者が本人に投げかけた言葉が、「虐待では？」と疑われる場面があった。そのときには、まず両者を引き離そうとショートステイを利用してもらったが、先に述べたように本人が環境変化から拒否反応を示し、身体的な悪化を招いてしまったため、自宅中心の支援に修正することにした。

　在宅ではAさんをできるだけ1人にせず、リスクを最小限にしていく関わりとし、夫には、「頑張りすぎないように」と助言しながら、最終的には、かかりつけ医が行っているデイサービスの利用により、馴染みの環境・関係のなかで見守っていくことにした。Aさんは、デイサービスのスタッフとのコミュニケーションもよくなり、作業やゲームなどでは、生来の負けん気を発揮して、「どのゲームでも一番になりたい」と意欲を示している。食欲もあって、褥そうも回復傾向にある。

　現在、状態は安定しているが、支援は継続している。Aさんの言動や変化が、なにかの身体的不調によるものなのか、どのような状況・背景のもとで起こっているのかを見極めながら支援していきたいと考えている。

　自身も病気をもつ夫は、本当はだれかに任せてしまいたい気持ちもあると思うが、最終的にはAさんの在宅生活を希望している。そこには、共に生きたいという夫のやさしさが感じられる。

■ コメント ■

　本事例は、本人が認知症だけでなく、パーキンソン病や褥そうといった疾病を抱えている。家族構成は高齢者夫婦世帯で、夫が介護者であるが、その夫は糖尿病があり、透析のため通院しなければならない。こうした老老介護家庭に対してケアマネジャーは、医療的な側面にも目配りをしながら、認知症から生じてくるさまざまな利用者の問題に対処していく必要がある。

1）認知症と他の疾病をもつ利用者へのチームアプローチ

　Aさんは認知症であり、同時にパーキンソン病と褥そうといった病気を有している。そのため2つの問題が存在している。1つ目は原因の問題である。Aさんの示すさまざまな行動・心理症状について、パーキンソン病の1つの症状としてとらえるのか、あるいはアルツハイマー型認知症の症状としてとらえるのかということで混乱が生じていることである。

　Aさんの症状について、長女はパーキンソン病が原因ではないかと考えているようであるが、正確にはどちらの疾病に起因して生じているのか必ずしも明らかではない。ケ

アマネジャーは医療関係者と密接に関わっていくことによって、その支援方法を利用者や家族といっしょに考えていくことが必要である。

2つ目は支援の問題である。パーキンソン病ゆえに転倒の可能性のある歩行状況、認知症ゆえに自宅内で徘徊をするという状況が一体的に起こっており、両者が重なることによって大きなリスクが生じている。同時に、褥そうという疾病があるが、認知障害でガーゼを取ってしまうことで治療を長期化させている。

このような2つの側面をもつゆえに、医療関係者と介護関係者、ケアマネジャーは一体的となり、それぞれの状況についてはお互いに共通理解し合うことが求められる。その上で支援については、リスクをできるだけ回避しながら支援していく方法を話し合わなければならない。現実に、いろいろな疾病を抱えながら認知症を患っている人が多いことを考えると、こうした事例に対しては、チームアプローチがきわめて重要である。

2）虐待へのチームアプローチ

本事例では、Aさんに対して夫の虐待が疑われるということで、地域包括支援センターに連絡をしている。こうした虐待への対応は、虐待のレベルによって対応方法は異なってくる。

まず求められることは、どのように発見をしていくかである。本事例では、訪問介護員が虐待現場を目撃しており、今後の対応について、ケアマネジャーは、毎日さまざまな専門職等の人々が家庭に入っていくことで見守り態勢を強化している。軽度の虐待の可能性が疑われる場合には、介護者の身体面だけでなく心理面でも介護負担を軽減することで様子をみることになる。本事例でも、夫の負担軽減を目的にしての、ショートステイの利用はうまくいかなかったが、デイサービスやヘルパー利用で介護負担の軽減を図っている。

虐待の早期発見と適切な処置を実施していくには、そのベースとして、さまざまな専門職等がチームアプローチでもって担っていくことが不可欠である。本事例では、病院からの退院時点で、関わっている専門職すべてが集ってカンファレンスを開いている。カンファレンス開催の意義は、虐待に対して専門職などがそれぞれどのような役割を担い、どう支援をしていくのかを共通理解することだといえる。

3）行動・心理症状に対するチームアプローチ

Aさんには、自宅内での徘徊や昼夜逆転、あるいはタンスや冷蔵庫からものを出すといったBPSDが生じている。ここでは、このような行動がなぜ生じているのか、本人がそのようにせざるを得ない背景や原因について、必ずしも十分な議論はなされていないが、こうしたことに対して適切な対応がなされれば、夫の介護はずいぶん楽になるだろうし、ひいては虐待の危惧も和らぐことになるだろう。

BPSDをとらえていくためには、常に関わっている夫、訪問介護員やデイサービスセンターのスタッフ、訪問看護師、ケアマネジャーがいっしょになって、それが起こる背景にはなにがあるのかを話し合ってみることが重要である。そのためにも、ケアカンファレンスなどの活用が重要であるが、本事例では、訪問介護員と訪問看護師の間でFAXによる情報交換がなされ、BPSDの背景を理解し、適切な対応について検討するチームアプローチが行われている。こうした連携をさらに広げ、介護者である夫も含めた関係者全体で話し合っていくことが重要である。

4）まとめ

　認知症のある人のケアについて考える場合には、えてして、権利擁護の問題やBPSDに焦点をあてたケアプランの作成が議論されることが多い。それ自体は重要なことではあるが、本事例にみられるように、多くの認知症のある人は認知症であることから生じてくる状況だけではなく、加齢に伴い起こる身体的な衰え、病気から生じてくる問題を有していることも忘れてはならない。

　支援者は、その両者の問題に対して十分な対応をしていかなければならない。その意味では、認知症のある人へのケアはたいへん多岐にわたる生活ニーズにこたえていくことになる。そのため、ケアマネジャーは、ほかの専門職と協働してチームアプローチで展開することがよりいっそう求められる。

医療連携 1）在宅

（3）認知症初期集中支援チームの関わりから動き出した支援

■ はじめに ■

　新オレンジプランに明記されている認知症初期集中支援チームが各地域で本格的に始動しはじめている。ここでいう「初期」の意味合いは、最初にチームが利用者と出会った際に集中的に支援を展開し、おおむね6か月を目途にして、利用者を地域包括支援センターやケアマネジャーに引き継いでいくことを目指すものである。初期集中支援チームでは、認知症をもちながら、医療サービスや介護サービスを利用していない人、あるいはそれらサービスを中断している人を発見して対応していく。また、認知症のBPSDが顕著なため支援に苦慮しているケースなどを担当していくことになっている。

　従来は、ケアマネジャーや地域包括支援センターをはじめ対応できる人や部署がその都度、認知症の人を支援してきたが、認知症初期集中支援チームが存在することによって、円滑な在宅生活をサポートする体制ができてきたといえる。本事例を通じて、初期集中支援チームが活動することで、ひとり暮らしでかつ接近困難な人（hard-to-reach client）を、いかに受診とサービス利用に結びつけていったかのプロセスを検証したい。

■ 事例概要 ■

Aさんのケース〈70歳代、男性〉

身体状況

- 要介護度：要介護2
- 認知症高齢者の日常生活自立度：Ⅳ
- 障害高齢者の日常生活自立度：J2
- HDS-R（改訂長谷川式簡易知能評価スケール）：6点
- 病歴：近時記憶障害・見当識障害が顕著、自宅にもどれなくなって何度も警察に保護される。身体障害者手帳（聴覚）
- ADL：身体的に介助が必要な状態ではないが、自発的には更衣・入浴などを行わないため、声かけや見守りが必要。難聴（聴覚障害）のためコミュニケーションが取りにくい。耳元でかなり大きな声で話しかける、あるいは筆談でなら可能。
- IADL：銭湯は好むが、衛生保持には注意が向いていない。自宅はいわゆるごみ

屋敷化しており、悪臭・蛆・ハエなどが発生。本人の問題行動（水をまく、大声を出すなど）によって近隣との関係は不良。飲酒時には活動性が著しく低下する。

生活史

20歳代のころにいまの所に移り住み、就労していた時期もあるが、路上や救護施設での生活歴もある。生活保護を受給。救護施設からワンルームマンションでの独居生活となる。

家族状況

未婚。兄弟はいるが、連絡先は不明。

■ 支援概要 ■

ひとり暮らしで身寄りもなく、地域からも孤立し、認知症が疑われていても医療や介護を拒否する高齢者についての相談は年々増加傾向にある。支援が必要な高齢者を支えていくための地域包括ケアの推進に向けた取り組みは、ますます重要性が増している。

2015年から認知症初期集中支援事業をはじめ、認知症の早期発見・早期診断・早期対応に取り組んでいる。今回紹介するAさんはひとり暮らしで身寄りがなく、支援への強い拒否があり、ごみ屋敷化した住居でセルフネグレクト状態であったが、認知症初期集中支援チーム（以下、オレンジチーム）が関わることにより、住み慣れた地域で自立した生活が営めるようになったケースである。

認知症初期集中支援推進事業

「認知症初期集中支援推進事業」は、新オレンジプランで推進されている認知症の早期発見・早期診断・早期支援体制の構築を目指して行われている事業。地域包括支援センターに「認知症初期集中支援チーム」を配置、チームは医療・介護・福祉の専門職と認知症診療の経験豊富な医師で構成される。適切な医療・介護サービスに結びついていない認知症の本人、家族を訪問し、アセスメントや受診の勧奨、家族サポート等、それぞれの状況に合わせた支援の方向性を検討し、自立した生活が営まれるようサポートを集中的に行う。また、センターに「地域支援推進員」を配置し、若年性認知症や支援困難事例への対応、地域の認知症対応力の向上に資する業務も行う。

■ 支援の経過と内容 ■

援助経過

1) 訪問を拒否していた時期

201X年ごろより、Aさんの住む家の近隣住民や家主から市役所、地域包括支援セン

ターに苦情が入るようになった。また、外出して自宅にもどれなくなり、何度も警察に保護された。この時期に地域包括支援センターから要介護認定を代行申請したが、結果は「自立（非該当）」であった。その後、本人が強い拒否を示したため、再度の申請ができず、見守り訪問を継続しようとしても受け入れられなかった。

しかし、201X+1年ごろよりAさんは認知機能障害の進行によって金銭管理が困難になり、家賃を何か月分も滞納するようになる。自宅のごみ屋敷化が始まり、外出先で警察に保護される頻度も増えていった。

2）地域ケア会議（1回目）の開催

今後の支援方針の策定のために地域ケア会議を開催した。話し合いに出された課題は認知症状の把握や、医療機関への受診、介護保険の申請、金銭管理、警察での保護への対応、生活環境の改善など多岐にわたった。まず、セルフネグレクトへの対応を進めていくことになり、精神状態の評価と医療機関への受診につなげるために、オレンジチームに対応を依頼することにした。

3）オレンジチームの関わり。医療機関受診と介護保険申請

「訪問者に対して安心感をもってもらう」ことを目標として信頼関係を構築するために、訪問する職員はオレンジチームと地域包括支援センターから各1名と固定した。オレンジチームは「DASC（地域包括システムにおける認知症アセスメント：認知機能障害と生活機能障害を評価する）」、「DBD13（認知症行動障害尺度）」、「Zarit8（介護負担尺度日本語版）」などのアセスメントツールによって認知機能を評価し、状況把握に努め、訪問時の関わり方を地域包括支援センターと共有していった。

根気よく集中して訪問した結果、困難になっていた家事の支援を含め、Aさんは少しずつ訪問するスタッフを受け入れはじめ、激怒や拒否がみられなくなり、やがて感謝の言葉も聞けるようになった。しかし、医療機関への受診には強く拒否を示したため、オレンジチームとチーム員医師が訪問の経過内容と評価結果から検討を重ね、チーム員医師による往診を試みることとした。往診時に拒否されないための準備として、スタッフが訪問ごとにチーム員医師の写真を示し、ていねいに説明を重ねた結果、最初は「いらない」という返答であったのが「この人やな」という返答へと徐々に変わっていった。

ただチーム員医師の写真を見せて説明をしたのではなく、「安心できる人（オレンジチーム）」から「安心できる人（チーム員医師）」であると紹介し、Aさんの「安心できる人」を増やしていくという方法で説明し続けた。介入時から短期間に集中して訪問することが可能なオレンジチームだからこそできたことであった。往診当日、先にオレンジチームが訪問してAさんに話をしたことから、拒否することなく問診・血液検査・HDS-Rなどによる診療をすることができ、介護保険の申請へとつながった。

表1 地域ケア会議（1回目）で策定した支援方針（介護予防サービス・支援計画表を参考に作成）

課題	目標	支援計画			
		具体的な支援の ポイントと内容	担当者	頻度	期間
訪問者への拒否	訪問者への安心感	信頼関係の構築に向けた定期訪問	オレンジチーム 地域包括支援センター	週2〜3回	1〜2か月
不衛生な生活環境	悪臭・蛆・ハエが発生しないための片づけと衛生面の改善	定期訪問時にごみの片づけ	オレンジチーム 地域包括支援センター	週2〜3回	1〜2か月
食事の確保が困難	支援者による買物代行の受入れ	定期訪問時に食材の確認および支援者が買物代行をしていくための声かけ	オレンジチーム 地域包括支援センター	週2〜3回	1〜2か月
医療にかかっていない	精神状態等の評価	医療機関での受診に向けて、定期訪問時に精神状態等の評価を実施	オレンジチーム	定期訪問時	1〜2か月後
	医療機関での受診	受診に向けた本人への声かけと医療機関との調整	オレンジチーム	随時	2か月後
外出時に自宅にもどれず、警察で保護される	保護されたときの対応方法について検討	日中帯に保護された時は地域包括支援センターが対応	オレンジチーム 地域包括支援センター	適宜	適宜
		夜間帯に保護されたときは、朝まで警察署内で預かってもらえるよう対応を依頼			
金銭管理ができなくなっている	本人宅での管理支援	いっしょに銀行へお金を引き出しに行き、本人宅にて細かく分けて管理	地域包括支援センター	適宜	1〜2か月

　これまでの関わりでAさんの精神状態は少し落ち着いてきていたが、認知機能がいちじるしく低下し、買物に出かけて自宅にもどれなくなって警察に保護される頻度が増え、さらに金融機関からお金が引き出せずに食事の確保ができなくなるなど、福祉サービスなしでは生活が難しい状態になってきていることが確認できた（**表1**）。

4）地域ケア会議（2回目）の開催と介護サービスの利用

　Aさんの要介護度2の認定結果を受けて、サービスの利用に向けた2回目の地域ケア会議を開催。生活環境の整備、衛生保持、食事の確保、医療の継続、金銭管理、成年後見の申立てなど、多岐にわたる支援を同時に進めていく必要性が明らかになった。地域包括支援センターは日常生活面と金銭管理の支援を、オレンジチームは医療および成年後見の申立てに向けた鑑別診断の支援を担い、連携して課題に対応していくこととなった。
　ケアマネジャーと訪問介護員が関わるにあたり、担当者会議でオレンジチームからAさんの認知症の状態を伝え、支援のあり方についての助言を行った。また、訪問介護員が拒否されないように地域包括支援センターとオレンジチームが訪問介護員に同行したことと、徐々に訪問回数を増やしていったことにより、Aさんの日々のサービス利用が可能となった。しかし、デイサービスでの入浴には強い拒否を示し、スタッフが同行して何度も利用を試みても受け入れなかった。その一方で、支援当初の評価どおり、個別

表2 地域ケア会議（2回目）で策定した支援方針（介護予防サービス・支援計画表を参考に作成）

課題	目標	支援計画 具体的な支援のポイントと内容	担当者	頻度	期間
訪問介護員やケアマネジャーの訪問を拒否する可能性がある	訪問介護員やケアマネジャーとの信頼関係の構築	訪問介護員やケアマネジャー訪問時に地域包括支援センターとオレンジチームが交互に同行訪問	オレンジチーム 地域包括支援センター	週3〜5回	4〜6か月
生活環境の整備と衛生保持ができない	衛生的な生活環境の維持	掃除、洗濯、銭湯介助などの衛生・生活面の支援	訪問介護員	週3〜5回	6か月
食事の確保が困難	訪問介護員による買物代行	定期訪問時に食材の確認および買物代行	訪問介護員	週3〜5回	6か月
医療受診の継続	認知症状の把握	医療的管理と関係者との情報共有	チーム員医師 オレンジチーム ケアマネジャー	月1回	4〜6か月
金銭管理ができない 身寄りがない	成年後見人の申立	申立てに向けた鑑別診断および継続した医療受診への支援	オレンジチーム ケアマネジャー	適宜	4〜6か月
		成年後見の申立て	地域包括支援センター 行政		
		成年後見人が選任されるまでの事務管理	地域包括支援センター	常時	後見人選任まで

で行う銭湯介助は拒否なく受け入れた。このことから、Aさんは集団内での生活や支援には馴染めないが、個別で関われば十分に生活の改善が見込めると思われた。

いまでは、近隣からの苦情や警察に保護されることはなくなり、支援者を受け入れることによって自宅での生活が営めている。また、成年後見の申立てを進めるまでに至り、オレンジチームによる鑑別診断に向けての支援を進めることができている（**表2**）。

■ 考　察 ■

これまで支援が困難な人には、対応できる人や部署がその都度支援することが多かった。一方、地域包括ケアシステムの推進においては、ネットワークの構築による多職種・多機関の連携が求められている。オレンジチームは認知症の支援に特化し、専門的かつ集中的に対応できるため有効性が高い。本事例でも触れたが、本人の精神症状の評価を行い、支援関係機関に対してそれをもとにした情報提供や指導・助言をしていくことで、より連携しやすい環境ができることになることが示された。また、オレンジチームへの医師会の全面的な協力があるからこそ、同チームが医療と福祉の連携の架け橋となり、福祉や医療のサービスにつながっていない人をサービスへと結びつけることができている。

それぞれの機関が担っている専門性を発揮するために、相互の役割についての理解を深め、その役割に集中して支援を進めてきたことで、Aさんは安心感をもつことができ、

地域から孤立せずに人との関わりのなかで安心した生活が営めるようになってきている。認知症になっても安心して住み慣れた地域で生活できるように、このような事業が拡充・展開されていくことにより、いずれは専門機関だけでなく地域での見守りによって生活を継続していけるような地域包括ケア体制となっていくことを期待したい。

■ コメント ■

　Aさんはひとり暮らしの認知症の人で、徘徊や大声を出すなどのBPSDがありながら、受診をせず、支援サービスも拒否している。そうした人にどのように支援をしていくのか。これは、その支援過程を記録した事例である。

　従来であれば、こうした認知症の人はケアマネジャーや地域包括支援センターをはじめ対応できる人や部署がその都度、認知症の人を支援してきたが、認知症初期集中支援チームがその役割を担うことにより、どのような在宅生活を支えるアプローチが可能になったのかを見てみたい。

1）受診やサービス利用をしないケース発見に向けて

　本事例は、近隣住民から行政や地域包括支援センターへAさんに対する苦情がよせられたことで、発見に至ったケースである。このようなひとり暮らしで認知症のある人は増加傾向にあるが、本人が自らサービス利用を求められないときには、だれかが発見して、必要なサービス利用につないでいかなければならない。

　現在、各地の認知症初期集中支援チームは地域包括支援センターが受託していることが多いが、同チームが機能するためには地域包括支援センターに対する住民の認知度が高くなることが不可欠である。そのためには、地域包括支援センターに地域の人たちからの苦情も含めた相談や情報がきちっと入ってくるような仕掛けを作ることが大事である。

　この仕掛けを作るには、地域のなかにあるさまざまな団体や機関との連携した活動が重要となる。たとえば、「地域の機関や団体に出向いてセンターの説明を行う」「地域の人たちとともに介護予防活動を実施する」「地域ケア会議へいろいろな人たちに参加してもらう」ことなどが考えられる。そうしたなかで地域包括支援センターの役割への理解や認知度が高まっていき、ひいては支援を必要としているケースの早期発見にもつながることになる。つまりは、地域包括支援センターのしっかりとした活動とケース発見とは相関関係にあるといえる。

2）接近困難な人への対応方法

　「hard-to-reach client」とよばれる接近困難な人と支援者が信頼関係を作っていくには、相当な工夫と時間を要する。その際の第一のポイントとして、本事例では初期集中

支援チームと地域包括支援センターの各1名を固定して対応するようにしている。このように対応する人を変えずに、たとえば、地域包括支援センターのある職員に固定して、その人が本人との信頼関係を深めていき、その人を介して徐々に本人との関係づくりをしていくことがポイントである。

第2のポイントは、本事例ではごみ屋敷状態になっている家の掃除や整理をするといった家事支援をすることによって、Aさんはしだいに「この人は私にとって役に立つ人だ」という理解を示すようになっていったことである。本人の合意を得ながら、根気よく継続して簡単な家事支援を行うことが、信頼関係づくりに大きく貢献するため、接近困難な人にはこのような視点でのアプローチも必要である。

3) 医師の家庭訪問

本事例では、本人の医療受診に対する拒否反応が強いということがあった。オレンジチームには医師が入っており、本事例の場合はチーム員会議にて検討した結果、本人にかかりつけ医がいないことから、チーム員医師が訪問することにし、それによって認知症の診断へとつなぐことができた。かかりつけ医がいる場合は、その医師との連携を密にし、診療に関わる支援を行うことによって受診へとつなげていくことがポイントである。

支援にあたっては、本人のさまざまな情報を収集しなければならないが、ベースになるのが心身の状態の把握であり、それを抜きにして適切な支援計画は立てられない。従来はケアマネジャーや地域包括支援センターのメンバーが接するだけにとどまっていたが、初期集中支援チームがあることによって医師が関与しやすくなり、家庭訪問による診断が容易になった。そのことがまた、医療サービスだけでなく介護サービスの利用へとつながっていくことになる。これらにより、主治医意見書も書けることになり、要介護認定にもつながっていく。

4) ケアマネジャーや地域包括支援センターへの引き継ぎ

初期集中支援チームは、期限の決められた短期集中型の支援であるため、ケアマネジャーや地域包括支援センターに支援を引き継いでいかなければならない。本事例にもあるように、期限がきたなら利用者との新しい人間関係を、ケアマネジャーやサービス提供者である訪問介護員は作っていかなければならない。

その意味で、これまで信頼関係を作ってきた人が仲介的な役割を果たし、新たな信頼関係づくりに貢献していくことが必要である。本事例では表2にあるように、すでに信頼関係のできた初期集中支援チームのメンバーが新たにサービス提供をしていくケアマネジャーや訪問介護員に同行して立ち会ったことで、徐々に役割の転換を図り、新たな信頼関係を形成していくプロセスを踏んでいる。

5）支援困難な事例のカンファレンスのあり方

　この事例は初期集中支援チームを地域包括支援センターが運営しているため、地域ケア会議で支援困難事例として検討している。地域ケア会議は、従来はケアマネジャーが自らの支援困難事例を持ち込んで、関係者で検討するということが一般的であったが、認知症の事例については、初期集中支援チームのメンバーや認知症地域支援推進員も参画していっしょに検討することが重要である。

　本事例の場合には逆に、初期集中支援チームのメンバーが事例を提出して検討している。こうしたときには、地域の関係する専門職や地域の人々に参画をしてもらうことがポイントになる。最終段階の会議においては、次に担当するであろうケアマネジャーや訪問介護員にも参画してもらい、今後の支援の具体的内容を吟味することがたいへん重要である。

6）まとめ

　上記の、初期集中支援チームが接近困難な認知症のある人に対応するアプローチの要点をまとめてみると、下記のようになる。

①ケース発見の仕組みを作っておく。
②対応には適切な固定した人材があたり、家事などの支援をしつつ信頼関係を獲得していく。
③固定した人材との信頼関係のなかで、医療や医療関係者と本人との関係づくりを図っていく。
④介護保険等のケアマネジャーや訪問介護員に円滑につなげていく。

　こうしたプロセスを常に踏まえながらカンファレンスで情報を共有し合い、関係者に参画してもらいながら展開していくことが大切である。初期集中支援チームができたことによって、認知症で接近困難な人へのアプローチがたいへん行いやすくなったといえる。

医療連携 2）グループホーム
（4）グループホームでのがん患者を医療との連携で支える

■ はじめに ■

　認知症のある人の支援では、認知症ゆえに生じる病態に加えて、それ以外の病気を有している場合が多く、その他の病気に対する治療・処置についても、医療との連携を図るべくケアプランを作成し、支援していくことが大切である。

　同時に認知症については、投薬による薬物療法と合わせて、より適切なケアを提供することにより、安定した生活ができるよう支援していくことが重要である。とくにBPSD（認知症の行動・心理症状）への対応においては、適切な薬剤の投薬と同時に、BPSDを生じさせている背景にある本人の思いや気持ちに気づくなかで、より適切なケアを実施することが求められている。

　本事例は、認知症で顕著なBPSDを発現し、さらに皮膚がんという疾病を有している利用者に対して、グループホームスタッフが、訪問看護師や医療機関との連携を図りながら、そこで明らかになったことをケアプランに反映し支援している事例である。

■ 事例概要 ■

Aさん（80歳代、女性）

身体状況

- 要介護度：要介護2
- 認知症高齢者の日常生活自立度：Ⅲa
- 障害高齢者の日常生活自立度：A1
- 病歴：2004年皮膚がんと診断されるが、本人が手術を拒み、内服のみで対応していた。2006年アルツハイマー型認知症と診断される。その後、アリセプト®を処方され、現在も継続して内服している。2008年より不穏状況があるときは、一時的に抗不安薬も併用して内服している。
- ADL：歩行は自立。しかし、認知症のため日常生活動作のほとんどに見守り、または一部介助が必要。排泄は常に失禁があるため、紙パンツの交換に介助が必要。

・入浴は皮膚がんが悪化してきているため、浴槽内に入ることができず、シャワー浴。着替えは誘導をしなければできない。食事は自立。以前はよくしていた掃除や洗濯もの干し、食事の盛りつけも認知症の進行に伴い、うまくできないことが増えている。しかし、できる限り見守りをしながら、配膳や下膳などは自ら行うようにしてもらっている。

生活史
1人娘として大切にかつ裕福に育てられた。結婚はせず、地元でデザインに関する仕事をしていた。その間も両親と同居していた。

家族状況
両親共に亡くなり、家族や親戚もいない。

■ 支援概要 ■

Aさんは、独身で両親と同居しながら、デザインに関係する仕事をしていた。しかし、両親が死去し、退職後は、外に出ることも少なくなった。そのうえ、数少ない友人も入院などで近くにいなくなってしまった。

その後Aさんは猫とともに閉じこもる生活をしていた。やがて、猫の世話ができなくなり、ごみが捨てられないなど、自宅の環境が荒れ果てた状態となった。

おそらくこのころから認知機能の低下が始まったと思われるが、家族がいないため、だれからも支援を受けていない状況が続いた。さらにBPSDが発現し、近所の人に「2階に知らない人がいる」「服やカバンを知らない人が持って行く」といった妄想を訴えるようになる。本人の生活環境の乱れや妄想、攻撃的な発言などが顕著になってきたため、近所から苦情があり、民生委員を通じて在宅介護支援センターに相談が入り、介護保険の在宅サービスを受け始めた。しかし、本人の認知症の症状は進行し、在宅サービスだけではBPSDへの対応は困難となり、グループホームへの入所に至った。

Aさんはまた、皮膚がんを患っており、医療的ケアが不可欠であった。グループホームでは、医療との連携なしにはAさんの生活支援はできないと考え、定期的な受診とともに日常生活上でのケアの方法を指導してもらい、それを実践した。

■ 支援の経過と内容 ■

1）服薬管理と心理的ニーズを満たす支援で生活が安定

2007年1月、グループホームに入居。入居後は、スタッフの管理により、内服が確実にできるようになり、また、他の入居者やスタッフとの交流、家事参加などにより、比較的早い段階でグループホームでの生活に慣れた様子であった。

しかし、Aさんには、常に「家に帰りたい」「お母さんやお父さんが待っている」などの帰宅願望もたびたびあった。

そこで、グループホームスタッフが、入居前の担当ケアマネジャーや、財産管理等のための日常生活自立支援事業の生活支援員の協力を得て、実際に本人が自宅へ帰れるようにスタッフが同行する支援を行った。「荷物を取りに行く」「自宅の様子をみる」などのAさんの要望に応じ帰宅し、そこで近所の方と会話することもできた。やがてAさんは自宅にはだれもいないことが理解でき、グループホームで生活していくことを納得するようになった。

Aさんがグループホーム内で安定した生活を送るために、定期的な病院の受診と服薬管理を支援した。また、お洒落に対する関心が強いため、毎日の身支度や化粧が欠かさずにできるように支援をしていった。それと同時に、月1回程度美容院や買い物に行くなど、生きる意欲へつながる支援を続けていった結果、グループホームでの安定した生活を保てるようになっていった。

2）顕著なBPSDへは生活環境の調整と一時的な薬の服用で対応

2008年ころ、新たな入居者がAさんを傷つけるような発言を繰り返し、Aさんは強いストレスを感じるようになった。そのため、いままでになかった攻撃的な発言や再度の帰宅願望など不穏な状態が続いた。スタッフはなるべくAさんの思いを傾聴したり、心理的なサポートに努めながら、利用者同士が関係性を結べるよう働きかけを行った。この時期、Aさんは認知症の症状の進行が顕著になり、排泄や着替え、家事など日常生活動作に混乱が生じ、介助や見守りが必要な状態になった。また、「結婚した」「子どもができた」などの妄想を強く訴えたので、できる限り本人の気持ちを理解し、傾聴するよう努めた。主治医にも相談し、一時的に向精神薬を服用することで、精神的な安定が保てるよう対応した。

また、人間関係にも注意を払い、新しい入居者を迎えたときにはAさんとの相性を見守り、よい関係性が形成できるよう、できる限りいっしょにすごす時間を作るように努めた。その結果、新しい入居者との信頼関係が生まれ、よい関係が形成されたことで、妄想や不穏な状態もなくなり、穏やかな状況を維持している。

3）皮膚がんの悪化。医療との連携で継続的な支援が可能に

2009年ころより、皮膚がんが悪化。創部より出血や浸出液がみられたため受診し、進行状況の確認を行った。診断では、表面のみ状態が悪化しているとのことで、入浴後、処方された軟膏を塗布したガーゼを貼るという方法を指導され、その対応を実施していった。しかし1年後、急激に悪化し、創部のみでなく、周辺にも湿疹がでるようになり、本人からのかゆみの訴えも強くなってきた。かゆみに関しては主治医から内服を処方さ

表1 認知症対応型共同生活介護計画〈ケアの方針〉

本人の生活全体の傾向	グループホームでの生活に慣れ親しんでおり、グループホームでの生活を続けたいと思っている（推察）
本人の介護サービスに対する意向	日常生活に困らないように支援してほしい。話しを聞いてほしい（推察）
家族の意向	家族がいないため、生活支援員等との連携を取りながら、できる限り長くグループホームでの生活を続けるよう支援する
事業所の総合的介護サービスの方針	皮膚がんの悪化や認知症の進行に伴う症状に対応し、心身共に安定した生活をグループホームですごせるよう支援していく

表2 認知症対応型共同生活介護計画（援助計画）

ニーズや生活の現状	目標	サービスの項目	具体的な内容	頻度	期間
ほかの利用者とのトラブルになる	他の利用者との関係性をよくする	生活の質	・他の利用者とのトラブルを調整し、訴えを傾聴する ・仲のいい利用者とよい関係が保てるよう見守る ・アクティビティーへの参加、散歩や外気浴をする	随時	3か月
帰宅願望などのBPSDがある	できる限り安定的な精神状況で生活することができる	生活の質	・帰宅願望が強いときは、自宅へ一時的に同行することで、本人の納得を得るよう支援する ・結婚願望を訴えるときは、できる限り本人のそばで話を聞いたり、いっしょに家事を行ったり、寄り添い、安心感を得るような支援を行う	随時	3か月
トイレの場所の認識ができない、服の着脱ができない、歯磨き、家事（食事の配膳）への参加ができないなど、援助項目が増加している	日常生活動作が安心して行える	排泄	・トイレへ行くときは付き添い、紙パンツ・尿パットの交換を一部介助する	随時	3か月
		着替え	・服の着脱は見守り、必要に応じて一部介助する		
		洗面	・歯磨きの見守り、必要に応じて一部介助する		
		食事	・盛りつけ・配膳・下膳を見守る		
		家事	・参加できる家事は見本をみせて、いっしょに行う		
皮膚がんが悪化し、浸出液が出る 傷口の周辺、背中に湿疹が出てかゆみがある	傷口からの感染を防ぎ、湿疹を改善する	健康 入浴	・毎日シャワー浴をする。少な目の水量で傷口・周辺を洗い、軟膏をガーゼに付けて傷口に貼る ・かゆみ止めの服用 ・主治医への定期的受診	随時 1/4週間	3か月
いつも身ぎれいにして、おしゃれをしていたい	美容院での髪の手入れ。買い物に行く機会をもつ	生活の質	・本人と定期的に美容院や買い物に行かれるように、カレンダーなどに記載して、予定を立て、支援する	随時	3か月

れ、やや軽減した。しかし、創部に関してはさらに悪化し、主治医から創部の清潔な状態を維持することが大切であると指導を受けたため、訪問看護師に相談し、毎日シャワー浴をし、その後軟膏を塗布したガーゼを毎日貼り替えるといった対応をしている。状況にあまり変化がみられていない。しかし、定期的な受診とグループホームでの対応記録に基づく見守りを継続することで、本人は不安なくすごせている（**表1・表2**）。

■ 考　察 ■

　Aさんは、いまでも突如として入居者に物を投げるなどの不穏な状態になることもあるが、確実な服薬管理や本人の心理的ニーズを満たすことで、ある程度安定した生活をすごすようになっている。

　しかし、皮膚がんがあるAさんには、医療的ケアが今後さらに必要になることが予想される。これからの症状の進行に伴い、現在の病院、在宅療養支援診療所や訪問看護などを活用して、グループホーム職員とともにチーム連携を図っていくことが欠かせない。それによって、最終的には住み慣れたグループホーム内で看取りケアまで行っていきたいと考えている。

　2012年4月から、定時巡回・随時対応訪問介護・看護サービスが施行されたことは、在宅療養をする人にとって、医療処置や介護が本人の必要とする時間帯に受けられるという大きなメリットがある。しかしながら、認知症のある人の場合、その関わり方は、一時的なものでは把握することが困難なため、継続して支援経過を把握していくケアが必要となる。認知症のある人の場合、いつ不穏な状態になるかは予測不可能である。

　そのため、常に見守る職員が傍にいるグループホームは、認知症のある人、とりわけBPSDの顕著な人を支援していく生活の場として今後も重要な役割が期待される。

■ 主治医のコメント ■

　Aさんはひとり暮らしであったため、なかなか認知症があることに気がつかれないまますごしてきたが、近所の人からの指摘で、2006年12月にホームヘルパーとともに神経内科を受診した。初診の段階で、改訂長谷川式簡易知能評価スケールは30点中7点と、すでに認知症が進行した状態であった。07年4月より、私が担当医として関わることになった。

　作話がみられたが、ある程度のコミュニケーションは可能で、礼節もよく保たれていた。検査所見としては、頭部のMRI画像では中等度の脳萎縮が確認された。発症時期やこれまでの状況がよくわからず、診断は難しかったが、その時点で、アルツハイマー型認知症としてアリセプト®の内服治療を開始した。

　既往歴として皮膚がんがあり、他院で内服による再発予防のための治療が続けられていた。幸い当病院にも皮膚科医が勤務しており、皮膚がんについても診療を継続することができた。

　臨床経過は、認知症については、好きだったお洒落が徐々にできなくなるなど少しずつ進行がみられているが、BPSDに対しては、ほとんど内服を必要とする

こともなく経過している。これはグループホームでのケアスタッフの働きが非常に大きいものと思う。

　皮膚がんについては、精密検査の結果、脳転移はないもののリンパ節転移があり、原発巣が潰瘍化するなど進行性である。皮膚がんの進行について本人は理解ができないため、引き続き不安や苦痛のないようにケアスタッフにも観察・対応をお願いしたいと思う。

■ コメント ■

　認知症に加え皮膚がんという病気をもち、グループホームに入居しているAさんの事例である。Aさんには親族がいないため、グループホームでは、できる限り長くホームで支えていきたいと考えている。また皮膚がんについては、本人の意向で認知症と診断される以前に、手術を拒否するということで、痛みを緩和するのみの処置をしてきた経緯がある。

1）BPSDへの医療とケアの両面からの対応

　本事例では、BPSDに対してケアと医療の両面で支援している。BPSDとしては妄想があるが、これについては、スタッフが本人の思いを傾聴するなどして対応している。ただし、ケアのみでは妄想に十分対応できないと判断されたときには、一時的に向精神薬を服用している。

　このように医療とケアの両面の対応をすることは重要であるが、やむを得ず向精神薬を服用しなければならない場合にあっては、薬の副作用について職員も理解し、医師との密接な連携を取りながら対応していくことが重要である。向精神薬の場合には、ふらつきや認知機能の障害といった副作用があるとされている。これらを確認すると同時に、Aさんの病態を常に理解しながら、医師と頻繁に連絡を取ることが不可欠である。

　妄想というBPSDに対するケアについては、傾聴といった対応を行っているが、基本的には本人の気持ちを理解しようとする態度・行為が必要である。妄想で表現される言葉には、本人が気にしていることや抑えてきた感情が表現されているという視点で、職員は利用者に接することになる。本事例の場合には、それが傾聴といった態度で接している。

2）皮膚がんへの関わり

　Aさんは、認知症以外に皮膚がんを患っているが、手術を望まずに治療を続けている。

グループホームでは、医師との連携のもとで痛みに対応していく形の処置がなされている。認知症のある人たちは、認知症だけでなく、他の病気を患っている場合が多い。そのため、認知症のある人のケアには、医療との連携が欠かせないことを理解しておく必要がある。

とくに、Aさんのように、がんなどという進行性のある疾病がある場合には、より緊密な連携で医療と対応していかなければならない。

認知症の治療とがんの治療を別の医師で実施するのか、あるいは同じ医師ですべてを理解してもらいながら実施するのかについては、検討されなければならない課題である。本事例の場合は、1つの病院内で医師は異なるものの、認知症と皮膚がんのそれぞれ専門医が対応しており、両方の医師が連携を保っているが、ときには、医師同士の連携・連絡体制をどのようにするかなども含めながら支援していくことが求められてくる。

なお、本事例の場合、身寄りがなく、Aさんのターミナルケアをどのように対応していくのかの課題が近々生じてくる。ターミナルケアについては本人の意志がもっとも重要であるが、生活支援員を交えて、コミュニケーションがもっとも取りやすい時期にどこでターミナルケアを迎えるかの話し合いをもつことが必要である。

3) 帰宅願望への対応

施設やグループホームなどに入居した人たちの多くは、当初、帰宅願望がきわめて強い。ときにはこれを徘徊と呼んで対応する施設もある。認知症のある人が取るこのような行動について、ケアを行う立場のスタッフは往々にしてBPSDの症状としてとらえ、対処しようとしがちである。

しかし、住み慣れた地域を離れて施設に入居してきた場合、本人の思いや不安が帰宅願望となることは当然の気持ちであり、帰宅願望というニーズに介護者側がどのようにこたえていくのかが重要である。本事例の場合は、スタッフが同行して自宅に一度帰ってみるという支援をしている。これらも1つの支援の仕方であろう。

一方、遠方から入居しているような場合には、このような対応をするのはなかなか難しい。このような帰宅願望に対しては、家に帰りたいという気持ちを抑えるのではなく、本人のそのような気持ちを受け入れてこたえようとする対応、たとえば本人の傍にいて言葉を傾聴するとか、あるいは少しいっしょに外に散歩に出てみるといった、本人の思いに添う支援が重要である。

【第6章】認知症のある人のターミナルケアを支える

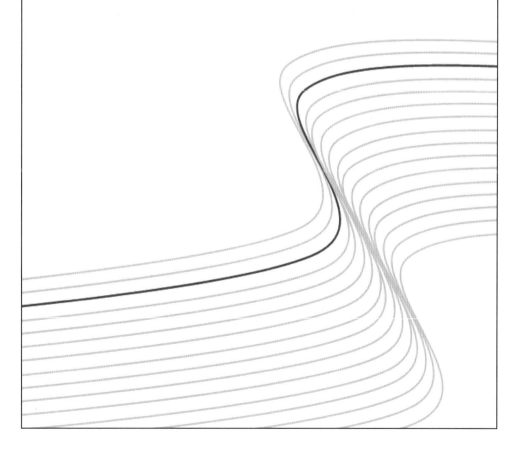

ターミナルケア　1）在宅

（1）認知症のある人を"ホームホスピス"で看取る

■ はじめに ■

　現在、高齢者向けの介護保険施設や自宅で終末期を迎える高齢者が増加している。病院とも施設とも異なり、自宅ではすごせない人たち向けの民家を改修した居住型施設としてホームホスピスがあり、ここでも看取りの支援が行われている。ホームホスピスは、高齢者が少人数で部屋を共有し、食事が提供され、介護保険や医療保険のサービスを利用して暮らす生活の場である。ここに入居した高齢者は、終末期を迎えても入院などをせずに、最期までホームホスピスで暮らす人が多い。

　本事例では、ホームホスピスに暮らす認知症のある人に、どのような終末期の支援を行うかについてみていく。一般に終末期ケアというと、がん患者のターミナルケアを指すことが多いが、ここでは認知症のある人のターミナルケアをどのように展開していくかを考えたい。

■ 事例概要 ■

Aさん（90歳代、女性）

身体状況

- 要介護度：要介護5
- 認知症高齢者の日常生活自立度：Ⅲa
- 障害高齢者の日常生活自立度：B2
- MMSE：不明
- 病歴：レビー小体型認知症、高血圧症、ラクナ梗塞、両上肢に拘縮あり、軽い右片麻痺あり
- ADL：（食事）ミキサー食、全介助。（排泄）おむつ、全介助。（排便）マグネシウム製剤と坐薬でコントロール。（移乗、移動、更衣）全介助。（入浴）浴槽内へはスタッフ2名で抱えて全介助

生活史

海のすぐそばの地域で生活。お世話好きで、夫の仕事（洋服の仕立て）を手伝いながら子ども5人を育てた。夫は7年前に他界。

家族状況

子どもたちはほとんどが県外など遠方に在住。同じ県中心部に住む次女がキーパーソンであるが、次女も関節リウマチがあり、直接的な支援は困難。

■ 支援概要 ■

　医療の高度化・長寿化はおのずと介護の長期化・重度化をもたらした。一方で、独居高齢者や高齢者夫婦世帯の増加、家族の生活様式の多様化によって、長期の自宅での療養や看取りは介護保険制度を利用しても、困難な場合が少なくない。認知症のある人の場合も同様で、グループホームや認知症デイサービスなど、介護保険サービスが充実してきたが、認知症に加えて、他の医療依存度の高い疾患があると、施設での対応が困難な場合も多い。

　そこで、重度の認知症やがん末期や進行性難病のように、「家で看たくても看ることができない」「医療依存度が高くて家族だけでは不安」「病院では死にたくない」「大きな施設には入りたくない」といった人たちが最期まで安心してすごせる居場所として、ホームホスピスが誕生した。

　今回事例で取り上げる、認知症グループホームに入居されていたAさんは、脳梗塞のため救急病院に搬送され治療を受けた。退院後に最後の行き先として選択した"ホームホスピス"での生活と看取りまでの状況を報告する。

■ 支援の経過と内容 ■

1）ホームホスピス入居までの経緯

　Aさんは海が近い小さな町で暮らしてきた。子どもたちが独立後は、夫婦2人暮らしだったが、夫が7年前に他界。その後は自宅で独居生活を送っていたが、数年後に認知症を発症した。子どもたちが相談し合い、本人が納得しないままに自宅の隣町のグループホームに入居させたが、入居直後は施設のガラス戸を破り国道に飛び出して車を止めて自宅にもどろうとしたり、暴言・暴力がひどかったりしたため、1か月で退去となった。Aさんは精神科病院に1か月入院したあと、県中心部に住む次女宅で同居したが、うつ症状が強くなり、引き続き精神科通院にて治療を実施していた。当時は診断がついていなかったが、レビー小体型認知症によるものと思われるBPSDがあり、夜間徘徊や興奮、幻視などの症状が目立った。

　同時期より小刻み歩行がみられるようになり、嚥下障害も出現。レビー小体型認知症

の診断がつき、次女と同居した8か月後に次女宅近くのグループホームに入居した。

入居して3年ほど経ったころ、義歯の不具合をきっかけに食事ができなくなり、たびたび脱水を起こすようになる。グループホームのかかりつけ医が定期的な点滴を実施していたが、脳梗塞を発症し、救急病院へ入院。生命の危機は脱したものの、「今後は本人の負担ができる限り少ない環境で生活してほしい」という家族の思いから、退院後は当ホームホスピスへ入居となった。

2) ホームホスピスのシステム

ホームホスピスは、空き家を改修した普通の家である。その家に要介護の人たちが5〜6人で生活し、看護師や介護福祉士などの資格をもったケアスタッフがそれぞれの入居者に応じた生活の支援を行っている。入居者には、それぞれにケアマネジャーと訪問診療を行う医師がついている。また、このホームホスピスから本人の必要に応じて、その人に合ったさまざまなデイケア等の施設に通っている。入浴などに関しても、ホームホスピスの風呂場で入浴ができない場合は、訪問入浴サービスなどを利用する。Aさんの場合、2人がかりで抱えて浴槽につかってもらい、最後まで風呂場での入浴を楽しまれた。

3) 入居してからの本人の状態

ホームホスピスに入居する前の退院前カンファレンスで、新たに在宅訪問診療医を依頼することになったため、まずは家族と主治医とで、今後のAさんの医療の方向性についてしっかりと確認をしていただいた。

家族としては「積極的な治療は望んでおらず、できる限り最期までホームホスピスですごしてほしい」「本人の苦痛はできる限り取り除いて、穏やかにすごしてほしい」という意向であった。かかりつけ医には月2回の訪問診療を依頼し、服薬は認知症があるので難しいと思われるので、医師と相談のうえで最小限の3種類の処方にしてもらい、様子をみていくこととなった（**表1**）。

退院時は、「ADLは全介助、おむつ使用、コミュニケーション不可、嚥下障害がありミキサー食を1時間ほどかけて介助、右片麻痺がある」という申し送りがあった。そのため、常にスタッフの目の届きやすいところがよいと考え、台所の隣の畳の部屋にベッドを置いた。Aさんにとって、いつもだれかの話し声や台所の音や臭いが感じられ、スタッフにとってもAさんの気配がわかる場所である。

入居すると、Aさんは活動的になり、発語も多く、ベッドから降りようとする動作がみられるようになった。また、スタッフがベッドサイドを通るたびに目で追い、「おーい、おーい」「○○ちゃーん」と呼びかけるようになった。レビー小体型認知症の特徴といわれる幻視やパーキンソン症状はみられず、睡眠時の異常行動もなかった。車いすです

表1 居宅サービス計画書（2）

生活全般の解決すべき課題（ニーズ）	目標		援助内容			期間
	長期目標	短期目標	サービス内容	サービス種別	頻度	
安心してすごしたい	安心して穏やかにすごすことができる	思いを汲み取ってケアしてもらうことができる	本人が安心できる声がけ、コミュニケーションケア	スタッフ	随時	6か月
			本人が安心できる声かけ、面会や電話による家族交流など	家族	随時	
			本人が安心できる声かけ、コミュニケーションケア	訪問介護	7/週	
寝たり起きたりが自分では難しいので、安全に寝起きができるように手伝ってほしい	安全に寝起きの動作ができる	安全に起居動作ができる	起居動作の介助など	スタッフ	毎日	6か月
			ベッド、寝具などの貸与	福祉用具貸与		
			移乗、起居動作の介助など	訪問介護	訪問時	
できるだけ口から食事をしたいが、嚥下障害がある。様子を見ながら食事ができるように手伝ってほしい	誤嚥の予防ができ、できるだけ口から食事をすることができる	本人に合った食事ができる	本人に合った食事形態での食事の提供、食事介助、本人の好きなものの提供など	スタッフ	食事時など	6か月
		誤嚥を予防することができる	本人の嚥下状態を観察しながらの食事介助、補水、食事摂取状況の把握、口腔ケアの実施など	訪問介護	7/週	
定期的におむつ交換をしてもらって気持ち良くすごしたい。排便のコントロールをしてほしい	定期的におむつ交換ができ、排泄状況の確認ができる	おむつ交換ができ、気持ち良くすごすことができる	おむつ交換、陰部洗浄、臀部の皮膚状態の観察など	スタッフ	おむつ交換時	6か月
		臀部などの皮膚状態の観察ができる。排便コントロールができる	おむつ交換、陰部洗浄、清拭、臀部の皮膚状態の観察など	訪問介護	7/週	6か月
体調を見ながら入浴や清拭をしてもらって、気持ち良くすごしたい。	全身の清拭の保持ができる	定期的に入浴や清拭をして、気持ち良くすごすことができる	入浴（シャワー）介助、清拭の実施、全身状態の把握、一連の動作介助、フットケアの実施など	訪問介護	7/週	6か月
		全身状態の観察、把握ができる	入浴介助、清拭の実施、全身状態の把握、一連の動作介助、フットケアの実施など	スタッフ	保清時	
寝てばかりはきついので、体を起こして座りたい。歩くことができないので、手伝ってほしい。	安全に移動ができる	車いすに移乗し、安全に移動ができる	車いす、移動用具などの貸与	福祉用具貸与		6か月
			移乗時の動作介助、移動介助など	スタッフ	移乗時	
			車いす移乗時の動作介助、移動介助など	訪問介護	7/週	
家事や身の回りのことなどが自分では難しいので、困らないように手伝ってほしい	必要な生活支援を受けることができる	身の回りの支援を受けることができる	身の回りの介助のほか、家事などの生活支援	スタッフ	必要時	6か月
		必要な生活支援を受けることができる	買い物や生活用品の準備など	家族	必要時	
			更衣やシーツ交換、ベッドメイキング、そのほか本人に必要な支援など	訪問介護	7/週	
健康管理をしてほしい。床ずれなどができないようにして、元気にすごしたい	状態の把握ができ、継続的に医療管理ができる	定期的に診察してもらい、医療管理ができる	訪問診療による医療管理など	訪問診療	訪問時	6か月
		処方された薬をきちんと服用できる	健康状態の把握、医療連携、服薬の管理や服薬介助、体位交換などの床ずれ予防など	スタッフ	毎日	
		床ずれなどが予防できる	床ずれ予防用具の貸与	福祉用具貸与		
			薬剤の管理や服用方法の指導、副作用についての説明など	調剤薬局	訪問時	
			主治医の指示による看護の実施、バイタル測定、体調の管理、病状の観察や緊急時の対応、主治医との連携、訪問介護員や居住施設などとの連携など	看護スタッフ	随時	
			健康状態の把握、全身状態の観察、把握、体位交換の実施など	訪問介護	7/週	

ごすときは、長時間座位が取れる場合と傾眠が強くなかなか開眼しない場合があり、若干状態に波はみられたものの、おおむね安定して生活できるようになった。

　声がけへの反応は非常によく、ホームホスピスへの見学者などのお客様への対応や、

訪問診療の主治医へのあいさつなどは、Aさんがいちばん的確に行ってくれた。「いろはかるた」の下の句への応答などは入居者で一番であった。おむつ交換など嫌なことには「なんすっか！」と怒ることもあったが、きちんと説明すると納得された。熱めの風呂は嫌いで、「アツカー」といわれることもあったが、大きなおっぱいをプカプカと浮かべて、スタッフが背中を流すと楽しそうに入浴された。食事は粒があると口内に残るため、すべてミキサーにかけ、Aさんが疲労しないようにスタッフが短時間で介助を行い、ほぼ毎食全量摂取できるようになった。

本人が好きな饅頭などを手に握ってもらうと、自分で口にもっていくようなこともみられるようになった。孫が送ってくれるプリンなどは右手でスプーンをもって食べられた。

排泄についてはパターンをみながら、できる限りポータブルトイレに移乗しての排泄を行うようにしたところ、おむつを使用してはいても、汚さずにすむことも多くなった。また、声がけしながらゆっくり移乗を行うと、協力動作を行うことができた。入居後、ケアマネジャーと相談しながら、ホームホスピスでのケアの目標を「人生の終焉の時期を、ホームホスピスで穏やかにかつ安心してすごすことができる」とし、具体的なケアプランを立てスタッフ間で共有し、実施していった。

入居して2か月ほど経ったころ、Aさんは夜間スタッフに「歩けんごとなった」と訴えた。このことをきっかけに、週1回デイサービスを利用することになる。しかし、デイサービスの利用中やその帰宅後には疲労感が強くなり、Aさんにとって効果的なリハビリテーションにはつながらなかったことから、3か月で利用を中止した。その後もまれに原因のはっきりしない発熱はみられたものの、状態は変わりなく、安定した生活ができていた。餅つきや近所への花見などに参加したり、関節リウマチのためになかなか面会に来られない次女と、Aさんが覚醒しているときに電話で会話したりした。ホームホスピスのスタッフが支援して仏事に参加するといったことも、2～3か月に1回程度は実施できていた。

ホームホスピスへ入居して2年半ほど経過したころに誤嚥性肺炎を発症したが、スタッフと主治医とが早期に対応したことにより、1週間程度で病状は落ち着いた。肺炎回復から1か月後の95歳の誕生日には、県外に住む孫ら家族も駆けつけて来て、スタッフや主治医とともに盛大なお祝いができた。

4）看取り

95歳の誕生日がすぎたころより、何となく活気がみられなくなり、入浴後などの疲労感が強くなったり、発語が少なくなったりするようになり、状態に変化が現れ始めた。臥床時間が少しずつ長くなり、1日の多くをベッド上ですごすという状態が半年以上続いた。徐々に体力が低下し、食事の間の座位保持が難しいときもあったため、Aさんの

状態をみながら、車いす座位での摂取とベッド上での摂取の両方を取り入れて対応した。さらに1か月ほどすると、排尿の減少がみられ、また、座位時に大腿部の痛みを訴えるようになったため、エアマットを導入した。

　このような状態の変化はその都度ご家族に報告してきた。大腿部の痛みには骨折の疑いもあったが、最終的に家族は精密検査などを望まず、入浴など移乗が必要な場合には痛み止めを服用しながら実施するようにした。このころに、ホームホスピスのスタッフ、家族、ケアマネジャーとで今後についての意向確認を行った。

認知症のある人を支援するケアマネジメント

　家族の意向としては「これ以上本人を頑張らせないでよい」「食べられるときに本人の好きなものを食べられるだけ食べさせてあげてほしい」「無理に動かさずにベッド上ですごさせてほしい」などを確認した。また、その話し合いのなかで緊急時の連絡方法や、エンゼルケア（亡くなったあとのケア）、葬儀のことなども具体的に話したところ、家族から「漠然と考えていて不安であったことを確認できて安心した」との言葉が聞かれた。

　家族の意向確認後、その意向を踏まえたうえでサービス内容を見直すことをスタッフと打ち合わせた。話し合い以降は尿計測をやめ、体位交換もAさんの苦痛の表情や声を確認したときにのみ実施した。食事もしっかり覚醒して口を開けて食べられるときだけ食べてもらうといったケアに変更した。ケア変更から2週間後の、夕食に好きなお汁粉を食べてベッドに横になったあとに、状態が変化。呼気時に「あー、あー」という呻吟が数時間続いたあと、家族、スタッフ、主治医に見守られながら他界。準備していた夫の手作りのワンピースを着て家族とともに自宅に帰り、自宅で子ども、孫、ひ孫などの親族を中心とした温かい通夜、葬儀が行われた。ホームホスピスに入居して3年5か月であった。

■　考　察　■

　ふすまや障子で仕切られた民家は、人の気配が感じられる"ほどよい空間"である。ホームホスピスには前の家主がそれまで生活していた台所や仏壇、縁側、庭もそのまま残っており、ご飯の支度をする臭いや、お風呂が沸く臭いがし、住人の話し声や足音、雨音が聞こえ、スタッフだけでなく家族や近隣の人々や郵便屋さんが出入りする空気は、要介護の入居者に安心感として伝わる。若いときは世話好きで、近所の人や子どもたちのために海や山の産物を自分で採ってきて振る舞うような働き者だったAさんにとって、これらの環境はリロケーションダメージが少なく、ほとんど混乱を来すことはなかったと思われる。認知症があり、ベッドで療養することの多かったAさんにとって、人の話し声や頻回な声かけがあるホームホスピスは安心できる環境だったのだろう。家

族の了解を得たうえでAさんのことを「ばあちゃん」とよぶと、いつも「はぁ～い」と大きな声で返事してくれていた。

　認知症の中核症状が現れ始めて混乱していた時期は、Aさんだけでなく家族も非常に辛かったであろうことが容易に推測できる。そのような大変な時期を経たあとに入居したホームホスピスでは、「食べること」「排泄すること」を中心に普通の暮らしを整えることがケアの目標であったのだが、たとえ認知症があったとしても、できる限り自然の経過のなかで迎えようとした看取りに対し、家族もスタッフも共に介護する期間に"死"を迎える準備と覚悟ができていった。

　本人の暮らしを整え、家族が家族としての役割を果たせるように支援する看取りは、入居前の大変だった時期のことも含め、家族皆んながこれまでのことを受容する時間となったのではないだろうか。ホームホスピスのスタッフだけでなく、Aさんに関わったすべての事業所のスタッフもまた、認知症のある人への対応とその家族への支援を看取りのなかから学ばせていただいた。

■ **コメント** ■

　本事例はひとり暮らしでグループホームに入居していたが、脳梗塞のため緊急で病院に搬送され、退院時にホームホスピスに入居した事例である。Aさんは、入居後約3年半で終末期を迎え、ターミナルケアがホームホスピスで実践された。

1）ホームホスピスでのケア

　ホームホスピスは、自宅と同じような環境で終末期を迎えられる施設である。ここには、通常は5～6人の入居者がおり、家をシェアする形で、馴染みの関係のなかで暮らしている。介護職が常駐しており、食事などのサービスが提供されるが、入浴などは介護保険のサービスを利用し、時には通常のデイサービスなどを利用する場合もある。同時に、医療系のサービスについては介護保険あるいは医療保険を利用し、医師や看護師が対応することになっている。以上のようなさまざまなサービスを利用し、ホームホスピス入居者は自宅とほぼ同じ生活をすることができる。

　ホームホスピスのメリットは馴染みの関係でケアが受けられ、必要であれば家族などに行き来してもらいながら終末期を迎えられるという点にある。実際、自宅に近い環境であるホームホスピスには、家族や友人が頻繁に訪れることができ、アットホームな関係のなかで生活するため、Aさんのような認知症のある人に生じやすいリロケーションダメージが起こりにくいというメリットもある。こういう環境のなかでAさんに支援が行われ、約3年半の入居生活ののちに終末期を迎えた。

2) 認知症のある人の意思確認をどう行うか

　Aさんは認知症のある人の日常生活自立度はⅢaで、十分な意思表示ができない状態にある。そのため、家族とホームホスピススタッフとでAさんの入居後の暮らしをどのようにしていくかということを話し合っている。さらに、Aさんの看取りについても家族とスタッフ、ケアマネジャーが話し合っている。

　認知症のある人のターミナルケアを行う場合には、どのように最期を迎えたいのかという意向を本人から聞くことが大変難しい。本来の望ましい方法は、意思表示ができる時期に本人の意思確認を取っておくことである。同時に、意思確認が難しいとしても、できる限り本人の意向を、本人の表情や言葉からくみ取っていく作業を行うことが求められる。また、本人の生活史からターミナルケアに対する思いを気づいていくことも必要である。

　ターミナルケアを行っていくには、どのような死を迎えたいかという本人の意向がきわめて重要である。そのような意味で、認知症のある人へのターミナルケアでは、どのようなケアをするのかということに加えて、どのようにして本人の意思を確認していくのかが大変重要なテーマになる。

3) 認知症のある人のターミナルケアの特徴

　認知症をもつAさんは徐々に身体面が弱っていき、同時に食欲も衰えていくという状況であった。95歳の誕生日以降は、ベッドでの時間が車いすでの生活時間より多くなっている。このように、徐々に終末期を迎えていくのが認知症のある人のターミナルケアの一般的な特徴であるとされている。

　さらに、本事例をみる限りでは、がん患者の終末期に出現するような心身の痛みが、Aさんにはみられないという特徴がある。このように認知症のある人へのターミナルケアにおいては、しだいに体力的に弱っていくなかで本人の意欲をどのように支えるかと、同時に本人の死の受け入れをどのように支えるのかという両面をとらえて、その重点を徐々に後者に移行していくことが重要なテーマになる。本事例でもAさんの意欲を高めるための支援から、死を受け入れていく支援に重点を移行している。認知症のある人のターミナルケアを考えた場合、言語的および非言語的なコミュニケーションを用いながら、たとえば「食事を頑張って摂る」というように、本人が生きる力を支えることを目標にしているが、死に直面していく過程では、「無理なく食事が摂れる」というように支援目標が移行していく様子が記されている。また、徐々にさまざまなアクティビティを減らしていくことで、疲労感を取り除いていき、Aさんが安らかな死を迎えることができるように支援していくことが求められる。

　Aさんの過程からもわかるように、認知症のある人のターミナルケアには、安寧な状況となるよう、介護側が支援の目的を移していくことが必要である。

> ターミナルケア 2）グループホーム

（2）末期がんを患いながらも グループホームで暮らす安らかな日々

■ はじめに ■

　認知症のある人に限らないが、対人援助においては「パーソン・センタード・ケア」といった考え方が重要である。これは、利用者のことは利用者自身がもっとも知っているという観点から、利用者本人を中心として支援していく方法であり、具体的には、利用者の思い、意欲といったものを尊重し、感じ取り、それを支援に反映させていく考え方である。

　本事例では、そのような考え方をグループホーム実践のなかに取り入れ、利用者に質の高いケアを提供している。本事例を介して、グループホームがいかにパーソン・センタード・ケアの考え方を反映させて、個々の利用者に具体的な支援をしていくのかについて考えてみたい。

■ 事例概要 ■

Aさん（70歳代、男性）

身体状況
- 要介護度：要介護2
- 認知症高齢者の日常生活自立度：Ⅲa
- 障害高齢者の日常生活自立：A2
- 病歴：アルコール依存症、アルツハイマー型認知症、うつ病、腰痛症、肺がん

生活史
　幼児期に母を、少年期に父を亡くし、兄と近県の祖父宅で養育される。思春期には開拓義勇軍として海外に渡り、終戦後帰国し、兄と同じ会社に勤務。33歳で上京し結婚。子どもはなく、定年直前に帰郷。頼りにしていた妻の兄の死去後、酒量が増加し、アルコール依存症となる。数年前に治療のため精神科病棟へ入院。病院では、周囲との交流はほとんどなく、終日ベッドでウトウトとすごしていた。

家族状況

兄弟姉妹は5人。妻、近隣に住む実兄とも病弱なため、近県に在住の姪がキーパーソン。

■ 支援概要 ■

認知症のある人にとってグループホームは、少人数で家庭的な雰囲気のなかでなじみの関係を作りやすく、混乱を最小限に食い止める工夫等により暮らしやすい場になっている。そのグループホームケアの特性は「生活共有ケアリング」と称される。「認知症のある人に対して、全人的理解をしながら生活を共にするケア」と定義づけられ、基本理念として、①共にいること、②分かち合うこと、③自己実現に向かって支援し、互いに信頼関係を形成すること、等があげられる。

今回のケースでは、これらのグループホームの特性が発揮されることにより、本人は早い段階で自分の居場所を見いだし、末期がんの状態にあっても安らかな日々を送っている。その支援を通して、グループホームにおける個別支援の大切さを再認識し、同時に共同で暮らす意味と意義を問い直す機会も得られた。

Aさんは、アルコール依存症治療のため精神科病院に入院後、認知症の症状が出現し、併設の老人保健施設へ転所した。しかし、うつ状態に陥り2回自殺を企て、精神科へ再入院。薬物療法等によりうつ状態は軽減されたが、病弱な妻との2人暮らしとなるため、在宅復帰は難しく、退院後の生活の場としてグループホームが選択された。

飲酒の機会もあるグループホームでの断酒の継続、また、うつ状態の再燃による自殺企図の予防が個室空間のなかでどこまで可能か、課題が山積していたが、本人や家族の強い希望を受け、入所判定会議では「病態ばかりに目を向けず、アルコール依存やうつ状態に陥った心の軌跡を辿りながら、グループホームで支援できることを探していこう」と受け入れが決まった。

Aさんは中等度の短期記憶・見当識障害があった。プライドを損ねない支援を心がけた結果、早い段階でグループホームの生活になじみ、肺がんの末期であることが判明してからも、穏やかでにこやかな日々をすごしている。

■ 支援の経過と内容 ■

1）入居直後の支援

入居時、親族から「アルコール依存もうつ病も悪くならないよう、規則正しい節度ある生活を送ってほしい」という希望が出たが、Aさん自身は「なにもいえません。任せます」と苦笑いをし、本人からの暮らしに関する要望は聞かれなかった。

環境変化による混乱とうつ状態の悪化が懸念されたため、最初の10日間は、精神科勤務経験の長い看護師が夜勤につき、状況把握と支援方法を模索していった。同時にそ

れは、自殺企図に関する介護スタッフの不安軽減対策ともなった。

　見当識障害に伴う不安・混乱をいくらかでも軽減できるよう、夜間のトイレ起床時は足音をキャッチしたら居室前で待機し、トイレへと誘導。Aさんは「えっ！　何で僕がトイレに行きたいのがわかるの」と不思議そうにしながらもリラックスした様子で、「ここが便所ね。こっちやろ？」と隣室へ行こうとした。「そうですね。そこだったらもっと便利でよかったですね」と否定せずに受け入れながら、トイレへの案内を繰り返した。また、強い口渇感に対しては保温コップを用意し、24時間好みの温度のお茶が飲用できるよう枕元に準備した。Aさんは「夜でもお茶が飲めるの！」と喜び、トイレや手洗いの水を飲用しようとする行動も改善されていった。

　ただし、昼夜を問わず眠気やふらつきが続き、転倒の危険だけでなく、不快感が残り、それが日々の暮らしから楽しむことを奪っているように見受けられた。

　認知症の症状以外の、便秘をはじめとする身体的変調が及ぼす心身への浸襲を最小限にとどめられるよう、水分・食事・排泄等の基本的な体調管理を綿密に行った。体調に影響を与えている要素の1つとして、睡眠薬が考えられたため、主治医への状態報告を綿密にしながら調整を重ね、約1か月半で服用しなくても良眠が得られ、ふらつきや失禁も改善された。低下していた下肢筋力も、洗面時など生活場面での立位時間を徐々に増やすことにより回復しはじめ、移動・移乗時の安定感が増し、行動や活動範囲が広がっていった。

　対人交流においては、同じテーブルの人たちの立ち上がりの際には手を貸そうとしたり、杖を手渡したりする等の配慮を示すようになった。その一方で、100歳や90歳代の年長者に対しては、「家族なんだから、いちいちいわんでも（気持ち）わかるやろ」と、甘えたような言動も見受けられた。職員に対しても、夜勤のデスクワークの際などに、「まだ起きてるの。勉強もいいけど、早く寝ないと風邪引くよ」など親しみを込めた声かけをしてくれるようになった。

2）入居2か月後、病気が判明

　入居前より認められたしゃがれ声が著明となり、主治医の紹介により耳鼻咽喉科や呼吸器科を受診したところ、肺がんの末期状態であることが判明した。家族へは医師から余命数か月と宣告された。専門医、主治医、親族などとの協議により、本人には告知せず、濃厚な医療を必要としない限り、グループホームでの暮らしを継続してもらうこととなった。病状悪化時の受け入れ先との連携も得られていた。

　自宅療養中のひとり暮らしの妻へのサポートに関しては、家族の了承を得て、担当のケアマネジャーやサービス事業所とも情報の共有や協議を重ねながら、支援体制が脆弱にならないように努めた（表1）。

表 1　認知症対応型共同生活介護計画書

生活全般の解決すべき課題	援助目標				援助内容		
	長期目標	期間	短期目標	期間	サービス内容	担当者	頻度
昼夜を問わず眠気・フラツキが強く、不快感が生活の質を低下させている	不快感なく、楽しみながら日々をすごせる	6か月	安定した移乗・移動ができ、活動と休息がバランスよくとれる	3か月	・水分・食事・排泄・体調の把握を綿密に行い、体内環境を整える ・移乗・移動時は傍らで見守り、必要時介助する ・生活場面での立位・移動の機会を増やし、低下した筋力の回復を図る ・ラジオ体操・歌体操・レクにお誘いし、楽しみながら体力の回復ができるよう援助する ・睡眠薬の調整は、主治医の指示のもと用量・与薬時間と睡眠状態を細かくチェックする ・ご本人専用のリクライニングチェアーを準備し、休息したい場所にその都度移動させ、安楽な体位を調整する ・畳コーナーでの休息時には、ご本人の枕・寝具を準備する ・ウッドデッキでの休息時には、日除けと水分補給を細やかに行う ・居室は、いつ戻られても快適なように換気・室温・照明を整えておく ・外出時には、歩行状態に応じた歩行補助具を活用する ・楽しみを共有し、笑顔の写真をマイカレンダーやアルバムに綴り、ご家族へも報告する ・必要に応じ、入院されていた病院との情報交換を行う（ご家族の了承を得て）	職員全員 看護師	随時
環境の変化に伴い、認知症の症状やうつ状態の悪化を招きやすく、心の安定が阻害されやすい	不安なく穏やかな気持ちで暮らせる	6か月	リロケーション・ダメージを最小限度にとどめる	3か月	・入居時から生活環境に適応されるまでの期間、主な対応は看護師が行い、なじみの関係のなかで戸惑いが軽減できるよう支援する ・居室やトイレの場所を間違えられても否定せず、「そうですよね。ここだともっとよかったですね」とフォローする ・常に温かい態度で接し、信頼関係を1つひとつ積み重ねていく ・言動を制限・制約せず、周囲との軋轢が懸念される場合は、介入し、橋渡し役となる ・いかなる場面でも強制せず、ご本人の気持ちや意思を尊重する ・「頑張って」など一方的な励ましの言葉かけでなく、「いっしょにやってみましょう」と声をかけ、ご本人のペースやリズムに沿う ・過去の出来事に関する被害的な言動については、「たいへんな思いをされてきたんですね。よく踏ん張ってこられましたね」と想いを受けとめる ・抗うつ剤の服用に関しては、主治医より安定期の維持量が処方されており、状態の変化を細やかに報告し、就寝前の服薬は確実に行う ・口渇は、抗うつ剤の副作用と考えられるため、24時間お好みの飲み物を手元に置くとともに、過剰な水分摂取にならないよう、のど飴も活用 ・便秘による痔疾患の悪化時は、処方の外用薬を使用する ・排尿困難時に対しては、洋式トイレに座っていただき、腹痛を緩和した状態で腹圧がかけられるよう助言する ・趣味の囲碁・将棋の際も、心身の負担にならないよう配慮する	看護師 職員全員	随時
家族との面会も多くは望めない状況下、アルコール依存で家族や周囲に迷惑をかけたという思いからか、暮らしに関する希望を表現されず、人生の最終ステージを誇りをもって全うできない可能性がある	自分らしさを保ちながら、共同生活に溶け込んで暮らせる	6か月	ありのままの自分を表現でき、居場所と役割が確保できる	3か月	・起床時から就寝時まで、自己選択と自己決定を促し、尊重する ・過去に関しては、ご本人から表出されない限り問いたださず、表現された際はおおいに傾聴・評価する ・テーブル席には、人生の先輩で意思表示を明確にされる方々との同席を配慮する ・1日のスタート時や場面転換時、対人交流の橋渡しを行い、後はおのおのの力量を尊重する ・周囲の人への自発的な関わりを尊重し、立ち上がりの手助けをされる場面などは危険がないよう共に行い、十分に評価する ・新聞の取り合いが生じたときは、別棟から借用する ・ご本人の言動を、周囲の方が理解し難い場合、ご本人不在時に説明を重ねフォローし、排他的にならないよう調整する ・生育歴・生活歴を含めて対人関係のあり方を受けとめる ・断酒の継続に関しては、飲酒の機会ごとに医師の指導を伝え、ご本人の意思を確認する ・ご家族との情報交換は、電話を中心に細やかに行う ・常にユーモアをもって接し、心理的抑制を回避する	職員全員	随時
入居2か月後（追加） 肺がんの末期状態で治療（外科的・放射線療法・化学療法）が望めず、症状の進行に伴う苦痛や不安が、自分らしさを奪っていく可能性がある	不安・苦痛なく安らかな日々が送れる	6か月	心身共に温もりを感じながら暮らせる	3か月	・肺がんの進行症状（疼痛・咳・呼吸困難・血痰・吐気・嘔吐・食欲不振・腰痛・めまい・うつ状態・倦怠感など）に注意しながら見守り、主治医への連絡・報告を密にする ・ご本人には、告知されていないため、体調確認の質問はご本人の主訴を中心にしながら把握する ・心身の苦痛の緩和を図る（基本的には、これまでの対応に準ずるが、より細やかに十分に声をかけながら行い、心地よさが実感できるよう援助する） ・咳や呼吸状態に応じてリクライニングチェアーやベッドの角度を調整し、安楽を支援する ・鎮痛処置および介助はダメージの少ない方法で行う ・離れていても家族や愛犬の存在を感じられるよう、写真などを媒介に話題を取り上げる	職員全員	随時

3) 現在、心身の変化を見すえたケア

　入居半年を経過した現在、咳・呼吸障害・食欲低下・疼痛・苦痛・抑うつ状態の出現等に注意を払いながら、見守りを続けている。幸い目立った症状やADLの低下もなく、食欲も旺盛で、冬でも陽射しがあればウッドデッキに出て、リクライニングチェアで日光浴を楽しんでいる。好まなかった入浴も「気持ちがよい」と快く応じ、バスタイムを満喫している。そして、花見やコンサート・美術展、さまざまな地域・季節行事や寺社参りなどの外出を喜び、パーティでも事前に明確に伝えておくと、アルコールを要求することもなく、ジュースで乾杯を重ねている。

　うつ状態については、肺がんに伴う症状としても再発するリスクが高いため、現在も抗うつ剤を服用している。これまで1日だけ不穏な日があったが、腰痛や便秘への対応とともに、家族との電話での会話により、午後には改善し、後は安定した精神状態を保っている。

■ 考　察 ■

　グループホームでの個別支援においては、次のような点に留意して日々のケアにあたっている。

①水分・食事・排泄・体調管理を綿密にし、身体的変調が及ぼす心身への影響を最小限にとどめること

②心身の状況を表出しにくい認知症のある人も多いため、現象の背景を多角的にとらえ、原因を1つひとつ除去していくこと

③さまざまな生活場面で失敗させない環境作りと自立支援

④プライドを損ねない対応と意思決定のプロセスを尊重し、寄り添うこと

⑤生活史を含め、全人的な理解に努めること

⑥個々人の特性を受容し、ストレングスを発見すること

⑦個人が成立するためには、関係性のなかでのポジショニングが重要

⑧家族は、ケアチームの一員であり、協調・協力してサポートを続けること

⑨自己資源・社会資源を最大限に活用できるよう、開発とネットワーク作り

⑩職員の不安は、認知症のある人に対して有形・無形に投影されやすいため、職員の不安・ストレス軽減対策も重要

　Aさんへの支援過程において、これらが比較的スムーズに機能し、他の入居者が母親や姉世代、職員が子ども世代に近い存在だったことにより、グループホームのなかで自分らしく暮らすこと、あるいは制約・制限を受けないことを実感でき、早い段階で、安定・安心した生活を獲得していったのではないかと推察される。しかし、嗄声を元来の声質と思い込み、がんの発見が遅れたことは本当に申し訳なく、今後更なる学習を積み重ねながら援助していきたい。

■ コメント ■

　本事例は、精神科病院からグループホームへ転入してきたケースであるが、本人には、認知症に加えて、既往歴としてアルコール依存症やうつ病がある。現実には、グループホームに入所してくる高齢者は、単に認知症の症状だけがある場合のほうが稀で、さまざまな病歴や生活ニーズを抱えている。本事例のように、さまざまな病歴をもつ人に対して、どのような支援をしていけばよいのか。その際、認知症ケアの１つの基本的な考え方である「パーソン・センタード・ケア」の視点で、いかに支援をしていくのかについて見てみる。さらには、新たにがんを発症した本人に対して、ターミナルケアの場としてのグループホームは、どのような支援が可能なのかについても考えていきたい。

1）グループホームでのパーソン・センタード・ケアの具体的な展開

　報告者は考察のところで、グループホームの個別支援について10の留意点を指摘している。これを全体としてとらえると、３つの特徴をあげることができる。

　それは、①利用者を主体とした支援をしていくこと、②利用者を身体・心理・社会的、さらには現在・過去・未来という、空間的・時間的な全体としてとらえ支援していくこと、③本人の力、グループホームの力、さらには家族や地域社会の力を最大限活用し、チームアプローチで支援していくこと、である。

　このような３つの視点で支援をしていくのが、まさにパーソン・センタード・ケアの具体的な展開であるといえる。本事例では、そうしたことを具体的に実践することによって、たとえば、Ａさんのうつ傾向の悪化やアルコール依存症の再発といった問題を克服することができている。

　パーソン・センタード・ケアでは、まず本人自身が「自分が主体である」という実感のもてる、ハード面・ソフト面での環境作りがベースになければならない。そのために、本事例では、Ａさんのプライドを損ねないような支援をしている。また、Ａさんに職員が適切な支援ができるよう、精神科病棟の経験のある看護師を配置してケアの態勢を整備している。こうしたソフト面やハード面での支援でもって、パーソン・センタード・ケアを実施していることは高く評価できる。

　報告者も書いているように、一般にグループホームは、施設に比べ、すべての利用者と職員が生活を共有し合う側面が強いが、集団生活の場であるということも否めない。本事例では、パーソン・センタード・アプローチを試みるなかで、Ａさんは安心・安全な場を得ることになり、それが職員や他の利用者との生活の共有意識を生み出したといえる。この意味では、個々人の生活ニーズにこたえる支援環境を、ハード面やソフト面で整備し、対応してきたことで、Ａさんの「生活共有感情」を導き出してきたことが評価できる。

パーソン・センタード・ケアの考え方は、グループホームだけのものではない。在宅ケアにおいても、施設ケアにおいても、こうした考え方が、認知症ケアでの基本になけらばならない。

2）ターミナルケアへの準備

本事例では入所2か月後には、嗄声が著明となり、最終的に肺がんの末期であることが判明している。医師や家族と話し合い、本人には告知せず、グループホームでの生活をできる限り継続していくことになり、現在も支援を続けている。

その意味では、今後、ターミナルケアをグループホームで進めていくことになるが、グループホームには制度的に看護師は配置されておらず、病状の管理等については、外部から訪問看護師が派遣されることになるが、当グループホームでは看護師が配置されている。また、医療面については、緊急時の受け入れ病院等についても話し合いがなされており、一定の医療的態勢が確保できていることが評価できる。

同時にターミナルケアにおいては、医療的なケアだけでなく、その人の残された人生を、いかに質の高い生活を目指して支えていくか、という心理的なケアが重要である。本事例では、入浴時間を満喫してもらい、また花見やコンサート、美術展など外出の機会を作り楽しんでもらうなど、さまざまなプログラムを提供することで心理的な支援も積極的に行っている。併せて、自宅療養中のひとり暮らしの妻に対してのサポートも、グループホームの役割として担っていることは、地域にある施設という位置づけとして意義あることである。

今後のグループホームの役割としては、Aさんの身体面と心理面に目配りをしながら、継続的に支援をしていくことになるが、ターミナルケアのなかにも、パーソン・センタード・ケアという考え方が貫かれていくことになる。

3）生活の場としての支援

本事例は、認知症のある人ケアの基本はなにかということ、具体的には、利用者の思いや気持ちに寄り添いながら支援をしていくことの重要性を示している。そのことがおそらく、Aさんがそれまで入院していた精神科病院での状態とグループホームでの現状との大きな違いを生み出しているといえる。

病院は治療の場であり、グループホームは生活の場である。そうした視点からみると、単に身体面だけの支援ではなく、心理面での支援、さらにいえば環境面であるグループホーム全体のハード面・ソフト面、さらには家族にも焦点をあてた支援をしていくことが、理想的なグループホームの支援内容になるといえる。

ターミナルケア 2) グループホーム
(3) グループホームでの認知症のある人のターミナルケア

■ はじめに ■

　超高齢社会を迎え、高齢者の死亡者数は今後も増加していき、「どこで死を迎えるか」が重要なテーマになってきている。2030年には、いわゆる「死に場所難民」といわれる、死に場所が見つからない人が約97万人も出てくる可能性があると警告されている。そうしたなかで自宅だけでなく、介護老人福祉施設やグループホームといった生活施設でのターミナルケアも増加していくことが期待されている。

　一方、ターミナルケアはこれまでがん患者のためのものが中心であったが、今後は本事例のような認知症のある人やがん以外の重篤な疾病を抱えた人のターミナルケアも大きな課題となっていく。

　本事例では、居場所としてはグループホームにおいて、同時に認知症と腎不全の疾病のある人のターミナルケアを検討する。

■ 事例概要 ■

Aさん（70歳代、男性）

身体状況

- 要介護度：要介護1
- 認知症高齢者の日常生活自立度：Ⅲb
- 障害高齢者の日常生活自立度：B2
- 病歴：既往症に高血圧症、糖尿病、脂質異常症、アルツハイマー型認知症、腎不全。透析治療を勧められたが、本人は医療処置や延命処置を拒否した
- ADL：慢性腎不全による浮腫（眼瞼、上下肢、局部、腹部〜全身）が著明となり、在宅酸素も必要となり、徐々に歩行困難が出現し、車いす対応となった
- IADL：入居当初は、花の水やり、散歩、洗濯物たたみなどを他の利用者とともに行い、会話を交わすなどして落ち着いていた。終末期には昼間はデイルームで傾眠

生活史

地元で就職したのち、結婚を機に転居・転職して、定年まで勤めた。子どもたちの独立後は妻と別居し独居。脱水による救急搬送、入院。退院後は息子夫婦のもとに引き取られた。

家族状況

妻とは疎遠であったため、近所に住む妹が面倒をみていたが、認知症のBPSDによる徘徊が夜通しみられ、自宅での介護が困難になった。本人が延命治療を拒否したこともあり、息子夫婦はグループホームでの看取りを希望した。

■ 支援概要 ■

超高齢化・多死社会を迎えた現在、最期を迎える場所として、病院や在宅に加え、介護老人福祉施設など生活施設もその選択肢の1つとして重要な位置を占めるようになった。グループホームにおいても生活の場であると同時に、"終の棲か家"としての機能をもつようになり、ターミナルケアの必要性が高まってきている。認知症を発症していても、さまざまな方法によって本人の意思を確認し、さらに家族の希望も叶えながら、いかに穏やかに最期をすごしてもらうかというターミナルケアは、グループホームにおいても重要な課題であるといえる。

今回は、認知症を発症し、重篤な腎不全の末期を迎えた本人を、延命処置を望まないという意思を尊重しつつ、家族の思いも汲みながら、約10か月にわたってグループホームスタッフと訪問看護師・医師が連携して支え、看取った事例を報告する。

■ 支援の経過と内容 ■

1）グループホーム入居までの経過

AさんはB県の離島育ちで、高校卒業後、地元の郵便局に就職した。結婚を機にC市の大企業へ転職し、定年後も65歳まで嘱託職員として勤めていた。若いころから飲酒による暴言・暴力のトラブル癖があり、子どもたちが独立したことから妻と別居し、ひとり暮らしとなった。

慢性腎不全、アルツハイマー型認知症、高血圧症、動脈硬化、糖尿病など多くの病気を抱えており、塩分制限（7g/日）も出ていた。物盗られ妄想が強く、警察に頻回に通報するなどの騒ぎを起こしていた折、脱水症状で倒れ、緊急搬送されて入院となった。退院後は、息子夫婦のもとに引き取られた。しばらくは、栄養士である息子の妻が栄養・カロリー・塩分制限などの管理を行い、安定した生活を送っていた。アルツハイマー型認知症の進行に伴い、暴言・暴力が高ずるようになり、途方に暮れた息子夫婦は地域包括支援センターへ相談。本人は要介護認定を受け、200X年2月、グループホームへの

入居となった。

2) グループホーム入居後

　グループホーム入居後は、疾患については定期通院をし、服薬管理や水分制限を行い、1日2回の血圧測定も、本人の長年の習慣のリズムを変えないように行ったため、徐々に状態は落ち着いていった。当初は自力での歩行も可能であった。職員に、生まれ故郷の話を嬉しそうに何度も繰り返し、他の入居者とも会話をしたり、花の水やりや野菜作り、散歩も好んだ。皆といっしょに洗濯物をたたむなど、積極的な行動がみられた。また、孫が面会に来ると、「かわいい」と喜んでいた。ケアスタッフと顔を合わせると、昔の写真や故郷の本をみせたりした。ただ、Aさんの意に反したケアに対しては怒り出すこともあり、言葉遣いには気をつける必要があった。

　時折、物盗られ妄想が出現し、通帳や帽子がないと探し回るなど、落ち着かない症状が現れた。そんな時は本人の訴えに耳を傾け、「通帳は大事なものなので息子さんが預かっている」などとノートに書いたものを示し、また、帽子をしまってある場所を確認してもらうなどした。すると、本人は安心して落ち着きを取り戻した。

3) 慢性腎不全の進行

　しだいに慢性腎不全が進行していった。200X年8月ごろ、主治医に透析治療を推奨されたが、Aさんは「医療処置や延命処置を拒否する」という意思表示をしていた。眼瞼や上下肢の浮腫が著明となり、徐々に歩行が困難になっていった。そのころから、水分制限を守らずに洗面所の蛇口をひねって水を飲んだり、また、排尿しにくいため何度もトイレに行って、こもりっきりになることが増えた。

　200X年10月、息子宅に外泊したのちグループホームで症状が急変し、呼吸状態も悪くなって救急搬送され、1日のみの入院となった。しかし、入院先で点滴を引き抜いたり、病院内を歩き回って他の部屋に入るなどの迷惑行為が頻発したため、再度息子宅へ引き取られた。そこでも夜間ずっと歩き回るなどし、困り果てた家族はグループホームを訪れ、「ホームでの看取りを希望する」と申し出た。本人からもホームに戻りたいとの希望があり、それを受けてスタッフは家族と何度もターミナルケアについて話し合いをした。

4) ターミナルケアを支えた支援チーム

　グループホームに戻ったAさんに対して、本人の思いに沿い、かつ家族の希望が叶うようなターミナルケアをどう実施するかを話し合うケアチームを組んだ。病院の主治医から新たに在宅医師による往診対応や訪問看護も加わり、グループホームの介護職員、ケアマネジャー、さらに、家族が地域包括支援センターを訪れたときに最初に相談に乗

った社会福祉士がメンバー成員となり、ケアチームの会議を重ねた。情報の共有や確認を行いながら、本人の安楽につながるケアの工夫や、家族との時間も共有できるようなアプローチを目指した。

そのために、介護職は主に日中の生活支援を行い、訪問看護師は病状観察や処置などを、医師は定期往診を行って必要な指示を出すなどの連携が図られた。

ケアにあたっては、特に夜間のスタッフが少ないときに、眠らずに部屋を出ていこうとする本人に対して、転倒予防や急変に備えるためスタッフが傍らに付き、文字どおり寄り添うケアを行った。

一方、いつ最期の場面を迎えるかもしれないというスタッフの不安は、計り知れないものがあった。そのため、訪問看護師は「家族がグループホームを信頼しており、ここでの看取りを希望していること」をスタッフに伝え、また、毎日の訪問で具体的なアドバイスをスタッフに行って、不安の解消に努めた（表1）。

しかし、Aさんの病状は進行していき、しだいに尿閉や食欲低下、全身浮腫の症状が起き、在宅酸素（カニューラ）も必要となった。日常生活は、昼間はデイルームでうとうとすることが多かったが、夜間は1人でいることが不安になって部屋を出ていこうとするので、スタッフがそばで話を聞いて気持ちを和らげるよう心掛けた。

また、臥床すると苦しそうなので、テーブルを前に置き、枕を抱えて前屈姿勢を取り、少しでも呼吸が楽になるような体位の工夫をした。服薬も医師に相談し、生命維持に必要な最低限に減量した。さらに、浮腫が進行して傷ができた皮膚に対しては、清拭および洗浄にて患部の保清を保ち、おむつ交換時は浮腫から起こる痛みを緩和するように気をつけた。

家族は頻繁に面会に訪れ、最後になった誕生会では孫もいっしょにお祝いをした。また、少しでも食べてほしいと摂取しやすいものを勧めたり、傍らで話し掛けをしたりした。最期の日は、デイルームで車いすに座っている状態が厳しくなったため、スタッフに促されて自室のベッドに戻り臥床した。家族も付き添い、手を握ったり言葉を掛けたりするなか、大きく苦しむことなく安らかに息を引き取った。在宅医師に連絡し、看取りを終了した。家族は「感謝だけです」という言葉を残してホームをあとにした。

■ 考　察 ■

当初、グループホームでのターミナルケアは、スタッフの経験不足などから不安が強く、実施は厳しいと考えていた。とりわけターミナルケアの経験がないスタッフの不安は大きく、支援に行き詰まることも多かった。そのため、急変時の覚悟をスタッフ1人ひとりに促すべく、不安やなにかあれば、すぐ訪問看護師や在宅医師に連絡するよう全員の意思統一を図った。こうして訪問看護師とスタッフが連携することで、不安の軽減が図られ、具体的な支援の実施につながっていった。

表1 認知症対策型共同生活介護計画書

ニーズや生活の現状	目標	サービスの内容など		頻度	期間
		サービスの項目	具体的な内容		
慢性腎不全の悪化により、日々の体調変化に注意する。水分制限の必要がある	(短期目標)体調の変化に注意する	健康状態などの支援	・水分摂取チェック表をつける、終末期は制限なしとする ・10時、13時に血圧測定をする ・顔色・呼吸・むくみなど全身症状に注意する ・浮腫・終末期は酸素療法あり、安楽な体位の工夫をする	毎日	2か月
体調に配慮しながらトイレ・洗面などが行える	(短期目標)安心して日常生活が行える	排泄 洗面 食事	・トイレに行くときは見守る。終末期は付き添い、介助を行う ・必要時にパッド、おむつ交換、歯磨きの促しと見守りを行う ・早食いなので、食べられるものをゆっくり食べるように促す	毎日	2か月
物盗られ妄想があり、通帳・帽子などがなくなったと落ち着かないBPSDがある	(短期目標)できる限り安定した状態で生活できる	生活の質	・物盗られ妄想のあるときは、息子が通帳を預かっていると記した書面を本人にみせる ・本人と帽子を確認することで本人の納得を得る ・できる限り本人の傍で話を聞く	随時	2か月
浮腫により皮膚の接触部分から浸出液が出るが、入浴が大好きで、毎日でも入りたい	傷口からの感染を防ぎ、炎症を和らげる	入浴 健康、感染防止	・体調をみて、1日おきにシャワー浴をする ・傷口周辺を洗い、軟膏を塗擦し、接触部にソフト綿をあてて圧迫を防止する	随時	2か月
腎不全から全身状態が悪化し、入院ではなくホームでの看取りを希望している	(短期目標)苦痛なく穏やかな生活ができる	健康状態などへの支援、安楽、緩和ケア	・訪問診察、訪問看護を定期的に導入し、必要時に主治医より状態に応じた処方、指示を受け、処置および緩和ケアをケアチームで行う ・24時間連絡対応体制にて急変時に備える(訪問看護) ・ケアチームで本人の状態の情報共有を行い、本人にベストな状態を保てるように努める	1回/週から必要に応じて毎日	2か月
生活動作が起こしにくい。会話がしにくい	不安なく、安心した生活ができる	生活の質	・本人の傍らに寄り添い、本人の同意を確認してケアを行う ・家族の面会時間を大切に見守り、精神的なサポートを行う	毎日	1か月

　グループホームは生活の場であり、本人の生活を支援するなかでターミナルケアを行っていく点が病院などの医療施設で行われるターミナルケアとは異なっている。Aさんの支援においても、最期までAさんらしく暮らせることを目指した。
　200X年11月、最期の日、「今日あたりかもしれない」と言う訪問看護師に対し、夜勤のスタッフが「私が看取ります」と覚悟の言葉を返した。また、看取ったのち家族の安堵する姿をみて、この経験がスタッフ全員の成長につながったのではないかと思われた。貴重な経験を通してスタッフのスキルアップが図られ、ターミナルケアへの自信につな

がった。これを今後の現場での活動の源として活かしていきたい。

■ コメント ■

　本事例は、認知症であり、かつ慢性腎不全の進行していった患者が延命処置を望まず、グループホームでターミナルを迎えた事例である。その支援のため、グループホームのスタッフと訪問看護師、主治医が連携しながら看取りまで行った。

1) グループホームでのターミナルケアの課題

　本事例では、グループホームのスタッフと外部の訪問看護師および主治医が連携を図りながらターミナルケアを行った。その意味では、自宅において外部の訪問看護師や主治医と連携して支えていくターミナルケアと大きな変わりはない。

　グループホームには看護師をスタッフとして配置しているところもあり、そうした場合には訪問看護サービスがなくても主治医との連携で相当な支援が可能となる。しかし、調査結果によれば、看護師がいるグループホームのほうがターミナルケアを多く行っているかというと、必ずしもそうではない。ターミナルケアを行うには、それを実践しようという職場全体の意欲や意識が大きく影響しており、その意欲・意識をどう育てていくかが課題である。

　本事例のグループホームも看護師がスタッフにいないが、訪問看護師の支援があり、そこでターミナルケアを実践するなかで、本人を支えるスタッフがしだいにターミナルケアへの意識を高め、自信を深めていったケースである。

2) 認知症のある人のターミナルケア

　本事例は認知症のある人へのターミナルケアであるが、ターミナルケアの最も重要なポイントは、本人が「グループホームで死を迎えることと延命処置を行うこと」に対して意思決定をしているかどうかの確認を継続的に実施していくことである。本事例では、本人の「慢性腎不全の医療処置（透析治療）、延命処置を拒否する」「グループホームで最期を迎えたい」という意思を尊重するかたちで支援を進めてきており、そのことに家族も同意している。

　認知症のある人のターミナルケアについては、本人の意思が十分表現できる極力早い時期に意思確認をすることが重要である。そして、そのことを継続的に確認していくと同時に、本人の思いも時とともに変化していくことがあるので、その意思表示に変更がないか、繰り返し確認を取りながら展開していくことが重要である。

3) ターミナルケアにおける職員の成長

　本事例は、当グループホームで初めて実施したターミナルケアの事例である。ここで

は、外部の訪問看護師がリーダー的な役割を果たし、急変時での迅速な対応やチームで支えていく重要性を伝えていくなかで、介護職員が1人の高齢者の看取りを通じてケアの本質を理解していくといったプロセスとなっている。

　最期の日、職員は家族からの感謝の言葉を受けて、悲しみを感じながらも、ある種の満足感や到達感を得ることができている。それが成長の糧になっていき、ケアへの自信を高め、かつスキルアップにもつながっていくことになる。そういう機会を得ることができるのが、ターミナルケアの大きな特徴である。

　ターミナル期では、患者の状態が急変すると介護職員も不安に襲われ、すぐに救急車で病院搬送を考えがちであるが、訪問看護師や主治医と情報の共有化を図ることで、介護職員がターミナルケアを進めることができたといえる。また、ターミナル期のケアプランは、本人の安寧を主としたプランに変更していくことも視野に入れなくてはならない。同時に、この時期には医療ニーズが高まるので、医師の指示のもとで訪問看護の回数を増やすなどのタイミングを図ることも求められる。

4) グループホームにおけるターミナルケアでの家族との関係

　グループホームを含めて施設でターミナルケアを行う場合、家族の位置付けがたいへん重要である。本人に対する意思確認と同時に家族に対しても意思確認を行うこと、そして、常に本人の状況について情報提供をすることが大事である。そのことで家族に本人への関心を高めてもらうことができ、支援への協力が得られる。ターミナルケアは、介護職員と家族が共同しながら介護を行い、看取るまでの過程であるといえる。

　本事例でも、施設と家族との関わりを積極的にもち、最期の日には家族もいっしょにAさんの死を看取ることができた。その意味では、グループホームでのターミナルケアでは、確かにスタッフや外部の訪問看護師・主治医との連携が重要であるが、同時に家族との連携もたいへん重要であるといえる。そして時には、家族の悲しみにも対応して「グリーフケア」（死別後の家族を支えるケア）を行うことも重要な支援の1つである。

【第 7 章】
多職種連携で認知症のある人を支える

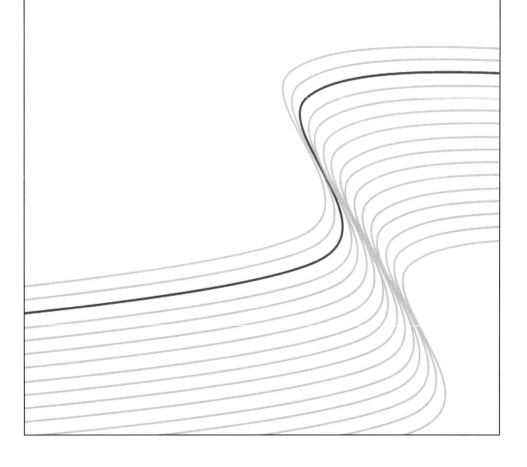

多職種連携　1）在宅
（1）変化に対応しながら長期の在宅生活をチームで支える

■ はじめに ■

　認知症のある人を在宅で支える場合、病気の発症からターミナルを迎えるまで長期にわたることが多い。このような長期間在宅で支えていくためには、継続した生活の支援が重要である。その際に認知症のある人は、あるステージで6～8割の人がBPSDを呈することになる。そのため、ケアマネジャーはこのようなBPSDへの対応方法を家族や他の専門職といっしょに検討し、対応していかなければならない。その意味では、ケアマネジャーは、家族が積極的な在宅生活ができるように支援していくと同時に、本人や家族の状態の変化に合わせてサービスを提供していくことになる。また、サービス事業者間での継続的な連携も必要になってくる。ただし、ケアマネジャーも、1人のケアマネジャーが長期にわたり支援することが困難な場合もあり、ほかのケアマネジャーに円滑に引き継ぐことで、支援の連続性を担保していくことが必要となってくる。本事例を介して、これらを学んでみたい。

■ 事例概要 ■

Aさん（90歳代、女性）

身体状況

- 要介護度：要介護5
- 認知症高齢者の日常生活自立度：Ⅳ
- 障害高齢者の日常生活自立度：B2
- 病歴：1997年ころからもの忘れが顕著となり、外出すると家にもどることができなくなった。翌年から長男家族と同居、認知症と診断される。他にとくに問題となる病気はない。
- ADL：全介助状態。車いすに乗せると座ることができる。意思の疎通は困難。食事介助は長男、オムツ交換は妻とホームヘルパー、浣腸や摘便も行う。入浴はデイサービス（火／週）と訪問看護＋ホームヘルパー（金／週）で実施。常に頭

が右に向いてしまい、首から体幹のねじれがある。

生活史

戦争で夫を亡くし、母1人子1人。長男を1人前にしてからはひとり暮らし。茶道教室で教授をし、支部長を務め精力的に活動していたが、支部長を退いた途端にもの忘れが始まり、ひとり暮らしができなくなった。1998年からB市に住む長男家族と同居となった。

家族状況

長男夫婦との3人暮らし。

■ 支援概要 ■

Aさんの病気の経過は長く、ひとり暮らしが困難となり、長男家族と同居したのは介護保険が始まる前であった。介護保険開始の2000年ころは、孫2人が受験のため、勤め人のごとくデイケアに週5日通所していた。それでも、夜間勉強している孫の頭を叩いて回ったりと活動的だったため、このころがいちばん大変だったと家族はいう。やがて長男夫婦とAさんの3人の生活になり、長男が会社を退職してからは、長男が介護の中心となった。長男の妻も、大学の教授職を非常勤職に変更して、介護中心の生活を余儀なくされた。本人の加齢に伴い、力が衰えてからは、すべてに介護が必要となった。3年前、長男が頻回な移動介助のため腰痛となってからは、現在の介護サービス内容に変更している。利用しているサービスは、デイサービス、短期入所療養介護（ショートステイ）、訪問看護、訪問介護、福祉用具貸与である。

本事例は、長い経過のなかで、本人や家族の状態の変化に合わせ、その都度サービス内容を最適なものへと変更しながら、在宅生活を継続してきた。

■ 支援の経過と内容 ■

1997年ころ、認知症の症状が出現し、近所の医院で「認知症」と診断された。しかし、詳しい検査は受けておらず、薬の投与もされていなかった。介護保険開始後、サービスの利用を開始する。現在のケアマネジャーとの関わりは2004年からで、Aさんにとっては3人目のケアマネジャーである。

1）食事・排泄等、基本的な体調を整える

2005年ころから、食べることを拒否するようになり、たびたび脱水症状に陥り、2度入院した。以後は、現在の主治医に月2回の訪問診療を依頼し、かかりつけ医としての役割を担ってもらっている。

仙骨部に床ずれや皮膚のただれがあり、その対応や、発熱の場合などには緊急時の往診を依頼している。また、訪問診療と同時に訪問看護も利用し、体調の管理や床ずれ処置、また生活上のアドバイスや入浴の介助をしてもらっている。

もっとも大事な食べることへの支援は、長男のいちばんの仕事である。トロトロのご飯を主食にして、喉ごしのよいものを中心に食べさせるが、口をへの字に曲げて食べないこともある。そのときには、経管栄養剤の経口を併用するなど、さまざまな工夫をしている。本人の状態がわかるようになってからは、脱水は少なくなってきた。ただ、月に1回程度の頻度で感染による発熱があり、看護師・主治医の連携により、抗生剤や解熱剤などの処方がすぐになされるようになった。水を飲むのを拒否するAさんだが、イオン飲料は大好きで飲んでくれる。これも、長男が根気よく時間をかけ、本人の状態をみながら、いろいろ試行した結果である。排泄は、腰痛の長男と交代し、妻が担当した。それまでは1日に1回は、2人で抱えてトイレへ連れて行っていたが、長男の腰痛が悪化し、本人も尿意や便意が不確かになったため、おむつ使用になっている。

妻は、便秘のときは浣腸や摘便もできるようになった。妻が忙しくどうしても対応できないときは、ヘルパーに依頼することになった。Aさんは3～4日に一晩、寝ない日があり、長男の寝不足の原因となっているが、長男は昼夜逆転もパターンの1つと思って、それに付き合い、あまり気にしていないようである。

2）デイサービス利用で本人に笑顔がみられた

2008年、家族の介護負担を軽減しようとデイサービスの利用を提案したが、長男はAさんの頻回な脱水を心配して、他人に委ねることを躊躇した。そこで主治医の診療所が運営する小規模のデイサービスを紹介し、見学してもらった。Aさんがしっかり入浴できることや、他の利用者、職員との触れ合いでにっこりしたり、抱えられると体を動かしたりするのをみて、長男はようやくデイサービスの利用を受け入れた。

週1日の通所があたり前の日課になり、そのときは、食事は7割くらい食べている。そこでは車いすに座ることも多くなり、いまは座位バランスの訓練もしている。

また若い職員が動く姿をみたりすることが刺激になっているようで、笑顔やうなずきが多くみられるようになった。デイサービスの看護師も床ずれや皮膚の処置をし、浮腫が出現したり、なにか異常があったときには、速やかに主治医に連絡、主治医が即応してくれている。デイサービスの日は、家族がゆっくりできる1日ではないかと思われる。

3）ショートステイ利用で家族の生活が回復

長男の妻の大学行事に合わせて、毎月2泊3日、老人保健施設でのショートステイを利用している。長男は、Aさんのために紹介した施設は必ず見学している。定期的に受け入れのできない施設やトラブルになった施設もあったが、現在の3か所目でようやく

落ち着いた利用になっている。利用を重ねるにつれ、妻も安心して学会等に出かけることができるようになった。ショートステイでは食べることを大事にしてくれており、甘い物が好きなＡさんのために、おやつのどら焼きもミキサーにかけて食べさせてくれる。長男は、ショートステイ利用中は必ず訪ねているという(**表1**)。

4) 介護・医療、家族のチームで支援

　Ａさんの支援では、介護と医療の連携を積極的に図ってきた。Ａさんが利用する訪問看護やデイサービスは、主治医の診療所に隣接し、同じ法人の運営である。そのため、Ａさんの体調の変化の際には、主治医へ素早く報告がなされ、タイムリーな対応をしてもらえる。

　本人から言葉が聞かれない利用者のニーズをつかむことは難しいが、本人の体調や表情に目配りし、思いをくみ取りながらケアすることが重要である。同時に、家族の体調にも配慮し、介護に対する悩みなどにも耳を傾けていく必要がある。

　介護に熱心な長男は、「うちのお母さんはすごい人なんですよ」と、Ａさんの元気だったころの話をしてくれ、母親をとても大切にしている。そのため、長男は頑張りすぎて腰痛になってしまったが、思うように介護ができなくなってからは、介護サービスとうまく連携している。

　本人や家族の変化をいち早く察知し対応するには、訪問看護やデイサービス等からの情報を得て、本人や家族の状態がわかったうえで、ショートステイの手配やベッド・除圧マットのレンタル等を行ってきた。また、家族からショートステイに対する不満や対応について聞き、食事や排泄等の方法について施設側に配慮をお願いした。さらに、車いすやシャワーチェアー等の手配、手すりや浴室ドアの変更等、住宅改修も行った。

　介護サービスを利用しているといっても、週３日であり、大半は家族の介護に委ねられている。現在はいまの回数で継続を希望しているが、家族も年を取るに従い、ケアプランのあり様も変化していくであろう。その時々に合わせた形で、チームケアを続けていく必要がある。

■　考　察　■

　認知症のある人の支援にあたっては、あくまでも本人を中心にした支援であることを忘れてはならない。本人が意志表示のできない状態では、代弁者である家族の思いやニーズも大切にし、まずは、基本的な体調を安定させることが、在宅生活を長く継続する基本である。

　今後も年齢を重ねるなかでさまざまなリスクが出現すると思われる。サービス担当者それぞれが、リスクに対応した支援を工夫し、適宜支援内容を変更することが大事である。同時に、それぞれの事業者がもっている情報を共有し、連絡・報告を密にすること

表1 居宅サービス計画書

生活全般の解決すべき課題（ニーズ）	援助目標 長期目標	期間	援助目標 短期目標	期間	援助内容 サービス内容	※1	サービス種別	頻度	期間
高齢であり、自分のことができないので、体調の管理や基本的な生活を支える必要がある	①異常の早期発見と対応ができ、身体的・精神的な負担が少ない ②必要な水分や栄養が取れる ③できる範囲で、いまの健康状態が継続する ④家族の介護負担が軽減する	3か月	①異常の早期発見と対応をし、体調を整えられる ②日常生活の継続ができる。 ③基本的な行動（食事・排泄・睡眠・清潔等）が守れる ④家族の介護負担を軽減する	1か月	・疾患・症状に合わせて医学的管理をする		主治医	往診時	3か月
					・バイタルチェック（体温・血圧・脈拍）と経過観察をする	○	訪問看護	1回／週	
					・緊急時には看護師が訪問するなどの対応を行う（緊急時加算）	○	訪問看護	1回／週	
					・通所サービスで、食事・送迎・入浴（特別浴槽使用）の提供をする	○	デイサービス	1回／週	
					・デイサービスで機能訓練を実施する（個別機能訓練加算）	○	デイサービス	1回／週	
					・入浴介助を行う	○ ○ ○ ○	訪問看護 短期入所療養介護 デイサービス 訪問介護	1回／週 利用時 1回／週 1回／週	
					・排泄時の着脱衣介助（見守りを含む）を行う	○ ○ ○ ○	訪問看護 訪問介護 短期入所療養介護 デイサービス	対応時 対応時 利用時 1回／週	
					・オムツ交換をする	○ ○ ○	訪問介護 短期入所療養介護 デイサービス	1回／週 利用時 1回／週	
					・短期入所サービスで送迎を提供する	○	短期入所療養介護	利用時	
					・室内等の移動に車いすの移動介助を行う（福祉用具レンタル）	○	福祉用具貸与		
					・車いすと車いす付属品をレンタルする	○	福祉用具貸与		
					・摂食介助（おかずを刻む・つぶす、吸い口で水分補給するなどを含む）を行う	○	短期入所療養介護	利用時	
					・食べる量を確保する	○	デイサービス	1回／週	
					・整容の介助（爪きり等）を行う	○	訪問看護	1回／週	
					・介助者へ療養上のアドバイスを行う	○	訪問看護	1回／週	
					・十分な水分摂取を勧める	○ ○ ○	訪問看護 短期入所療養介護 デイサービス 家族介護	1回／週 利用時 1回／週 毎日	
					・緊急時に主治医と連絡できるようにする	○ ○ ○	訪問看護 短期入所療養介護 デイサービス	1回／週 利用時 1回／週	
					・在宅ケアサービスの見直し、調整を図る	○	ケアマネジャー	必要時	
床ずれが軽減しているので、このまま悪くならないようにしたい	床ずれが悪化しない	3か月	①新しい床ずれを作らない	1か月	・安楽に休めるように、特殊寝台・付属品をレンタルする	○	福祉用具貸与		3か月
					・床ずれ防止マットをレンタルして休むようにする	○	福祉用具貸与		
			②体位を変え、体重が同じ部位にかからないようにする		・床ずれの処置や介護の方法を伝える	○	訪問看護	随時	
					・同じ姿勢にならないように注意する		家族介護 ケアスタッフ全員	対応時 対応時	

※1 「保険給付対象か否かの区分」について、保険給付対象内サービスについては○印を付す。

が大事であり、そのようなチームケアの力を高めるためにも、ケアマネジャーは要として、まとめや調整役をしっかり果たしていかなければならない。

■ 主治医のコメント ■

Aさんは1997年ころより、金銭管理ができなくなり、火の不始末もみられるようになった。その後、失禁や介護への抵抗、徘徊等も出現し、現在ADLは全介助状態で、意思疎通が困難である。2005年、脱水症で入院し、退院後、当院が往診を開始した。当時は、食事量の著明な減少による痩せがみられたが、その後栄養状態は改善している。当院では現在、2週間に1回の頻度で訪問診療を行っている。

高齢のため、家族が自宅での生活を希望。症状に合わせた対症療法を主に考えている。今後については、家族とのすり合わせが必要であるが、家族は最期まで自宅で看取りたい意向のようである。

最近1か月の経過は、血圧は拡張期が50mmHgあり、収縮期が90mmHgと低めに経過している。ある日の朝、38度の発熱があり、夕方に嘔吐、臨時往診を行った。呼吸状態に問題はなく、採血して抗生剤、消炎鎮痛剤等を処方し、経過観察とした。デイサービス利用時に、左上肢の浮腫、小水疱、仙骨部の床ずれが湿潤しているという指摘があり、軟膏等を処方した。今後も、症状への早めの対応が必要である。

便秘がひどいようなので、介護者が継続して対応することを願う。元来Aさんは丈夫な人だったと思われ、アリセプト®や向精神薬など薬の効果も出ている。

介護サービスを利用するうえでの留意点として、誤嚥には常に注意が必要である。介護への抵抗が強いときには無理をしないほうがよい。臀部の皮膚観察にも注意が必要である。現状でのサービス利用はこのままでよいと思われる。ケアマネジャーには、本人のみならず、家族の介護負担や体調にも十分配慮するように伝えている。

■ コメント ■

本事例は、1997年ころに認知症が発症して以降、すでに10数年の在宅生活を支えている事例である。現時点では本人は長男夫婦と同居しており、長男夫婦の介護を主軸にしてさまざまな在宅サービスを利用している。ケアマネジャーは、認知症であるAさんを中心にして家族をも支援しながら、さまざまなサービスとの連携を図りつつ支援している事例である。

1）長期間のケアをどのように支えるのか

　本事例では長期間にわたり在宅介護をしている。在宅での家族介護と介護保険のサービスをミックスしながら、この長期間を支援してきたが、この間にはAさん本人の心身の状態変化だけでなく、介護者の身体、健康状態の変化に加えて、社会的な役割の変化により介護力の変化がみられ、また、その変化に合わせて支援をしてきたところに特徴がある。具体的には介護者については、長男の腰痛、あるいは長男の妻の常勤職から非常勤職への移行や出張時に合わせて、それらの状況に必要なサービスをつなぐ支援をしてきている。

　そのようななかで本事例では、介護者が介護意欲を長期間にわたって継続して維持をしてきている。この背景には、長男夫婦の親に対する思いが大きいことがある。長男の、「うちのお母さんはすごいんですよ」との発言にみられるように、肯定的に親をとらえることができていることが大きい。その一方では、肯定的な見方を支えるケアマネジャーの役割も重要である。具体的には、長男や長男の妻からの悩みに、いっしょになってそれを受けとめ、時には、さまざまな生活ニーズに合わせてサービスを提供することが、このような肯定的な思いを持続させる要因になっているといえる。

2）サービス利用への家族の参加

　本事例では、Aさんの意思表示が十分でないなかで、介護者がサービス利用に大きく関わっている。

　長男は、サービス利用を決定する際には事業者へ出向き、サービス内容等の確認を行い、利用するかどうかの判断をしている。本来であれば利用者自身が決定しなければならないサービス利用について、このように長男の関わりのなかで慎重にサービスを選択していることは、家族がケアプラン作成に参加しているということでもあり、その意味では、ケアマネジャーと家族との緊密な関係のなかで、ケアプランが進行していることを意味している。

　同時に家族もケアプランの中身に信頼をおき、最終的には、ケアマネジャーに信頼をおいた関係を形成している。そのことが、安心した在宅生活をしていくことを可能にしているといえる。

　認知症のある人のように、意思表示が十分でない場合には、家族が単に介護の負担をするということだけでなく、介護サービスの利用や選択にも積極的に関わるような支援をしていくことが重要である。

3）ケアマネジャーとサービス事業者との連携

　本事例ではさまざまなサービスが活用されている。具体的には、デイサービスやショートステイ、訪問看護、訪問介護、さらには、身体的な低下に伴い移動を介助するため

の車いす、特殊ベッド、床ずれ防止用のマットをレンタルするなど福祉用具を活用している。このようななかで、本事例の大きな特徴は、ケアマネジャー自身が介護サービス事業者と積極的に関わるだけでなくて、介護サービス事業者間で連携ができるように支援をしている点にある。そういう意味では、単にケアマネジャーと他の事業者の連携だけでなく、事業者間の連携も含む有機的な連携をしているところが評価できる。

　同時にそれらの事業者でのケアプランについても、本人を中心に据えてサービス内容が実施されている。デイサービスは、家族の介護負担の軽減を目的に活用されている側面も強いが、認知症のある人にとって一定のサイクルでの生活を支援していくという意味でも有効である。また、職員との触れ合いで笑顔がみられるようになるなど、本人を活性化する場として位置づけられる。

　また、ショートステイは、単に家族の介護負担軽減だけが目的ではない。本人が大好物のどら焼きをミキサーにかけて食べさせてくれており、そのような意味で、デイサービスやショートステイが、本人が好きなものを楽しみ、好きなことを行える場として位置づけられている。

　このように、単に家族の介護負担軽減という側面だけでなく、本人にとってもどういう意味があるのか、ということを明らかにしながら、サービスを位置づけていることが大変評価できる。

多職種連携　1）在宅

（2）退院後の生活を支えるため、医療・在宅チームが連携して支援

■ はじめに ■

　介護保険サービス利用の開始は、病院からの退院の場合と在宅生活の維持困難になった場合とに大きく分かれる。病院からの退院、つまり入院生活から在宅生活へのソフトランディングのためには、病院スタッフとケアマネジャーとの連携がきわめて重要である。とりわけ意思表示が十分でない認知症高齢者が病院から在宅に移行する場合には、その病状にあった医療サービスと在宅生活を支える介護サービスを利用者の人権を守りながらいかに結びつけるかが課題となる。以上の観点から、本事例を検討してみたい。

■ 事例概要 ■

Aさん（70歳代後半、男性）

身体状況

- 要介護度：要介護2
- 認知症高齢者の日常生活自立度：Ⅲa
- 障害高齢者の日常生活自立度：A2
- 病歴：2006年から高血圧症。2015年にアルツハイマー型認知症と診断される。
- ADL：起立時のふらつきが目立つ。歩行は不安定で手すりを伝って歩く。食事は食卓に用意すれば食べられる。排泄は、尿意はあるが、トイレまで行こうとして場所がわからずに失禁をする。リハビリパンツの着用を好まない。病室にポータブルトイレを置いても使い方がわからずに失禁する。入浴は、声かけや指示をすれば理解できて自力で入れるときもあれば、全介助を要するときもある。更衣はズボンなどを後ろ前に履いたり、シャツを何枚も重ね着したりするので、声かけや見守りが必要である。話をしていてもじっと聞いておられず、急に立ち上がってどこかへ行ってしまうことがある。同じ話を繰り返しする。
- IADL：家事は妻が病気になったときから自分で行っていたが、この半年はできていなかった様子。1人で自転車に乗って外出をしていた。

生活史

定年まで銀行に勤務。住宅地の分譲マンションに居住。妻を2年前に亡くしてからは独居。

家族状況

車で20分ほどの所に娘夫婦と孫が住む。娘は教職に就いている。孫は大学生でAさんはとてもかわいがっている。娘はAさんに頻回に電話をしており、月に数回はAさんの顔をみにきている。

■ 支援概要 ■

たとえ重度の要介護状態や認知症になっても、住み慣れた地域で自分らしい生活を続けられるように地域包括ケアシステムを推進していくことが求められている。とりわけ、医療ニーズを併せもつ中重度の要介護者や認知症のある人が、急性期の医療機関などから退院する際には、医療と介護の連携を綿密に図りながら、在宅生活を支えていくための環境を整えていくとともに、介護付き住宅やグループホームなどへの住み替えも視野に入れて支援を行うことが重要である。

本事例は、認知症を発症した高齢者が医療機関を退院するにあたって、在宅支援を担うケアマネジャーと医療機関のスタッフとが連携を図りながら、本人や家族の生活ニーズを踏まえた退院後の支援を行ったものである。

■ 支援の経過と内容 ■

1) 入院までの経過

Aさんは高校を卒業後、地元の銀行に定年まで勤め、定年後は妻とともに車で近隣の温泉巡りや年に2回程度の旅行を楽しんでいたが、2年前に妻を直腸がんで失った。ひとり暮らしになってからは、同じ市内に住む小学校教諭の1人娘がこまめに電話や訪問をするなどしてAさんの安否確認を行ってきた。

妻ががんを発症したころから、家事の全般をAさんは1人で行ってきたが、部屋はいつも片づいていて、生活の乱れなどはみられなかった。しかし、妻の1周忌をすぎたころより、日中をパジャマのままですごすなどの変化がみられるようになり、昼間から酒を飲んでいるのをしばしば目にするようになった。

そのような折、マンションの管理人がAさん宅の郵便受けに新聞が数日分たまっていることに気づき、娘に連絡していっしょに部屋に入ると、Aさんがリビングで倒れており、緊急入院することとなった。入院に至った直接の原因は極度の脱水であったが、その後の詳しい検査によりアルツハイマー型認知症と診断された。

2）退院までの支援の経過

　Aさんが急性期病院から療養型病棟へ移ることを機に、その後の在宅生活を見据えて居宅介護支援事業所（以下、居宅）に支援の依頼があった。

　ケアマネジャーはすぐに病棟を訪問し、本人、家族、医療スタッフと面接を行い、同意のもとで即日に介護保険の申請を行った。さらに後日、担当医との面談を行ったところ、「今回の入院は、食事をとらずにアルコールだけですごしたため脱水症となったことが要因だが、その後の検査でアルツハイマー型認知症であること、また、下肢筋力が低下していることがわかった」という説明を受けた。

　病室で行われた認定調査には、娘とケアマネジャーが立ち合った。その後、病院側より担当医、担当看護師、MSW（医療ソーシャルワーカー）、リハビリテーションスタッフ（以下、リハスタッフ）が出席し、Aさん、娘、ケアマネジャーも参加してカンファレンスが行われた。その際、担当医から「入院当初は脱水症状と栄養状態の改善が必要であったが、いまでは食事を摂れるようになった。点滴の治療は終了したので、今後はリハビリテーション（以下、リハビリ）をしっかり行う必要がある。また、近日中に療養型病棟へ転棟して3週間程度、栄養指導やリハビリなどを行う」という説明があった。

　リハスタッフからは「現在は下肢筋力の低下が目立ち、本人の意欲も低下している。しかし、点滴が終了すれば身体を動かしやすくなるだろうから、リハビリに意欲が出るような支援を行いたい」という説明があった。看護師からは「食事には見守りが必要だ。声かけをしないと食べることをやめている。嚥下状態はよい。排泄は自分でトイレに行きたいと思っているようだが、パットに排泄していることが多い。問いかけに対しては、"はい"とか"いいえ"程度の会話しかない」という説明があった。

　娘からは「顔色はよくなったと思うが、活気がない。自分と孫を誤認することがしばしばある。できればしっかりリハビリをして1人で歩けるようになってほしい」との希望が述べられた。ケアマネジャーからは「療養型病棟を退院するまでには、本人の希望を明確にし、娘さんと相談しながら今後の生活の方向性を検討していく」ことを説明した。

　療養型病棟への転棟後は点滴の必要もなくなり、リハビリ室で1日2回のリハビリが行われた。ケアマネジャーが数回にわたって病室を訪問し、面接を通じてAさんの意向を確認したところ、Aさんは「妻がなくなって本当に寂しい。娘は何度も『近くに引っ越してきたら』といってくれるが、自分としては迷惑をかけたくない。また、1人でいると食事の準備が面倒になってお酒を飲んでしまっていたので、これからまた1人の生活に戻ると思うと不安になる」という思いを語った。

　その後、要介護2という認定結果の通知が届き、療養型病棟の退院日も近づいたので、前回カンファレンスと同じ出席者が参加して、今後の生活について相談する退院カンファレンスを行った。

担当医から「栄養状態はおおむね良好であり、リハビリの意欲も出てきたので安心である。入院前は高血圧症の服薬が確実にできていなかったが、いまは血圧もコントロールされている。今後は在宅に戻っても服薬管理や水分摂取などを確実に行えるようにしてもらいたい」との指示があった。

リハスタッフからは「ようやく身体を動かす意欲が出てきたが、排泄動作については不安があるため、見守りが必要である。特に夜間の排泄時に転倒する可能性が高い。ただ、最近は昼間の傾眠が少なくなったため、夜間は熟睡できているようだ」という説明があった。担当看護師からは「尿意はあるがトイレの場所がわからないため再三失禁するなど、排泄に不安がある。食事はおおむね8割程度は食べられるようになり、会話も増えてきた」という説明があった。

娘は「父には申し訳ないが、自分には仕事があり、夫も職場で重責を担っているため、父といっしょに暮らすことはできない。退院に向け、父が自宅で1人で生活できるようにするにはどうすればよいかと考えている」と話した。

ケアマネジャーは「面接を通して、Aさんが自宅で1人で暮らしていくことには不安があるが、娘には負担をかけたくない意向であると聞いたため、そのような場合の選択肢としてグループホームや住宅型や介護付きの有料老人ホームなど多様な住まいの形があることを紹介し、Aさんにとってどのような暮らし方がよいのかを、家族と共にいくつかの実例をみてもらいながら検討していきたい」という旨を説明し、多様な住まい方を考えながら、病院から在宅に向けての生活を支援するケアプランの原案を作成した（表1）。

■ 考　察 ■

Aさんは療養型病棟を退院後、「1人で暮らすことは寂しくて、不安である」という思いが強まり、結果的に、自宅には戻らずにグループホームに入居することとなった。そのため、ケアマネジャーはグループホームのケアマネジャーに、情報提供を中心に連携を図った。その結果、退院カンファレンスで検討されて課題となっていた服薬管理や水分摂取がグループホームでなら確実に実行されるとともに、生活のリズムが整えられた。グループホーム入居後は畑の草むしりや水やりなど役割のある暮らしが提供されて、Aさんは落ち着きのある生活を送ることができることになった。

本事例では、認知症の高齢者の退院に際して、早い段階から病院側とケアマネジャーとが情報交換を行う機会が設けられ、ケアに携わる多職種の支援者がそれぞれの専門性を活かしたアセスメントを行い、それをもとに利用者本位の退院支援が行えたと考えられる。

今回は、結果としてグループホームへの住み替えとなり、居宅介護支援事業所としての報酬にはつながらないケースとなった。しかしながら、ケアマネジャーは利用者や家族ができる限り納得して住まいの選択が行えるように、介護サービスを利用しながらひとり暮らしを続けていくための生活ニーズや支援方法などを具体的に示すとともに、介

第2部 認知症のある人に対するケアプラン事例から学ぶ

表1 居宅サービス計画書（2）

生活全般の解決すべき課題（ニーズ）	目標				援助内容			
	長期目標	期間	短期目標	期間	サービス内容	サービス種別	頻度	期間
1人で暮らすことが寂しく不安なので、安心して暮らせるようにしたい	円滑な住み替えにより、安心した生活ができるようになる		・本人が安心できる生活の場を検討する		（本人） ・安心して生活できる場を娘さんといっしょに検討する （家族） 長女 ・住み替えのための検討や準備について本人と見学や話し合いをする 孫 ・施設見学の送迎を支援する （ケアマネジャー） ・本人の望む暮らしができる住まいについて本人・家族の相談を受ける （MSW） ・退院に向けた院内の支援チームの窓口になる	本人 家族 ケアマネジャー 病院	1回/2週 適宜	
生活リズムを整えて暮らしに楽しみがもてるようになりたい	入院中にリハビリや食事、睡眠などの規則的な生活を行ったことにより、1人で歩くことに不安がなくなる		・リハビリを行ったことにより、1人でトイレに行けるようになる ・リハビリパンツを着用しなくてすむようになりたい		・リハビリスタッフからリハビリの方法と1人でできる運動の指導を受ける ・まずは時間的余裕をもってトイレに定期的に自分で行くことで排泄の失敗をなくす ・夜間のポータブルトイレの使用に慣れる	PT 看護師 本人 看護師 本人	2回/1日	
妻の供養（仏壇のお世話）をして暮らしたい	妻の供養をしながら生活したい		・妻の仏壇といっしょに住み替えができるところを探して安心して暮らしたい		（本人） ・仏壇のお花の水替えやお供えなどを自分でする。毎日、朝と寝る前に手を合わせる （家族） ・1週間に1回は孫か娘がお花やお供えを準備する ・仏壇をもっていける住み替えの検討をする （ケアマネジャー） ・住み替え時に、仏壇のお世話をしたいという本人の気持ちを理解してくれる住み替え場所を探す支援を行う	本人 家族 ケアマネジャー	適宜 随時 適宜	

このプランは、病院を退院するにあたって今後どうするのかを考えたプランである。そのため、主として病院の対応が記されている。在宅に移行する場合は、さらに新たな生活ニーズが発生し、ケアプランに追加されることになる。

護老人福祉施設やグループホーム、介護付き住宅などの入所要件や視察の案内など、幅広い情報提供を行うことも大切な役割であることを忘れてはならない。

■ コメント ■

本事例は、ひとり暮らしの男性高齢者が脱水のため急性期病院に入院し、療養型病棟でのリハビリを経て、在宅復帰をした人への支援を行ったものである。Aさんは認知症

の日常生活自立度がⅢaであり、認知症によって日常生活に困難さがみられる人である。本事例を通して、ケアマネジャーが退院への支援にどのように関わっていけばよいかを見てみたい。

1) 退院カンファレンスへの参加

　病院を退院するにあたって、ほとんどの医療施設では退院カンファレンスを実施している。その席にケアマネジャーが参加し、在宅へのつなぎ役を果たすことが求められている。現在は介護報酬上、退院加算がつけられるということもあり、ケアマネジャーの退院カンファレンスへの参加率がずいぶん高まってきている。

　本事例においても、退院カンファレンスにケアマネジャーが参加し、病院スタッフから本人のリハビリへの意欲が出てきていることが説明されたり、服薬管理や水分摂取の必要性が示されたり、失禁があるため排泄への見守りが要請されたりしている。

　こうした病院からケアマネジャーへの申し送りが行われたことで、病院での状態を把握して在宅生活に結びつけるうえできわめて重要なアセスメントが行われたといえる。そのような意味で、ケアマネジャーの退院カンファレンスへの参加は退院時には不可欠だといえる。特に、認知症のある人の退院においては、本人から十分なアセスメントをできない場合が多いため、退院カンファレンスへの参加はたいへん有効である。

2) 退院カンファレンスからケアプランへのつながり

　本事例では、ケアマネジャーが退院カンファレンスの席でさまざまな情報を得たことに加え、本人や娘の意向を理解して、ケアプランにつなげていくことになった。そうしたなかで、医療的ニーズへの対応については病院側の情報がたいへん有効であるが、病院から在宅に移ることによって新たに発生する生活面でのニーズへの対応が課題となる。具体的にいえば、日々の食事や入浴などを在宅でどのようにするのか、さらには認知症ゆえに生じるさまざまな生活ニーズに対して、家族や地域住民はどのような対応を取るべきなのかといったことの検討が求められる。

　本事例では、認知症のある人が妻を亡くした寂しさや不安から、食事を摂らずアルコール摂取に走ることになった。そうした医療面や生活面でのニーズについて吟味した結果、本人や家族はグループホームに入居するという判断につながったといえる。

　以上のような経過を考えると、退院カンファレンスでの話し合いと併せて、本人や家族の意向を把握すること、とりわけ本人の思いを聴き取ることが、在宅に向けてのケアプランを作成するうえで、たいへん重要な情報を得ることにつながる。

3) ケアマネジャーの役割

　本事例では、本人や家族が退院後は在宅の生活を選択せずに、グループホームでの生

活を選択することになった。そのためケアマネジャーに介護報酬がつかないという結果になった。しかしながら、退院先であるグループホームでのアセスメントやケアプラン作成に対して情報提供とケアプラン作成の支援を行うことも、ケアマネジャーの役割である。

　退院に向けての初回面接を行った申請者の必ずしもすべてを自宅に戻すことにつながるとは限らない。本事例はグループホームに入居となったが、介護老人福祉施設や介護老人保健施設へ入居する場合や、あるいは在宅であっても小規模多機能型居宅介護サービス利用につながる場合もある。こうした場合でも、本人や家族が施設やグループホームを前もって次の転居先として決めていないときには、居宅介護支援事業所のケアマネジャーが当初の退院支援を担うことになる。

　このように、「どこで住まうか」についての多様な選択肢を本人や家族に示し、その選択を支援することも、居宅介護支援事業所のケアマネジャーの仕事である。

多職種連携 1）在宅
(3) デイサービスの活用で有料老人ホームの生活を支援する

■ **はじめに** ■

　高齢者はリロケーション・ダメージが生じやすいとされている。リロケーション・ダメージとは、住まいを変更・移転したことをきっかけに、高齢者などが新しい環境に適応できずに、心身の状態を悪化させてしまうことをいう。特に認知症のある人の場合にはこうした傾向が顕著にみられ、不安や混乱を来すことが多い。記憶ができなくなったことから生じる不安に、リロケーション・ダメージが加わり、混乱がいっそう強くなった場合に、その認知症のある人とどのように向き合い支援していけばよいのかは、ケアマネジャーにとって重要な課題である。ケアマネジャーには利用者とサービス事業者とをつなぐという業務だけでなく、認知症のある人への心理社会的な支援を行うことも大切な業務である。本事例を介して、そのような役割を担っていくうえでの課題について考えてみたい。

■ **事例概要** ■

Aさん（80歳代、女性）

身体状況

- 要介護度：入居時は要介護4→現在は要介護1
- 認知症高齢者の日常生活自立度：Ⅱb→現在はⅡa
- 障害高齢者の日常生活自立度：A1→現在はJ1
- 退院時のMMSE（ミニメンタルステート検査）：20点／30点満点→その後未測定
- 病歴：脳梗塞、糖尿病、心房細動、高血圧症、血管性認知症。服用している薬は、糖尿病薬（食前）、ワーファリン、降圧剤など。
- ADL：食事は自立。排泄も自立だが、時折は間に合わないことがある。更衣には促しが必要であり、入浴は一部介助。

生活史
社交的で真面目な性格。和裁の講師で、着付けなどを教えていた。10数年前に夫が死去してからはひとり暮らし。

家族状況
同じ区内に長男夫婦が居住しているが、会社経営をしているため多忙である。

■ 支援概要 ■

Aさんは60歳代後半に夫を亡くしてからひとり暮らしを続けており、80歳をすぎてからもの忘れがひどくなった。長男やその嫁に電話をし、同じことを繰り返し聞くなどの認知症の初期症状がみられていた。

その後、脳梗塞を発症し、急性期病院とリハビリテーション病院で入院治療を行った。退院時には、ADLが低下し、認知症も進行していたため、これまでどおりひとり暮らしを続けることは難しいが、同居することも困難であると家族は判断し、住宅型有料老人ホームへの住み替えを選択した。

だが、住宅型有料老人ホームに入居直後のAさんは、不眠により状態が不安定になり、ケアプランに含められたデイサービスの利用を拒否するなどの状況がみられた。そこで、有料老人ホームスタッフとヘルパー、デイサービスのスタッフが、Aさんの不安や失敗体験を減らすことを目的に、チームを組んで連携を図りながら対応した。

その結果、Aさんからの信頼を得ることができ、混乱は少なくなっていった。また、デイサービスに通うことで歩行状態が安定し、血糖値のコントロールや服薬の管理も自分で行えるようになったことから、糖尿病や認知症の症状はかなり改善した。

■ 支援の経過と内容 ■

1）住宅型有料老人ホーム入居までの経緯

ある日、近隣の人からAさんの様子がおかしいと長男へ通報があり、すぐに長男夫婦が訪問する。Aさんは「めまいがする」といい、ろれつが回らない状態だったため救急車をよび、急性期病院に搬送となった。そこで脳梗塞であることが判明し、入院治療を受けた。その後、リハビリテーション病院に転院してリハビリテーション（以下、リハビリ）を行い、退院の時期を迎えた。病院のソーシャルワーカー（MSW）からAさんを紹介され、この時点からケアマネジャーとして関わった。

退院に際して自営業を営む長男夫婦は、ADLが低下し認知症も進行しているAさんの状態から、このまま自宅に戻ってひとり暮らしを続けることは難しいが、自分たちは多忙なため同居することも困難であると判断し、住宅型有料老人ホームへの住み替えを

選択した。

リハビリテーション病院における退院時のカンファレンスには、Aさん本人、長男夫婦、病院のリハビリスタッフ、MSW、それに住宅型有料老人ホームスタッフとケアマネジャーが出席した。カンファレンスでは、リハビリスタッフとMSWから、脳梗塞の後遺症状を含む身体的な状態やリハビリの進行状況、日常生活の留意点などについて説明があり、家族から退院後の生活に関する要望などの話があった。ケアマネジャーは退院後の支援策についていくつかの提案を行い、退院に向けて要介護認定申請を行うことになった。

2）入居後、支援によって本人の心身に変化

Aさんは退院後自宅に戻らず、そのまま長男夫婦といっしょに車いすで住宅型有料老人ホームに入居となった。入居直後のAさんはスタッフの声かけに笑顔で返答はしたが、「私は家に帰りたい」という同じ発言を繰り返した。その都度、長男の嫁が「リハビリを頑張って、歩けるようになったら帰れますよ」と答えていた。

入居当初のAさんは、短期記憶が曖昧で何度も同じことを繰り返し発言する。自室で「たんすのなかを整理する」といって一晩中ごそごそと動いていたり、長男夫婦が用意したベッドや寝具は「自分のものではない」といって、床の上で寝ようとしたりする行為がみられた。入院中にも、同じことを繰り返し聞く、自分の病室が覚えられない、夜間にベッドの上でごそごそとなにかする、などの状況がみられた。

住宅型有料老人ホームでの生活について、Aさんと、家族、ホーム管理者、ケアマネジャーで何度か退院前の話し合いを行い、ケアプラン原案の作成を行った。その後、要介護認定の結果が出た。要介護4、認知症のある人の日常生活自立度はⅡbであった。糖尿病があるため食前薬が処方されているが、服薬している様子はみられない。軽度のふらつきはあるものの、手引き歩行は可能であった。

総合的な援助の方針として、できる限り早くに住宅型有料老人ホームで自分の生活リズムが確立できるよう、まずは歩行に自信がもてるように、デイサービスの活用を提案して運動の機会を設けることにした。歩行のリハビリについては、退院時にリハビリテーション病院のスタッフから「Aさんはもともと足元に廃用症候群があるうえに、慎重な性格であるため、入病前から歩行に不安をもっていた。『転倒すると怖い』と歩行訓練については消極的であったが、病院のスタッフが横について声かけをすると頑張って歩くようになった」との情報を得ていた。

当初、Aさんは「リハビリを頑張って家に帰ります」などと発言していたが、デイサービスの利用日になると「行きたくない、行きたくない」といい、デイサービスの送迎を拒否する態度がみられた。このため、その都度、ゆっくりとデイサービスの説明を繰り返すと同時に、Aさんの部屋にスケジュール表を貼って、デイサービスの1日の流れ

やすごし方などを具体的にわかりやすく示した。また、Aさんが「いまからどうするの？」と、数分おきにスタッフに尋ねたときにも、同じことをていねいに説明することで、しだいにAさんの混乱は少なくなっていった。

さらに、デイサービスに慣れるまでは決まったスタッフが送迎してくれるように依頼するとともに、体操や歩行練習の際に「リハビリをして自宅に帰ろう」と声かけすると、抵抗なく通えるようになった。デイサービスの入浴は完全個浴であるため、「お風呂に入ると気持ちがよい」「1人でゆっくり入れるのはうれしい」とAさんはいい、入浴がデイサービスへ通う楽しみの1つとなった。そのころには、夜間の覚醒も少なくなり、睡眠も十分に確保できるようになった。

Aさんの家族からは「本人は"世のため人のために尽くす"という信念をもっていて、和裁を無償で人に教えるなどの活動をしてきた。社交的な性格で、多くの人との交流もあった」との情報を得ていた。その情報のとおり、デイサービスで、同じテーブルの人へのお手伝いをしてくれるような態度がみられるようになった。

Aさんは手先が器用であり、折り紙の先生をボランティアとして招いての折り紙教室には、特に興味を示した。最初はぎこちなかったが、先生が傍についてその都度指導すると上手に折れるようになり、Aさんは作品を有料老人ホームのスタッフへのお土産として嬉しそうに持ち帰った。有料老人ホームのスタッフが、上手にできた作品をエントランスに飾ってくれるようになり、面会に来た家族に「Aさんが作ったのですよ」と話したところ、本人・家族共にとても嬉しそうな表情をしていた。このときから、さらにデイサービスに行くことが楽しみになったようだ。

訪問介護は週3回、本人といっしょに掃除や洗濯を行うプランにした。中腰での作業や手を伸ばす動作はふらつきがみられるため、Aさんにはモップがけや洗濯ものをたたむなどの作業を依頼することとした。Aさんは家事には自信があるようで、訪問介護員の掃除の仕方について指導をする場面もみられるようになった。

訪問看護は、血糖値測定の実施と服薬の管理を目的に利用した。自宅での生活時には間食が多く、食事の内容も偏り気味で、服薬にも飲み忘れが多く、血糖値のコントロールもうまく行えていなかった。また、歩行に自信をなくしてからは、外出の機会が減り、自宅のなかですごすことが多くなっていた（**表1**）。

家族が頻回に面会に来られ、Aさんに「歩き方がしっかりしてきた」「顔色がいいね」などの声かけをしたところ、Aさんはリハビリの効果を認めてもらえたと感じ、モチベーションの向上につながっていった。Aさんは住宅型有料老人ホームでの生活に馴染んでくると、自分からスタッフに「お手伝いすることはないかしら」などと声をかけてくれるといった大きな変化がみられるようになった。

表1 居宅サービス計画書（2）

生活全般の解決すべき課題（ニーズ）	目標				援助内容				
	長期目標	期間	短期目標	期間	サービス内容	※1	サービス種別	※2	頻度
退院後の住み替えによる不安がある	Aさんが不安なくホームでの生活ができるようになる	3か月	馴染みの関係ができるようになる	1か月	スタッフの声かけ 同じことを何度聞いても遠慮しないで尋ねられる雰囲気を作る		有料老人ホームスタッフ	老人ホーム	
					食事時間のテーブルの配置に配慮する		有料老人ホームスタッフ	老人ホーム	
					できる限り夜は家族から電話をかけてもらい、安心感をもってもらう		家族		
					有料老人ホームスタッフからの情報を発信して、チームで共有する		有料老人ホームスタッフ 家族	老人ホーム	
						○	デイサービス	通所介護	3回／週
						○	訪問看護	訪問看護	1回／週
						○	訪問介護	訪問介護	3回／週
						○	ケアマネジャー	居宅介護支援	
歩行時のふらつきや不安定さがなく、自由に歩けるようになりたい	1人で自由に歩けるようになる	3か月	手引き・手すりを活用して、転倒せずに歩けるようになる	1か月	ホーム内での歩行の見守り 歩行練習		有料老人ホームスタッフ 訪問介護 家族	老人ホーム 訪問介護	3回／週
					デイサービスにて体操 平行棒での歩行訓練	○	デイサービス	通所介護	3回／週
生活のリズムができるようになり、生活の楽しみがもてるようになる	自分の生活リズムが確立できるようになる	3か月	1日の生活リズム・1週間のスケジュールの把握ができ、生活に楽しみがもてる	1か月	1日の生活スケジュールの声かけ スケジュール表の作成	○	デイサービス 有料老人ホームスタッフ 家族	通所介護 老人ホーム	3回／週
					自分でメモを取れるようにする	○ ○	訪問介護 ケアマネジャー	訪問介護 居宅介護支援	3回／週
糖尿病・心疾患があるが、健康に気をつけて、入院をしない生活を送りたい	病状のコントロールができ、入院しない生活が送れるようになる	3か月	血糖コントロールが可能となり、確実な服薬ができるようになる	1か月	1,600キロカロリー食塩分制限		施設内厨房へ依頼		
					血糖測定	○	訪問看護	訪問看護	1回／週
					かかりつけ医への報告		有料老人ホームスタッフ	老人ホーム	
					食事を確実に摂る		有料老人ホームスタッフ	老人ホーム	
安全に入浴をしたい	ホームにて1人でお風呂に入れるようになる	3か月	個浴にて安全に入浴ができるようになる	1か月	入浴 声かけ・見守り・浴槽の出入りの支援・洗髪の一部介助	○	デイサービス	通所介護	3回／週

＊1 「保険給付対象が否かの区分」に付いて、保険給付対象内サービスについては○印を付す。
＊2 「当該サービス提供を行う事業所」について記入する。

3）公民館での着付け教室に参加したいという意欲

　Aさんは要介護4の状態で住宅型有料老人ホームに入居となったが、その後は歩行状態が安定して自分から積極的に歩行するようになった。また、認知機能も入居時に比べると回復し、スケジュールを理解できるようになり、自分から積極的にデイサービスの利用者と会話し、さらに体操の声かけの役割などを担えるようになった。その後、Aさんの要介護認定は、住宅型有料老人ホーム入居時の要介護4から要介護2と軽快し、現在では要介護1となっている。障害高齢者の日常生活自立度もJ1に改善した。

　現在も住宅型有料老人ホームで生活しているが、最近では、近くの公民館で開催されている着付け教室と手芸クラブに出かけたいと希望している。公民館までは坂道がある

ため1人で往復するのはいまは不安であるが、そのうち近隣の人といっしょに公民館まで出かけてクラブ活動に参加できるようになることを目指して、日々歩く練習に励んでいるところである。

■ 考　察 ■

本事例は、認知症の高齢者がリハビリテーション病院からの退院を機に、住宅型有料老人ホームへの住み替えとデイサービスの利用をはじめ、それらから介護度が軽快した事例である。

長年にわたりひとり暮らしを続けていた高齢者にとって、集団の生活に馴染むことは容易ではなく、不安とストレスを伴うものであることを理解し、住宅型有料老人ホームのスタッフと、ヘルパー、そしてデイサービスのスタッフ、訪問看護師、ケアマネジャーが密に連携を図りながら支援に努めた。「デイサービスに行きたくないという気持ちの裏側には、なにがあるのだろうか」という点を、支援スタッフ全員で話し合い、次のような本人の思いを共有した。

「Aさんにはもの忘れがあったが、脳梗塞を発症するまでは自分で自分の生活を切り盛りしていた。しかし、それが自分でできなくなることへの不安、そして自分が知らない場所へ行くことへの不安、さらに人前でなにか失敗するのではという大きな不安を抱えていたのではないか。」

こうした不安を取り除くために、Aさんがいつ、だれに聞いても同じ返答がもらえるようていねいに対応した。また、本人の部屋にスケジュール表を貼って、デイサービスの1日の流れやすごし方などを具体的にわかりやすく示し、不安や失敗体験を減らすためのアプローチを行って支援に努めた。そのうえで、デイサービスの歩行訓練などでの頑張りをほめたり、励ましたりすることで本人の意欲を少しずつ引き出し、入浴や趣味の分野で楽しみを見つけることによって意欲を拡大していくことができた。これらの支援によりAさんは、住宅型有料老人ホームが安心して生活できる場であることを理解し、ここで頑張って「もう一度自宅で生活をしたい」という思いを実現するという目標を明確にできたのではないかと考えている。

■ コメント ■

今回は、認知症状のあるひとり暮らしの女性が脳梗塞を発症し、入院ののち、退院直後に住宅型有料老人ホームに入居した事例である。本人は新しい環境に直面し、不安や混乱が生じ、そのためケアプランに含められたデイサービスの継続が難しくなり、身体面でも機能の低下を来すようになった。そうしたなかで、ケアマネジャーと住宅型有料老人ホームのスタッフ、デイサービスのスタッフ、ホームヘルパー、訪問看護師がチームアプローチを通して、「どうして不安や混乱が生じているのか」を考え、適切に本人

をサポートしたことで、不安や軽減や、混乱の解消が図られ、デイサービスに抵抗なく通えるようになった。同時に、身体面だけでなく認知症状についても改善された事例である。

1) リロケーション・ダメージへの対応

　リロケーション・ダメージは、生活の場所が変わることによって起こる心身の障害であるが、とりわけ認知症のある人にとっては新しい環境に適応することが難しいため、よく起こることである。Aさんは退院時、在宅生活は困難と見なされ、住宅型有料老人ホームに入居することになった。だが、そこでの新しい環境に慣れることができず、また自身の居場所を見つけることもできず、不安や混乱を生じ、「自宅に帰りたい」という直接の訴えに加えて、不安ゆえに何度も同じことを尋ねたり、さらにベッドでの就寝ができないといったことが起きている。

　このように、認知症のある人が新しい住居・場所に移るような場合には、相当な配慮が必要である。本事例の場合には、家族が住宅型有料老人ホームへの転居を決めたようだが、それについて本人の了解がどこまで得られたのか、ということも大きな課題としてある。転居について本人の納得を得ると同時に、本人の馴染みのあるものを携行していくなど、新しい環境でのリロケーション・ダメージを予防するための工夫が必要である。さらに、新しい環境下でも本人が居場所を見いだせるよう、不安に思っていることを解消していくことに加え、本人の得意とするストレングスを伸ばしたり、本人の希望していることを支援していくことで自信を得られるよう支援していくことが重要である。

2) 不安や混乱へのアプローチ

　本事例のなかでは、不安や混乱の解消がさまざまな方法で進められている。たとえばデイサービスに対する拒否については、解決策として、同じスタッフが毎回送迎したり、あるいは本人の部屋にスケジュール表を貼って、デイサービスでの1日のすごし方を具体的にわかりやすく示すなどの工夫をしている。また、不安に対してスタッフがていねいに答えることで、混乱の解消に向け努力している。

　さらには、単に状況を説明するのみにとどまらず、本人の能力を引き出すことに焦点を当てて支援することにより、不安を解消することも行われている。たとえば、以前は和裁の講師をしていて手先が器用だという本人の能力を活かして、折り紙教室への参加を勧めている。本人は、最初はぎこちなかったものの、しだいに上手にできるようになり、その作品がほかの人から高い評価を得たことで自信がもて、自分の居場所を見つけることにつながっている。また、ヘルパーの訪問介護では、本人ができることを引き出していく家事の支援を行っている。このように本人の能力を活用することによって、不

安や混乱の解消を図っているところがたいへん重要であり評価できる。

もう1つ重要なことは、本人が「したい」という意欲を支援している点である。最終的には「公民館で開かれている着付けや手芸の教室に参加したい」という本人の目標に向かって、日々デイサービスでの歩行などのリハビリに熱心に取り組むように支援を行い、不安の軽減が図られている。

以上のように、不安や混乱の解消へのアプローチをまとめると、1つ目は本人の不安な態度に対してていねいに対応していくこと、2つ目は本人の能力に着目した支援をすること、3つ目は本人の意欲に着目した支援をすることである。そうした支援の方法を本事例から理解することができる。とりわけ、本人の能力や意欲に着目することは、利用者のストレングス支援であるといえる。

3) チームアプローチの重要性

本事例では、本人の支えるためにさまざまな専門職が関わっている。ケアマネジャーのほか、ホームヘルパー、訪問看護師、さらにはデイサービスや住宅型有料老人ホームの職員などである。こうしたスタッフ間で、本人の不安や混乱をどのように理解し、どのような方法で支援していくのかを話し合い、共通した認識のもとで、連携を取って支援を実行していることが評価できる。

また、頻繁に専門職間でのカンファレンスが行われ、不安や混乱の原因について探っている。そこでは、「Aさんが病気を発症する前は自立して自分の生活をしていたが、それができなくなることへの不安」「知らない場所へ行くことへの不安」「真面目な性格ゆえに感じる、人前でなにか失敗するのではという不安」などが話し合われている。こうした本人に対する共通の認識をもって、チームで視点を合わせ、ていねいな対応をしつつ、本人の能力や意欲を引き出す支援を行っている。

同時に家族の協力も得ながら、本人が安心した生活ができるように支援している。こうしたチームアプローチが大きな効果を生んでいることは、要介護度が入居時の要介護4から要介護1に改善されたことからも明らかである。

本人はもの忘れが多いことや覚えられないことに対する不安、さらには環境が変わると適応できないという不安にさいなまれている。そうした気持ちに寄り添い、ていねいに対応し、本人が不安に陥らないような状況づくりをすることで、心身の状態の改善が図られている。この点が高く評価できる。

多職種連携 2）グループホーム

(4) グループホーム利用時のケアプラン作成

■ はじめに ■

　グループホームはスウェーデンで最初に始められたケアの一形態であり、集団対応ではなく、家庭的な雰囲気のなかでできる限り一対一の対応が行える小規模な施設であることに特徴がある。認知症のある人のケアについては、このサービスがより効果性が高いとされている。一般的にグループホームでは、6～9名の利用者を3名程度のケアスタッフで介護している。

　高齢者が在宅で生活をする場合には、自宅やケアハウスが想定できるが、施設で生活をする場合には、介護保険施設やグループホームが考えられる。ところが、介護保険制度上、グループホームは施設サービスとして位置づけられていない。そのためグループホームが「住宅」か「施設」のどちらに位置づけるかについては議論のあるところである。施設に住宅の要素を加味しているのがグループホームであるともいえるが、グループホームでは訪問介護やデイサービスといったサービスを利用することができないことを考えると、グループホームを施設として位置づけられるとも考えられる。

　さらにグループホームの認知症のある人に対するケアプラン作成に際して、在宅用のケアプラン用紙を使うのか施設用の用紙を使うのかといったことも連続して問題となってくる。本事例におけるケアハウスでは在宅用のケアプラン用紙を用い、グループホームについては施設用のケアプラン用紙を使用している。グループホームでのアセスメントにおいて、より詳細に利用者の状況を知らなければならないという意味では施設のアセスメント票がより的確であり、さらにケアプラン用紙については、利用者のニーズに合わせ、グループホーム内のスタッフがどのような役割分担をするかといった観点から主として作成する以上、施設用のケアプラン用紙のほうが対応しやすい。

　本事例を通して、グループホームにおけるケアプランの作成方法やグループホームに住まうことでどのような効果が生じるかを探ってみたい。

■ 事例概要 ■

Nさん（90歳代、女性）

身体状況
・要介護度：要介護1
・認知症高齢者の日常生活自立度：Ⅱb
・障害高齢者の日常生活自立度：J2
・病歴：1943年ごろ、肺結核にかかるが自宅療養にて治癒、1996年ごろ、卵巣摘出の手術を受ける。2000年ごろ、認知症、両変形性膝関節症、骨粗鬆症の診断を受ける。

生活状況
視力は普通ではあるが、小さい字を見るときは、眼鏡が必要。白内障もあるのではと思われる。聴力は少し聞こえにくく、大きい声なら会話ができる。上肢、下肢とも、あまり不自由はないが、両変形性膝関節症があるため、歩行時は杖を使用するときもある。外出時には、手押し車を使用する。調理、買い物、洗濯、掃除等は自分ではほとんどできない。ケアハウス入居中は職員とヘルパーが実施。

経済状況
家族が管理しているが、小遣い程度は自分で管理できている。

家族状況
子どもは、三男二女がいる。次男と三男が近所に住んでいるが、次男はNさんが認知症であることをあまり理解しておらず、三男は状況がわかっており協力的である。

■ 支援概要 ■

NさんはK市の女子師範学校を卒業後、Y市の小学校教師となった。24歳で学校の同僚と結婚し、子どもができると子育てのために教師を辞めた。子育てをしながら自宅で塾を開き、近所の子に教えていた。その後、子どもはみな外へ出て行き、夫とふたりになったが、夫を亡くしてからはひとり暮らしとなった。火の始末や食事の仕度など少しずつ心配が生じてきたので、1999年11月にケアハウス入所となった。

■ 支援の経過と内容 ■

ケアハウスで暮らすことになったNさんだが、2000年1月ごろから幻覚が出現しはじめ、「天井から白いものが落ちてくる」などの訴えがある。また、「財布がない」等の

もの忘れの発言もみられるようになった。

　2000年4月、下肢痛があり受診する。受診の結果、右膝変形関節症と診断され、無理をしないようにと医師よりいわれた。その頃よりNさんのもの忘れはいっそうひどくなってきた。銀行に行こうと外出したが、途中で銀行の場所がわからなくなってしまい、帰ってくることもできず、いつも受診している病院の前をうろうろしていたところを、病院の職員から連絡を受け、ケアハウスの職員が迎えに行くといった事件も起こった。そのころから、入浴、掃除、洗濯などは家族に対応してもらうようになった。薬も自分では管理ができなくなり、職員やヘルパーが服用を確認するようにしていた。

　2001年4月、もの忘れによる混乱や「ものを盗られる」といった被害妄想などが頻回に出てくるようになり、本人も落ち込んでいる様子が見受けられるようになり、家族にグループホーム入所の話をした。

　ケアハウスでは職員の介護態勢にも限界があり、三男がケアを行うためにケアハウスに通ってきていたが、毎日は難しいこともある。三男は飲食店を経営しており、週3回しか来ることができないとのことであった。ケアマネジャーとしては、グループホームは介護職員が近くにいて常に見守りができ、少人数でゆったりと介護ができるので、Nさんによいケアができると考えた。グループホームへの入居照会をしたところ、定員に空きがあるとのことだった。

　「一度見学を」と勧め、Nさんは息子と見学したが、「とても遠くへ行ったようで、家から離れるのが寂しい」と断ってきた。グループホームは、ケアハウスから車で10分ぐらいのところにあり、周りが田んぼであったことからこうした印象になったようである。

　2001年5月、グループホームの入所を断られたので、ケアハウスでの生活を少しでも、安心してすごしてもらえるよう、介護保険サービスの利用を増やす方向で検討した。デイサービスの入浴サービスはいままで通りとし、さらにNさんの生活面での支援と精神面での安定を図ることを目的として、週2回2時間程度ホームヘルパーを利用することにした。本人への混乱が少ないように、同じヘルパーがかかわることにし、受診の付き添い、内服の確認等、ケアハウスの職員で足らない部分を補ってもらえるようヘルパーに依頼して様子をみた。この頃Nさんはケアハウスのことを病院と思いこんでいたようであった。毎日のように鍵をなくしてしまい、捜しているうちにいったい何を捜していたかを忘れてしまうという状態であった。この時点で貴重品などは、家族に管理してもらうようにした。薬はヘルパーが服用を確認してくれているときはよいが、それができないときは、薬の袋に日付けを記入してわかりやすくしてもらった（表1）。

グループホームでの生活を始める

　本人は、グループホームについて気になっている様子ではあったが、ここにいれば病院にも、自分の家にも近いので離れたくないとの思いが強かった。だが、「息子が私の

第2部　認知症のある人に対するケアプラン事例から学ぶ

表1　居宅サービス計画書（ケアハウス入居時）

生活全般の解決すべき課題（ニーズ）	長期目標	サービス内容			
	長期目標（期間）	介護内容	サービス種別	頻度	期間
鍵や財布をしまい込んで、探すことが多く困っている。ときに盗られたと思い込むこともある	居室内の整理整頓をする。置く場所、しまう場所を決める。以上のことなどを心がけて、本人が安心できるよう援助する	申し出があったときは、一緒に探す。しまい込みそうな場所を把握する。タンスや物入れにラベルをつける。かたづけは本人もいるところで一緒にする。本人が居室より出るときは施錠する	ケアハウスのケースワーカー 訪問介護員	その都度 2回／週	6か月 6か月
失見当などを自覚することがあり、落ち込んだり、考えすぎて混乱してしまい、本人が悩んでいる	できることや得意なことを見つけて、働きかける信頼できる人や、馴染みの人をつくるよう援助する	他の方とのコミュニケーションをとり、一緒にできることを探す。職員が、細かく会話をもつよう心がけて対応する	ケアハウスのケースワーカー 訪問介護員	毎日 2回／週	6か月 6か月
空き家になっている元の家のことが気になったり、息子と暮らしたかったのに実現できず、淋しいということが多い	新しく居住する所で満足していただけるようコミュニケーションをとる 家族との関係をよくするように働きかける	職員が居室へ伺い、1対1で会話を持ち、話を聞く 家族へ面会や電話など、頻回にしていただき、心の安定を図る	ケアハウスのケースワーカー	その都度	6か月
変形性膝関節症や骨粗鬆症があるので、転倒すると骨折してしまうおそれがある	転倒しないように見守る 居室等も整理して、足元を危険のないようにする	廊下など、滑りやすいので注意 外出等は、杖、手押し車などを使用する	ケアハウスのケースワーカー 訪問介護員	毎日 2回／週	6か月 6か月
外出の機会が少なく、居室に閉じこもりがちであり、認知症症状が進行するおそれがある	話し相手をして孤立する時間を少なくする	スタッフを中心に、和やかになるよう、話し合いの場をつくる	デイサービス	2回／週	6か月
失禁などあるので、トイレ誘導が必要	定期的なトイレの誘導	歩行は安定しているが、間に合わないこともあるので注意する	デイサービス	2回／週	6か月
ケアハウス内の浴室で他の入居者とトラブルを起こしてしまう。本人が安心して定期的な入浴を行いたい	入浴する機会をつくる。洗髪・洗身を定期的に行い、清潔を保つ	入浴はほとんど自立している。スタッフは見守りと、背中だけ洗う支援	デイサービス	2回／週	6か月

ためにと、グループホーム入所を考えているし、どうしたらよいか」と、Nさんは時々、ケアマネジャーに相談していた。また、「自分には子供が5人もいるが、誰もいっしょに暮らそうといってくれない。孫といっしょに暮らしたいと私は思っているのに」と、よく話していた。本人から相談を受けたときには、グループホームの暮らしについてケアマネジャーから話すように心がけた。こうして2001年7月、Nさんは「息子がよいというのなら、そこで暮らす」と、グループホームに入ることを承知した。

　グループホームは男性2名、女性7名の構成で、Nさんは最年長者である。入所したばかりの頃、Nさんは自室に閉じこもりがちで、食事以外は部屋を出ようとしなかった。各室はカギを内側から掛けられるようになっているが、Nさんはそのカギを掛けたままほとんど出てこようとはしなかった。Nさんの訴えに「ものを盗られた」ということが以前からあったことから、スタッフはNさんの大切にしているものを自室のタンスや引き出しに本人に確認しながらしまってもらうよう心がけ、「ものがなくなった」という言葉があったときも、いっしょに探すようにした。同時に、食事の用意で盛りつけをしてもらったり、みなといっしょに洗濯をするようにNさんを誘った。自室の掃除に

表2 施設サービス計画書（グループホームにおけるサービス計画書）

生活全般の解決すべき課題（ニーズ）	長期目標	短期目標	サービス内容	担当者	頻度	期間
鍵や財布をしまい込んでは探すことが多く、困っている。ときに盗られたと思い込むこともある	紛失を防ぐ。他の人とのトラブルを防ぐ	不安をできる限り解消する	鍵等の置き場所を決める。わからなくなったときは、いっしょに探す	グループホームのケアワーカー	その都度	6か月
外出の機会が少なく、居室に閉じこもりがちであり、認知症の症状が進行するおそれがある	居室外での生活時間を増やし、充実した生活を送る	活気ある生活を送れるように働きかける	他の利用者と交流できる場を提供する。散歩・新聞を読む・習字など、本人に興味のあることを見つけ、働きかける	グループホームのケアワーカー	毎日	6か月
以前より三男の訪問回数が減ったために、家や息子のことが心配になり、電話をかけたい	心配事の緩和	定期的な家族との連絡をもち、面会の機会を設ける	本人が納得できるように本人の話を聞く。そのうえでどうしても落ち着かれないときは、息子さんに電話をさせていただく（息子さんから、かけてもらってもよいといわれている）	グループホームのケアワーカー	その都度	6か月
失禁などあるので、トイレ誘導が必要	定期的なトイレの誘導	歩行は安定しているが、間に合わないこともあるので注意する	定期的にトイレの誘導を行う	グループホームのケアワーカー	その都度	6か月

ついては自分でおこなうようになった（**表2**）。

しばらくすると、Nさんはにこにこすることが増え、デイルームで新聞を読んだりしながら、みなと過ごす時間が増えてきた。トイレも徐々に自分で行くようになってきた。Nさんの生活を安定させていくには、いままでの生活を変化に応じて改善させることと同時に、これまでNさんがしたくてもできなかったことを見つけ出すことも必要かと思われた。Nさんが習字を得意にしていることがわかり、本人に勧めたところ意欲をみせている。このように本人の身体精神状況と自己実現欲求を、さまざまな角度から擦り合わせながら、本人の生活の質がより高められるように努めていきたい。

現在、Nさんは安定してきており、三男が1、2週間おきに面会に通っている。ケアマネジャーとしては、本人が他者との交流の意欲を高めていくような働きかけをし、本人の問題状況が悪化しないようモニタリングしつつ、グループホームでの生活が継続できるよう見守っていきたい。

■ コメント ■

本事例はケアハウスからグループホーム利用に至ったケースである。このように在宅生活が困難となりグループホーム利用になることが多いが、困難になる状況とは次のようなことが考えられる。自宅では家族の介護力に限界をきたす場合であり、ケアハウスではそこが有している在宅サービス機能だけでは対応が困難になった場合である。とくにケアハウスは住まいの場であり、他の入居者との間にトラブルが起こってきたり、他の利用者に迷惑がかかってくる場合にグループホームが選択されることが多い。本事例もまさにそうした問題の発生からグループホーム入居に至ったケースである。

1）在宅のケアプランからグループホームのケアプランへ

当然、グループホームに移る際には、ケアハウスで生じてきた生活ニーズやそこで受けていたサービス内容は、グループホームでも連続して対応しなければならない。その際に、ある生活ニーズについてはグループホームではマニュアルとして日常実施されているために、ケアプラン用紙に記入されないこともある。さらに、グループホームに入ることで新たに生じた生活ニーズがあるとすれば、それもケアプランに書き込まれなければならない。このように在宅とグループホームのケアプランは連続したものである。その意味では、ケアハウスで行われていたアセスメント用紙や居宅サービス計画書をベースにしながら、グループホームでのケアプランを作成する必要がある。

2）在宅から施設のケアプランへの移行での配慮点

しかしながら、初めにも述べたように、グループホームでは介護保険のほとんどの居宅サービス（訪問看護および居宅療養管理指導を除く）を受けられないので、施設サービス計画書を活用してケアプランを作成することが妥当となる。具体的に本事例の展開についてみると、たとえばケアハウスとグループホームのケアプランでは、三男とのかかわる頻度が少なくなり、新たに「三男に電話をかけたい」といったニーズが生じ、それに対応している。グループホームへの移動により、子どもとの関係が薄くなることで新しい生活ニーズを生み出されており、ここではそれを敏感にとらえて的確に対応している点が評価できる。また、ケアハウスにおいてもグループホームにおいても、もの物忘れが多く、盗まれたと思い込むことが多いといった課題については、どちらのケアプランにも示されている。

グループホーム入居の効果としては、入居後Nさんは表情が明るくなり、人とのかかわりをより積極的にもてるようになってきている。このことは、おそらくケアハウスとは受け入れ人数が異なり、グループホームの職員が入居者1人ひとりと、より十分なかかわりがもて、個別的に対応してきたことが、こうした成果を生んでいるといえる。

その意味では、グループホームを利用することで、本人にどのような生活上での変化が生じたかを確認しながら支援をすることが必要である。その際に、ケアプランがそうした変化をとらえる基準にもなり得る。

【第 8 章】
地域の人々の支援で認知症のある人を支える

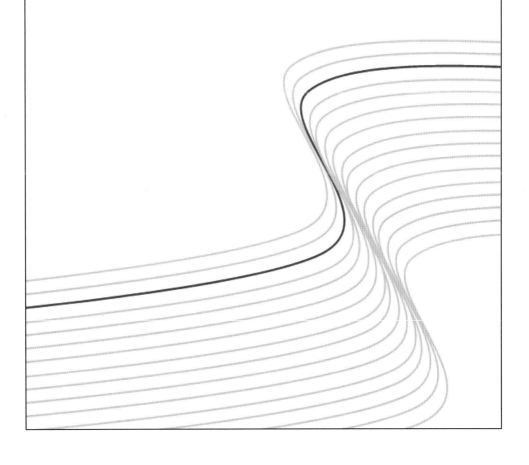

地域の支援 1）在宅

(1) 高齢者の暮らしを地域の社会資源を活用し支える

■ はじめに ■

在宅でのひとり暮らしの認知症のある人の場合、地域社会との円満な関係を作ることが大変難しい。具体的には、「火事を起こしたら困る」といった苦情が出るなど、地域住民と本人との間で葛藤が生じやすい。とくに、BPSDを有するひとり暮らし高齢者の場合には、地域生活がきわめて難しくなる。このような高齢者を地域で支えていくためには、どのような支援が必要かを考えてみたい。

■ 事例概要 ■

Aさん（80歳代、女性）

身体状況

- 要介護度：要介護4
- 認知症高齢者の日常生活自立度：Ⅳ
- 障害高齢者の日常生活自立度：B2
- 病歴：高血圧・変形性膝関節症・胸部大動脈瘤・左右肩関節機能障害・副甲状腺機能亢進症・左右肩関節機能障害にて2種2級の障害認定。2007年認知症、統合失調症と診断される。08年大腿骨頸部骨折。11年2月、大腸がんの診断。
- ADL：座位保持は支えがあれば可能。移動は、屋外は全介助で車いすを使用。認知症のため骨折したことを忘れ、ベッドから自力で歩行しようとして転倒することを繰り返す。食事は、用意をして配膳すると自分で食べられる。排泄は、ポータブルトイレでできるが、後始末には支援が必要。入浴は全介助だが、「いつも、家で自分で入浴しているから必要ない」と断る。環境の変化に対応が難しい。改訂長谷川式簡易知能評価スケール7点。

生活史

夫は事業を起こし、小さな会社を経営していた。Aさんも経理面を担っていた。夫の

死後はひとり暮らし。公営住宅に住み、生活保護を受給。

家族状況

兄弟はいるが、疎遠になっている。夫の親戚とも付き合いはない。

■ 支援概要 ■

Aさんは、頻回な苦情電話や119番通報などの激しいBPSDにより、介護サービス事業者とのもめ事が多く、各事業所を転々としていた。そのようなとき、担当ケアマネジャーから当事業所へ「24時間365日、なじみのスタッフ、なじみの環境での継続した支援が可能な小規模多機能型居宅介護のサービスを利用することで、Aさんが落ち着いて、住み慣れた自宅で暮らすことが少しはできるのではないか」との相談があった。

こうして小規模多機能ホームの利用が始まる。穏やかな日々と悪態の日々の差が大きかったが、やがてホームに通うことが日課となった。しかし、再び混乱と不安感を増大させ、頻繁に消防署に電話をし、地域住民からも苦情がよせられた。本人に説明しても聞き入れず、ホームでの泊まりを開始するが、救急車要請は収まらない。一事業所で可能な支援には限界があると感じ、地域のさまざまな資源との連携により支援ができないものかと考え、協力を要請し、実践に踏み出した。

■ 支援の経過と内容 ■

1）頻回な電話と強固な抵抗

Aさんは2007年ころより記憶の減退が著しくなり、利用している介護サービスについてもすぐに忘れてしまい、時間や予定がわからなくなっていた。

「だれも家にきてくれへん！ 独居老人が1人で生活してんねんから、何とかしたげようっていうのが人間というもんやで。もう3日もご飯食べてないねん。そやけどあんたには、その気持ちはなかなかわからんと思うで」

このような電話を、担当ケアマネジャーに1日20〜30回もかけたり、当該の役所や県の介護保険課に介護サービス事業者への苦情電話を繰り返していた。また、2008年1月に大腿骨頸部を骨折したが、骨折したことを忘れ、歩こうとして転倒を繰り返していた。そのたびに救急車を呼ぶが、医師への暴言などにより病院からも拒否され、本人はさらに混乱し、何度も119番通報するといった状態であった。

2008年12月、担当ケアマネジャーから当事業所へ「小規模多機能型居宅介護サービスにより、なじみの関係のなかで暮らしの支援を受ければ、Aさんの不安感が軽減し、落ち着いてくるのではないかと思うので、関わってもらえないか」との相談がよせられた。

その後、何度かいっしょにAさん宅を訪問し、2009年2月から小規模多機能型サービスの利用が始まる。

担当ケアマネジャーは訪問看護ステーションの所長でもあり、Aさんが悪態をつきながらも自分に関わってくれる人として信頼していることがよくわかっていたので、主治医とともに引き続き訪問看護で関わってもらうことにした。こうして、主治医、訪問看護師、福祉用具貸与事業所、当事業所スタッフらの、二人三脚ならぬ数人数脚でAさんへの暮らしの支援が始まる。

Aさんは、少しの環境の変化にも混乱した。利用に際し、支援するスタッフや通ってきてもらう施設のことを何度もていねいに説明するが、そのときは「あ、そうか」とわかっても、数分後には「あんただれや、何でそんなとこ行かなあかんねん」と拒否した。そのため、1日に何度も迎えのスタッフが通ったり、朝・昼・夕の暮らしを支援するために、「通い」から「訪問」にその日のサービス計画を変更したりの日々が続いた。また、Aさんから当事業所への電話が日に数十回もあり、電話回線がパンク状態になったため、Aさん専用の電話を設置する。

2）小規模多機能型ホームでしだいに支援を受容

「そんなとこ行かへんよ！」「買い物に行ってくれへん！ ご飯、何日も食べてへん！」と声を上げるAさん。そうかと思うと、一転してこういう。「ありがとう。今日は楽しかったわ」「ようしてもうて、ありがとう」。

クルクル変わる言動に翻弄されながら、どうすればAさんが落ち着いて暮らせるようになるのか、スタッフ全員で「ケースカンファレンス」を繰り返した。センター方式のシートを活用して、Aさんの不安、寂しさ、混乱の背景にある、思いや願いを探るなかで、それが少しずつみえてきた。

「私がやってほしいことを、やってほしいときにしてほしい。なにかあったらすぐに駆けつけてほしい。」

「住み慣れた家で、自分らしく暮らしたい。人にとやかく強制されたくない。」

このような本人の気持ちを尊重しながら、日々のサービス計画をその日のAさんの様子に合わせながら作成し、支援をしていった。

半年ほど経つと、ようやく小規模多機能型ホームに通ってくることが日課となり、通いのない日曜日も、朝・昼・夕に訪問することを納得してもらえるようになった。ただ電話は続いた。

朝5時「いつきてくれんの？」、午前10時「いつ迎えにきてくれんの？」、午後3時「今日のご飯の買い物に行かなあかんけど、私、どうしたらええんやろ？」、午後6時「だれもきてくれへん。ご飯食べてないけど、いつきてくれんの！」

その後も夜9時すぎまで電話がかかり、それは365日変わらぬAさんとの決まり事であった。

やがて、普段の入浴は拒否しても、訪問看護ステーションに協力してもらって入浴が

できたり、元来がお洒落なAさんなので、白髪が伸びてきて、染髪の誘いをすれば、「そやな、ほな染めるわ。服も脱がなあかんかな？」と、そのままお風呂に入ってくれたりするようになった。

介護スタッフは、「何でこんなにAさんに振り回されるのかしら」といった会話から、「介護の主体は私たちではなく、Aさんなんだという視点に立てば、振り回されることができる私たちがいる、ということも考えられるよね」という会話ができるまでになっていく。

3）再びBPSDが悪化、地域の社会資源を活用

2010年9月ころから「体がしんどい」「寒くてしかたない」「不安で寂しい」と、頻繁に夜間、救急車を呼ぶようになった。2011年に入ると、さらに「お腹が痛い」「足が痛い」と、救急車を呼ぶ頻度が増えてきた。結局、2010年9月から2011年2月の181日間の救急出動は85回にも及んだ。

これに対して、「安眠妨害だ。迷惑なのでどこかの施設に移ってほしい」という、住民からの苦情が自治会長によせられ困っている、という連絡を住宅供給公社から受けた。Aさんに話をしてみるが、「私は、救急車なんて呼んでない！」の一点張り。

ケアマネジャーとしては、「本人は住み慣れたこの団地で暮らしたいと願っている。認知症の独居高齢者がさまざまな困難を抱えながらも、何とか自分らしく地域で暮らすことができないものか」と、支援のあり方について思い悩んだ。

もちろん当事業所も本人に寄り添う介護を模索し続けるつもりだが、一事業所で可能な支援にはやはり限界がある。そこで、地域の力を活かそうと考えた。当該区の保健福祉センター、消防署、訪問看護ステーション、住宅供給公社、自治会長に集まってもらい、「地域ケア会議」を開催した。

2010年9月と2011年3月に実施し、今後も定期的に開催する予定だが、その結果、それぞれの役割と連携を強化していくことを確認できた。

消防署は、近隣住民の不安や苦痛を和らげるために、救急出動の際のサイレンや照明に考慮し、要請電話の際も本人の話をよく聴くようにする。また度重なる要請があったときは、当事業所にまず連絡をして本人の話を聴いてもらうなどの手立てを考える。

保健福祉センターは頻回に本人宅を訪問し、話を聴き、なじみの関係が作れるように試みる。主治医、訪問看護ステーションは、本人が「お腹の痛み」をしばしば訴えているので、受診・検査・投薬は困難であるが、痛みを軽減できるよう背中に貼用薬を貼ることで疼痛緩和を図りながら本人とじっくり話をする。当事業所は、本人の不安が少しでも和らぐよう、さらにていねいに本人の暮らしを支える支援をする。そして、必要時いつでも泊りができるように定期的な泊り利用を試みる（表1）。

第2部 認知症のある人に対するケアプラン事例から学ぶ

表1 居宅サービス計画書（2）

生活全般の解決すべき課題（ニーズ）	援助目標				援助内容					
	長期目標	期間	短期目標	期間	サービス内容	※1	サービス種別	※2	頻度	期間
認知症、統合失調症、大腿骨頸部骨折後なのでどうしても家に閉じこもりがちになる。自宅以外で生活に楽しみがもてるようになる	○○小規模多機能型ホームが安心できる居場所になる 自分の役割ができる	3か月	混乱や不安がなくホームの通いを利用できる 他の利用者さんやスタッフとおしゃべりしながら、ほかの利用者さんが困っているときは、声かけをする	1か月	・送迎時間を固定する ・本人の好む話題や車いすでの散歩をする ・ほかの利用者さんがなにか困っているとき、スタッフや利用者さんに声かけをしてもらう		小規模多機能型居宅介護	小規模多機能型ホーム○○	6回／週	3か月
身体を清潔に保ちたい	清潔を保ち、快適に生活する	3か月	安心して入浴できる	1か月	・定期的に洗髪を行う ・染髪後、入浴する ・入浴ができないときは、足浴、アロママッサージを行う	○	小規模多機能型居宅介護	小規模多機能型ホーム○○	3回／週	3か月
自分の身の回りのことができないので、暮らしを支えてほしい	日常生活を安心して送れる	3か月	日常生活の継続ができる	1か月	・ポータブルトイレの掃除 ・洗濯 ・居室内掃除 ・ゴミ出し ・洗面用意 ・更衣、衣服の用意 ・朝食、昼食、夕食の用意、配膳、食器洗い ・散歩、近所の喫茶店に同行 ・本人といっしょに買い物 ・電話応対（24時間）	○	小規模多機能型居宅介護	小規模多機能型ホーム○○	15回以上／週	3か月
安心して外出したい。また、ベッド上への移乗もスムーズにしたい	歩行・移動が安定する	3か月	屋外移動時に車いすを使う。また、特殊寝台・介助バーを使いベッド上への移乗をスムーズに行う	1か月	・車いすと車いす附属品をレンタルする ・特殊寝台、介助バー、特殊寝台附属品をレンタルする ・車いすでの移動介助を行う	○ ○	福祉用具貸与 小規模多機能型居宅介護	福祉用具貸与事業者 小規模多機能型ホーム○○	毎日 随時	3か月 3か月
高齢・認知症・統合失調症・大腸がんのため、なにかにつけて不安に思うことがある	安心して在宅生活が送れるようになる	3か月	本人が不安や混乱を話せるような関係づくりができる	1か月	・できるだけ時間を取り、本人とコミュニケーションが取れるようにする ・本人の体調の変化、服薬後の様子などを、主治医や訪問看護ステーションに連絡し、連携を図る。訪問看護ステーションの看護師にも本人とのコミュニケーションをお願いする ・消防署、当該区の保健福祉センター、担当ケースワーカーにも、訪問してコミュニケーションを図ってもらう ・居住集合住宅の人たちに依頼し（特に自治会長）、認知症についても話などしながら、本人と付き合ってもらえるようにする	○	小規模多機能型居宅介護 訪問看護ステーション 消防署 保健福祉センター 警察署 自治会長 近隣の人	小規模多機能型ホーム○○ ケアマネジャー	随時 随時 随時 随時	3か月 3か月 3か月 3か月
高齢・歩行困難・認知症・統合失調症・大腸がんのため、健康に不安がある。その不安をできるだけ解消して、1日でも長く自分らしく暮らしたい	健康管理が行える	3か月	体調の変化の把握ができる	1か月	・食事量、水分摂取量、排便・排尿状況、体の変調を記載する ・疼痛管理 ・服薬 ・本人とコミュニケーションを図る	○ ○ ○	往診 居宅療養管理指導 訪問看護 小規模多機能型居宅介護	診療所担当医 訪問看護ステーション 小規模多機能型ホーム○○	3回／週 随時	3か月 3か月 3か月

※1 「保険給付対象かどうかの区分」について、保険給付対象内サービスについては○印を付す。
※2 「当該サービス提供を行う事業所」について記入する。

383

■ 考　察 ■

　現在、Aさんの救急要請がまったくなくなったわけではない。しかし、本人を支援するためのさまざまな地域の社会資源が一堂に会し、1人の認知症のある人のBPSDの背景にある思いを理解しようとし、それぞれができる支援を模索するなかで、Aさんとの「関係」も少しずつ変わりつつある。

　自治会長は近隣の住民に対して、Aさんの状態を説明して「我慢したってや」という表現ではあるが、説得しようとしてくれるようになった。主治医・訪問看護ステーションとは、いままで以上に信頼が深まり、医療面だけでなく、Aさんの生活面についての相談もできるようになり、連携が強まった。また消防署も細かく配慮してくれている。人は、「自分のことを考えてくれる人たちが傍にいる。決して1人ぼっちじゃない」と感じられたとき、自分らしく生きていけるのではないかと思う。この事例を通して、「年を取っても認知症になっても、住み慣れた地域で自分らしく暮らしたい」という思いを支えるためには、医療・福祉・介護の連携が不可欠で、その連携のなかに近隣住民も含めることで、認知症のある人への理解も深まるのではないかと考えた。

■ 医療者（訪問看護認定看護師）からのコメント ■

　Aさんはアルツハイマー型認知症と診断されたことから、かかりつけ医にアリセプト®が処方されたが、内服を拒否した。また、BPSDへの対応として、漢方薬を処方してもらったが、それも定期的に内服を継続するのは困難であった。

　精神科の医師に相談をしたうえで抗精神病薬を検討したが、逆に興奮し、警察に「クーラーのリモコンを盗られた」などと夜中に何度も電話をかけた。薬物療法によりBPSDを軽減することは非常に困難だった。

　Aさんが唯一好んで内服したのは、市販薬の止瀉薬（下痢止め）であった。ただ、小規模多機能型ホームの職員からは「Aさんが腹痛を訴えると止瀉薬を自分で内服し、そのときによく119番に電話をしている」との状況報告があった。その後、定期検査を受診し、貧血が進んでおり、便の検査結果から大腸がんであることがわかった。

　BPSDの対処に関しては、当初は抗精神病薬を使用するのはやむを得なかった。ケア提供スタッフと会議をもち、「不安になるとBPSD症状が出現する」ことがわかった。次に「なぜ、不安になるとBPSDが出現するのか」の原因を探索していった。

　Aさんに、もし疼痛によってBPSDが表出されているのであれば、疼痛コン

トロールをしてみることで、BPSDは軽減されるのではないか、ということが話し合われた。1日の流れを把握している小規模多機能型ホームのスタッフから情報提供があり、医師との相談で、訪問看護師が麻薬の貼用薬を3日に1回背中に貼用するという疼痛の緩和を開始した。その後、Aさんの救急車を呼ぶ回数は激減し、興奮した状況は少なくなった。
　担当医は、「医療者は患者をまず医学的な側面から診ていて、日常生活の細かな変化にはなかなか気づかない。今回は、1日を通してAさんの生活を支援している小規模多機能型ホームのケアマネジャーからの情報提供で、治療のヒントを得られた」と述べている。
　最初は、抗精神病薬の投与を第1の選択としてAさんに関わったが、その後、症状の改善のために別のアプローチを試みることができたのも、介護・福祉・医療の専門職による協働があったからこそだと思う。

■ コメント ■

　ひとり暮らしの認知症のある人であるAさんは、BPSDによる苦情などで介護サービス事業者との関係が悪化し、なじみの環境で継続した支援ができるのではないかということで、小規模多機能型居宅介護サービスを利用した。
　本人は、「体がしんどい、寂しい」という理由で、頻繁に事業所や消防署、警察に電話をかけ、そのため地域住民から苦情が出て、地域住民との関係も悪化するといった状況にある。このような事例に対する支援のあり方について考えてみたい。

1）BPSDが生じる背景への対応

　本事例では、本人がさまざまな人たちに頻繁に電話をかけている。このような行為の背景には、ケアマネジャーも分析しているように、毎日不安でしかたがなく、とくに夜になると寂しくなって不安が募るといったことがあり、それがこのような行動に駆り立てている。そのため、Aさんの支援に関わる人たちは、できる限り時間を取り、Aさんの話を聴くといった形で不安や寂しさの解消に努めている。
　ただ、このような関わりをしても、それ以上に本人の不安や寂しさが大きいため、必ずしも十分な対応ができているわけではない。Aさんの思いを汲み、不安や寂しさにこたえようとする形で対応していることについては評価できるが、BPSDの大きさから、現在のような生活をそのまま続けていくのには、限界が近いといえる。
　そのためには、Aさんが小規模多機能型サービスに徐々に慣れていったように、小規模多機能のなかの泊まり部分を強化し、とくに頻繁に生じる夜の寂しさへも身近にかか

われるような対応をしようとしている。そのような泊りのなかで、スタッフとの関係をもつことで、夜間の安心感を作り上げていくことが重要であろう。

2）地域住民からの支援の活用

電話を何回もかけ、救急車が頻繁にやってくるということで、地域住民からの苦情が出ている。その対応のため、ケアマネジャーは2回にわたって地域ケア会議を開いている。保健福祉センター、消防署、訪問看護ステーション、住宅供給公社、自治会長などに集まってもらい、そのなかで状況の説明をし、協力を求めている。

BPSDをもったAさんへの対応には、専門職のみでは十分でなく、多くのインフォーマルな社会資源をも活用して、本人の気持ちを理解してそれにこたえていくことが大切である。ケアマネジャーが、率先してそういう支援の仕組みを作ったことについて評価できる。

その結果、自治会長のAさんに対する態度も変化し、在宅生活を支える1つの基盤ができつつある。インフォーマルな資源は、専門家の資源に比べて時間や対象を切り取ることなく、日常生活全体にわたって継続的に支援できる点が特徴である。そういう資源を今後活用していくためには、このようなカンファレンスをもち、ケアマネジャーが、弁護的・共感的な立場から、本人の思いを地域の人々に伝えていくことが重要である。

3）本人のストレングスを活用した支援

ともすれば、AさんのBPSDにばかりに目を向けがちになる。Aさんは体調のよい日には外出しておしゃべりしたり、きれいな景色をみることが好きである。また、元来お洒落な人で、白髪染めに誘うと喜んで応じ、入浴もしてくれる。

このようにAさんのストレングスの観点から支援をしていることが重要である。そのような支援をすることによって、不安感が弱まり、BPSDの発現が少なくなることが考えられる。

今後は、Aさんの好きなことやできることといったストレングスにいっそう目を向け、泊りの部分を強化していくことを考えたい。泊まれば、夜にこのような楽しみがある、いろいろな好物が食べられる。そういうことで泊りを増やし、少しでも夜の寂しさが解消されればBPSDも減少していくであろう。

地域支援 1）在宅
(2) 小規模多機能型の利点を生かし、在宅の暮らしを支える

■ はじめに ■

　小規模多機能型居宅介護サービスは、「通い（通所介護）」「訪問（訪問介護）」「泊まり（短期入所）」という3つのサービスを一体的に提供することになっている。同時に、このサービスでのケアマネジャーは小規模多機能型の事業所内に配置されている。そのため、ケアマネジャーは利用者の生活ニーズを明らかにし、本サービス以外の社会資源についても理解し、利用者が地域のなかで生活が続けられるよう支援をしていくためのケアプランを作成しなければならない。結果としてケアマネジャーは、事業所が行っている「通い」「訪問」「泊まり」といったサービスに加えて、医療と結びつけたり、近隣、ボランティアなどのインフォーマルな支援とつないでいかなければならない。以上のような視点をもとに、本事例について検討してみたい。

■ 事例概要 ■

Aさん（70歳代、女性）

身体状況
- 要介護度：要介護1
- 認知症高齢者の日常生活自立度：Ⅱa
- 障害高齢者の日常生活自立度：J1
- 病歴：アルツハイマー型認知症、胃潰瘍
- ADL：日時の見当識障害があり、判断力の衰えがみられるが、買物などの日常生活はできる。ただし食事は不規則である。掃除はほぼできるが、入浴や洗濯には不安がある。治療の必要があるも通院していない。服薬管理ができない。

生活史
　もともと奔放な性格である。夫の死後は、ビジネスホテルや温泉の清掃員などをして生計を立てていた。70歳代になってからはシルバー人材センターに登録し、そこから

請ける仕事をしていた。10年ほど前から夫の死亡によりひとり暮らしとなり、現在は一軒家で独居。

家族状況

子どもは2人いるが、事情があって現在は音信不通になっている。

■ 支援概要 ■

小規模多機能型居宅介護サービスは、「通い」「訪問」「泊まり」を単に提供することではなく、その人らしい暮らしを柔軟に支援していくためのサービスである。

Aさんは3年ほど前からもの忘れが始まったようで、金銭管理ができなくなった。多量に衣服や食料を買い込むが、月末には食べるものに事欠くようになる。Aさんは生活保護を受給しているため、お金がなくなると、毎日のように役所に生活保護費を受け取りにいく行動がみられるようになった。

日時の見当識障害や判断力の衰えがみられてきたため、2012年1月に介護保険サービスの給付申請をし、要介護1の認定を受けた。その際に、アルツハイマー型認知症と診断され、胃潰瘍の既往歴も判明した。

最初の相談は、地域住民から地域包括支援センターに持ち込まれた。相談から介護保険給付申請に至るまでは、地域包括支援センターの担当者(認知症地域支援推進員)がAさんの生活状況の把握に努めた。そのなかで、更衣がされていないことや、不規則で偏った食事(1日まったく食べなかったり、逆に多量に買い込んで一度に食べたりする)、胃潰瘍等での通院が必要なのにできていないことなどが判明した。在宅での暮らしは難しいため、当小規模多機能型居宅介護サービスを利用することになった。

■ 支援の経過と内容 ■

当初、当事業所のスタッフは地域包括支援センター担当者といっしょに、Aさんと顔見知りになることを目的に訪問を繰り返した。訪問を続けるなかで、Aさんは「近くの温泉に2日に1回は行っています」「近所のコンビニに行ってパンなどをよく買っています」などと話し、その暮らし方がみえてきた。

一方、Aさんは重度の難聴であり、耳元で比較的大きな声で話し掛けないと内容が伝わらない。そのために人の話を自分の都合のよいように解釈してしまうことが多く、意思疎通の面にも課題があった。スタッフはできる限り簡潔でわかりやすい言葉でコミュニケーションを取ることで、理解してもらえるよう気をつけた。

1) まず本人の暮らしを把握する

スタッフが当面の支援として行ったことは、Aさんの暮らしを知ることと本人との関

係を築くことであった。そのため1日に2、3度訪問し、食事や入浴の状況を把握し、その際に必要であれば配食などの支援を行った。

　顔を覚えてもらうまでにそれほど日数はかからなかった。「昨日も来たでしょう」といってくれるようになり、なじみの関係になることができた。また、金銭については、生活保護費受給の翌日なのにまったくもっていないことや、しばらく経ったらもっているようなことがみられた。

　おそらくAさん自身でお金をしまい込み、それを忘れてしまうのではないかと思われた。訪問すると、家のなかをめちゃくちゃにしてお金を探していることがあり、Aさんは「どこにやったかわからなくなった。人に盗られたのかな」などというような状況で、金銭管理が困難であった。

　Aさんには胃潰瘍があり、通院と服薬が必要な状態だったにもかかわらず、主治医に面会すると、自覚症状がないために、まったく通院していない状況が続いていることがわかった。

　また、訪問時に手づくりの料理が置いてあったり、それを食べている途中であったりした。Aさんが「隣の奥さんがくれた」「いつももらうとよ」などと話すので、スタッフが隣人に話を伺うと、Aさんの話のとおり「ほぼ毎晩おかずなどを差し入れている」とのことだった。隣の住人は以前Aさんから「財布を盗った」といわれ、警察に呼び出されたこともあったという。しかし、「昔からの付き合いがあるし、放っておけないという思いもあり、食事をもって行くようになった」とのことであった。

　このようなことから、Aさんが住んでいる地域の、Aさんを取り巻くさまざまな人間関係を把握していく必要があると考えた。

2) 地域の声を聴く

　スタッフが近隣地域を訪問していくと、Aさんに対してさまざまな思いをもった地域住民がいることがわかった。なかには「もう、あの家に住むのは限界だと思います。食事もまともに食べていないようだし、真夜中に外に出ていることもあるんです」「ご飯をもらいにきたこともある。ご飯をあげるまで帰ってくれない。はっきりいって困っている。施設に入ったほうがAさんのためだと思います」など、Aさんを心配しながらも、いまの暮らしはもう無理なのではという見方をもった住民の多いことがわかった。

3) 本人の思い

　Aさんは「なぜ老人ホームに行かなければならないのか。何十年も住んでいるのだから、ここがいちばんよいに決まっている。いずれは兄妹を呼ぶつもりなので、ここを離れるつもりはない」といい、自宅に住み続けたいという思いは一貫している。

4）本人のストレングスがみえてきた

　Aさんのいまの状況を踏まえたうえで、どのように支援していけば、Aさんの望む自宅での生活が可能になるのか。スタッフが日々のミーティングで検討していったところ、これまでにスタッフが把握できたAさんができること、支援があればできそうなことを話し合うなかで、Aさんの「ストレングス」がみえてきた。

・本人が自信をもっていること、できていること
　①気が向いたら（お腹が減ったら）、近くの店（3か所ほど）に買物に行き、お金を支払うことができる。
　②隅々の掃除はできないが、大方の整理はできる。
　③温泉の場所やかかりつけの病院の場所はわかっており、本人が行きたいと思えば自力で行ける。
　④ある程度の記憶は2日くらい保たれている。
　⑤昔から住んでいるため、周囲に知り合いが多く、コミュニケーションが取れている、など。

・本人が不安なこと、できていないこと
　①決まった日時に通院や服薬を行うこと。
　②お風呂に行くことや洗濯をすること。
　③細かな掃除。ゴミ出しはできたりできなかったりしている。
　④複雑な内容を覚えておくこと。
　⑤お金を計画的に使うこと。
　⑥足が上がりにくくなっており、自宅周辺は坂が多いこともあり、時々転ぶこと。

5）本人の力と近隣の支えを活かした支援

　Aさんが自分でできていることと、他人の支援が必要なことがわかってくるにつれ、当初は通いのサービスや配食の支援を行えばAさんの生活は成り立つと考えてきたが、それではかえってAさんのこれまでできていた生活を失わせることがわかった。そこで、Aさんが自宅から通いで事業所に来るのではなく、スタッフが自宅へ出向き、できないことを本人の力を活かしつつ支援すること、そして地域の支援によって生活が成り立つようにすることを目標にした支援計画を作成した（表1）。この支援計画に従って、毎日の生活のなかでAさんに必要な通院や服薬の支援、あるいは本人とともに掃除や洗濯などを行ったりすることになった。

　金銭面の管理については社会福祉協議会（社協）からAさんに、日常生活自立支援事業の内容を説明してもらった。Aさんは金銭の管理について漠然とした不安を抱いていたため、説明を聞くと「これで盗られることもなくなる。お願いしたい」と前向きに了承された。それからは生活支援員が毎週一定金額を本人に渡すことを試行していき、

表1 ライフサポートプラン①

生年月日： 年 月 日 住所：	確認欄

事業者名：○○○○○○　　　　　　　　　　　　計画作成担当者：
認定日：平成25年 月 日　認定の有効期限：平成 年 月 日～平成 年 月 日　要介護状態区分：要介護1
個々の目標（ゴール）ずっと住んでいた家にこれからも住み続けたい
審査会の意見　特になし
当面の目標（ニーズ）　#1、入浴するために温泉に行きたい。
　　　　　　　　　　　#2、食事を欠かさずに食べる。

目標を達成するための具体的プロセス／課題	本人	家族・介護者・独居	地域	事業所	具体化		
					いつ	だれが	どのようにして
#1 行き慣れた温泉へ歩いていき、入浴する	入浴道具と着替え、入浴料金200円を準備する	独居	番頭のCさんが着替えを間違ったとき声かけする	温泉までいっしょに歩く番頭のCさんに見守りをお願いする	毎日午前の訪問時	Aさんとスタッフ	午後からの予定を確認。約束の時間にスタッフが家を訪問して温泉へ行く
#2-1 買いたいものは自分で買いにいく	自分で食べたいものや朝食のパンを買いに行く	独居	社会福祉協議会の生活支援員が週に1回お金を一定金額渡す	Aさんが行く前に名刺を配り、根回しする	毎週月曜日午前中	生活支援者のDさん	Aさん宅で6,000円渡す
#2-1 1日1食は栄養のあるものを食べる	届けられたものを残さず食べる	独居	隣のBさんが夕食をもっていく	Aさん宅に食事がないときは配食する	毎日夕方5時ごろ	Aさんとスタッフ	夕食をBさんが持っていく。無理なときは電話を受け、事業所が配食
ほかのサービスの必要と具体的課題							
モニタリング							

本事例で活用している「ライフサポートプラン」は、全国小規模多機能型居宅介護事業者連絡協議会が開発した用紙である。その特徴は、「できることは自分でやりたいという本人の思いの実現に向けて、利用者の目標を、単に事業所だけでなく、本人や家族あるいは地域社会が一体となって達成していく」ことを意図して作られたプランだということである。特に小規模多機能型居宅介護では、事業所内にケアマネジャーが配置されているため、できる限り地域社会や家族にも焦点を当てた支援をしていくように務めることを狙いとしている。「ライフサポートプラン」は上記のシート①のほかに、②（私の暮らしシート）がある。シート②には毎日の支援が時間ごとに書かれている。例えばAさんの服薬支援について、「午前8時、朝食時にその日の分の薬をスタッフが自宅に持っていく」ことや、買い物に行くAさんを「午後1時、スタッフが見守り同行する」といった訪問したときの支援内容が具体的に書かれている。本人の思いや重視する課題によってシート①の内容は変更していく。

　時折、生活保護費を自分で福祉事務所に受け取りに行くなどの行動がみられたときは、そのつど社協の職員とスタッフが説明した。おかげで3か月ほどすると、福祉事務所に行くような行動はみられなくなった。夕食を差し入れてくれる隣の住人には可能な日だけ夕食をお願いし、無理な日はいつでも事業所に連絡してもらい、そのときは事業所が配食をすることとした。民生委員や近隣住民へは、スタッフが地域包括支援センター担当者とともに訪問し、Aさんの「ここで暮らし続けたい」との思いを伝え、また事業所が関わっていることを知ってもらい、困難な事態に直面したときはいつでも事業所へ連絡してもらう体制を構築していった。

　転倒の不安があることから買物や温泉に1人では行かなくなっていたため、Aさんが行きたいときにはスタッフが同行することにした。また、朝食のパンや昼食に食べたいものを購入したいというときなどは、Aさんと話し合いながら買物の支援をした。その際にスタッフは、Aさんを支えてくれる地域資源を増やしたり、従来からの地域資源との関係をつなぎ直したりしながら、小規模多機能型センターのケアマネジャーの名刺をもち歩いて配り、近隣の人たちに協力を求めていった。

　さらにAさんのための支援マップを作り、Aさんの行きたいところやAさんと地域

住民との関係を、スタッフおよび関係者全員で共有することに取り組んだ。最近では近隣住民から「夜にこんなところでAさんをみかけた」「Aさんを訪問したら、こんな不安があるみたいだ」など、多くの情報をいただけるようになってきている。

■ 考　察 ■

現在は、行政、社会福祉協議会、地域包括支援センターなどとともに、地域の方々と井戸端会議的に関係づくりを行っているところである。もちろん「Aさんはこのまま地域で暮らすのは難しいのでは」という意見の住民もいる。そのなかでの今後の事業所の取り組みには、地域や各関係機関との連携がいっそう重要になっていくと考えている。事業所の各担当者は、Aさんの「このまま自宅に住み続けたい」という思いを地域の方々と共有できるようにしていくことを目的にしている。

■ コメント ■

本事例は、ひとり暮らしのアルツハイマー型認知症の女性について近所の人から地域包括支援センターに連絡したところから、その女性への支援が始まり、小規模多機能型居宅介護事業所の介護サービスを受けることになったものである。本人自身は見当識障害や判断力の衰えがあるも、在宅生活を続けたいという強い意欲をもっている。同時に、地域では近隣に支えられ、隣家から食事を届けてもらうなど良好な関係もある。本事例から、このような認知症のある人に対する小規模多機能型居宅介護でのケアプランのあり方について考えてみたい。

1) 小規模多機能型居宅介護の業務内容

小規模多機能型居宅介護は、「通い」「訪問」「泊まり」という3つの機能を有しているが、一般に小規模多機能型居宅介護は「通い」を中心に展開しているが、本事例は「訪問」サービスを中心にして利用者を支えているものである。具体的には、細かな掃除や洗濯といった日常生活支援をしたり、本人が好きな温泉への付き添いを行ったりしている。また、栄養上の問題を解決するために、隣人が食事をもってこられない日については、事業所が配食サービスを実施している。

本事例はこのように「訪問」を中心にしたサービスを提供しているが、今後本人の認知症が重度化し、地域での生活が難しくなるにつれて、「通い」あるいは「泊まり」といったサービスを重複して活用しながら支援をしていくことが考えられる。

2) 利用者や地域の「ストレングス」の活用

ケアマネジメントでは、本人のもっている潜在的な能力、意欲、好みといった「ストレングス」をできる限り活用することが重要である。同時に、「地域社会はオアシス」

と例えられ、地域には本人の支えとなる社会資源が豊富に存在しているとしている。

本事例においては、本人および地域のさまざまなストレングスが活用されている。本人のストレングスとしては、買物に行ける能力や、大方の掃除ができる能力があり、さらには温泉が楽しみという好みがある。

一方、地域のストレングスとしては、本人が昔から居住してところであるため、近隣との良好な関係をもち、食事を提供してもらうといった支援を受けている。このようなストレングスを活用しながら支援をしているところに、本事例の特徴がある。

これらのストレングスの活用は、高齢者支援、とりわけ認知症のある人のケアにとってはたいへん有効な方法であり、本事例の支援において評価できることである。

3）地域の力の活用

「地域社会はオアシス」であるという考えのもと、本事例ではさまざまな地域の支援を活用している。近隣からの夕食の提供、地域の店舗に買物に行った際の支援といったインフォーマルな力を活用するだけでなく、さらには日常生活自立支援事業における生活支援員による金銭管理といった支援も活用して、本人の生活を支えている。

このような支援ができるようになった前提には、本事例では、支援当初から利用者との話し合いを続け、本人が地域のなかでどのような生活をしているのかをスタッフが十分にアセスメントすることで可能になったといえる。

小規模多機能型居宅介護事業のケアマネジャーは事業所内に配置されている。そのため、ケアマネジャーは地域に出向き、利用者や地域の状況をアセスメントすることが、在宅のケアマネジャー以上に求められている。事業所内にケアマネジャーが配置されていると、利用者をとらえる視点が狭まる恐れがあり、とりわけ地域に目を向けた支援をすることを忘れがちになる可能性があるからである。

4）認知症のある人のケアの特徴

小規模多機能型居宅介護に特定されることではないが、認知症のある人のケアにおいては、ヘルパーやデイサービスといったサービス提供を最初から利用してもらうといったことは難しい。本事例のように、利用者と親密な関係づくりをしながら徐々にサービスを提供していく視点がなければ、適切なケアプランの実施には至らない。そのようなことを考えると、小規模多機能型居宅介護は、「通い」「訪問」「泊まり」というサービスを利用者の生活ニーズに合わせて柔軟に使えるという点で、認知症に人のケアにはメリットのあるサービスであるといえる。

第 2 部　認知症のある人に対するケアプラン事例から学ぶ

おわりに

　認知症のある人の事例を介してケアプラン作成のポイントについて言及してきた。第 2 部で取り上げたケアプランは、株式会社エーザイが認知症のある人に関わる専門職向けに発行している『Dementia Support』（最初は『痴呆ケアサポート』）という雑誌において、「認知症の人を支援するケアマネジメント（拙者が監修）」というテーマで、介護保険制度が始まった 2000 年から今日までの 18 年間にわたって連載してきた事例を再掲したものである。これらの事例は、毎回、利用者や家族から掲載することの承諾を得て、かつできる限り事例の内容を変えて、利用者が特定できないようにして提出してもらったものである。この提供された事例に対して、報告者と文書でのディスカッションを行いながら、「はじめに」と、最後の「コメント」を私が執筆することで進めてきた。
　今回は、今日までの総計 43 事例のうち 41 事例を、認知症のある人や家族への支援の特徴をもとに、8 つのジャンルに編集し直したうえで掲載することとした。
　『2015 年の高齢者介護』（厚生労働省老健局高齢者介護研究会、2003 年）において、介護保険のなかで今後強調しなければならないものとして、認知症高齢者モデル、廃用症候群モデル、ひとり暮らしモデルの 3 つを取り上げている。
　認知症の高齢者は、2012 年で約 462 万人といわれ、正常と認知症との中間状態にある軽度認知障害（MCI：Mild Cognitive Impairment）と推計される約 400 万人を合わせると、65 歳以上の高齢者の約 4 人に 1 人が認知症のある人またはその予備群とされ、さらに 2025 年には認知症のある人は約 700 万人になると予想されている。
　こうした認知症のある人に対して、在宅であろうと施設であろうと、ケアプランの作成がたいへん重要な意味をもつことになる。とりわけそうした認知症のある人に対しては、言語面でのコミュニケーションを介してのみでは、利用者本位のケアプランを作成することはたいへん難しい。とするならば、利用者との関係においては、言語的コミュニケーション（verbal communication）だけではなく、非言語的コミュニケーション（non-verbal communication）といった形で利用者の思いを理解したり、あるいは利用者の行動からサインをキャッチしながら、ケアプランを作成し、実施していくことが重要となる。また、利用者の生活史から得られる情報も重要となってくる。
　しかし、こうした業務は必ずしもケアマネジャーが唯一、利用者と関わって支援できるものではない。在宅においては、介護者や他の介護サービス事業者、さらには医師等との連携のなかでチームアプローチとして支援していくことが重要である。

グループホームや施設においては、職員のチームアプローチのなかで適切な観察やそれを記録に残すことで、職員が情報を共有し合い、適切なケアプランの作成に向かって支援をしていくことが重要である。同時に、これらの施設等においても、家族との関係や、さらには他の専門職（医師等の医療関係者）との連携のなかで、利用者の思いや背景となる要因を理解していく支援が重要であるといえる。

　本著のねらいは、認知症のある人を中心にして、その人のできる能力、したい意欲や好みといったストレングスを大切にしてケアプランを作成していくことの重要性を、事例を介して理解していただくことにある。ここから、認知症のある人に対して、尊厳といった価値をもって関わることの必要性についても理解していただきたいと願っている。もっとも、ここでは事例を介して、認知症のある人についての個別的な理解にとどまっている。今後は、こうした事例をいっそう積み上げていくことにより、インシデンスベースからエビデンスベースへと、実践と研究を結びつけながら展開をしていくことが重要である。

　なお、18年間の連載の過程で、雑誌名も『痴呆ケアサポート』から『Dementia Support』に変更されたが、これは2005年に侮辱的な意味がある痴呆から認知症に行政用語を変更することになった。そのため、本書でも痴呆という言葉をすべて認知症へと変更している。さらに最近では、「徘徊」についても、本著でも示しているように、本人のなかに何らかの意図があって行動しており、別の言葉を使うべきだとの流れはあるが、たとえば出かけることにもさまざまな意図があり、本著においても1つの言葉に置き換えることが難しかったため、残念ながら徘徊という用語は残すことにした。しかしながら、この用語には認知症のある人が意図をもって行動しているということを認識しておいてほしい。

　本著が認知症のある人のQOLの向上のためのケアプラン作成に役立ち、そのことがひいては、家族や介護関係者のケアに対する充実感が高まっていくことを願ってやまない。

　最後に、本著の刊行にあたって、事例の掲載を改めてご許可くださった皆さん、事例を提供くださったケアマネジャー等の皆さん、『Dementia Support』編集者である松嶋薫さん、転載許可をくださいましたエーザイ（株）、さらには、本著の編集を担当いただいた（株）ワールドプランニング関係者に、心からお礼を申し上げたい。

2018年5月吉日

　　　　　　　　　　　　　　　　　　　　　　　　　　　　白澤　政和

第2部　認知症のある人に対するケアプラン事例から学ぶ

第2部事例提供者および
専門医コメント執筆者一覧（敬称略）

● **事例提供者一覧**（五十音順／所属：事例提供時点所属）

雨師みよ子	（一社）河内医師会訪問看護ステーション・ケアプランセンター
安藤　努	（社福）大阪市東淀川区社会福祉協議会東淀川区地域包括支援センター
安藤　雅美	（社福）小田原福祉会高齢者総合福祉施設潤生園潤生園
石川　進	グループホームシニアケアサザン塚口
市村千ジル	（株）フジケアマネジメントセンター
一見　俊介	（社福）伊賀市社会福祉協議会伊賀地域権利擁護センター
稲富　慎一	（NPO）コレクティブ小規模多機能ホームいつでんくるばい
稲本　理恵	ケアプランセンターすずらん
上堤　敦子	グループホームふれあいの家おじゃったもんせ
岡井　淳治	（社福）大阪市平野区社会福祉協議会
菊地(嘉志)ゆか	（医法）朔望会グループホームエーデルワイス四葉
紀平　雅司	（社福）青山里会第二小山田特別養護老人ホーム
財津　京子	（社福）大阪市東淀川区社会福祉協議会東淀川区地域包括支援センター
佐藤　博文	在宅介護支援センターこが
白木　裕子	（株）フジケア
鈴木　理恵	セントケアホーム北中山
曽田久美子	（社福）青山里会四郷グループホーム
瀧澤久美子	（株）やさしい手上越居宅介護支援事業所
竹熊　千晶	（NPO）老いと病いの文化研究所ホームホスピスわれもこう
丹　祥至	（社福）玉美福祉会特別養護老人ホーム向日葵
土田　淳子	（社福）青山里会四郷訪問看護ステーション
中尾由佳里	（社福）青山里会小山田在宅介護サービスセンター
中川　泰恵	（社福）青山里会介護総合センターかんざき
永島　徹	（NPO）法人風の詩
中西　菊恵	（医法）渓仁会札幌西円山病院在宅ケアセンター
中野千恵子	居宅介護事業所天寿園在宅サービスセンター
西脇　一生	（社福）青山里会四郷訪問看護ステーション
新田　正尚	（社福）白寿会

野瀬　博子	（社福）	あさか会小規模多機能ホーム夢家
服部　智美	（社福）	青山里会亀山老人保健施設
廣部由美子	（株）	スーパー・コート東淀川
藤谷　淳子	（社福）	青山里会四郷在宅介護サービスセンター
松井　雅史	（社福）	小田原福祉会高齢者総合福祉施設潤生園
松浦　　騰	（社福）	南海福祉事業会特別養護老人ホームフィオーレ南海
松本　恵美	（NPO）	老いと病いの文化研究所ホームホスピスわれもこう
八坂　妙子	（社福）	杏風会白寿園グループホーム
山田　圭子	（社福）	前橋市地域包括支援センター西部
山本　拓磨	（社福）	青山里会小山田老人保健施設
結城　拓也	（社福）	泰生会
渡邊　安澄	（社福）	大阪市東淀川区社会福祉協議会東淀川区地域包括支援センター
渡邉　宏美	（社福）	ふじ寿か会　特別養護老人ホームふじ寿か園
渡邊美紀子	（社福）	小田原福祉会高齢者総合福祉施設潤生園

● 専門医等のコメント（五十音順／所属：掲載時点所属）

今井　幸充		日本社会事業大学大学院
五十嵐　究	（医財）	老蘇会静明館診療所
大橋　奈美	（医法）	ハートフリーやすらぎ訪問看護ステーションハートフリーやすらぎ
小野　隆生		たつのおとしごクリニック
松本　一生	（医法）	圓生会松本診療所
宮崎　秀明		向日葵診療所
森　　恵子	（医法）	主体会小山田記念温泉病院

※ 事例提供者の所属および役職は、事例提供時点のものです。

※ご提供いただいた事例は、本人のプライバシー保護を考慮し、内容を一部変更しています。

白澤　政和（しらさわ　まさかず）

大阪市立大学大学院修了（社会福祉学専攻）．博士（社会学）．
1994年　大阪市立大学生活科学部教授．
2012年　大阪市立大学名誉教授・桜美林大学大学院老年学研究科教授．

日本ケアマネジメント学会理事長，日本介護福祉学会副会長
著書：「ケースマネージメントの理論と実際－生活を支える援助システム（第7回吉村仁賞・第3回福武直賞受賞）」（中央法規，1992年）．「ケアマネジメントの本質－生活支援のあり方と実践方法」（中央法規，2017年）ほか多数．

認知症のある人のケアプラン作成のポイント
在宅・グループホーム・施設の事例をもとに

2018年6月5日　第1版

定　価	本体3,800円＋税
著　者	白澤　政和
発行者	吉岡　正行
発行所	株式会社 ワールドプランニング
	〒162-0825 東京都新宿区神楽坂4-1-1
	Tel：03-5206-7431
	Fax：03-5206-7757
	E-mail：world @ med. email. ne. jp
	http://www.worldpl.com
	振替口座　00150-7-535934
版下制作	（有）ビッグバン
印　刷	三報社印刷株式会社

© 2018, Masakazu Shirasawa